Doping und Zivilrecht

Europäische Hochschulschriften
Publications Universitaires Européennes
European University Studies

Reihe II
Rechtswissenschaft

Série II   Series II
Droit
Law

Bd./Vol. 3422

PETER LANG
Frankfurt am Main · Berlin · Bern · Bruxelles · New York · Oxford · Wien

Michael Bergermann

Doping und Zivilrecht

Rechtmäßigkeit von
Doping-Sanktionen sowie durch Doping
begründete Schadensersatzansprüche

PETER LANG
Europäischer Verlag der Wissenschaften

Die Deutsche Bibliothek - CIP-Einheitsaufnahme

Bergermann, Michael:
Doping und Zivilrecht : Rechtmäßigkeit von Doping-Sanktionen sowie durch Doping begründete Schadensersatzansprüche / Michael Bergermann. - Frankfurt am Main ; Berlin ; Bern ; Bruxelles ; New York ; Oxford ; Wien : Lang, 2002
 (Europäische Hochschulschriften : Reihe 2, Rechtswissenschaft ; Bd. 3422)
 Zugl.: Bonn, Univ., Diss., 2001
 ISBN 3-631-39441-1

Gedruckt auf alterungsbeständigem, säurefreiem Papier.

D 5
ISSN 0531-7312
ISBN 3-631-39441-1
© Peter Lang GmbH
Europäischer Verlag der Wissenschaften
Frankfurt am Main 2002
Alle Rechte vorbehalten.

Das Werk einschließlich aller seiner Teile ist urheberrechtlich geschützt. Jede Verwertung außerhalb der engen Grenzen des Urheberrechtsgesetzes ist ohne Zustimmung des Verlages unzulässig und strafbar. Das gilt insbesondere für Vervielfältigungen, Übersetzungen, Mikroverfilmungen und die Einspeicherung und Verarbeitung in elektronischen Systemen.

Printed in Germany 1 2 3 4 5   7

www.peterlang.de

Vorwort

Die Arbeit lag der Juristischen Fakultät der Rheinischen Friedrich-Wilhelms-Universität zu Bonn im Sommersemester 2001 als Dissertation vor.

Mein Dank gilt an vorderster Stelle meinen Eltern, deren Unterstützung die vorliegende Arbeit ermöglicht hat.

Meinem Doktorvater, Herrn Prof. Dr. Rütten, danke ich sehr für die Betreuung der Arbeit. Herr Prof. Dr. Herbert Fenn, dem ich für die rasche Zweitbegutachtung großen Dank schulde, ist mittlerweile leider verstorben.

Bei den deutschen Sportverbänden, die mir ihre Regelwerke zur Verfügung stellten, möchte ich mich ebenfalls bedanken. Schließlich danke ich Frau Dr. Angela Schneider für die engagierte Diskussion und kritische Durchsicht des Manuskriptes.

München, im Januar 2002   Michael Bergermann

Gliederung

Abkürzungsverzeichnis · · · XXIII

Erstes Kapitel: Einführung und Grundlagen · · · 1
A. Einleitung · · · 1
B. Gang der Darstellung · · · 3
C. Historische Betrachtung des Dopings · · · 4
   I. Entstehung und Herkunft des Wortes „Doping" · · · 4
   II. Geschichtliche Entwicklung der Dopingproblematik · · · 5
D. Definition des Dopings · · · 9
E. Die Doping-Bestimmungen im System des Sportverbandswesens · · · 12
   I. Doping-Bestimmungen deutscher Sportverbände · · · 12
      1. Doping-Bestimmungen des DSB · · · 12
      2. Das verbandsrechtliche Doping-Verfahren · · · 13
      3. Doping-Bestimmungen der Sport(fach)verbände · · · 14
   II. Der Aufbau des Sportverbandswesens · · · 14
      1. Deutsches Sportverbandswesen · · · 15
      2. Internationales Sportverbandswesen · · · 17
         a) Aufbau · · · 17
         b) Auswirkungen auf den deutschen Sportverband · · · 18

Zweites Kapitel: Die rechtlichen Voraussetzungen für Sanktionen des · · · 21
          Sportverbandes im Falle eines Doping-Verstoßes
A. Verbindlichkeit der Doping-Bestimmungen für den Sportler · · · 21
   I. Bindung des Sportlers aufgrund seiner Eingliederung in die
      Verbandsstruktur (Satzungsrechtliche Lösung) · · · 22
      1. Sportler als Verbandsmitglied · · · 22
      2. Sportler als „mittelbares" Verbandsmitglied · · · 24
         a) Unmittelbare Wirkung des Verbandsregelwerks · · · 24
            aa) Ältere Auffassung · · · 24
            bb) Vermittelnde Auffassung · · · 25

cc) Neuere Auffassung	25
dd) Stellungnahme	27
b) Geltung aufgrund korrespondierender Satzungen (sog. Doppelverankerung)	30
aa) Voraussetzung an die Satzung der Verbände und Vereine	30
bb) Anforderung an die Rezeption der Verbandsregelungen	31
(1) Verweis auf das Verbandsregelwerk	31
(a) Zulässigkeit einer dynamischen Verweisung	31
(b) Ergebnis	34
(2) Folgen	34
c) Durchführbarkeit in der vereinsrechtlichen Praxis	34
3. Zusammenfassung	35
II. Bindung des Sportlers aufgrund einer rechtsgeschäftlichen Vereinbarung mit dem Sportverband (Individualrechtliche Lösung)	36
1. Notwendigkeit eines Rechtsgeschäftes	37
2. Wirksamkeit der Erstreckung des Regelwerkes und der Verbandsgewalt auf Nichtmitglieder	37
a) Grundsatz der Vertragsfreiheit	38
aa) Erstreckung des Regelwerkes	38
bb) Erstreckung der Verbandsgewalt	39
b) Entstehung arbeitsrechtlicher Beziehungen?	41
3. Zulässigkeitsbedenken	42
a) Fehlende Mitwirkung des Sportlers im Verband	42
b) Stellungnahme	42
4. Inhalt des Anerkennungs- oder Erstreckungsvertrages	44
a) Aufnahme des Regelwerkes in den Vertrag	44
b) Verweisung auf das Regelwerk	44
aa) Nachträgliche Änderung des Regelwerkes	44
(1) Nachträgliches Einverständnis des Sportlers	45
(2) Sog. „dynamische Verweisung" in Verträgen	45
bb) Ergebnis	46
c) Weitere Anforderung an die Verweisung	46

aa) Zumutbare Kenntnisnahme	47
bb) Umfang der zumutbaren Kenntnisnahme	48
cc) Ergebnis	49
5. Vertragstypen	49
a) Der Lizenzvertrag	50
b) Erteilung eines Spielerpasses oder Ausweises	51
aa) Vertragsschluß	51
bb) Vertragsinhalt	52
cc) Ergebnis	53
c) Teilnahme am Wettkampf	53
aa) Einbeziehung des Verbandsregelwerkes	53
bb) Verband nicht als Veranstalter	54
cc) Ergebnis	54
III. Zusammenfassung	55
B. Wirksamkeit der Doping-Bestimmungen und - Entscheidungen	55
I. Gang der Darstellung	55
II. Inhaltskontrolle	56
1. Umfang der gerichtlichen Inhaltskontrolle	57
a) Inhaltskontrolle von Vereinsregelwerken	57
aa) Entwicklung der Inhaltskontrolle	57
bb) Konkreter Umfang der Inhaltskontrolle	59
b) Ausdehnung der Inhaltskontrolle auf Nichtmitglieder	60
aa) Entwicklung der Rechtsprechung	61
bb) Das Schrifttum	61
cc) Legitimation der Inhaltskontrolle	62
dd) Umfang der Inhaltskontrolle im Rahmen der folgenden Untersuchung	67
2. Das Doping-Verbot	68
3. Die Doping-Kontrolle	69
a) Rechtmäßigkeit der Doping-Kontrolle allgemein	70
b) Die Urinprobe	71

aa) Freiwilligkeit der Abgabe	72
(1) Keine Zwangsbefugnis des Sportverbandes	72
(2) Verweigerung der Kontrolle als Doping-Verstoß	73
bb) Die Beobachtung des Athleten während der Abgabe der Urin-Probe	74
(1) Beeinträchtigung des allgemeinen Persönlichkeitsrechts	74
(2) Angemessenheit	75
cc) Die „Durchsuchung" des Athleten	77
(1) Durchsuchung im eigentlichen Sinne	77
(2) Die Untersuchung des Athleten	77
c) Die Blutprobe	79
aa) Eingriff in die körperliche Unversehrtheit	80
bb) Körperverletzung i.S.d. StGB	82
(1) Tatbestandsmäßigkeit	82
(2) Freiwillige Einwilligung	82
(3) Keine Zwangsbefugnis des Verbandes	83
cc) Eingriff in die Religionsfreiheit, Art. 4 Abs. 1 GG	83
d) Die Nicht-Wettkampf-Kontrolle	84
aa) Beeinträchtigung des Art. 2 Abs. 1 GG	85
bb) Besonderheit der Bindung des Sportlers an die Doping-Bestimmungen	86
e) Zwischenergebnis	87
4. Die Doping-Regelungen im eigentlichen Sinn	88
a) Inhalt der Strafregelung „Doping"	88
aa) Einnahme verbotener Substanzen und die Verwendung verbotener Methoden	88
(1) Beeinträchtigung der allgemeinen Handlungsfreiheit	88
(2) Angemessenheit	89
(3) Medizinische Indikation	89
bb) Manipulation der Dopingprobe	90
cc) Verweigerung der Dopingkontrolle	91
b) Allgemeine inhaltliche Anforderungen an die Strafregelungen	91

aa) Erforderliches Maß der Bestimmtheit	92
(1) Regelungsdichte bei der allgemeinen Vereinsstrafe	92
(2) Besonderheit im Sportbereich	93
(3) Bestimmtheit der Dopingregelungen - Grundsatz	93
(4) Die Doping-Definition der Sportverbände	95
(a) Notwendigkeit einer abschließenden Liste	96
(aa) Kriterium der Fachkenntnis	96
(bb) Enumerative Auflistung der Wirkstoffgruppen und/oder Substanzen	97
(b) Ergebnis	99
bb) Erfordernis eines Verschuldens	99
(1) Verschuldenserfordernis bei der Vereinsstrafe	100
(2) Übertragbarkeit auf das Verhältnis zu Nichtmitgliedern	100
(3) Möglichkeit des Verzichtes	102
(a) Kriterien	102
(b) Übertragbarkeit auf die Doping-Regelungen ?	103
(aa) Verweigerung der Kontrolle	103
(bb) Manipulation der Probe	103
(cc) Einnahme verbotener Stoffe/Verwendung verbotener Methoden	104
(α) Ausschluß vom Wettkampf	104
(β) Die in die Zukunft wirkende Sperre	107
(4) Zusammenfassung	108
c) Rechtlichen Folgen des Dopings - die Sanktionen	109
aa) Disqualifikation/Annullierung der Wettkampfleistung	109
bb) Die Sperre	110
(1) Geltung des Art. 12 GG	110
(a) Sport als Beruf i.S.d. Art. 12 Abs. 1 GG	110
(b) Beeinträchtigung des Schutzbereiches des 12 Abs. 1 GG	113
(c) Angemessenheit des Eingriffes in Art. 12 Abs. 1 GG	113
(aa) (Entsprechende) Anwendung der Stufentheorie	114

(bb) Rechtfertigung der Beeinträchtigung 115
(2) Zusammenfassung 117
d) Formelle Anforderungen an die Strafregelungen 118
aa) Regelungsebene der Doping-Bestimmungen 118
(1) Bei der Vereinsstrafe 119
(2) Gegenüber Nichtmitgliedern 119
bb) Allgemeine Verfahrensvorschriften 120
(1) Bei der Vereinsstrafe 121
(2) Gegenüber Nichtmitgliedern 121
(3) Einzelnen Verfahrensgrundsätze 122
(a) Rechtliches Gehör 122
(b) Beistand eines Rechtsanwaltes 122
(c) Verbot der mehrfachen Bestrafung 123
(d) „Rückwirkungsverbot" 123
(4) Zusammenfassung 124
e) Kontrahierungszwang 124
5. Ergebnis der Inhaltskontrolle 125
III. Tatsachen- und Subsumtionskontrolle 125
1. Tatsachenkontrolle 125
2. Subsumtionskontrolle 126

Drittes Kapitel: Die gerichtliche Geltendmachung 129

A. Gang der Darstellung 130

B. Ausschöpfung des verbandsinternen Rechtsmittelweges 130

C. Das Bestehen eines Schiedsgerichtes 131

I. Rechtstatsachen 131
1. Gesonderter, ausdrücklicher Schiedsvertrag 131
2. Satzungsmäßig statuiertes Schiedsgericht 132
II. Satzungsmäßig statuiertes Schiedsgericht 132
1. Abgrenzung des Verbandsgerichtes zum Schiedsgericht 133
a) Kriterien 133
b) Rechtspraxis der Sportverbände 135

2. Ergebnis	135
III. Schiedsvereinbarung zwischen Sportverband und Athlet	135
1. Anwendungsbereich der §§ 1025 ff. ZPO	136
2. Schiedsvereinbarung i.S.d. § 1029 ZPO	136
a) Schiedsabrede	136
b) Schiedsklausel	137
c) Ergebnis	138
3. Wirksamer Inhalt der Schiedsvereinbarung	138
a) Arbeitsrechtliche und kartellrechtliche Streitigkeit	138
b) Unzulässiger Schiedszwang	139
aa) Alte Rechtslage	139
bb) Heutiges Recht	139
(1) Fehlen einer vergleichbaren Regelung	140
(2) Anwendbarkeit des § 138 BGB	140
(3) Folgen der Anwendung des § 138 BGB	141
cc) Ergebnis	143
4. Besetzung des Schiedsgerichtes	143
a) Rechtstatsachen	143
b) Übergewicht des Sportverbandes	143
aa) Grundsatz	144
bb) Gebot der überparteilichen Rechtspflege	144
5. Form	146
a) Der nicht-gewerbliche Bereich (§1031 Abs. 5 ZPO)	146
b) Der gewerbliche Bereich (§ 1031 Abs. 1 - 4 ZPO)	147
aa) Schiedsabrede	148
bb) Schiedsklausel	148
(1) Formerfordernis des § 1031 Abs. 3 ZPO	148
(2) Form der Bezugnahme	148
(3) „Überraschende" Schiedsklausel	149
c) Ergebnis	150
IV. Zusammenfassung	150

Viertes Kapitel: Die zivilrechtliche Haftung beim Doping   153

A. Schadensersatzansprüche des (unrechtmäßig) wegen Dopings   153
sanktionierten Sportlers

   I. (Quasi) Vertraglicher Anspruch   154

      1. Vertragspflichten des Sportverbandes   154

         a) §§ 275, 280 BGB   155

         b) pVV   156

         c) Zwischenergebnis   159

      2. Verschulden   159

         a) Allgemein   159

         b) Rechtsirrtum des Sportverbandes   160

      3. Rechtsfolge   161

      4. Umfang des Schadensersatzanspruches   162

         a) Kündigung von Sponsoringverträgen   162

         b) Verlust sogenannter Antritts-, Start- oder Auflaufgelder   163

            aa) Konkreter Vermögensschaden   163

            bb) Entgangener Gewinn   164

         c) Entgangene Sieg- oder Punkteprämie   165

   II. Anspruch gemäß §§ 20 Abs. 1, 33 GWB   166

      1. Sportverband als Unternehmen   166

         a) Unternehmen   167

            aa) Teilnahme am Wirtschaftsverkehr   168

            bb) Zwischenergebnis   170

         b) Marktbeherrschende Stellung   170

      2. Sportler als Unternehmen   170

      3. Unbillige Behinderung   172

      4. Verschulden   173

      5. Schadensumfang   174

   III. Anspruch gemäß § 1 UWG   175

   IV. Anspruch gemäß § 826 BGB   176

      1. Sittenwidrigkeit der unrechtmäßigen Sperre   176

      2. Schädigungsvorsatz des Sportverbandes   176

3. Ergebnis	177
V. § 823 Abs. 1 BGB - Recht am Gewerbebetrieb	178
1. Gewerbebetrieb des Sportlers	178
2. Sperre als betriebsbezogener Eingriff	179
3. Verschulden des Sportverbandes	179
4. Zwischenergebnis	180
5. Subsidiarität	180
VI. Zusammenfassung	180
B. Ansprüche der Beteiligten bei tatsächlich erfolgtem Doping	181
I. Anspruch des Sportlers	181
1. Anspruch gegen den Arzt	181
a) Anspruch des unwissentlich gedopten Sportlers	182
aa) Anspruch wegen einer pVV	182
(1) Pflichtverletzung	182
(a) Sorgfältige Behandlung	182
(b) Aufklärungspflicht	183
(2) Verschulden	184
(3) Umfang des Anspruches	185
bb) Anspruch gemäß § 823 Abs. 1 BGB	186
(1) Sachverhalt	186
(2) Tatbestandsvoraussetzungen	186
(3) Art und Umfang des ersatzfähigen Schadens	187
b) Anspruch des wissentlich gedopten Sportlers	188
aa) Anspruch aus einer pVV	188
(1) Abgrenzung: medizinische Indikation	188
(2) Anspruch bei fehlender medizinischer Indikation	189
(3) Anspruch bei bestehender medizinischer Indikation	191
bb) culpa in contrahendo	192
cc) § 823 Abs. 1 BGB	193
(1) Körperverletzung/Gesundheitsbeschädigung	193
(a) Keine medizinische Indikation	194

(b) Bestehen einer medizinischer Indikation	194
(c) Zwischenergebnis	195
(2) Einwilligung des Sportlers	196
(a) Sittenwidrigkeit i.S.d. § 138 BGB	196
(b) Zwischenergebnis	197
(3) Schadensumfang	197
(a) Mitverschulden	198
(b) Ergebnis	199
c) Sonstige Ansprüche	199
2. Anspruch gegen den Trainer/Betreuer	200
a) Vertragliche Haftung	200
aa) Privat beauftragter Trainer oder Betreuer	200
(1) Der unwissentlich gedopte Sportler	201
(2) Der wissentlich gedopte Sportler	202
bb) Der Vereins- oder Verbandstrainer	202
(1) Vertrag mit Schutzwirkung zugunsten Dritter	202
(a) Einbeziehung des Sportlers in den Vertrag	203
(b) Fehlende Schutzbedürftigkeit	204
(c) Pflichtverletzung des Trainers/Betreuers	205
(2) Schadensumfang	205
(a) Anrechnung des eigenen Mitverschuldens	206
(b) Mitverschulden des Vereins/Verbandes	206
b) Deliktische Haftung	207
aa) § 823 Abs. 1 BGB	207
bb) § 823 Abs. 2 BGB	208
3. Anspruch gegen den Sportverein	208
a) Vertrag zwischen Sportler und Verein	209
b) Vereinsmitgliedschaft als Haftungsgrundlage	210
aa) Begriff der Mitgliedschaft	211
bb) Positive Vertragsverletzung	211
(1) Anwendung der pVV	211
(2) Verletzung der Treupflichten durch den Verein	212

(3) Verschulden des Vereins	213
(4) Umfang des Anspruches	214
cc) Vereinsmitgliedschaft als „sonstiges Recht" i.S.d. § 823 Abs. 1 BGB	214
(1) Zuweisungsgehalt und Schutzbereich der Mitgliedschaft	215
(2) Ergebnis	215
II. Anspruch des Vereins	216
1. Anspruch gegen den gedopten Sportler	216
a) Vertrag zwischen Sportler und Verein	216
aa) Vertragspflichtverletzung des dopenden Sportlers	216
bb) Verschulden des Sportlers	217
cc) Schadensumfang	217
b) Vereinsmitgliedschaft als Haftungsgrundlage (pVV)	218
aa) Schuldhafte Treupflichtverletzung	218
bb) Schadensumfang	219
2. Anspruch gegen den Arzt, Trainer und Betreuer	220
III. Anspruch des Konkurrenten	220
1. § 1 UWG	221
a) Sittenwidrigkeit i.S.d. § 1 UWG	221
b) Verschulden	224
c) Schadensumfang	224
d) Ergebnis	225
2. Vertrag mit Schutzwirkung zugunsten Dritter	225
a) Einbeziehung des Konkurrenten in den Vertrag und Pflichtverletzung	226
b) Schadensumfang	226
IV. Anspruch der Zuschauer	227
1. Anspruch gegen den Veranstalter	227
a) Rechtsnatur des Sportveranstaltungvertrages	227
b) Unmöglichkeit	228
c) Mangelhaftigkeit	229
aa) Mangel i.S.d. § 633 BGB	229

bb) Ergebnis	230
2. Anspruch gegen den Sportler	231
V. Anspruch des Veranstalters	231
1. Rechtsnatur und Inhalt des Vertrages	231
2. Unmöglichkeit: § 275 BGB oder § 306 BGB	232
3. Schadensersatz nach § 325 Abs. 1 BGB	233
a) Verschulden	234
b) Umfang des Anspruches	234
4. Schadensersatz nach § 307 BGB	235
VI. Anspruch des Sponsors	235
1. Anspruch gegen den Athleten	236
a) Rechtsnatur und Inhalt des Sponsoringvertrages	236
aa) Pflichten des Sponsors	236
bb) Pflichten des gesponserten Athleten	237
cc) Rechtliche Einordnung	238
b) Rechte des Sponsors beim Doping des Sportlers	238
aa) Vertragsauflösung	238
bb) Schadensersatz	240
(1) Folgen des negativen Imagetransfers	240
(2) Konkreter Schaden	241
(3) Ergebnis	242
2. Anspruch gegen den Verein oder Sportverband	243
a) Inhalt des Sponsoringvertrages	243
b) Rechte des Sponsors beim Doping	244
c) Auswirkung des Dopings auf den Imagetransfer	244
Fünftes Kapitel: Die Rechtsbeziehung zum internationalen Sportverband	**247**
A. Einleitung	247
B. Klage gegen den internationalen Sportverband	248
I. Gerichtspraxis	249
II. Gerichtsbarkeit	250

III. Internationale Zuständigkeit des deutschen Gerichts	250
1. Sitz des internationalen Sportverbandes im Ausland	251
a) Anwendung des EuGVÜ	251
aa) Sitz des Sportverbandes in einem Vertragsstaat	252
bb) Lugano-Übereinkommen	253
b) Keine ausschließliche Zuständigkeit gemäß Art. 16 Nr. 2 EuGVÜ	254
c) Internationale Zuständigkeit gemäß Art. 6 Nr 1 EuGVÜ (Streitgenossenschaft)	255
aa) Klage gegen den deutschen Sportverband	255
bb) Konnexität	255
cc) Sitz des internationalen Sportverbandes	257
(1) Analogie bei Sitz in einem Nichtvertragsstaat	257
(2) Kritik	258
(3) Ergebnis	258
d) Internationale Zuständigkeit gemäß Art. 5 Nr. 3 EuGVÜ (unerlaubte Handlung)	258
aa) Unerlaubte Handlung	258
bb) Inländischer Erfolgsort	259
e) Internationale Zuständigkeit gemäß Art. 5 Nr. 5 EuGVÜ (Niederlassung)	261
aa) Deutscher Sportverband als Niederlassung	261
bb) Ergebnis	263
f) Internationale Zuständigkeit nach der ZPO	263
aa) § 32 ZPO	263
bb) § 21 ZPO	264
g) Zusammenfassung	265
2. Sitz des internationalen Sportverbandes in Deutschland	265
III. Schiedsvereinbarung zwischen internationalem Sportverband und Sportler	266
1. Einleitung	266
2. Rechtstatsachen	266
a) Ausdrückliche Schiedsvereinbarung	266

b) Das Tribunal Arbitral du Sport (TAS)	267
c) Verweis auf ein Schiedsgericht	268
3. Auswirkung einer Schiedsvereinbarung auf die Klage des Sportlers	268
a) Nationalität der Schiedsvereinbarung	268
b) Anwendung des UNÜ auf ausländische Schiedsvereinbarungen	269
c) Prozessuale Folgen der Schiedsvereinbarung	271
d) Voraussetzungen der Einrede der Schiedsvereinbarung i.S.d. UNÜ	271
aa) Zustandekommen	272
(1) Anwendbares Recht	272
(2) Inhaltliche Voraussetzungen	273
bb) Objektive Schiedsfähigkeit	274
cc) Schriftform der Schiedsvereinbarung	275
(1) Voraussetzung des Art. 2 UNÜ	275
(2) Gesonderte Schiedsvereinbarung	275
(3) Verweis auf ein Schiedsgericht	275
(a) Teilnahmevertrag in Form des Art. 2 Abs. 2 UNÜ	276
(b) Schiedsvereinbarung vergleichbar mit AGB	276
(c) Meistbegünstigungsklausel	277
(4) Ergebnis	278
dd) Fragen des Machtmißbrauches	278
(1) Geltung des „ordre public" im Einredestadium	278
(2) Besetzung des Schiedsgerichtes	279
(3) Zwang zum Abschluß der Schiedsvereinbarung	280
4. Ergebnis	281
V. Zusammenfassung	281
C. Wirksamkeit der Doping-Entscheidungen und Bestimmungen internationaler Sportverbände	282
I. Einleitung	282
II. Existenz eines originären internationalen Verbandsrechts	283
1. Gerichtliche Praxis	283

2. Originäres internationales Sportverbandsrecht	284
3. Kritik	286
III. Das anzuwendende (nationale) Recht	288
1. Deutsches Kollisionsrecht	289
a) Gesellschaftsstatut	289
aa) Anzuwendendes Recht	290
bb) Anwendbarkeit des Gesellschaftsstatuts?	291
b) Vertragsstatut	292
aa) Rechtsgeschäftliche Beziehung zum internationalen Sportverband	293
bb) Anwendungsbereich der Art. 27 ff. EGBGB	293
cc) Konkretes Vertragsstatut	295
(1) Art. 27 Abs. 1 EGBGB	295
(2) Art. 28 Abs. 1 EGBGB	295
(3) Ergebnis	296
c) Deliktsstatut	296
aa) Unerlaubte Handlung	297
bb) Recht des Tatortes	297
cc) Ergebnis	298
d) Kartellstatut	298
2. Zusammenfassung/Konkurrenzen	299
IV. Die gerichtliche Kontrolle von Entscheidungen internationaler Sportverbände	300
1. Gang der Darstellung	301
2. Gerichtliche Kontrolle nach deutschem Recht	301
3. Gerichtliche Kontrolle nach ausländischem Recht	302
a) Ordre public-Vorbehalt	302
aa) Geltung der Grundrechte	303
bb) Konkrete Anwendung des ordre public-Vorbehaltes	303
cc) Ergebnis	304
b) Zusammenfassung	305

D. Einwirkung der internationalen Sportverbände auf Entscheidungen 305
und Regelwerke der deutschen Sportverbände
    I. Rechtstatsachen 306
    II. Berücksichtigung bei der gerichtlichen Kontrolle 306

Sechstes Kapitel: Gesamtergebnis 309

Literaturverzeichnis 315
Anhang: Materialien 359

Abkürzungsverzeichnis

ADK	Anti-Doping-Kommission
ALB	Amtliche Leichtathletik-Bestimmungen
AWB	Allgemeine Wettkampf-Bestimmungen
BDR	Bund-Deutscher-Radfahrer
BSO	Bundesspielordnung
BVDG	Bundesverband Deutscher Gewichtheber
DBB	Deutscher Basketball-Bund
DEB	Deutscher Eishockey-Bund
DEL	Deutsche Eishockey-Liga
DLO	Deutsche Leichtathletik-Ordnung
DLV	Deutscher Leichtathletik-Verband
DFechterB	Deutcher Fechter-Bund
DFB	Deutscher Fußball-Bund
DHB	Deutscher Handball-Bund
DHockeyB	Deutscher Hockey-Bund
DisziplinarO	Disziplinarordnung
DopingO	Dopingordnung
DpO	Dopingordnung
DRB	Deutscher Ringer-Bund
DRV	Deutscher Ruder-Verband
DSB	Deutscher Sportbund
DSchützenB	Deutscher Schützen-Bund
DSkiV	Deutscher Ski-Verband
DSV	Deutscher Schwimm-Verband
DTB	Deutscher Tennis-Bund
DTTB	Deutscher Tischtennis-Bund

DTU	Deutsche Triathlon-Union
DVV	Deutscher Volleyballverband
FIBA	Fédération Internationale de Basketball Amateur; International Amateur Basketball Federation
FIFA	Fédération Internationale de Football Association; International Federation of Association Football
FIVB	Federation Internationale de Volley Ball; International Volleyball Federation
IBF	International Boxing Federation
IAAF	International Amateur Athletic Federation
IIHF	International Ice Hockey Federation
IF	International Sports Federation (s)
IOC	International Olympic Committee
ITF	International Tennis Federation
NGO	Non-Governmental Organisation
NOC/NOK	Nationales Olympisches Komitee
O	Ordnung
OCh	Olympic Charter
Rechts- und VerfahrensO	Rechts- und Verfahrensordnung
RechtsO	Rechtsordnung
RO	Rechtsordnung
RRL	Rahmenrichtlinien des Deutschen Sportbundes zur Bekämpfung des Dopings
SpielO	Spielordnung
SpO	Sportordnung
StrafO	Strafordnung
TAS	Tribunal Arbitral du Sport; Court of Arbitration for Sport

TurnierO	Turnierordnung
UEFA	Union des Associations Européennes de Football
UIPM	Union Internationale de Pentathlon Moderne et Biathlon; International Modern Pentathlon and Biathlon Union
UCI	Union Cycliste Internationale; International Cycling Union
UIT	Union Internationale de Tir; International Shooting Union
UNÜ	UN-Übereinkommen über die Anerkennung und Vollstreckung ausländischer Schiedssprüche vom 10.6.1958
V	Verband
VerfahrensO	Verfahrensordnung
VsO	Veranstalterordnung
WBA	World Boxing Association
WBC	World Boxing Council
WKO	Wettkampfordnung
WO	Wettkampfordnung

Für weitere Abkürzungen wird verwiesen auf *Hildebert Kirchner*, Abkürzungsverzeichnis der Rechtssprache, 4. Auflage, Berlin New York 1993.

Erstes Kapitel: Einführung und Grundlagen

A. Einleitung

Das Thema Doping im Sport ist in den letzten Jahren zunehmend in den Vordergrund getreten. Die Disqualifikation Ben Johnsons bei den Olympischen Sommerspielen 1988 in Seoul, die Sperre der Sprintweltmeisterin Katrin Krabbe 1992 und des Fußballspielers Diego Maradona bei der Fußballweltmeisterschaft 1994 in den USA sowie der Ausschluß des Festina-Teams bei der Tour de France 1998 ließen die Doping-Problematik in das allgemeine Bewußtsein vordringen. Es vergeht kaum ein Wettkampf, der nicht von der Einnahme verbotener Doping-Mittel durch einen Sportler begleitet wird. Die hierbei der Öffentlichkeit bekanntgewordenen Fälle stellen nach einigen Schätzungen lediglich die Spitze eines Eisberges dar[1]; zumindest zeigen diese Fälle, daß dem Doping-Mißbrauch bis heute nicht Einhalt geboten werden konnte.

Die alte olympische Maxime „citius, altius, fortius" ist auch heute noch Beweggrund der professionellen Sportausübung. Der Spitzensport führt den Athleten dabei in den Grenzbereich seiner Leistungsfähigkeit. Um den angestrebten Erfolg zu erreichen, werden von Athleten, Trainern und Betreuern sowie Wissenschaftlern immer neue Methoden entwickelt, die Leistungsfähigkeit zu steigern. Reichen für den angestrebten Erfolg das Talent, der Wille oder der Trainingsfleiß nicht mehr aus, wird nach anderen Methoden gesucht, um diesen zu erreichen. Die hierbei eingenommenen Mittel oder hierzu angewandten Methoden stellen Mittel der künstlichen Leistungssteigerung dar, die in der Regel unter das Doping-Verbot fallen. Daß es sich dabei nicht um Einzelfälle handelt, wird durch eine Umfrage unter deutschen Spitzensportlern bestätigt, die ergab, daß sich 80 % aller Leichtathleten bei Verzicht auf die Einnahme von Doping-Mitteln gegenüber der Konkurrenz benachteiligt fühlen[2]. Auch wenn die nationalen und internationalen Bemühungen der letzten Jahre und Jahrzehnte gegen das Doping in Gestalt zunehmender Harmonisierung der Doping-Bestimmungen und insbesondere in der steigenden Anzahl von durchgeführten Doping-Kontrollen im

---

[1] Vgl. *Linck*, NJW 1987, S. 2545, 2546.

Wettkampf oder Training zu einem Rückgang des Dopings geführt haben, werden immer wieder Mißbräuche aufgedeckt; eine erhebliche Relevanz des Dopings im Sport kann weiterhin nicht geleugnet werden.

Die wachsende soziale, kulturelle und wirtschaftliche Bedeutung des Sports ist zudem mitursächlich für ein stetig zunehmendes Interesse der Öffentlichkeit an dem Thema Doping. Dieses und die allgemeine Bedeutung des Dopings im Sport führten daher schon früh in einigen Ländern zur Einführung spezieller gesetzlicher Regelungen gegen das Doping, so u.a. in Belgien (1965); Frankreich (1965, 1989, 1998); Griechenland (1986); Schweden (1992) und Dänemark (1993)[3].

Im deutschen Recht existiert kein spezielles Anti-Doping-Gesetz; 1998 wurden lediglich das Arzneimittelgesetz geändert und die Weiterleitung von Doping-Mitteln unter Strafe gestellt[4]. Im übrigen existieren keine weiteren gesetzlichen Doping-Bestimmungen; solche werden ausschließlich von den deutschen Sportverbänden erlassen. Es wäre jedoch verfehlt, anzunehmen, das staatliche Recht stehe diesem Thema schweigend gegenüber. Im Wege der Interpretation können Aussagen zur Zulässigkeit oder Rechtswidrigkeit des Dopings bestimmten Rechtsmaterien, beispielsweise dem Arztrecht, dem Strafrecht oder dem Zivilrecht, entnommen werden. Dementsprechend wird das Doping zunehmend zum Thema der Juristen. Es wirft eine große Anzahl rechtlicher Probleme auf, wie die Strafbarkeit des Dopings als Gesundheitsbeschädigung i.S.d. §§ 223, 229 StGB[5] oder die Verantwortlichkeit des Arztes in standesrechtlicher und strafrechtlicher Sicht, um nur einige zu nennen.

In der Rechtspraxis nimmt die Sanktion des Sportlers durch den Sportverband im Fall eines Doping-Verstoßes die wohl bedeutsamste Rolle ein. Dies wirft die Frage

---

[2] *Linck*, NJW 1987, S. 2545, 2546.
[3] Siehe hierzu *Krogmann*, SpuRt 1999, S. 19 f.; 61; *Röthel*, SpuRt 1999, S. 20 f.; LT-DRS (NRW), 10/4413, S. 11.
[4] BGBl I 1998, S. 2649: § 6a AMG: „Es ist verboten Arzneimittel zu Dopingzwecken in den Verkehr zu bringen, zu verschreiben oder bei anderen anzuwenden.". Der Verstoß wird gemäß § 95 AMG mit einer Freiheitsstrafe von bis zu drei Jahre oder mit Geldstrafe, bei Weitergabe an Kinder bis zu zehn Jahren bestraft.
[5] Hierzu umfassend *A. Müller*, passim; Zur Strafbarkeit gem. § 263 StGB *Cherkeh*, passim.

nach den Voraussetzungen auf, die einer Entscheidung deutscher und internationaler Sportverbände zugrundeliegen müssen, um rechtswirksam eine Sanktion des Athleten begründen zu können. Diesbezüglich ist ebenfalls von Interesse, ob dem Sportler, der „unrechtmäßig" sanktioniert worden ist, ein Ersatzanspruch gegen den Sportverband zusteht. Darüber hinaus bestehen mannigfaltige Konstellationen, bei denen eine Pflicht zum Schadensersatz und zum sonstigen Ausgleich in Betracht kommen kann. Hierfür relevante Beziehungen bestehen zwischen Athlet, Arzt, Trainer, Verein, Verband, Veranstalter, Zuschauer, Sponsoren und Werbepartnern.

Die zivilrechtliche Haftung dieser einzelnen Personen und die Rechtmäßigkeit der Sanktionen deutscher und internationaler Sportverbände ist Thema dieser Arbeit.

B. Gang der Darstellung

Im folgenden Abschnitt des ersten Kapitels erfolgt zunächst eine historische Betrachtung des Dopings einschließlich der Begriffsgeschichte. Es folgt eine kurze Darstellung der Entwicklung der Definition des Dopings durch internationale Institutionen und den Deutschen Sportbund (DSB) sowie des Inhaltes der Doping-Bestimmungen der deutschen Sportverbände und des Aufbaus des deutschen und internationalen Sportverbandswesens.

Der Hauptteil der Arbeit - die rechtliche Untersuchung des Dopings - folgt in den Kapiteln zwei bis fünf.

Das Zweite Kapitel behandelt die rechtliche Wirksamkeit der Doping-Bestimmungen und Entscheidungen der deutschen Sportverbände, das sich aufteilt in die Frage der rechtsverbindlichen Geltung der Doping-Bestimmungen für den Sportler und die inhaltliche Wirksamkeit der Doping-Regelungen und Entscheidungen. Diese sind vornehmlich anhand der für die gerichtliche Inhaltskontrolle geltenden Grundsätze einer Überprüfung zu unterziehen. Eine wertvolle Ergänzung stellt diesbezüglich die neue Monographie von *Steinbeck*[6] dar, die sich allerdings in einem zentralen Punkt unterscheidet, indem sie das Verhältnis des Sportvereines zum Dachverband sowie weitere Formen des Dritteinflusses im

---

[6] *Steinbeck*, insbes. S. 82 ff., 147 ff. und passim.

Verein untersucht und dem zweiten Kapitel vornehmlich die Beziehung des Sportlers als Nichtverbandsmitglied[7] zum Sport- bzw. Dachverband zugrunde liegt.

Im Anschluß hieran ist der Frage nachzugehen, ob der Sportler die Rechtsunwirksamkeit einer Doping-Regelung oder Entscheidung vor dem staatlichen Gericht geltend machen kann (Drittes Kapitel).

Im vierten Kapitel, welches die zivilrechtliche Haftung beim Doping zum Inhalt hat, ist zunächst die Haftung des Sportverbandes gegenüber dem „unrechtmäßig" sanktionierten Sportler zu klären und danach die der an einem tatsächlich erfolgten Doping beteiligten Personen.

Gegenstand des fünften Kapitels ist die Rechtsbeziehung zum internationalen Sportverband. Es ist hier die für den Sportler wichtige Frage zu klären, ob er den internationalen Sportverband vor einem deutschen Gericht verklagen kann. Soweit dessen internationale Zuständigkeit bejaht werden kann, wird untersucht, ob auch die Entscheidungen und Regelwerke der internationalen Sportverbände einer gerichtlichen Kontrolle standhalten, wobei das vom deutschen Gericht diesbezüglich anzuwendende nationale Recht eine erhebliche Rolle spielt. Letztlich ist zu klären, wie sich die Beziehungen des deutschen Sportverband zum internationalen Sportverband auf die Kontrolle der Entscheidungen des deutschen Sportverbandes auswirken können.

C. Historische Betrachtung des Dopings
I. Entstehung und Herkunft des Wortes „Doping"

Die Herkunft des Begriffes „Doping" ist nicht mit letzter Sicherheit zu bestimmen. Teilweise wird davon ausgegangen, daß der Ursprung des Wortes „Doping" im niederländischen Sprachbereich liege[8]. Mit dem Begriff „doop" sei danach eine dickflüssige leistungssteigernde Mixtur bezeichnet worden, die von holländischen Kolonisten beim Bau von Niew Amsterdam (New York) zur Steigerung der Arbeitskräfte verwendet worden sein soll. Das Wort „doop" oder „doopen" soll in

---

[7] Siehe unten, Erstes Kapitel, E. II. 1; Zweites Kapitel, I. 1.
[8] Vgl. dazu ausführlich *Schneider-Grohe*, Doping, S. 24 mit einzelnen Nachweisen.

der Folge als „Doping" in die amerikanische Umgangssprache Einzug gehalten haben.

Die wohl weitestverbreitete Auffassung führt dagegen das Wort „Doping" auf einen von den Einheimischen im südöstlichen Afrika gesprochenen Dialekt zurück, der später in die Burensprache übernommen wurde. Als „Dop" beziehungsweise „doop" wurde dort im 19. Jahrhundert eine Mischung von starkem Schnaps und Alkaloiden bezeichnet, die bei Kulthandlungen der Eingeborenen als Stimulans verwendet wurde[9].

Im Zusammenhang mit betrügerischer Leistungssteigerung wurde das Wort „Doping" erstmals um 1889 bei Rennpferden erwähnt[10]. Zur gleichen Zeit war es auch erstmalig in einem englischen Wörterbuch zu finden, welches damit eine Mischung aus Opium und Narkotika beschrieb[11]. Kurz darauf schrieb die „Daily News" zum Thema Doping:" Doping meant the administration to a horse of certain medical preparations with the object of either stimulating or retarding the animal`s progress in a race"[12].

Der Begriff „Doping" hat sich dann im Laufe der Zeit im allgemeinen Sprachgebrauch als Bezeichnung für eine Steigerung der sportlichen Leistungsfähigkeit mit unzulässigen Mitteln durchgesetzt.

II. Geschichtliche Entwicklung der Dopingproblematik

Die Verwendung leistungssteigernder Substanzen ist in der Geschichte weit zurückzuverfolgen. Sie soll bereits bei den sagenhaften Berserkern der nordischen Mythologie aufgetreten sein, die mit der Hilfe einer aus einem Pilz gewonnenen Droge ihre Kampfkraft um ein Vielfaches gesteigert haben sollen[13]. Im Bereich des Sports sollen die Athleten der alten Olympischen Spiele am Ende des 3. Jahrhunderts vor Christus mit der Einnahme verschiedener Mittel versucht

---

[9] *Donike*, Handlexikon der Sportwissenschaft, S. 81; *Schneider-Grohe*, Doping, S. 23; *Prokop*, Sportarzt und Sportmedizin 1970, S. 125, 126.

[10] *Schneider-Grohe*, Doping, S. 23.

[11] *Schneider-Grohe*, Doping, S. 23.

[12] *Schneider-Grohe*, Doping, S. 23.

[13] *Prokop*, Geschichte des Dopings, S. 22; *Schneider-Grohe*, Doping, S. 21; *Donike*, Handlexikon der Sportwissenschaft, S. 81.

haben, ihre Leistungsfähigkeit zu steigern[14]. Ebenso berichteten *Philostratos* und *Galen* über die Anwendung stimulierender Mittel von Sportlern und Olympioniken zur Zeit der Antike[15]. Weitere Berichte stammen aus dem süd- und mittelamerikanischen Raum. Die Ureinwohner verwandten zwecks Leistungssteigerung verschiedene Substanzen, wie das Kauen von Cocablättern zur Bewältigung von langen Laufleistungen. So sollen die Inka die 1750 km lange Strecke von Cuzco (Cusko) nach Quito in fünf Tagen und auch die Strecken von 650 km in drei Tagen und drei Nächten überwunden haben, wie spanische Chronisten berichteten[16]. In der gleichen Weise sind die Tarahumara, ein Stamm der Uto-Azteken der mexikanischen Sierra Madre, zu erwähnen, die in bis zu 72 Stunden dauernden Läufen Strecken von 260 bis 560 Kilometern zurücklegten, wobei dies u.a. auf das Kauen des Peyote-Kaktus zurückzuführen sei, welches die Einnahme eines strychninähnlichem Stimulans bedeutet und in kleinen Mengen herzanregend wirkt[17].

Die ersten nachweisbaren Fälle von Doping im Sport traten in Europa zum Ende des 19. Jahrhunderts auf. Als im Radsport 1879 erstmals die bekannten Sechstagerennen ausgetragen wurden, haben Fahrer verschiedener Nationen bereits unterschiedliche Mittel eingenommen, um die Strapazen durchzustehen[18]. Der erste Todesfall, den das Doping im Sport verursachte, datiert aus dem Jahr 1886, als der englische Radrennfahrer *Linton* beim 600 Kilometer langen Radrennen Bordeaux-Paris an einer Überdosis Trimethyl starb, nachdem er von seinem Manager zuvor massiv gedopt worden war[19].

---

[14] *Prokop*, Geschichte des Dopings, S. 22; *Schneider-Grohe*, Doping, S. 22.
[15] *Linck*, NJW 1987, S. 2545, 2546; *Prokop*, Geschichte des Dopings, S. 22.
[16] *Prokop*, Geschichte des Dopings, S. 22, verweist auf eben diese, namentlich Gutierrez de Santa Clara; *Schneider-Grohe*, Doping, S. 22.
[17] *Umminger*, S. 14, 18; *Schneider-Grohe*, Doping, S. 22.
[18] Beispielsweise wurden Mischungen auf Koffeinbasis oder Nitroglyzerin, Heroin, Kokain sowie alkoholische Getränke verwendet, vgl. hierzu näher: *Prokop*, Geschichte des Dopings, S. 22 f.; *ders.* Sportarzt und Sportmedizin 1970, S. 125; *Schneider-Grohe*, Doping, S. 25.
[19] *Prokop*, Geschichte des Dopings, S. 22, 23; *ders.* Sportarzt und Sportmedizin 1970, S. 125; *Schneider-Grohe*, Doping, S. 25; *Körner*, ZRP 1989, S. 418.

Eine wesentliche Steigerung der Anzahl der - bekannt gewordenen - Dopingfälle ist ab den 50er Jahren zu verzeichnen. Vornehmlich im Radsport traten immer wieder Doping-Vergehen auf. So waren von 25 bei Radrennen im April 1955 durchgeführten Urinkontrollen fünf positiv[20], und bei vielen weiteren Radveranstaltungen kam der Mißbrauch von leistungssteigernden Mittel zum Vorschein. *Lothar Alpler* wurde bei der Straßenweltmeisterschaft der Amateure ebenso wie *Nielson* bei der Steherprofiweltmeisterschaft in Zürich sowie viele andere Fahrer der Einnahme von Doping-Mitteln, insbesondere Amphetamine, überführt und teilweise auch bestraft.

Wesentlich größeres Aufsehen erregte der Tod des dänischen Radrennfahrers *Jensen* bei den Olympischen Spielen 1960 in Rom, der beim 100-Kilometer-Mannschaftsfahren aufgrund einer Überdosis von Amphetaminen und Ronicol kollabierte und einige Stunden später im Krankenhaus starb[21], sowie der Tod des Briten *Tom Simpson*, der 1967 bei der Tour de France nach der Einnahme von Amphetaminen durch Überanstrengung und Hitze zusammenbrach und ebenfalls starb[22]. Schätzungen gehen dahin, daß bis zum Jahr 1970 mindestens 100 Todesfälle im Sport auf Doping zurückzuführen sind[23].

Auch im Fußball verbreitete sich das Doping immer mehr. Eine Umfrage der italienischen Fußballorganisation 1961 ergab, daß 17 % aller Spieler während eines Spieles Psychopharmaka nahmen und 94 % aller A-Liga-Vereine während des Trainings irgendwelche Dopingmittel verwendeten[24].

Die Liste der der Öffentlichkeit bekanntgewordenen Dopingfälle läßt sich bis heute beliebig fortsetzen. In der jüngeren Zeit erlangten in diesem Zusammenhang größere Popularität die Dopingsperre des US-Leichtathleten *Harry L."Butch" Reynolds*[25], die Disqualifikation und folgende Sperre des kanadischen Sprinters

---

[20] *Prokop*, Geschichte des Dopings, S. 22, 24; *ders.* Sportarzt und Sportmedizin 1970, S. 126; *Schneider-Grohe*, Doping, S. 27.

[21] *Prokop*, Geschichte des Dopings, S. 22, 25; *ders.* Sportarzt und Sportmedizin 1970, S. 128; *Schneider-Grohe*, Doping, S. 28; *Körner*, ZRP 1989, S. 418; *Linck*, NJW 1987, S. 2545.

[22] Vgl. hierzu ausführlich *Blinkensdörfer*, S. 101 ff.

[23] So *Acker*, S. 7, 8, der *Prokop* als Mitglied der Medizinischen Kommission des Internationalen Olympischen Komitees wörtlich zitiert.

[24] *Prokop*, Geschichte des Dopings, S. 22, 27; *Schneider-Grohe*, Doping, S. 28 f.

[25] Vgl. dazu *Bach*, SpuRt 1995, S. 142 f.

Ben Johnson, der den 100-Meter-Lauf in Weltrekordzeit bei den Olympischen Spielen 1988 in Seoul gewonnen hatte, das Doping-Vergehen des argentinischen Fußball-Nationalspielers *Diego Maradona* bei der Fußballweltmeisterschaft 1994 in den Vereinigten Staaten, der daraufhin ebenfalls gesperrt wurde, sowie der Ausschluß des Festina-Teams einschließlich des Vorjahreszweiten *Richard Virenque* bei der Tour de France 1998 wegen Dopings.

Aus deutscher Sicht trat das Doping durch der Tod der Siebenkämpferin *Birgit Dressel*, die nach der Einnahme eines Arzneimittelcocktails aus über 100 Medikamenten 1987 an einem allergischen Schock starb[26], sowie die Dopingsperre der Sprintweltmeisterin des Jahres 1991, *Katrin Krabbe*, die zu Beginn des Jahres 1992 aufgrund einer Manipulation an der von ihr im Rahmen einer Trainingskontrolle abgenommenen Urinprobe gesperrt wurde[27], in den Vordergrund. Der Fall *Dieter Baumann*, Olympiasieger 1992, dem die Einnahme Nandrolons zur Last gelegt wurde und dessen Sperre durch die IAAF vom internationalen Schiedsgericht TAS für die Olympischen Spiele 2000 in Sydney bestätigt wurde, war Gegenstand einer breiten Berichterstattung und führte sogar zu staatsanwaltlichen Ermittlungen wegen vermeintlicher Manipulation seiner Zahnpasta.

Diese wenigen Beispiele der bekannt gewordenen Dopingfälle einschließlich das inzwischen offenkundige systematische Doping in der früheren DDR zeigen, daß bis heute dem Doping kein Einhalt geboten werden konnte und auch für die Zukunft zu erwarten ist, daß weitere Doping-Vergehen durch Sportler publik werden.

---

[26] *Körner*, ZRP 1989, S. 418; *Linck*, NJW 1987, S. 2545; *Franz/Hartl*, NJW 1988, S. 2277.

[27] Die Untersuchung der am 24.1.92 in Stellenbosch/Republik Südafrika entnommenen Urinprobe der Leichtathletinnen Katrin Zimmermann, Grit Breuer und Silke Möller ergab, daß deren A- und B-Proben, mithin sechs Proben, untereinander völlig identisch waren und es sich damit um ein und denselben Urin handelte. Der hierauf ausgesprochene Entzug der Starterlaubnis durch das Präsidium des DLV am 15.2.92 wurde von dessen Rechtsausschuß am 4./5.4.92 wegen Verfahrensfehlern aufgehoben. K. Krabbe wurde 1992 wegen der Einnahme von Clenbuterol erneut gesperrt.

D. Definition des Dopings

Der wohl erste offizielle und entscheidende Anstoß zur Bekämpfung des Dopings ging 1963 vom Europarat aus, der in Straßburg eine Expertenkommission einberief. Es stellte sich bei den Versuchen, Anti-Doping-Maßnahmen zu erarbeiten, heraus, daß dazu eine Definition des Begriffs „Dopings" unerläßlich ist, aber auch äußerst große Schwierigkeiten bereitet. Die vielfach gebräuchliche und aus dem allgemeinen Sprachgebrauch bekannte Formulierung, nach der das Doping eine „Leistungssteigerung im Sport mit unerlaubten Mitteln" darstelle, zeigt nur das Problem einer einwandfreien Definition des Begriffes „Doping" auf, da bereits die verwendeten Begriffe „Leistungssteigerung" und „unerlaubte Mittel" einer näheren Erklärung bedürfen. Die von der Expertenkommission des Europarates 1963 erarbeitete Definition lautet:

„Doping ist die Verabreichung oder der Gebrauch körperfremder Substanzen in jeder Form und physiologischer Substanzen in abnormaler Form oder auf abnormalem Weg an gesunde Personen mit dem einzigen Ziel der künstlichen und unfairen Steigerung der Leistung für den Wettkampf. Außerdem müssen verschiedene psychologische Maßnahmen zur Leistungssteigerung des Sportlers als Doping angesehen werden".

Diese Definition versucht zwar alle Aspekte des Dopings zu erfassen, erwies sich aber aufgrund der Verwendung von undefinierten Ausdrücken (körperfremd, abnormale Form, etc.) als wenig praktikabel[28]. Es wurden in den folgenden Jahren demgemäß weitere Definitionen des Dopings erarbeitet, die praxisgerechter sein sollten[29].

---

[28] Vgl. *Donike/Rauth*, Dopingkontrollen, S. 1 f.

[29] Vgl. beispielhaft die Dopingdefinition des Deutschen Sportbundes, die in ihrer ersten Fassung aus dem Jahr 1970 stammt und in der Fassung von 1977 wie folgt lautet:

„1. Doping ist der Versuch einer unphysiologischen Steigerung der Leistungsfähigkeit des Sportlers durch Anwendung (Einnahme, Injektion oder Verabreichung) einer Dopingsubstanz durch den Sportler oder einer Hilfsperson (z.B. Mannschaftsleiter, Trainer, Betreuer, Arzt, Pfleger oder Masseur) vor einem Wettkampf oder während eines Wettkampfes und für die anabolen Hormone auch im Training.

2. Dopingsubstanzen im Sinne dieser Richtlinien sind insbesondere Phenylethylaminderivate (Weckamine, Ephedrine, Adrenalinderivate), Narkotika, Analeptika (Kampfer und Strychninderivate) und anabole Hormone. Sportartspezifisch können weitere Substanzen, z.B. Alkohol, Sedativa, Psychopharmaka unter den Dopingsubstanzen aufgeführt werden."

Das Ziel einer umfassenden Bekämpfung des Dopings setzte aber neben einer praktikablen Doping-Definition eine möglichst (weltweite) Vereinheitlichung der Definition als auch der übrigen Anti-Doping-Regelungen voraus. Dies führte dazu, daß sich mehrere internationale Institutionen mit dem Doping beschäftigten[30] und damit auch mit neuen Definitionen des Dopings.

Der Deutsche Sportverband (DSB) hat demgemäß als Empfehlung an die Sportverbände zwecks besserer Orientierung und Vereinheitlichung der Doping-Bestimmungen die sog. Rahmen-Richtlinien zur Bekämpfung des Dopings (RRL) am 26. September 1970 erlassen[31]. Diese regelte u.a. die Definition des Dopings, welche wiederum auf die Definition des Internationalen Olympischen Komitees (IOC) verweist. Die Fassung aus dem Jahr 1993 lautet wie folgt:

„*Dopingdefinition des DSB - RRL -*
§ 2 Begriffsbestimmung (RRL):
„*1. Doping ist der Versuch der Leistungssteigerung durch die Anwendung (Einnahme, Injektion oder Verabreichung) von Substanzen der verbotenen Wirkstoffgruppen oder durch die Anwendung verbotener Methoden (z.B. Blutdoping).*
2. Die Liste der verbotenen Wirkstoffgruppen umfaßt z.B. Stimulantien, Narkotika, anabole Substanzen, Diuretika, Peptidhormone und Verbindungen, die chemisch, pharmakologisch oder von der angestrengten Wirkung her verwandt sind.
3. Sportartspezifisch können weitere Substanzen und Wirkstoffgruppen, z.B. Alkohol, Sedativa, Psychopharmaka, ß-Blocker unter den Dopingsubstanzen aufgeführt werden.
4. Sportler/innen können sich dann nicht auf Unklarheit berufen, wenn die Anwendung der Medikamente ohne ärztliche Verschreibung aufgrund medizinischer Indikation erfolgt ist. Das gleiche gilt für Medikamente, die nicht gem. § 9 Abs. 1, Satz 2 angegeben sind.
5. Die „Dopingdefinition der Medizinischen Kommission des IOC für die XIV Winterspiele in Lillehammer 1994 vom 17.3.1993" einschließlich der Beispiele und Erläuterungen (Anlage 1) ist Bestandteil dieser Rahmenrichtlinien. Sie ist von den Spitzenverbänden zum Bestandteil ihrer Wettkampfbestimmungen zu machen."

---

[30] Der erste wesentliche Schritt war die Gründung der Medizinischen Kommission des Internationalen Olympischen Komitees 1967, welches bereits bei den Olympischen Winterspielen 1968 in Grenoble die ersten Doping-Untersuchungen durchführte. Der Europarat hat am 16.11.1989 ein Übereinkommen gegen das Doping verabschiedet, welches von der Bundesrepublik Deutschland am 27.05.1992 unterzeichnet wurde; vgl. SpuRt 1994, S. 60 und den hierauf folgenden Anti-Doping-Bericht der Bundesregierung im Zusammenarbeit mit dem DSB, NOK, der Deutschen Sporthilfe und Spitzenverbänden aus dem Jahr 1994, BT-Drs. 12/7540.

[31] Eine weitere Empfehlung des DSB sind die Formulierungsvorschläge für einen Sanktionskatalog zur Bekämpfung des Dopings vom 21. April 1992.

Die in Bezug genommene Dopingdefinition des IOC lautete bei den Olympischen Spielen in Atlanta wie folgt:

"Dopingdefinition der Medizinischen Kommission des IOC für die XXVI Sommerspiele in Atlanta 1996
Liste der verbotenen Wirkstoffgruppen und Methoden
I. Verbotene Wirkstoffgruppen[32]
   A. Stimulantien
   B. Narkotika
   C. Anabole Wirkstoffe
   D. Diuretika
   E. Peptid- und Glycoproteinhormone und Analoge
II. Verbotene Methoden
   A. Blutdoping
   B. Pharmakologische, chemische und physikalische Manipulation
III. Wirkstoffgruppen
   zugelassen nur mit gewissen Einschränkungen
   A. Alkohol
   B. Marihuana
   C. Lokalanaestetika
   D. Kortikosteroide
   E. Beta-Blocker".

Die verbotenen Wirkstoffgruppen werden jeweils durch eine Liste von Substanzen ergänzt, die von ihnen umfaßt werden und als verboten gelten[33].

Die Doping-Definition der Medizinischen Kommission des IOC und des DSB verzichtet daher darauf, eine allgemeine, ethisch begründete Definition des Begriffes „Doping" zu geben, die in der des Europarates aus dem Jahr 1963 noch zu finden ist. Es gilt vielmehr der Grundsatz: „Doping ist die Verwendung von Substan-

---

[32] **Stimulantien** (Substanzen, die auf das Zentralnervensystem einwirken und dadurch die Aufmerksamkeit erhöhen sowie in der Lage sind, die Leistungsbereitschaft (und Aggressivität) zu steigern; **Narkotika** (Substanzen die vorwiegend schmerzstillend wirken); **Anabole Substanzen** (Erhöhung der Muskelmasse und Muskelkraft in Verbindung mit gesteigerter Nahrungsaufnahme sowie bei geringen Dosen Steigerung der Wettkampfbereitschaft); **Diuretika** (harntreibende Mittel, die die Wasser- und Salzausscheidung erhöhen), hierzu näher *A. Müller*, S. 19 ff.

[33] Zu den Listen der verbotenen Substanzen umfassend *Donike/Rauth*, S. 7 ff.

zen aus den verbotenen Wirkstoffgruppen und die Anwendung verbotener Methoden"[34].

Eine Harmonisierung der Anti-Doping-Bestimmungen einschließlich der Doping-Definition wird weiterhin angestrebt, wobei aufgrund der Vielfalt der Sportarten und der sportartspezifischen Gegebenheiten eine solche nicht vollkommen und absolut sein kann. Trotzdem fand insbesondere in den letzten Jahren eine zunehmende Harmonisierung statt, da eine große Anzahl der deutschen Sportverbände die „Rahmen-Richtlinien zur Bekämpfung des Dopings" des Deutschen Sportbundes übernommen haben[35].

Dieser Arbeit wird daher die vorstehende Definition des Dopings zugrundegelegt, ohne allerdings auf die medizinische oder pharmakologische Wirkung der einzelnen verbotenen Substanzen näher einzugehen.

E. Die Doping-Bestimmungen im System des Sportverbandswesens
I. Doping-Bestimmungen deutscher Sportverbände
1. Doping-Bestimmungen des DSB

Die Anti-Doping-Regelungen des Deutschen Sportbundes (DSB), die Rahmen-Richtlinien (RRL), legen neben einer Definition des Dopings die Sanktionen fest, die den Sportler bei einem Verstoß gegen das Doping-Verbot treffen sollen, wie

---

[34] *Donike/Rauth*, Dopingkontrollen, S. 5.
[35] Die RRL des DSB haben z.B. übernommen: **BVDG**, § 6 StrO, soweit in § 8 der SpO nichts abweichendes geregelt ist; **DHockeyB**, § 2 Nr. 2 SpielO; **DRV**, § 40 a Ziff. 1 AWB; eigene Doping-Bestimmungen haben z.B. erlassen: **DFB**, §§ 14 a, 25 Nr. 2 d SpielO, §§ 4 Nr. 1 i, 5 Nr. 1 j Rechts- und VerfahrensO, sowie die von DFB-Vorstand beschlossene „Durchführungsbestimmung Doping"; **DVV**, §§ 3 h, 4 (4), 21 (1) a) der Satzung, Ziff. 5.3.2 d), 5.12, 17.2.12 BSO sowie die „Anti-Doping-Ordnung" als Anlage 10 zur BSO; **DHB**, § 21 a SpielO, § 11 RO und das „Antidoping-Reglement"; **DRB**, „Anti-Dopingordnung"; **DTTB**, Ziff. 10 WO; zum Teil wird auch Bezug auf internationale Verbände genommen: **DTB**, § 5 a WO, Anlage zu § 5 a WO: Übernahme der Doping-Definition von der Medizinischen Kommission der ITF in Übereinstimmung mit dem medizinischen Code des IOC, bezüglich Strafen wird lediglich auf die allgemeine DisziplinarO verwiesen; **DTU**, eine in Anlehnung an die Doping-Bestimmungen der Medizinischen Kommission des IOC erstellte „Dopingordnung" (DpO); **BDR**, „Doping-Kontrollreglement", basierend auf den Bestimmungen des „Règlement Controle Médical" (RCM) des UCI; **DSchützenB**, Ziff. 0.27.1 SportO verweist u.a. auf Antidoping-Bestimmungen der UIT; **DLV**, Teil VI der WKO, der den IAAF-Regeln 55-61 entnommen wurde, da die WKO nach Teil I der WKO die deutsche Übersetzung der IAAF-Regeln darstellt, allerdings mit Abweichungen. Einen Überblick über die Strafbestimmungen der Deutschen Spitzenverbände gibt der Anti-Doping-Bericht der Bundesregierung, BT-Drs. 12/540, S.54 ff. Hiernach sind deckungsgleich mit den vorgesehenen Maßnahmen der RRL des DSB beispielsweise die „Strafbestimmungen" des DBB, DHB, DHockeyB, DSV, Unterschiede existieren bei den Bestimmungen des DFechtB, DFB, DLV, DTB, DTTB und der DTU.

z.B. eine mehrjährige Wettkampfsperre, und regeln die Kontrolle des Doping-Verbots in ihren Einzelheiten sowie das Verfahren, welches bei Vorliegen eines positiven Befundes in Gang zu setzen ist.

2. Das verbandsrechtliche Doping-Verfahren

Das verbandsrechtliche Doping-Verfahren, welches der DSB vorsieht, entspricht im wesentlichen dem der deutschen Sportverbände und kann wie folgt beschrieben werden[36]:

Die Sportverbände führen zur Überprüfung der Einhaltung des Doping-Verbotes im Bereich des Leistungssports Dopingkontrollen während und außerhalb eines Wettkampfes durch. Mit diesen können die mögliche Einnahme verbotener Doping-Mittel oder die Verwendung verbotener Doping-Methoden nachgewiesen werden. Die zu kontrollierenden Athleten werden während eines Wettkampfes ausgelost; hinzu kommen häufig die bestplazierten Sportler des Wettkampfes, und es besteht die Möglichkeit zur gezielten Auswahl (sog. Zielkontrolle). Im Rahmen der Kontrollen hat der Athlet nach einem festgelegten Verfahrensablauf eine Urin-Probe abzugeben.

Die abgegebene Urin-Probe wird in zwei Flaschen (sog. A- und B-Probe) gefüllt, die verschlossen und versiegelt werden sowie in einen ebenfalls zu versiegelnden Transportbehälter zu bringen sind. Die Flaschen (A- und B-Probe) und die Transporttasche erhalten eine Code-Nummer, welche zugleich auf dem Dopingkontrollformular festgehalten wird. Der Athlet hat durch seine Unterschrift auf dem Dopingkontrollformular den ordnungsgemäßen Verfahrensablauf mit seiner Unterschrift zu bestätigen und kann Abweichungen ebenfalls vermerken.

Die Urinproben werden in einem vom Sportverband akkreditierten Labor untersucht. Bei einem positiven Befund der sog. A-Probe, wenn also die Urin-Probe verbotene Substanzen aufweist, wird der zuständige Sportverband informiert, der anhand der Kodierung den betroffenen Sportler ermittelt und diesen zugleich un-

---

[36] Vgl. § 12 RRL des DSB; ebenso. Ziff. 1.3 der IOC-Regeln zur Durchführung von Doping-Kontrollen, IOC MEDICAL COMMISSION REGULATIONS „SAMPLING PROCEDURES IN DOPING CONTROLS", Stand 14.06.1995, abgedruckt bei *Donike/ Rauth*, Dopingkontrollen S. 60; explizite Regelungen enthält z.B. auch das „Dopingkontroll-Reglement" des BDR.

terrichtet. Dieser kann innerhalb einer bestimmten Frist die Untersuchung der B-Probe verlangen, bei der er ein Anwesenheitsrecht hat.

Sofern der Sportler die Frist verstreichen läßt oder die B-Probe das bereits gefundene Ergebnis bestätigt, werden der Athlet meist (i.d.R. vorläufig) suspendiert und ein Verfahren gegen ihn eingeleitet. Stellt der Sportverband hierbei einen Verstoß gegen die Doping-Bestimmungen fest, verhängt er eine Sanktion gegen den Athleten, und zwar regelmäßig eine zeitlich befristete (i.d.R. zwischen 2 und 4 Jahren) Wettkampfsperre. Die aufgefundene Menge der Doping-Substanzen spielt grundsätzlich keine Rolle, da es sich um ein sog. Ja/Nein-System handelt und lediglich für wenige Ausnahmen ein quantitatives Limit existiert[37].

Die Entscheidung des Sportverbandes wird dem internationalen Fachverband und dem Athleten mitgeteilt sowie im Verbandsorgan veröffentlicht.

3. Doping-Bestimmungen der Sport(fach)verbände

Ein Teil der dem DSB angeschlossenen Sport(fach)verbände hat die Rahmen-Richtlinien (RRL) des DSB vollständig übernommen. Andere Sportverbände sind an einer Übernahme allerdings gehindert, da ihnen von ihren internationalen Fachverbänden die Übernahme bestimmter Doping-Regelungen oktroyiert wurde und diese in bestimmten Punkten von den Rahmen-Richtlinien des DSB abweichen, insbesondere hinsichtlich des Strafmaßes für einen Doping-Verstoß und der Substanzen, die unter den Doping-Begriff fallen[38].

Doping-Bestimmungen sind daher sowohl im Regelwerk, d.h. in der Satzung und/oder Nebenordnungen, des Deutschen Sportbundes, des Nationalen Olympischen Komitees und der Spitzenverbände sowie im internationalen Bereich im Regelwerk des Internationalen Olympischen Komitees und der internationalen Spitzenverbände, zu finden.

II. Der Aufbau des Sportverbandswesens

Die Tatsache, daß deutsche Sportverbände zum Teil einem Zwang zur Übernahme bestimmter Doping-Regelungen durch die internationalen Sportverbände

---

[37] So bei Koffein und Testasteron, zum Ganzen *Donike/Rauth*, Dopingkontrollen, S. 32 ff.

unterliegen, wird bei einem Blick auf das Sportverbandswesen deutlicher. Da die Struktur des Sportverbandswesens demgemäß auch für die folgende rechtliche Untersuchung des Dopings von präjudizierender Bedeutung ist, ist sie an dieser Stelle näher darzulegen.

1. Deutsches Sportverbandswesen

Der organisierte Sport findet in Deutschland überwiegend im Rahmen von Vereins- und Verbandsveranstaltungen statt[39]. Das Sportverbandswesen ist typischerweise durch einen pyramidenförmigen Aufbau von Sportverbänden und Sportvereinen geprägt, die sämtlich eingetragene Vereine i.S.d. § 21 BGB sind[40]. Der Sportler ist Mitglied[41] in einem Sportverein, der wiederum Mitglied in den Landesfachverbänden derjenigen Sportarten ist, die in dem Verein betrieben werden. Ein sogenannter Mehrspartenverein ist daher in mehreren Verbänden Mitglied. Die Landesfachverbände der unterschiedlichen Sportarten[42] beziehungsweise die Sportvereine selbst[43] sind in den Landessportbünden zusammengeschlossen, deren Gebiet identisch mit den jeweiligen Bundesländern ist[44]. Die Landesfach- oder Regionalverbände (z.B. Westdeutscher Fußballverband[45]) sind wiederum Mitglieder in ihrem jeweiligen Spitzenverband (z.B. Deutscher Fußballbund). Die Spitzen- oder Dachverbände sind neben den Landessportbünden ordentliche Mitglieder des Deutschen Sportbundes[46].

---

[38] Siehe Fn. 35.

[39] *Vieweg*, JuS 1983, S. 825, 826; wonach nach Angaben des DSB und des LSB Nordrhein-Westfalen die Sportangebote der Sportorganisationen 95 % ausmachen. Hierzu zählen auch Veranstaltungen Dritter, die im Bereich des Sportverbandes mit dessen Genehmigung durchgeführt werden. Diese Bereiche allein sind Gegenstand der Arbeit.

[40] *Vieweg*, Normsetzung, S. 197; *ders.*, JuS 1983, S. 825, 826.

[41] Eine Ausnahme stellen die Lizenzspieler in der Fußballbundesliga, im DTTB sowie in der DEL dar, die als Angestellte des Vereines nicht zugleich deren Mitgliedschaft innehaben; hierzu unten, Zweites Kapitel, A. I. 1.

[42] So in Baden-Württemberg, Berlin, Nordrhein-Westfalen und im Saarland.

[43] In den übrigen Bundesländern, vgl. *Vieweg*, JuS 1983, S. 825, 826.

[44] *Vieweg*, JuS 1983, S. 825, 826.

[45] Ein Regionalverband, in dem folgende Landesverbände zusammengeschlossen sind: Fußballverband Mittelrhein, Fußballverband Niederrhein und der Fußball- und Leichtathletikverband Westfalen.

[46] § 5 Ziff. 1 der Satzung des DSB.

Merkmal des Sportverbandswesens ist das sogenannte Ein-Platz-Prinzip beziehungsweise Ein-Verband-Prinzip. Auf nationaler Ebene regelt § 5 Ziff. 2 DSB-Satzung, daß nur ein Spitzenverband in den DSB aufgenommen wird. Genauer ist demnach der Begriff Ein-Verband-pro-Sportart-Prinzip[47]. Ähnliche Regelungen existieren sowohl in den Satzungen der Landessportbünde[48] als auch auf internationaler Ebene, so daß jeweils nur ein Verband pro Fachgebiet ausschließlich zuständig ist[49] und daß für einen bestimmten territorialen Bereich ebenso nur ein Verband existiert. So gibt es z.B. mit dem DFB nur einen Fußballverband in Deutschland. Dementsprechend ist jeweils nur ein deutscher Spitzenverband Mitglied im internationalen Verband der betreffenden Sportart.

Der Deutsche Sportbund (DSB), der Dachverband nahezu aller deutschen Sportverbände[50] ist, hat weder die Kompetenz zur Setzung verbindlicher Doping-Regeln gegenüber den einzelnen Verbänden, noch fällt die Gerichtsbarkeit in seinen Aufgabenbereich[51]; eine derartige Befugnis ist weder in der Satzung des DSB konstituiert, noch von den einzelnen Sportverbänden auf ihn übertragen worden. Die Kompetenz zu Doping-Regelungen kommt daher auf nationaler Ebene allein den Sportfachverbänden gegenüber den ihnen jeweils untergeordneten Landesverbänden und Vereinen zu.

---

[47] *Vieweg*, Normsetzung, S. 61 ff.
[48] Vgl. *Vieweg*, JuS 1983, S. 825, 826.
[49] Eine Ausnahme stellt insoweit der Berufsboxsport dar, bei dem auf internationaler Ebene drei Verbände nebeneinander zuständig sind: der World Boxing Council (WBC), die World Boxing Association (WBA), die International Boxing Federation (IBF).
[50] Nicht dem DSB angegliedert sind als Verbände mit einer ausgeprägten Wettkampfstruktur, beispielsweise der Deutsche Bodybuilder Verband sowie der Bund Deutscher Berufsboxer.
[51] Vgl. Anti-Doping-Bericht der Bundesregierung vom 16.05.94, BT-Drs. 12/7540, S. 13, eine derartige Befugnis ist dementsprechend nicht in der Satzung des DSB manifestiert und von den Sportverbänden auch nicht auf ihn übertragen worden.

2. Internationales Sportverbandswesen

a) Aufbau

An der Spitze der internationalen Sportorganisationen stehen das Internationale Olympische Komitee (International Olympic Comitee - IOC) und die internationalen Fachverbände (International Federations). Das IOC, ein rechtsfähiger eingetragener Verein nach Art. 68 des Schweizerischen Zivilgesetzbuches mit Sitz in Lausanne, hat als Mitglieder natürliche Einzelpersonen, die entsprechend dem Kooptationsprinzip[52] ausgewählt und ernannt werden und die aus einem Staat mit anerkanntem Nationalen Olympischen Komitee (NOC) stammen[53]. Die NOCs selbst, deren Mitglieder sich aus nationalen Fachverbänden, den IOC-Mitgliedern des Landes sowie aus fakultativ weiteren natürlichen Personen zusammensetzen, sind damit ebenso wie die International Federations (IFs) nicht Mitglied im IOC[54]. Das IOC nimmt die Anerkennung der NOCs vor, die diesen den Status gewährt, sich als NOC zu bezeichnen[55]. Die NOCs müssen hierfür u.a. die Verbandsregeln des IOC, insbesondere die Olympic Charter (OCh), akzeptieren[56]. Die NOCs dürfen darüber hinaus nur einen nationalen Fachverband für jede Sportart anerkennen, der seinerseits Mitglied des vom IOC anerkannten Internationalen Fachverband sein muß[57]. Die internationalen Fachverbände agieren einerseits als Weltverband weltweit, wie z.B. der internationale Fußballverband FIFA, und andererseits als der jeweilige Kontinentalverband beschränkt auf das Gebiet eines Kontinentes, wie z.B. der Europäische Fußballverband UEFA. Mitglieder der International Federations (IFs) sind vornehmlich die nationalen Sportverbände und Organisationen der entsprechenden Sportart[58].

---

[52] Der Verband ergänzt den Mitgliederbestand durch Ernennung weiterer Mitglieder selbst, vgl. *Vieweg*, Normsetzung, S. 24.
[53] Rule 20 (1.1) Olympic Charter.
[54] *Vieweg*, Normsetzung, S. 58 f.; *Tröger/Vedder*, S. 1, 18.
[55] *Tröger/Vedder*, S. 1,18 f.; Bye-law 1, 7 to Rule 32 Olympic Charter.
[56] Bye-law 2 to Rule 32 Olympic Charter.
[57] Vgl. Rule 32 (1.2) Olympic Charter; *Will*, Bindung nationaler Verbände, S. 29, 33.
[58] *Vieweg*, Normsetzung, S. 58, m.z.N. aus den Regelwerken internationaler Sportverbände.

Als wesentliches Strukturmerkmal des internationalen Sportverbandswesen ist damit - wie auf deutscher Ebene - das sogenannte Ein-Platz-Prinzip anzusehen[59]. Dies bedeutet, daß für jede Sportart ausnahmslos ein Verband zuständig ist (das sog. „Ein-Verband-pro-Sportart-Prinzip"[60]) und für jedes Land die Mitgliedschaft nur eines Sportverbandes im internationalen Sportverband vorgesehen ist (das sog. „Ein-Verband-pro-Land-Prinzip"[61]). Dieses Ein-Platz-Prinzip wird nicht nur durch die Regelwerke der IFs, sondern auch durch das IOC gewährleistet, welches für jede Sportart nur einen Internationalen Sportverband anerkennt und den NOCs vorschreibt, für jede olympische Sportart ebenfalls nur einen nationalen Verband anzuerkennen[62].

b) Auswirkung auf den deutschen Sportverband

Die Sportverbände - nationale wie internationale - haben daher innerhalb ihrer Sportart und auf ihr räumliches Geltungsgebiet bezogen eine Monopolstellung inne. Mit der Monopolstellung der internationalen Sportverbände ist das Ziel der internationalen Verbände nach Konformität der Regelwerke innerhalb der jeweiligen Sportart verbunden. Eine nahezu vollkommene Kongruenz ist im Rahmen der Spielregeln i.e.S. erreicht, da auf der ganzen Welt betreffende Sportarten den gleichen Regeln entsprechend ausgeübt werden. Eine über diesen Bereich hinausgehende Homogenität auch im Hinblick auf die Doping-Bestimmungen wird durch die internationalen Sportverbände ebenso angestrebt. Dementsprechend legen die Satzungen und Nebenordnungen der internationalen Sportverbände Rechte und Pflichten der jeweiligen Mitglieder - der nationalen Sportverbände - fest. Nahezu alle internationalen Sportverbände sehen in ihren Regelwerken die Pflicht ihrer nationalen Mitgliedsverbände vor, Regelwerk und

---

[59] *Reichert/Reichert*, Rn. 3047; *Vieweg*, Normsetzung, S. 61 ff.
[60] *Vieweg*, Normsetzung, S. 61 f.; eine Ausnahme stellt insoweit der internationale Berufsboxsport mit drei nebeneinander konkurrierenden Verbände dar: die World Boxing Association (WBA), der World Boxing Council (WBC) und die International Boxing Federation (IBF).
[61] *Vieweg*, Normsetzung, S. 63 f. ; wichtige praktische Ausnahme stellt im Bereich des internationalen Fußballs Großbritannien dar, da die UEFA und die FIFA aus traditionellen Gründen vier britische Fußballverbände anerkennen: Englischer Fußballverband, Schottischer Fußballverband, Fußballverband von Wales und Irischer Fußballverband.
[62] Rule 32 (1.2) Olympic Charter; siehe auch *Will*, Bindung nationaler Verbände, S. 29, 33.

Entscheidungen des internationalen Verbandes – im ganzen oder teilweise – anzuerkennen und zu befolgen[63]. Zum Teil wird zudem die Pflicht zur wörtlichen oder zumindest sinngemäßen Angleichung - insgesamt oder in den Teilen- des (nationalen) Regelwerkes an das Regelwerk des internationalen Sportverbandes statuiert[64].

Diese Pflicht der nationalen Sportverbände zur Harmonisierung der Regelwerke decken eine Vielzahl internationaler Sportverbände durch mögliche Sanktionen für den Fall der Nichtbefolgung durch nationale Sportverbände ab; insbesondere sehen sie den Ausschluß aus dem internationalen Sportverband vor[65]. Der deutsche Sportverband ist also u.a. verpflichtet, eine Sanktion wie eine Doping-Sperre des Sportlers durch den internationalen Sportverband in Deutschland umzusetzen, so daß dieser nicht an Wettkämpfen des deutschen Sportverbandes teilnehmen darf.

Demgemäß sehen die Regelwerke nahezu aller deutschen Sportverbände eine - vollständige oder teilweise - Anerkennung der Regeln und Entscheidungen der internationalen Sportverbände vor.

---

[63] *Vieweg*, Normsetzung, S. 68; die Anpassung erfolgt durch Inkorporation, sinngemäße Übereinstimmung oder bloße Widerspruchsfreiheit, S. 70, m.z.N. aus den Regelwerken der internationalen Sportverbänden.

[64] *Vieweg*, Normsetzung, S.69 f.

[65] *Vieweg*, Normsetzung, S. 70; vgl. *Will*, Bindung nationaler Verbände, S. 29, 33 ff., 36.

Zweites Kapitel: Die rechtlichen Voraussetzungen für Sanktionen des Sportverbandes im Falle eines Doping-Verstoßes

Die tägliche Praxis des Sportes zeigt, daß Sportverbände Sportler sanktionieren, weil sie - vermeintlich oder wirklich - gegen das Doping verbietende Regeln verstoßen haben. Das zweite Kapitel dieser Arbeit befaßt sich mit den rechtlichen Anforderungen, die an eine Sanktionierung des Sportlers durch einen Sportverband zu stellen sind.

Dabei ist zunächst der Frage nachzugehen, inwiefern Doping-Bestimmungen für den Sportler eine Verbindlichkeit im rechtlichen Sinne erlangen können. Im Anschluß daran wird konkret die Zulässigkeit bestimmter Aspekte der Doping-Problematik untersucht; es wird die Wirksamkeit des Doping-Verbotes im allgemeinen und bestimmter Doping-Bestimmungen (z.B. Doping-Kontrolle, Sanktionierung, Dauer der Sanktionierung) im speziellen untersucht.

Bei der folgenden Untersuchung wird davon ausgegangen, daß die Doping-Bestimmungen von den Sportfachverbänden (Dachverbände) in ihr Regelwerk (Satzung/ Nebenordnung) aufgenommen worden sind. Dies entspricht regelmäßig der Praxis[1].

A. Verbindlichkeit der Doping-Bestimmungen für den Sportler

Eine Sanktionierung des Sportlers wegen eines Verstoßes gegen die Doping-Bestimmungen setzt zunächst voraus, daß diese Bestimmungen als Bestandteil des Verbandsregelwerks für den Sportler rechtlich verbindlich sind, er also verpflichtet ist, sie zu beachten.

Eine Verbindlichkeit der Doping-Bestimmungen kann sich unter zwei Gesichtspunkten ergeben.

Eine Rechtsverbindlichkeit kann zum einen aufgrund der Eingliederung des Sportlers in das Verbandswesen zustandekommen. Zum anderen kann sich eine

---

[1] Z.B.: **DFB**, §§ 14 a, 25 Nr. 2 d SpielO, §§ 4 Nr. 1 i, 5 Nr. 1 j Rechts- und VerfahrensO; **DHockeyB**, § 2 Satzung, § 2 Nr. 2 SpielO; **DVV**, §§ 3 h, 4 (4), 21 (1) a) Satzung; Ziff. 5.3.2 d), 5.12, 17.2.12 BSO und Anlage 10 zur BSO „Anti-Doping-Ordnung; **DTU**, § 23 VsO; DpO; **DRV**, §§ 40 a, 50 sowie Anlage zu § 40 a Ziff. 1 AWB: RRL des DSB; **DTB**, § 5 a O und Anlage zu § 5 a WO; **DHB**, § 21 a SpielO; § 11 RO; **DLV**, Teil VI der WKO; **DTTB**, Ziff. 10 WO.

Bindung aufgrund der Tatsache ergeben, daß die Sportverbände mit den Sportlern Lizenzverträge abschließen, an sie Spielerpäße oder Ausweise ausgeben oder der Sportler an Wettkämpfen teilnimmt. Insofern ist an eine rechtsgeschäftliche Einigung mit dem Inhalt der Geltung des Verbandsregelwerks zu denken.

Da von der Prämisse der Aufnahme der Doping-Bestimmungen in die Verbandsregelwerke ausgegangen wird, stellt sich die allgemeine Frage, wodurch das Verbandsregelwerk Geltung gegenüber dem Sportler erlangen kann. Dazu gibt es mehrere Ansatzpunkte.

I. Bindung des Sportlers aufgrund seiner Eingliederung in die Verbandsstruktur (Satzungsrechtliche Lösung)

Ausgangspunkt der sogenannten satzungsrechtlichen Lösung ist die Tatsache, daß die Sportfachverbände als eingetragene Vereine[2] die Dopingbestimmungen in ihr Regelwerk (Satzung und/oder Nebenordnung) aufgenommen haben und der Sportler als Mitglied eines Verbandsvereines in das Verbandssystem eingegliedert ist. Es stellt sich demnach die Frage der Regelgeltung, also für wen das Regelwerk des Sportverbandes inklusive der Doping-Bestimmungen einen rechtlich verbindlichen Charakter hat.

1. Sportler als Verbandsmitglied

Die Satzung eines Vereins bindet nach einhelliger Meinung zumindest seine Mitglieder[3], d.h. der Sportverband kann die Beachtung seiner Satzung von diesem Personenkreis verlangen. Demnach müßte der jeweilige Sportler Mitglied in seinem Sportverband sein, damit dessen Regelungen ihm gegenüber Verbindlichkeit erlangen könnten.

---

[2] Alle deutschen Sportverbände sind eingetragene Vereine, vgl. *Vieweg*, Normsetzung, S. 197.
[3] Statt aller: *Soergel/Hadding*, § 25 BGB, Rn. 34 f.; *Staudinger/Coing*, 12. Aufl., § 25 BGB, Rn. 9 f.; *Meyer-Cording*, Vereinsstrafe, S. 137 f.

Der Sportler ist vielfach Mitglied in einem dem Sportverband angegliederten Verein[4]. Der Verein ist entweder selbst Mitglied im Sportverband (Dachverband) oder in einem Landesverband der jeweiligen Sportart, der wiederum Mitglied des Sport(dach)verbandes ist.

Eine Einzelmitgliedschaft des Sportlers im Sportverband durch eine sogenannte Doppelmitgliedschaft[5] des Sportlers in Verein und Verband ist nicht begründet, da die Satzungen der Sportverbände und der Anschlußvereine nicht vorsehen, daß der Sportler mit Beitritt zum Verein zugleich eine Mitgliedschaft im Verband erwirbt. Auch eine unmittelbare Einzelmitgliedschaft des Sportlers sehen nahezu aller Sportfachverbände nicht vor[6]. Sie wird in der Regel aufgrund praktischer Erwägungen versagt, da der Mitgliederbestand zu groß[7] und folglich die Verwaltung des Dachverbandes sehr erschwert würde[8].

Bis auf wenige Ausnahmen, die hier außer Betracht bleiben sollen, ist der Sportler nicht Mitglied im Sport(dach)verband, so daß sich eine Bindung des Sportlers an das Verbandsregelwerk nicht aus einer Mitgliedschaft im Sport(dach)verband ergibt.

---

[4] Eine Ausnahme stellen die Lizenzspieler im Bereich des DFB dar, die nicht Mitglied sondern Angestellte „ihres" Vereins sind. Hintergrund dieser Konstruktion ist die Höhe der Gehälter, die im professionellen Sport dem Sportler vom Verein gezahlt werden, und die Tatsache, daß den Vereinen der Status der Gemeinnützigkeit abzuerkennen wäre, wenn sie derart hohe Zahlungen an Vereinsmitglieder ausschütten würden, vgl. §§ 51, 52, 55 ff. AO; siehe hierzu *Fuhrmann*, SpuRt 1995, S. 12 ff; *Kebekus*, S. 41 ff.; *Arndt/Immel*, BB 1987, S. 1153 ff. Ähnliches gilt für die höchsten deutsche Spielklasse im Eishockey, der DEL; hier sind die Sportler ebenfalls keine Vereinsmitglieder. Die DEL ist allerdings in Form einer GmbH organisiert (der DEB hält 51 % der Gesellschaftsanteile), mit der die von den Eishockeyvereinen getragenen Gesellschaften durch ein Franchising-System verbunden sind; vgl. *Hoffmann*, SpuRt 1994, S. 24 f.; *Vieweg*, SpuRt 1995, S. 97, 98.

[5] Zur Zulässigkeit einer Doppelmitgliedschaft: BGHZ 28, 131, 134; 105, 306, 312; *Reichert/van Look*, Rn. 497 f; *van Look*, Vereinsstrafen, S. 207; *Hohl*, S. 65; *Beuthien*, ZGR 1989, S. 255; umfassend hierzu *Beuthien/Hüsken*, Jura 1989, 96 f; a.A. *Soergel/Hadding*, § 38 BGB, Rn. 11.

[6] Soweit ersichtlich lassen lediglich drei Verbände eine Einzelmitgliedschaft zu, der Bund Deutscher Radfahrer (BDR), der Deutsche Schachbund und die Deutsche Reiterliche Vereinigung (FN), vgl. hierzu die Nachweise bei *Hohl*, S. 64 und Fn. 13.

[7] Von den Mitgliedern der Sportvereine entfielen nach einer Bestandserhebung des DSB aus dem Jahr 1992 auf die einzelnen Sportarten; z.B.: 5, 3 Mio. - Fußball; 4,3 Mio. - Turnen; 2,3 Mio. - Tennis; 1,4 Mio. - Schützen; 0,85 Mio. - Leichtathletik; 0,82 Mio. - Handball; vgl. *Raupach*, SpuRt 95; S. 241, 245.

[8] Vgl. *Reichert/van Look*, Rn. 510, 512.

2. Sportler als „mittelbares" Verbandsmitglied

Aufgrund der bereits oben[9] dargestellten Verbandsstruktur (das sog. Dachverbandsprinzip), wird der Sportler wegen seiner Mitgliedschaft in einem verbandsangehörigen Verein als „mittelbares" Mitglied des Sportverbandes angesehen.

a) Unmittelbare Wirkung des Verbandsregelwerks

Im Hinblick auf eine unmittelbare Wirkung des Verbandsregelwerks für die „mittelbaren" Mitglieder des Verbandes ist der Meinungsstand kontrovers.

aa) Ältere Auffassung

Eine unmittelbare Wirkung des Verbandsregelwerks wurde insbesondere früher mit dem Argument befürwortet, daß durch den Beitritt des Vereins zum Verband sich auch die Mitglieder des Einzelvereins der Verbandssatzung unterwerfen[10]. Es entstünden unmittelbare Beziehungen zwischen dem Einzelmitglied und dem übergeordneten Verband, und der satzungsmäßige Zweck des Verbandes soll nicht anders zu erreichen sein[11].

Diese Ansicht ist zurückzuführen auf *Otto v. Gierke* und die von ihm als Erklärungsmodell der juristischen Person entwickelten Lehre von der realen Verbandsperson[12]. Dem Verein steht hiernach eine originäre, nicht vom Staat abgeleitete Autonomie zu, sich selbst Recht zu setzen[13], womit der Verein seinen Mitgliedern übergeordnet sein soll[14]. Die Satzung erzeuge als Rechtsordnung des Vereines objektives Recht, welches im Gemeinschaftskreis Geltung beanspruchen soll[15].

---

[9] Siehe oben Erstes Kapitel, E.II.

[10] OLG Karlsruhe, OLGZ 70, 300, 304; RGZ 106, 120. 125; 143, 1,5; *Staudinger/Coing*, 11. Aufl., § 25 BGB, Rn. 13; *RGRK-Denecke*, 11. Auf., § 25 BGB, Anm. 7.

[11] OLG Karlsruhe, OLGZ 70, 300, 304.

[12] Ausführlich zur Theorie *v.Gierkes* und deren Einfluß: *van Look*, Vereinsstrafen, S. 40 ff.

[13] *v. Gierke*, Privatrecht I, S. 142 f.

[14] Dem gegenüber stand die Fiktionstheorie der Pandektenlehre, die die juristische Person als Fiktion verstand, und das Verhältnis zwischen Mitglied und Verein als rechtsgeschäftlich bezeichnete; vgl. näher zum Streit der rechtswissenschaftlichen Literatur des 19. Jahrhunderts *v. Look*, Vereinsstrafen, S. 36, 40 ff, m.w.N.

[15] *v. Gierke*, Privatrecht I, S. 142 f, 150 f.

Auf der Grundlage des von *Otto von Gierke* geprägten Verständnisses des Vereinsrechts soll demnach das Verbandsregelwerk als objektives Recht dem Sportler gegenüber gelten, da er als Mitglied des verbandsangehörigen Vereins dem Gemeinschaftskreis des Verbandes angehört, zu dem seine Mitglieder, die Vereine und deren Mitglieder - die Sportler -, zählen.

bb) Vermittelnde Auffassung
Eine vermittelnde Auffassung wird insbesondere von *Ernst* vertreten[16]. Eine unmittelbare Verbandsgewalt und damit eine Geltung des Regelwerkes des übergeordneten Verbandes gegenüber dem Mitglied des verbandsangehörigen Vereins werden zwar abgelehnt, soweit sie allein in der „mittelbaren" Verbandsmitgliedschaft ihre Rechtfertigung finden. Eine Bindung an das Verbandsregelwerk wird aber mit der Benutzung einer Verbandseinrichtung durch den Sportler begründet[17]. Sobald der Sportler diese in Anspruch nimmt, sollen unmittelbare Rechtsbeziehungen eintreten, wenn es Zweck des Verbandes sei, diese Einrichtungen o.ä. dem Vereinsmitglied zur Verfügung zu stellen. Diese rechtliche Beziehung sei nicht vertraglicher Art, sondern als typische Mitgliedschaftsrechte anzusehen, die auf einem „soziologischen Subordinationsverhältnis" fuße[18].

Die Rechte des Verbandes sollen demnach gegenüber Nichtmitgliedern bzw. mittelbaren Mitgliedern mitgliedschaftlicher Art sein. Dies hat zur Folge, daß der Sportler wie ein Vereinsmitglied zur Beachtung des Regelwerkes verpflichtet ist, welches unmittelbar Geltung gegenüber dem Sportler beansprucht.

cc) Neuere Auffassung
Die heute herrschende Meinung[19] in Rechtsprechung und Schrifttum ist sich hingegen einig, daß eine Satzung grundsätzlich nur Rechtswirkung gegenüber den

---

[16] *Ernst*, S.82 ff.

[17] Besonders auf den DFB bezogen: *Baumann*, S. 42; *Ernst*, S. 86 ff., 146 ff.; ähnlich auch *Samstag*, S. 13 f.; *Bruder*, MDR 1973, S. 897, 898, die in Abschluß des Lizenzvertrages zwischen Fußballspieler und DFB ein quasi-mitgliedschaftliches Verhältnis sehen; siehe auch *Haas/Adolphsen*, NJW 1995, S. 2146, 2148.

[18] *Ernst*, S. 86 ff.; vgl. *Baumann*, S. 42; *Samstag*, S. 14.

[19] Statt vieler: BGHZ 28, 131, 133 ff.; *Schlosser*, Vereinsgerichtsbarkeit, S. 475 f.; *Soergel/Hadding*, § 25 BGB, Rn. 34 f.; *Staudinger/Weick*, § 25 BGB, Rn. 12; *MüKo-Reuter*, § 25 BGB, Rn. 18.

Vereinsmitgliedern entfaltet und eine Geltung des Regelwerkes eines Dachverbandes für die Mitglieder der verbandsangehörigen Vereine, seine „mittelbaren" Mitglieder, ausscheidet. Dabei besteht heute hinsichtlich der Ansicht *von Gierkes* von einer originären, vom Staat unabhängigen, Vereinsautonomie Einigkeit, daß eine solche nicht mit dem Grundgesetz vereinbar ist[20].

Allerdings wird innerhalb der herrschenden Meinung ausgehend von einer verschiedenen dogmatischen Einordnung der Vereinssatzung als Norm oder Vertrag von einem unterschiedlichen Grundverständnis des diesbezüglichen Vereinsrechts ausgegangen.

Die von der Rechtsprechung[21] und Teilen der Literatur[22] vertretene sog. korporationsrechtliche Betrachtungsweise, auch Normentheorie bzw. modifizierte Normentheorie genannt[23], sieht die Satzung als eine objektive Norm an, die für die Vereinsmitglieder kraft Korporationsrecht gelte. Insbesondere die Rechtsprechung[24] qualifiziert dabei den Akt der Vereinsgründung als einen von den Gründern geschlossenen Vertrag, der sich anschließend in eine abstrakte Norm umwandelt, sobald „der Verein ins Leben getreten ist" [25]. Das später hinzutretende Mitglied unterwirft sich mit seinem Beitritt dieser Satzung und der Vereinsgewalt.

---

[20] *Staudinger-Weick*, Vor. §§ 21 ff. BGB, Rn. 39; *Vieweg*, Normsetzung, S. 319, Fn. 9; *van Look*, Vereinsstrafen, S. 45 f.; *Flume*, Die juristische Person, § 9 I, S. 315 ff.

[21] BGHZ 21, 370, 373; BGHZ 29, 352, 354 ff.; BGHZ 47, 172, 179 ff.

[22] *Meyer-Cording*, Vereinsstrafe, S. 43 ff.; *ders.*, Rechtsnormen, S. 70 ff.; *MüKo-Reuter*, § 25 BGB, Rn. 9 ff.; *Larenz*, Gdschr.-Dietz, S. 45, 49; *Baecker*, Grenzen der Vereinsautonomie, S. 29 ff.

[23] Die Verwendung der termini ist nicht einheitlich, so nimmt *Reuter (MüKo-Reuter* § 25 BGB, Rn. 9 ff., und Fn. 54) sich sowie *Larenz* und *Meyer-Cording* für die Normentheorie und die Rechtsprechung für die modifizierte Normentheorie in Anspruch, wohingegen beispielsweise *Vieweg* (Normsetzung, S. 320, Fn. 12) und *Soergel/Hadding* (§ 25 BGB, Rn. 15 und Fn. 12, 13) *Larenz, Meyer-Cording* und auch *Reuter* als Vertreter der modifizierten Normentheorie ansehen.

[24] Ausführlich zur Entwicklung der Rechtsprechung: *Hadding*, FS-Fischer, S. 165 ff., 177 ff.

[25] So bereits das Reichsgericht RGZ 165, 140, 143, 144; ebenso der BGH, BGHZ 47, 172, 179 f.; anders zum Teil die Lehre, die in der Vereinsgründung einen schöpferischen Gesamtakt sieht, so *Meyer*-Cording, Vereinsstrafe, S. 46 f.; differenzierend *MüKo-Reuter*, § 25 BGB, Rn. 12, nachdem der sog. „Gründungsvertrag" von vorneherein Normen erzeuge.

Demgegenüber sieht die sog. rechtsgeschäftliche Betrachtungsweise[26], auch Vertragstheorie genannt, die Satzung als einen sog. Organisationsvertrag[27] an. Sie beurteilt die weiteren vereinsrechtlichen Grundlagen, wie die Vereinsgewalt oder die Mitgliedschaft, ebenso allein auf rechtsgeschäftlicher Grundlage[28]. Dementsprechend beruht die Geltung der Satzung gegenüber später aufgenommenen Mitgliedern auf dem Beitrittsvertrag.

Beide Auffassungen sind sich aber weitgehend einig, daß der Erwerb der Mitgliedschaft und damit der Beitritt zum Verein durch Abschluß eines Aufnahmevertrages zustandekommen[29]. Jedenfalls wird somit, gleichgültig ob die Vereinssatzung als Norm oder Vertrag anzusehen ist, der Beitritt eines neuen Mitglieds zu einem schon bestehenden Verein als Vertrag, nämlich als Aufnahmevertrag zwischen dem neu Hinzutretenden und dem Verein als juristische Person angesehen. Durch den Aufnahmevertrag wird die Mitgliedschaft des neuen Mitglieds in dem Verein – nicht aber im Dachverband – begründet. Folglich ist das neue Mitglied nicht schon alleine durch seinen Beitritt in einen Verein der Satzung des Dachverbandes unterworfen.

dd) Stellungnahme

Der heute überwiegenden Auffassung ist zuzustimmen. Eine ohne weiteres sich ergebende Geltung des Verbandsregelwerks auch für die Mitglieder der verbandsangehörigen Vereine allein aufgrund deren „mittelbaren" Verbandsmitgliedschaft ist abzulehnen.

---

[26] *v. Tuhr*, BGB, Bd. 1, §§ 34 I, 35 III; *Soergel/Hadding* § 25 BGB, Rn. 14, 17 ff.; *Hadding*, FS Fischer, S. 165 ff.; *v. Look*, Vereinsstrafen, S.58 ff., 89 ff.; *Lutter*, AcP 180 (1980), S. 84, 96 f.; *Weitnauer*, FS Reinhardt, S. 179, 186 f.; *Coing*, FS-Flume I, S. 429, 436 ff.; ähnlich *Flume*, Die juristische Person, § 9 I, S. 315 ff.

[27] In Abgrenzung zum Austauschvertrag, vgl. *Lutter*, AcP 180 (1980), S. 84, 95 f.; insofern wird auf die von *L. Raiser* hervorgehobene unterschiedliche Funktion von Verträgen hingewiesen, siehe *Raiser*, JZ 1958, S. 1 ff.

[28] *Van Look*, Vereinsstrafen, S. 58 - 71; vgl. auch *Lutter*, AcP 180 (1980), S. 84, 95 f.; *Flume*, Die juristische Person, § 9 I, S. 315 ff.

[29] BGHZ 28, 131, 134; 101, 193, 196; *Meyer-Cording*, Rechtsnormen, S. 45 ff., 47; vgl. auch *ders.*, Vereinsstrafe, S. 34 „Elemente von vertraglicher Natur"; *K. Schmidt*, GesellR, § 24 IV 1 b; *Sauter/Schweyer*, Rn. 71; *van Look*, Vereinsstrafen, S. 102; *Staudinger/Weick*, § 35 BGB, Rn. 26; *MüKo-Reuter*, § 38 BGB, Rn. 34; *Palandt/Heinrichs*, § 38 BGB, Rn. 4.

Der dogmatischen Einordnung der Satzung als Vertrag oder Norm kommt für die hier interessierenden Frage der Regelgeltung keine entscheidende Bedeutung zu. Diesbezüglich ist allein der Rechtsgrund entscheidend, der die Geltung eines Vereinsregelwerks begründen kann[30].

Die durch die Verfassung in Art. 1 und Art. 2 GG in ihrem Kern geschützte Privatautonomie, welche dem Bürgerlichen Recht zugrundeliegt, überläßt es dem einzelnen, Rechte und Pflichten zu begründen[31]. Dementsprechend unterliegt es der Entscheidung des einzelnen, ob er sich einem Verein durch den Beitritt angliedert. Die Geltung des Vereinsregelwerkes gegenüber dem Einzelnen ist somit notwendigerweise von dessen Einverständnis abhängig. Das zukünftige Mitglied erwirbt insofern mit Abschluß des Aufnahmevertrages nicht nur die Vereinsmitgliedschaft, sondern erklärt auch rechtsgeschäftlich sein Einverständnis mit der Geltung des Vereinsregelwerkes[32]. Das in dem Vereinsbeitritt als Abschluß eines Vertrages liegende Mittel der Privatautonomie kann damit allein die Geltung einer bestimmten Satzung für den einzelnen begründen. Der Dachverband kann nicht die Geltung seiner Regelwerke gegenüber denjenigen beanspruchen, die sich nicht mit Mitteln der Privatautonomie ihm gegenüber verpflichtet haben.

Der Sportler erwirbt mit dem Beitritt zum Verein lediglich dessen Mitgliedschaft, und nicht die im Sportverband. Er ist nur an die Satzung „seines" Vereines gebunden. Gegenüber dem Sportverband fehlt es an einem Rechtsgeschäft, welches die Geltung seiner Regeln begründen könnte.

Auch die Mitgliedschaft des Sportvereines, in dem der Sportler Mitglied ist, im übergeordneten Sportverband kann keine andere Beurteilung rechtfertigen. Der Sportverein kann sich nur wegen der eigenen Mitgliedschaftsrechte und -pflichten an den Sportverband binden, jedoch nicht hinsichtlich der seiner Mitglieder. Ebensowenig kann der Sportverband Rechte und Pflichten gegenüber dem Mit-

---

[30] Ähnlich zur Einordnung der Vereinsstrafe *Staudinger/Rieble*, vor §§ 339 ff. BGB, Rn. 94.
[31] Statt aller *Palandt/Heinrichs*, Überbl. v. § 104 BGB, Rn. 1.

glied des verbandsangehörigen Vereines, dem Sportler, begründen. Es fehlt insofern an der Mitgliedschaft des Sportlers im Sportverband, d.h. an einem diesbezüglichen rechtsgeschäftlichen Einverständnis des Sportlers; es fehlt die privatautonome Legitimation. Demgemäß scheidet der vom Dachverband verfolgte Zweck als taugliches Kriterium aus; auch er kann die erforderliche Legitimation nicht ersetzten[33].

Darüber hinaus kann auch die Teilnahme oder Inanspruchnahme von Verbandseinrichtungen seitens des Sportlers nicht zur Begründung eines mitgliedschaftlichen Verhältnisses führen, welches eine Regelgeltung rechtfertigen könnte. Es fehlt bereits an einem die Mitgliedschaft begründenden Rechtsverhältnis, dem Aufnahmevertrag, und damit ebenfalls an einer Legitimationsgrundlage für die Regelgeltung. Zudem würde dies als unzulässige Umgehung des Erwerbs der Mitgliedschaft anzusehen sein, die zur Entstehung einer um die demokratischen Mitwirkungsrechte kupierten Mitgliedschaft bei ansonsten bestehender vollständigen Pflichtenstellung führen würde[34].

Es bleibt damit festzuhalten, daß die „mittelbare" Mitgliedschaft des Sportlers im Sportverband die Geltung dessen Regelwerkes **allein** nicht begründen kann. Dem Sportverband steht insofern keine Regelungsbefugnis gegenüber den Sportlern als Mitgliedern der verbandsangehörigen Vereine zu. Die Eingliederung des Sportlers in das Verbandssystem rechtfertigt daher nicht den Anspruch der Sportverbände, von Mitgliedern der einzelnen Sportvereine, den Sportlern, die Beachtung ihrer Regelwerke zu verlangen.

---

[32] Die korporationsrechtliche Betrachtungsweise spricht diesbezüglich von einer „Unterwerfung" unter die Satzung des Vereins. *Lukes*, FS-Westermann, S. 325, 331 hat hingegen ausführlich dargelegt, daß es sich bei der „Unterwerfung" um eine in ihren Voraussetzungen „minimalisierte Willenserklärung" handelt; gegen eine Unterwerfung auch *Flume*, Die juristische Person, § 9 I, S. 319 f.

[33] Vgl. *MüKo-Reuter*, vor § 21 BGB, Rn. 122.

[34] Vgl. *Lukes*, FS-Westermann, S. 325, 333, 342; *Vieweg*, FS-Lukes, S. 809, 815 f.

b) Geltung aufgrund korrespondierender Satzungen (sog. Doppelverankerung)

Eine Rechtsverbindlichkeit des Regelwerkes und damit der Doping-Bestimmungen kann sich aber ergeben, wenn der Sportverband von den Sportvereinen die Rezeption seines Regelwerkes verlangt und diese auch vollzogen[35] wird. Insofern kommt eine Bezugnahme in der Vereinssatzung auf das Verbandsregelwerk in Betracht, mit der dieses zum Bestandteil der durch den Beitritt des Sportlers anerkannten Vereinssatzung wird. In diesem Fall würde sich das mit dem Beitritt des Sportlers zum Verein erklärte Einverständnis mit dem Vereinsregelwerk auch auf den Teil des Regelwerkes des übergeordneten Verbandes beziehen, das zum Bestandteil der Vereinssatzung gemacht worden ist.

aa) Voraussetzung an die Satzungen der Verbände und Vereine

Dies setzt im tatsächlichen voraus, daß der Sportverband in seiner Satzung für seine Mitglieder - die Regional- bzw. Landesverbände - verbindlich sowohl die Übernahme der betreffenden Regelungen sowie deren Weiterleitung an die Einzelvereine vorschreibt[36] und diese wiederum ihre Mitglieder - die Sportvereine - kraft Satzung zur Übernahme der Bestimmungen verpflichten. Im Gegenzug muß die Satzung der Vereine die betreffenden Abschnitte der Verbandssatzung, hier die Dopingregelungen, zum Bestandteil der eigenen Satzung bestimmen, womit sie Verbindlichkeit gegenüber dem Sportler als Vereinsmitglied erlangen.

Es muß also ein lückenloses System korrespondierender Satzungen existieren, um das Verbandsregelwerk rechtlich verbindlich werden zu lassen[37]. Es ist aufgrund der häufigen Zwischenschaltung eines Mittelverbandes - die Landesfachverbände - zwischen Sportverband und Verein eine dreifache Satzungsverankerung erforderlich[38]. Im Rahmen von korrespondierenden Satzungsbestimmungen

---

[35] Zur Unzulässigkeit sog. „self-executing" Normen *Steinbeck*, S. 161 f.

[36] Vgl. § 13, Ziff. 1, c), d) der Satzung des DFB, der diese Verpflichtung seinen Mitgliedern auferlegt.

[37] BGH NJW 1995, S. 583, 585; *Pfister*, JZ 1995, S. 464, 465; *Vieweg*, SpuRt 1995, S. 97, 98; *ders.*, Normsetzung, S. 337; *van Look*, Vereinsstrafen, S. 207 f. m.w.N.; *Baecker*, Grenzen der Vereinsautonomie, S. 122; *Schlosser*, Vereinsgerichtsbarkeit S. 76 ff.; *Meinberg/Olzen/Neumann*, S.63, 71.

[38] *Reichert/van Look*, Rn. 512.

existiert somit die Möglichkeit der Sportverbände, Satzungsbestandteile auch für den Athleten verbindlich werden zu lassen, wobei der Sportler jedoch ausschließlich der Satzung *seines* Vereines verpflichtet bleibt.

bb) Anforderung an die Rezeption der Verbandsregelungen

Für die Sportvereine existieren unterschiedliche Möglichkeiten, das Regelwerk des Sportverbandes in ihre Satzungen aufzunehmen. Diesbezüglich kommt eine ausdrückliche Inkorporation, eine sinngemäße Übernahme oder eine statische oder dynamische Verweisung in Betracht.

(1) Verweis auf das Verbandsregelwerk

Eine wörtlichen Übernahme kommt in der Vereinspraxis regelmäßig nicht vor, da sie aufgrund ihres Umfanges nicht praktikabel ist. Es bedarf nach zutreffender herrschender Meinung auch keiner wörtlichen Übernahme[39]. Es ist ausreichend, wenn die Verweisung derart eindeutig und verständlich gefaßt ist, daß sich kein Zweifel an den einzelnen in Bezug genommenen Regelungen ergeben kann. Ob allerdings eine sog. dynamische Verweisung mit den gesetzlichen Anforderungen zu vereinbaren ist, ist zweifelhaft[40].

(a) Zulässigkeit einer dynamischen Verweisung

Mit einer dynamischen Verweisung wird auf den jeweils gültigen Inhalt der übergeordneten Verbandssatzung Bezug genommen. Konsequenz einer dynamischen Verweisung ist, daß eine Änderung der Verbandssatzung automatisch eine Änderung des Satzungsinhaltes des untergeordneten Vereins zur Folge hat. De facto kann demnach der übergeordnete Sportverband die Satzung seiner ihm untergeordneten Vereine inhaltlich verändern.

---

[39] BGH NJW-RR 1989, S. 376, 378; OLG Hamm DNotZ 1988, S. 159, 160; umfassend zu den einzelnen Verweisungsanforderungen *Steinbeck*, S. 163 ff.; vgl. auch *Sauter/Schweyer*, Rn. 132; *Reichert/Dannecker*, Rn. 348; *Vieweg*, Normsetzung, S. 336 ff, *Ernst*, S. 85; a.A. *Stöber*, Rn. 34.

[40] Überwiegend werden dynamische Verweisungen für unzulässig erachtet: BGH, NJW 1995, S. 583, 585; BGH, WM 1988, S. 1879, 1882; *Reichert/van Look*, Rn. 512 ; *Pfister*, JZ 1995, S. 464, 465; *Haas/Prokop*, SpuRt 1998, S. 15, 17 f.; *MüKo-Reuter*, vor § 21 BGB, Rn. 121; umfassend hierzu *Steinbeck*, S. 163 ff.

Der Natur des rechtsfähigen Vereins liegt allerdings das gesetzgeberische Leitbild zugrunde, daß der Verein die wesentlichen Grundentscheidungen selbst zu treffen hat und diese nicht von „vereinsfremden" Dritten vorgenommen werden sollen[41]. Die hier in Rede stehenden Doping-Regelungen, insbesondere das Doping-Verbot, die Verpflichtungen des Sportlers, dieses zu beachten, die Dopingkontrolle, die für eine Sanktion zuständigen Spruchkörper einschließlich der grundlegenden Regeln des Verfahrens und die genaue Festlegung der Strafen sowie der verbotenen Substanzen, werden zu Recht zu den Grundentscheidungen des Sportvereines gezählt[42], so daß ihnen Satzungsqualität zukommen muß. Dies gilt aber nicht für die – hier außer Betracht zu lassenden - Spielregeln i.e.S., wie z.B. die Spieldauer, Zählweise oder das Abseits im Fußball.

Die Vereinsautonomie, also das Recht des Vereins, sich in freier Selbstbestimmung eine eigene innere Ordnung zu geben[43], wird durch eine dynamische Verweisung erheblich eingeschränkt. Die innere Ordnung des Vereins, seine Verfassung, wird durch die Satzung bestimmt (§ 25 BGB). Der Satzung kommt insofern fundamentale Bedeutung für die Ausgestaltung der Rechtsverhältnisse in einem Verein zu. Alle für das Vereinsleben wesentlichen Grundentscheidungen sind hierin festzulegen und eine Änderung dieser Grundlagen kann nur durch Satzungsänderung erfolgen. Die Vereinsautonomie gewährleistet nicht nur, daß die Gründer die Satzung eigenständig gestalten, sondern sie verlangt vielmehr die dauerhafte Gewährleistung des Selbstbestimmungsrechts des Vereins[44]. Der Verein als selbständiger Personenverband ist nicht nur bei seiner Gründung auf die Willensherrschaft seiner Mitglieder ausgerichtet, sondern auch für die gesamte Dauer seiner Existenz[45]. Das Selbstbestimmungsrecht des Vereins und damit auch die Vereinsautonomie wird erheblich eingeschränkt, wenn nicht dem Verein, mithin seinen Mitgliedern, sondern externen Dritten die Ausgestaltung der

---

[41] Vgl. *Reuter*, DZWiR 1996, S. 1, 7; *Haas/Prokop*, SpuRt 1998, S. 15, 18; umfassend hierzu *Steinbeck*, S. 89 ff.; 172 ff.

[42] *Röhricht*, Zulassungssperren, S. 12, 15; nach *Vieweg*, Blutentnahme, S. 89, 98, steht dies außer Frage; vgl. auch BGH, NJW 1995, S. 583, 585.

[43] Statt aller: *Palandt/Heinrichs*, § 25 BGB, Rn. 7; *Scholz* in *Maunz/Dürig*, Art. 9 GG, Rn. 82.

[44] *Flume*, Die juristische Person, § 7 I 3; *Steinbeck*, S. 90 m.w.N.

[45] *Flume*, Die juristische Person, § 7 I 3; *Steinbeck*, S. 90 m.w.N.

Satzung zugewiesen wird. Den Mitgliedern wird insoweit das Recht genommen, die rechtliche Grundlage ihres Zusammenschlusses zu bestimmen. Damit wäre das Selbstbestimmungsrecht des Vereins nicht mehr gewährleistet. Der Wille der Vereinsmitglieder bliebe unberücksichtigt und der Verein würde der Willensherrschaft eines Dritten unterliegen. Das Selbstbestimmungsrecht des Vereins wäre aufgehoben.

Das Selbstbestimmungsrecht als Leitgedanke des Vereinsrechts findet sich zudem in den §§ 33, 71 BGB wieder. Eine Änderung der Vereinssatzung, welche alle für das Vereinsleben wesentliche Grundentscheidungen festlegen muß[46], bedarf der Zustimmung der zuständigen Gremien, zumeist der Mitgliederversammlung, § 33 BGB. § 33 BGB ist zwar nicht zwingendes Recht (§ 40 BGB). Die Dispositivität bezieht sich jedoch allein auf die in § 33 BGB genannten Anforderungen an die Mehrheiten o.ä. Die Zuständigkeit zur Satzungsänderung kann damit nicht auf vereinsfremde Dritte übertragen werden[47].

Die Zulässigkeit dynamischer Verweisung würde darüber hinaus zu einer Umgehung des § 71 BGB führen, wonach jede Satzungsänderung der Eintragung in das Vereinsregister bedarf. Die Eintragung einer Satzungsänderung in das Vereinsregister ist konstitutiv[48] und bedarf der Angabe der geänderten Satzungsbestimmung[49]. Eine dynamische Verweisung hätte zur Folge, daß § 71 Abs. 1 BGB nicht beachtet wird, da die Änderung der Dachverbandssatzung zugleich die Satzung des Mitgliedvereines ändern würde, ohne daß die Änderung der Vereinssatzung in das Register eingetragen wird. Da § 71 BGB nicht zur Disposition der Vereinsmitglieder steht und damit nicht auf das Eintragungserfordernis verzichtet werden kann, steht der Wirksamkeit der dynamischen Verweisung das formelle Erfordernis der Eintragung entgegen[50].

---

[46] BGHZ 47, 172, 177; 88, 314, 316; *Palandt/Heinrichs*, § 25 BGB, Rn. 2.
[47] *Soergel/Hadding*, § 33 BGB, Rn. 7 m.w.N.
[48] *MüKo-Reuter*, vor § 21 BGB, Rn. 121; *Palandt/Heinrichs*, § 71 BGB, Rn. 1.
[49] *MüKo-Reuter*, § 71 BGB, Rn. 2; *Staudinger/Weick*, § 71 BGB, Rn. 8; *Palandt/Heinrichs*, § 71 BGB, Rn. 5.
[50] Umfassend hierzu: *Steinbeck*, S. 173 ff.

Diese Regelungen sowie das Prinzip der Vereinsautonomie einschließlich das auf ihr fußende Selbstbestimmungsrecht des Vereins würden bei Zulässigkeit dynamischer Verweisungen auf Satzungen anderer Vereine umgangen werden. Es würde einem vereinsfremden Dritten das Recht eingeräumt werden, durch Änderung seiner eigenen Satzung den Inhalt der Vereinssatzung - zumindest mittelbar - mit zu verändern und dadurch wesentliche Grundentscheidungen mitzubestimmen, die den Vereinsorganen vorbehalten sein sollen.

(b) Ergebnis
Eine dynamische Verweisung auf den jeweils gültigen Inhalt der Verbandssatzung ist mithin unzulässig.

Es verbleibt somit neben der wörtlichen und sinngemäßen Übernahme der Verbandsvorschriften die Möglichkeit der statischen Verweisung[51], also der Bezugnahme auf die zum Zeitpunkt der Konstitution der Verweisungsnorm geltende Fassung der Sportverbandssatzung.

(2) Folgen
Dies hat zur Folge, daß eine Änderung der Sportverbandssatzung, soweit diese den Teil der verwiesenen Regelungen betrifft, nur dann im Rahmen des Verbandsvereins Geltung erlangen kann, wenn dieser wiederum seine Satzung beziehungsweise die in der Satzung enthaltene Verweisung entsprechend, d.h. durch einen Akt des zuständigen Gremiums (§ 33 BGB), erneuert, und diese Satzungsänderung gemäß § 71 BGB in das Vereinsregister eintragen läßt.

c) Durchführbarkeit in der vereinsrechtlichen Praxis
Die Sportverbände können die Verbindlichkeit ihrer Satzung gegenüber dem Sportler als Mitglied eines Anschlußvereines im Rahmen korrespondierender Satzungen erreichen. In diesem Zusammenhang konnte eine rechtstatsächliche Untersuchung der einzelnen Vereinssatzungen nicht durchgeführt werden. Es kann jedoch angenommen werden, daß es häufig an einer Bindung in dem ge-

---

[51] Zu den konkreten Anforderungen an die Verweisung *Steinbeck*, S. 162 ff.

nannten Sinn fehlt[52], da die Vereine entweder die Satzungsbestimmungen des Verbandes überhaupt nicht rezipiert oder anhand von unzulässigen, dynamischen Verweisungen auf diese Bezug genommen haben[53]. Es sprechen auch weitere praktische Erwägungen gegen eine solche Bindungsmöglichkeit. Die Unzulässigkeit dynamischer Verweisungen führt dazu, daß jede Änderung der Verbandssatzung eine entsprechende Anpassung der Satzungen der Landesverbände und der Sportvereine durch Beschlüsse der jeweils zuständigen Organe, meist der Mitgliederversammlung, zur Folge hätte. Der hiermit verbundene zeitliche und organisatorische Aufwand macht insbesondere für sogenannte Mehrspartenvereine, bei denen verschiedene Sportarten in einem Verein vereint sind, eine derartige Verfahrensweise praktisch nahezu unmöglich[54].

Durch korrespondierende Satzungen wird daher in der Praxis eine Bindung des Sportlers an die Doping-Bestimmungen des Verbandes in der Regel nicht erreicht.

3. Zusammenfassung

Die Sportverbände können in der Praxis die Beachtung ihres Regelwerkes von den Sportlern aufgrund deren Mitgliedschaft in einem ihnen angegliederten Verein rechtswirksam meist nicht erreichen. Der Erlaß von diesbezüglich notwendigen korrespondierenden Satzungen scheitert in der Praxis regelmäßig.

---

[52] Zu diesem Ergebnis kommt eine vom DSB beauftragte juristische Arbeitsgruppe, BT-Drs. 12/7540, Anlage 8, S. 75, 76; so auch *Prokop*, Probleme bei der Durchsetzung von Sanktionen, S. 28, 34; ebenso *Vieweg*, Blutentnahme, S. 89, 102.

[53] So nehmen beispielsweise auch nationale Sportverbände teilweise anhand „dynamischer Verweisungen" auf Satzungen der internationalen Verbände der jeweiligen Sportart bezug; beispielsweise verweist der **DFB** auf Regelungen in der „jeweils gültigen Fassung" der FIFA, § 2 a, Ziff. 1 Satzung, und der UEFA § 2 a, Ziff. 2 Satzung; ähnlich der **DLV**: § 15 Satzung: „Beschließt die IAAF Regeländerungen, so werden diese mit dem Zeitpunkt des Inkrafttretens automatisch Bestandteil der Wettkampfordnung". Solche Verweisungen sind dann wirksam, wenn es sich inhaltlich nicht um Grundentscheidungen des Verbandes handelt, wie z.B. bei einem Verweis auf Spielregeln i.e.S.

[54] In diesem Sinn BGH NJW 1995, S. 583, 585; *Fenn*, SpuRt 1997, S. 77, 78; *Prokop*, Probleme bei der Durchsetzung von Sanktionen, S. 28, 34: „Eine Verpflichtung der Athleten erscheint in der Zukunft nur noch über eine individualvertragliche Unterwerfung der Athleten zu erreichen zu sein".

II. Bindung des Sportlers aufgrund einer rechtsgeschäftlichen Vereinbarung mit dem Sportverband (Individualrechtliche Lösung)

Die sogenannte individualrechtliche Lösung kommt dann zum Tragen, wenn eine Bindung nach der satzungsrechtlichen Lösung bereits deshalb scheitert, weil der Sportler noch nicht einmal mittelbares Mitglied des Verbandes ist, da er nicht Mitglied eines verbandsangehörigen Vereins ist. Dies sind zum einen diejenigen Sportler, die aus dem Ausland kommen und lediglich zu einem in Deutschland stattfindenden und vom deutschen Fachverband veranstalteten Wettkampf anreisen, und naturgemäß keinem deutschen Verein angehören und somit auch nicht dem deutschen Verband, sondern ihrem nationalen Verband angegliedert sind. Zum anderen sind diejenigen Sportler nicht *ihrem* Sportverband als mittelbare Mitglieder angehörig, die als Berufssportler aus steuerlichen Gründen nicht Mitglieder der Vereine seien dürfen, sondern stattdessen Angestellte ihrer Vereine sind[55]. In diesen Fällen kommt eine Bindung allein aufgrund der individualrechtlichen Lösung in Betracht.

Des weiteren erlangt die individualrechtliche Lösung auch für den Sportler als Vereinsmitglied Bedeutung, wenn seine Bindung an das Verbandsregelwerk, die auf seiner Eingliederung in das Verbandssystem fußt (satzungsrechtliche Lösung), scheitert. Die Ursache hierfür liegt vornehmlich in den tatsächlichen Problemen der Übernahme korrespondierender Satzungen. Beide Lösungen können aber auch nebeneinander zur Anwendung kommen; sie schließen sich nicht gegenseitig aus, da jeweils ein andere Rechtsgrundlage – Mitgliedschaft oder rechtsgeschäftliche Individualvereinbarung – die Bindung begründen kann.

Da in den genannten Konstellationen eine Bindung des Sportlers an das Sportverbandsregelwerk, insbesondere an die Doping-Bestimmungen, stattfinden soll, kommt der Individualrechtlichen Lösung angesichts der nahezu praktischen Undurchführbarkeit der satzungsrechtlichen Lösung eine erhebliche Bedeutung zu.

---

[55] So z.B. die Lizenzspieler der Fußballbundesliga; vgl. *Fuhrmann*, SpuRt 1995, S. 12 ff; *Kebekus*, S. 41 ff. *Arndt/Immel*, BB 1987, S. 1153 ff.; vgl. auch oben, Zweites Kapitel A. I. 1.

Für den Sportverband stellt sich demnach die Frage, inwiefern er den Sportler unabhängig von der Zugehörigkeit zu einem verbandsangehörigen Verein zur Beachtung der Doping-Bestimmungen als Bestandteil des Verbandsregelwerks verpflichten und wie gegebenenfalls diese Verpflichtung durchgesetzt werden kann.

1. Notwendigkeit eines Rechtsgeschäfts

Eine Bindung des Sportlers als Nichtverbandsmitglied an das Verbandsregelwerk kann sich nach zutreffender h.M. nur aufgrund einer rechtsgeschäftlichen Vereinbarung zwischen ihm und dem Verband ergeben[56].

So ist die Geltung des Regelwerks eines Vereins für seine Mitglieder mit deren Vereinsmitgliedschaft verbunden, die auf den rechtsgeschäftlichen Vereinsbeitritt zurückzuführen ist[57]. Legitimation der Regelgeltung gegenüber Vereinsmitgliedern ist daher ein Rechtsgeschäft. Das Erfordernis eines Rechtsgeschäftes hat daher erst recht zu gelten, wenn der Verband die Beachtung seines Regelwerkes von Nichtmitgliedern (Nichtverbandsmitgliedern) verlangen will.

Es bedarf zur rechtswirksamen Geltung des Verbandsregelwerkes gegenüber Nichtmitgliedern damit einer diesbezüglichen rechtsgeschäftlichen Erklärung des Sportlers, mit der er dieses anerkennt. Er schließt also mit dem Sportverband einen sog. Anerkennungs - oder Erstreckungsvertrag ab.

Diesbezüglich kommt sowohl der Abschluß eines gesonderten Vertrages in Betracht, des sogenannten Lizenzvertrages, wie auch die rechtsgeschäftliche Anerkennung des Regelwerkes aufgrund der Erteilung eines Spielerpasses/-ausweises bzw. die Meldung zum und Teilnahme am Wettkampf selbst[58].

2. Wirksamkeit der Erstreckung des Regelwerkes und der Verbandsgewalt auf Nichtmitglieder

Die Geltung des Verbandsregelwerkes und die Verbindlichkeit von Sanktionen des Sportverbandes, d.h. die Erstreckung der Vereinsgewalt auf Nichtmitglieder

---

[56] BGH, NJW 1995, S 583, 584 f.; *Lukes*, FS- H. Westermann, S. 325, 330 ff., 333; *Maier*, S.161; *Staudinger-Weick*, § 25 BGB, Rn. 11; *Soergel/Hadding*, § 25 BGB, Rn. 35; *Vieweg*, Normsetzung, S. 344; *ders.*, NJW 91, S. 1511, 1516; *Schlosser*, Vereinsgerichtsbarkeit, S. 77 ff. *Steinbeck*, S. 152 ff.; a.A. *Haas/Adolphsen*, NJW 1995, S. 2146, 2147 f., nach denen die Geltung des Regelwerkes und der Vereinsgewalt als notwendige Kehrseite der Nutzungsrechte Dritter von Vereinseinrichtungen anzusehen ist; dagegen *Edenfeld*, S. 194.

[57] Siehe oben, Zweites Kapitel, A. I. 2. a) dd).

durch ein Rechtsgeschäft, setzen die grundsätzliche Zulässigkeit einer vertraglichen Gestaltung dieses Verhältnisses voraus.

a) Grundsatz der Vertragsfreiheit

Nach dem dem § 305 BGB zugrundeliegenden Grundsatz der Vertragsfreiheit unterliegen sowohl der Abschluß als auch der Inhalt eines Vertrages grundsätzlich der freien Parteivereinbarung[59].

aa) Erstreckung des Regelwerkes

Die Erstreckung des Verbandsregelwerkes auf Nichtmitglieder wird demgemäß unter Hinweis auf § 305 BGB als grundsätzlich zulässig erachtet[60]. Die Grenzen der Vertragsautonomie werden durch die rechtsgeschäftliche Vereinbarung der Geltung des Verbandsregelwerkes nicht verletzt. Die rechtsgeschäftliche Vereinbarung des Sportlers mit dem Sportverband, mithin der Abschluß des sog. Erstreckungs- oder Anerkennungsvertrages, beinhaltet die Verpflichtung des Sportlers, das Regelwerk bzw. einen bestimmten Teil hiervon, als für sich verbindlich anzuerkennen. Dem Sportler als Nichtmitglied werden durch diesen Vertrag zugleich Rechte gegenüber dem Verband eingeräumt[61]. Er erhält das Recht, an Wettkämpfen oder dem Spielbetrieb des Verbandes teilzunehmen und dessen Einrichtungen zu benutzen, d.h. der Verband wird verpflichtet, Wettkämpfe zu organisieren und zu veranstalten sowie die Teilnahme des Sportlers zu gewähren. Daß diese vertragliche Abrede den der Vertragsfreiheit gesetzten Grenzen zuwiderläuft, ist nicht erkennbar.

---

[58] Hierzu unten, Zweites Kapitel, A. II. 5.
[59] Statt vieler, *Staudinger/Löwisch*, § 305 BGB, Rn. 1 ff.; *MüKo-Thode*, § 305 BGB, Rn. 1; *Palandt/Heinrichs*, Vor § 305 BGB, Rn. 3 ff.
[60] Grundlegend *Lukes*, FS-Westermann, S. 325 ff.; vgl. *Meinberg/Olzen/Neumann*, S. 63, 73 f.; *Pfister*, JZ 1995, S. 464, 465 f.; ders., FS-Lorenz, S. 171, 184 f.
[61] *Lukes* führt als Beispiel den Berechtigungsvertrag mit der GEMA an, der eine Bindung an festgelegte Verteilungspläne und Organentscheidung ebenso beinhaltet, wie den Anspruch auf ordnungsgemäße Festsetzung und gegebenenfalls Auszahlung, in FS- H. Westermann, S. 325, 334 f.

Eine Bindung des Sportlers an das Regelwerk des Sportverbandes ist wegen der Geltung der Privatautonomie und des Grundsatzes der Vertragsfreiheit, § 305 BGB, rechtswirksam möglich.

bb) Erstreckung der Verbandsgewalt

Die Erstreckung der sog. Vereinsgewalt auf den Sportler als Nichtvereinsmitglied, also die Bindung des Sportlers an die Maßnahmen des Sportverbandes, die dieser in Vollzug seines Regelwerkes trifft, wird ebenfalls als zulässig erachtet[62].
Dem Verein steht insofern nach ganz überwiegender Meinung[63] eine sog. Vereins- oder Disziplinargewalt zu, d.h. er hat das Recht, die Einhaltung seines Regelwerkes durch die Verhängung von Sanktionen abzusichern. Die sich aus der Bindung ergebende Verpflichtung, das Regelwerk zu beachten, kann nur dann ihre Aufgabe erfüllen, wenn die Nichtbeachtung sanktioniert werden kann. Die Befugnis zur Setzung einer Regel umfaßt notwendigerweise auch das Recht zur Anordnung und Vollziehung von Sanktionen[64].
Die darüber hinausgehende Erstreckung dieser Vereinsgewalt auf Nichtmitglieder wird ebenfalls als zulässig erachtet; lediglich die dogmatische Einordnung der Strafbefugnis gegenüber Nichtmitgliedern wird unterschiedlich beantwortet.
Die sog. rechtsgeschäftlichen Betrachtungsweise[65] sieht diese Strafe ebenso wie die Vereinsstrafe gegenüber Mitgliedern als Vertragsstrafe i.S.d. §§ 339 ff. BGB an. Die korporationsrechtliche Betrachtungsweise, welche die Vereinsstrafe als

---

[62] Grundlegend *Lukes*, FS-Westermann, S. 325 ff.; differenzierend *Baecker*, Grenzen der Vereinsautonomie, S. 123 ff.; vgl. auch *Steinbeck*, S. 152 ff.

[63] Statt vieler BGH, NJW 1995, 583, 584; *Reichert/van Look*, Rn. 1587 ff.; *Schlosser*, Vereinsgerichtsbarkeit, S. 44 ff.; *F. Roth*, S. 1, 13; *MüKo-Reuter*, § 25 BGB, Rn. 21 ff.; *Palandt/ Heinrichs*, § 25 BGB, Rn. 12 ff.; anders *Flume,* der eine eigene Strafbefugnis des Vereins ablehnt, weil es sich um die unzulässige Aussprache eines Unwerturteils handeln soll und die sogenannten Vereins(geld)strafen insofern gewöhnliche Vertragsstrafen darstellen, FS-Böttcher, S. 101, 108 ff., 116 ff., 123 ff.

[64] BGH, NJW 1995, 583, 584; *Lukes*, FS-Westermann, S. 325, 327.

[65] *Hadding*, FS-Fischer, S. 165 ff; *Soergel/Hadding*, § 25, Rn. 38 ff; *Staudinger/Rieble*, vor §§ 339 ff. BGB, Rn. 94 ff; *Reichert/van Look*, Rn. 1592 ff.; *van Look*, Vereinsstrafen, S. 184 ff. und passim.; ders. WM-Festgabe Hellner, 1994, S. 46, 51 ff.; *Weitnauer*, FS-Reinhardt, S. 179, 181 ff; *Böttcher*, ZfA 1970, S. 3, 44 ff.; *Säcker/Rancke*, ArbuR 1981, S. 1, 5; *Flume*, FS-Böttcher, S. 101, 126 ff.; ders., Die Juristische Person, § 9 IV, S. 336 ff.; *Medicus*, AT, Rn. 1123; so auch schon *v. Tuhr*, BGB, Bd. 1, § 35 III; *Ennecerus-Nipperdey*, § 108 II; für eine Typenvermischung von Vereinsstrafe und Vertragsstrafe: *H.P. Westermann*, Verbandsstrafgewalt, S. 38 f.

ein Rechtsinstitut eigener Art einstuft[66], ordnet diese gegenüber Nichtmitgliedern entweder als Vertragsstrafe i.S.d. § 339 ff.[67] ein, weil eine „Vereinsgewalt" nur Mitgliedern gegenüber bestehen soll, oder es wird eine partielle vertragliche Unterwerfung von Nichtmitgliedern unter die Vereinsgewalt zugelassen[68].

Unabhängig von diesen dogmatischen Unterschieden ist entscheidend für die Zulässigkeit der Erstreckung der Vereinsgewalt auf Nichtmitglieder, daß eine Befugnis zur Strafsetzung nur auf Privatautonomie beruhen oder staatlich-demokratisch legitimiert sein kann[69]. Die Legitimation der Vereinsstrafgewalt, die nicht staatlich ist, ist daher nur im Bereich der Privatautonomie zu finden. Dementsprechend sehen beide Auffassungen den Abschluß eines Vertrages zwischen Verband und Sportler als notwendig an, um die Verbandsgewalt anzuerkennen[70]. Die Zulässigkeit dieser Vereinbarung folgt aus der Privatautonomie. Demgemäß wird in den §§ 315 ff. BGB die Gestaltungsmacht einer Person aufgrund einer rechtsgeschäftlicher Vereinbarung zwischen den Parteien grundsätzlich anerkannt. Die §§ 315 ff BGB gelten dabei nicht nur für die Bestimmung der Leistung als solcher, sondern auch für mögliche Nebenregelungen[71], so daß die Befugnis des Sportverbandes, Sanktionen gegenüber den Athleten - Nichtverbandsmitgliedern - zu verhängen und dadurch die sog. Vereinsgewalt auszuüben, hiervon umfaßt wird.

Die Geltung der Vereinsgewalt für den Athleten als Nichtmitglied kann folglich aufgrund der Privatautonomie, die in den §§ 305, 315 ff BGB ihren Niederschlag gefunden hat, wirksam mit dem Sportverband rechtsgeschäftlich vereinbart werden. Ein mit diesem Inhalt abgeschlossener Vertrag ist grundsätzlich zulässig.

---

[66] BGHZ 21, 370, 373; BGHZ 29, 352, 355; *Meyer-Cording*, Vereinsstrafe, S. 62; *Larenz*, Gdschr.-Dietz, S. 45, 49; *Bruder*, MDR 1973, S. 897, 898; *MüKo-Reuter*, § 25, Rn. 21 ff.; *ders*. ZHR 151 (1987); S. 355, 386 ff.; *Palandt/Heinrichs*, § 25 BGB, Rn. 12 ; *RGRK-Steffen*, § 25 BGB, Rn. 12 ff.; vgl. auch *Erman/Westermann*, § 25 BGB, Rn. 5.

[67] BAG NJW 1980, S. 470 f.; vgl. OLG Frankfurt a.M., WRP 1985, S. 564, 566; *Burmeister*, DÖV 1978, S. 1, 9; *Füllgraf*, S. 50 f.

[68] BGH, NJW 1995, S. 583, 584 ff.; LG München I, SpuRt 1995, S. 161; *Lukes*, FS-Westermann, S. 325, 334 ff., *Schlosser*, Vereinsgerichtsbarkeit, S. 77 ff.; *Baecker*, Grenzen der Vereinsautonomie, S. 123 ff.; *Palandt/Heinrichs*, § 25 BGB, Rn. 15.

[69] BVerfGE 44, 322, 348; 64, 208, 214; vgl. *Staudinger/Rieble*, vor §§ 339 BGB, Rn. 94.

[70] So ganz h.M., BGH, NJW 1995, S. 583, 584; *Pfister*, FS-Lorenz, S. 171, 184; *Vieweg*, NJW 1991, S. 1511, 1515 f.; *Lukes*, FS-Westermann, S. 325, 332 f.; *Steinbeck*, S. 152 ff.

b) Entstehung arbeitsrechtlicher Beziehungen?

Die Ausübung der Vereinsgewalt gegenüber dem Sportler als Nichtmitglied erfolgt u.a. durch Verhängung einer Wettkampfsperre oder einen Lizenzentzug mit der Folge, daß der Sportler für einen bestimmten Zeitraum nicht an Wettkämpfen teilnehmen darf.

Demgemäß wird teilweise vertreten[72], die Anerkennung des Verbandsregelwerkes und einer Strafbefugnis des Verbandes führe zur Begründung arbeitsrechtlicher Beziehungen zwischen Sportverband und Sportler, die die Einordnung der Strafe als Betriebsbuße rechtfertigen könnten[73]. So wird insbesondere im Bezug auf den DFB angenommen, diesem komme wegen der Möglichkeit der Verhängung einer Sperre bzw. eines Lizenzentzuges eine Arbeitgeber- oder Teilarbeitgeberposition zu.

Dem kann aber nicht gefolgt werden[74]. Der Sportler kann zwar Arbeitnehmer des Sportvereines sein. Dies gilt insbesondere, wenn er nicht dessen Mitglied ist, sondern ein Angestelltenverhältnis besteht, aus dem er weisungsgebunden ist. Bereits *Reuter*[75] hat aber zutreffend darauf hingewiesen, daß der Sportverband „weder Arbeit gibt noch nimmt", und ihm keine Arbeitgeberstellung zukommt. Die Einordnung als Arbeitgeber erfolgt allein ergebnisbezogen[76], und der Sportler ist zur Erbringung seiner Arbeitsleistung nur dem Verein gegenüber vertraglich verpflichtet; er erbringt keine Arbeitsleistung, auch nicht teilweise, dem Sportverband gegenüber, so daß dieser auch nicht als dessen (Teil-) Arbeitgeber angesehen werden kann.

Arbeitsrechtlicher Beziehungen zwischen Sportverband und dem Sportler werden demnach nicht begründet.

---

[71] *Palandt/Heinrichs*, § 315 BGB, Rn. 2; ausführlich *Lukes*, FS-Westermann, S. 325, 336 f.

[72] *Vollkommer*, RdA 1982, S. 16, 26 ff.; *Westermann*, Sportler als Arbeitnehmer besonderer Art, S. 35, 40 ff.; *Füllgraf*, S. 21 ff., 47 f.; *Meyer-Cording*, RdA 1982, S. 13, 14 (Ergänzungsvertrag zum Arbeitsvertrag); *Buchner*, RdA 1982, S. 1, 7 ff.; *ders*. NJW 1976, S. 2242, 2245.

[73] So u.a. *Buchner*, NJW 1976, S. 2242, 2245; *Meyer-Cording*, RdA 1982, S.13, 15.

[74] Gegen die Existenz eines Arbeitsverhältnisses *Schlosser*, FS-Zeuner, S. 467, 475 f.; *Stein/Jonas/Schlosser*, § 1025 ZPO, Rn. 49.

[75] *Reuter*, DZWiR 1996, S. 1, 5 f.; *ders.*, Verbindlichkeit internationalen Sportrechts, S. 53, 55 f.; vgl. auch *MüKo-Reuter*, § 25 BGB, Rn. 18 f.

[76] So selbst *Westermann*, Sportler als Arbeitnehmer besonderer Art, S. 35, 40 ff.

3. Zulässigkeitsbedenken

Bedenken gegen die Zulässigkeit des (Erstreckungs-) Vertrages zwischen Verband und Sportler können sich aus der Tatsache ergeben, daß der Sportler im Unterschied zu Mitgliedern des die Regeln aufstellenden Verbandes diese Regeln nicht mitbestimmen kann.

a) Fehlende Mitwirkung des Sportlers im Verband

Der Sportler hat keine „körperschaftlichen" Rechte, insbesondere kein Stimmrecht und kann Änderungen der Verbandsregeln nicht mitbestimmen. Er würde bei uneingeschränkter Anerkennung des Verbandsregelwerkes eine Stellung einnehmen, in der er die Pflichten eines Verbandsmitgliedes hätte, ohne daß ihm die entsprechenden Mitwirkungsrechte zukommen würden[77]. Die Mitwirkungsrechte bei der Willensbildung des Verbandes kommen ihm aber nicht zu. Es stellt sich daher die Frage, ob der Sportler, ohne Verbandsmitglied zu sein, das Verbandsregelwerk uneingeschränkt ihm Rahmen des Anerkennungs- oder Erstreckungsvertrages anerkennt, oder ob die Anerkennung beschränkt ist.

b) Stellungnahme

Die Möglichkeit des Sportlers, den Anerkennungsvertrag jederzeit nach den für Dauerschuldverhältnisse geltenden Grundsätzen aus wichtigem Grund zu kündigen, sich also unangemessenen veränderten Verbandsregelungen oder Akten durch eigene Willensentscheidung zu entziehen, kann kein Argument für die Zulässigkeit der Erstreckung sein[78].

Denn die Kündigungsmöglichkeit entfällt faktisch, da der Sportler auf den Vertrag mit dem Sportverband angewiesen ist, um an entsprechenden Wettkämpfen teilnehmen zu können. Die Monopolstellung der Spitzenverbände bedingt darüber hinaus, daß der Sportler nicht auf andere Verbände „seiner" Sportart zwecks Teilnahme am Wettkampf ausweichen kann.

Es darf jedoch nicht übersehen werden, daß dem Sportler, dem Nichtmitglied, durch den Vertrag erhebliche Rechte eingeräumt werden. Er wird dadurch in die

---

[77] Siehe hierzu jüngst *Steinbeck*, S.153 f.

Lage versetzt, eigennützige Interessen zu verfolgen[79], die nicht nur bei professioneller Ausübung des Sports auch in wirtschaftlichen Vorteilen liegen können[80]. Entscheidende Bedeutung erlangt der Umstand, daß das Nichtmitglied nicht uneingeschränkt das Verbandsregelwerk und die Verbandsakte (Sanktionen) anerkennt[81]. Die eine Anerkennung begründende Verweisung auf das Verbandsregelwerk, die im Vertrag festgehalten ist, begründet lediglich ein auf einen sachlich-gegenständlich begrenzten Bereich bezogenes Einverständnis. Das Nichtmitglied erkennt diejenigen Regelungen an, die im Zusammenhang mit der Ausübung des Sportes stehen, insbesondere die Wettkampf- bzw. Spielordnung, die Rechts- und Verfahrensordnung sowie Teile der Satzung. Für diesen sachlich-gegenständlich begrenzten Bereich erfährt der Sportler im Gegenzug das Recht, an Wettkämpfen, Meisterschaften oder Verbandseinrichtungen teilzunehmen. Auch durch die Doping-Regelungen wird der Sportler nicht nur beschränkt, sondern selbst vor unlauterem Wettbewerb geschützt. Er ist daher, anders als ein Mitglied, nicht zur Beachtung des gesamten Regelwerkes des Verbandes verpflichtet.

Darüber hinaus erfolgt die Anerkennung des Regelwerkes aufgrund der dem Bürgerlichen Recht zugrundeliegenden Privatautonomie infolge eines freiwilligen Vertragsabschlusses seitens des Sportlers. Dabei ist zu beachten, daß die schützenswerten Interessen des Sportlers, die er nicht wie ein Vereinsmitglied geltend machen kann, durch die staatlichen Gerichte ausreichend geschützt werden. Die sich aus der Monopolstellung der Spitzenverbände ergebende überlegene Stellung gegenüber dem Sportler ermöglicht den Verbänden nicht, ihr Regelwerk nach eigenem Belieben zu gestalten. Denn anhand einer umfassenden gerichtlichen Inhaltskontrolle, welche für sozialmächtige Verbände und damit auch die Sportverbände zur Anwendung gelangt[82], wird den Interessen des Sportlers in genügender Weise Rechnung getragen.

---

[78] A.A. *Lukes*, FS-Westermann, S. 325, 338 f.; *Hohl*, S. 71.

[79] Vgl. *Lukes*, FS- Westermann, S. 325, 339.

[80] Zu nennen sind nicht nur die Teilnahme an Verbandsveranstaltungen wie die Fußballbundesliga oder die Teilnahme an lukrativen Turnieren, sondern beispielsweise auch finanziellen Förderungen durch den Verband durch u.a. die Schaffung von Werbepools.

[81] *Lukes*, FS-Westermann, S. 325, 338 f., *Soergel/Hadding*, § 25 BGB, Rn. 35; 43.

[82] Umfassend unten, Zweites Kapitel, B. II. 1.

Der Sportler, der als Nichtmitglied das Regelwerk und die Sanktionsbefugnis des Sportverbandes anerkennt, steht damit nicht schlechter als ein Vereinsmitglied. Einer Einschränkung der vertraglichen Erstreckung des Verbandsregelwerkes über die genannte inhaltliche Beschränkung bedarf es nicht.

4. Inhalt des Anerkennungs- oder Erstreckungsvertrages

Der Sportler kann grundsätzlich rechtswirksam das Verbandsregelwerk aufgrund eines Vertrages mit dem Sportverband anerkennen.

a) Aufnahme des Regelwerkes in den Vertrag

Bei der Ausgestaltung dieses Vertragsverhältnisses besteht zum einen die Möglichkeit, den entsprechenden Teil des Verbandsregelwerkes, der für den Sportler Geltung beanspruchen soll, im Vertrag selbst zu fixieren, d.h. ihn wiederzugeben. Dann wird dieser nach den allgemeinen Regeln des BGB Vertragsinhalt. Dies wäre allerdings angesichts des Umfangs des Regelwerkes, welches Geltung beanspruchen soll, wenig praktikabel.

b) Verweisung auf das Regelwerk

In der Praxis erfolgt demzufolge lediglich eine vertragliche Bezugnahme auf das Verbandsregelwerk. Der Sportverband, der sich mit dem Sportler über die Geltung eines entsprechenden Teiles des Verbandsregelwerk einig ist, führt diesen nicht ausdrücklich im Vertrag auf, sondern es findet eine Bezugnahme auf das diese Regeln enthaltende Verbandsregelwerk statt.

Inhalt des Vertrages wird damit die zum Zeitpunkt des Vertragschlußes gültige und aktuelle Fassung des Regelwerkes, womit eine sog. „statische" Verweisung vorliegt.

aa) Nachträgliche Änderung des Regelwerkes

Es kommen jedoch häufig Änderungen des Regelwerks durch den Sportverband vor, so daß die Frage aufgeworfen wird, ob die Anerkennung sich auf das jeweils gültige und damit auch nach Vertragsschluß geänderte Regelwerk bezieht.

(1) Nachträgliches Einverständnis des Sportlers

Es besteht insoweit die Möglichkeit, nach Vertragsschluß bei jeder vorkommenden Änderung des Regelwerkes das Einverständnis des Sportler einzuholen. Diese nachträgliche Zustimmung des Sportlers zur Übernahme der Änderung in seinen Vertrag ist möglich. Die hierin liegende nachträgliche Vertragsänderung wird durch Angebot und Annahme wirksam. Angesichts der großen Anzahl der Sportler, die Vertragspartner des sein Regelwerk ändernden Sportverbandes sind, ist dies in der Praxis aber kaum durchzuführen.

(2) Sog. „dynamische Verweisung" in Verträgen

Aber auch ohne ein nachträglich ausdrücklich erteiltes Einverständnis des Sportlers mit der Regländerung kann diese wirksamer Inhalt des zwischen Sportverband und Sportler abgeschlossenen Vertrages sein. Die vertragliche Verweisung auf das Regelwerk hätte insofern einen „dynamischen" Charakter, weil sie die jeweils aktuelle Fassung des Regelwerkes erfaßt, also auch die nach Vertragsschluß abgeänderte Fassung.

Eine „dynamische Verweisung" in Vereinssatzungen auf Satzungen des übergeordneten Verbandes ist zwar als unzulässig anzusehen[83]. Die diesbezüglich geltenden Grundsätze können aber nicht auf die rechtsgeschäftliche Anerkennung eines Verbandsregelwerkes durch ein Nichtmitglied übertragen werden.

Die Unwirksamkeit dynamischer Verweisungen ist im wesentlichen damit zu begründen, daß der Verein die wesentlichen Grundentscheidungen selbst zu treffen hat und nicht von vereinsfremden Dritten vornehmen lassen kann. Die vertragliche Anerkennung des Vereinsregelwerkes durch Nichtmitglieder ist aber nicht von diesen Grundsätzen betroffen, sondern unterliegt aufgrund der in § 305 BGB manifestierte Vertragsfreiheit der freien Ausgestaltung. Demgemäß kann die dogmatische Grundlage der Befugnis des Sportverbandes zur einseitigen inhaltlichen

---

[83] Oben, Zweites Kapitel, A. I. 2. b) bb) (1) (a).

Ausgestaltung des Vertrages in § 315 BGB gesehen werden[84], die durch die Änderung des Regelwerkes ihre Ausformung erhält.

Für die Wirksamkeit einer einseitigen Leistungsbestimmung des Verbandes i.S.d. §§ 315 ff. BGB ist es allerdings notwendig, daß der Sportler bei Vertragsabschluß sein Einverständnis hiermit erklärt.

Das Einverständnis wird ohne weiteres Bestandteil des zwischen Sportverband und Sportler geschlossenen Vertrages, soweit das Recht zur einseitigen Leistungsbestimmung i.S.d. §§ 315 f. BGB ausdrücklich in den Vertrag aufgenommen ist.

Aber auch ohne ausdrückliche Erwähnung führt die Tatsache, daß Regelungen zur Änderung einzelner Bestimmungen in den Satzungen und Ordnungen der einzelnen Verbände obligatorisch sind, zu dem Ergebnis, daß der Sportler mit Vertragsabschluß zumindest konkludent ein solches Leistungsbestimmungsrecht des Verbandes rechtsgeschäftlich anerkennt[85].

bb) Ergebnis

Dem Sportverband steht damit das Recht zu, nachträglich durch Änderung des Verbandsregelwerkes den mit dem Sportler abgeschlossenen Vertrag inhaltlich zu verändern. Dies führt dazu, daß die jeweils aktuelle Fassung des Verbandsregelwerkes Bestandteil dieses Vertrages ist.

c) Weitere Anforderung an die Verweisung

Bei einer Verweisung auf das Verbandsregelwerk erhält der Sportler - anders als bei der ausdrücklichen Aufnahme in den Vertrag - nicht unmittelbar Kenntnis von dessen genauen Inhalt. Insofern ist man sich in der Rechtsprechung und Lehre darüber einig, daß dem Nichtmitglied eine zumutbarer Kenntnisnahme ermöglicht werden muß.

---

[84] Vgl. insbesondere *Lukes*, FS-Westermann, S. 325, 335 ff.; im Ergebnis ebenso *Soergel/Hadding*, § 25 BGB, Rn. 35; und *Vieweg*, Normsetzung S.344; siehe auch *van Look*, Vereinsstrafen, S. 108 ff. zum Leistungsbestimmungsrecht des Vereins hinsichtlich einer Vereinsstrafe.

[85] Ausführlich hierzu *Lukes*, FS-H.Westermann, S. 325, 335 ff.

aa) Zumutbare Kenntnisnahme

Eine solche Anerkennung des Verbandsregelwerks durch ein Nichtmitglied wird daher von der herrschenden Lehre wie die Unterwerfung unter Allgemeine Geschäftsbedingungen behandelt[86], womit das AGBG direkt oder analog Anwendung auf die vorformulierte Satzung/Ordnung finden würde. Die Bereichsausnahme des § 23 I AGBG findet hierauf keine Anwendung[87]. Für die vertragliche Geltung der Regelungen wäre somit § 2 Abs. 1 AGBG maßgeblich, wonach die zumutbare Kenntnisnahme vom Inhalt des Verbandsregelwerkes Wirksamkeitsvoraussetzung ist.

Demgegenüber sind nach Auffassung des Bundesgerichtshofes sportliche Regelwerke auch im Verhältnis zu Nichtmitgliedern keine Allgemeine Geschäftsbedingungen i.S.d. AGBG[88]. Die Ablehnung der Anwendung des AGBG betrifft jedoch vornehmlich die Vorschriften über die Inhaltskontrolle (§§ 9 ff. AGBG)[89]. Die Unanwendbarkeit des AGBG hindert den Bundesgerichtshof daher auch nicht, hinsichtlich der Vertragseinbeziehung auf das Erfordernis einer zumutbaren Möglichkeit der Kenntnisnahme der Verbandsregeln abzustellen[90] und die Verbandsregelungen, insbesondere die Sanktionsbefugnis, auf Überraschungseffekte zu untersuchen[91]. Dies entspricht aber weitestgehend den §§ 2 Abs. 1, 3 AGBG. Es sollen hinsichtlich der Kenntnis die gleichen Voraussetzungen gelten, die auch im Verhältnis des Vereines zu seinen Mitgliedern gilt. Insofern setzt der Beitritt zum Verein grundsätzlich voraus, daß die wesentlichen Bestimmungen und die sich aus deren Nichtbeachtung ergebenden Folgen in einem erheblichen Umfang aus der Satzung erkennbar sind, welche dem Beitretenden zugänglich zu machen

---

[86] *Vieweg*, FS-Lukes, S. 809, 812 f.; *ders.* NJW 1991, S. 1511, 1516; *Horn* in *Wolf/Horn/Lindacher*, § 23 AGBG, Rn. 78; *MüKo-Basedow*, § 23 AGBG, Rn. 13; *Staudinger/Weick*, § 25 BGB, Rn. 11; *Meinberg/Olzen/Neumann*, S. 63, 74; *Schlosser*, Vereinsgerichtsbarkeit, S. 78; differenzierend *Soergel/Hadding*, § 25 BGB, Rn. 35; *Grunewald*, ZHR 152 (1988), S. 242, 251 ff; *dies.* FS Semler; S. 179, 192; a.A. *Ulmer* in *Ulmer/Brandner/Hensen*, § 23 AGBG, Rn. 22.

[87] Vgl. BGHZ 103, 219, 221 f.; *Pfister*, JZ 1995, 464, 466; *MüKo-Basedow*, § 23 AGBG, Rn. 11.

[88] BGH NJW 1995, S. 583, 585; so auch *Pfister*, JZ 1995, S. 464, 466; *ders.* FS-Lorenz, S. 171, 184 f.; vgl. aber BGH WM 1972, S. 1249.

[89] Vgl. BGH NJW 1995, 583, 584 f.

[90] BGH NJW 1995, S. 583, 586.

[91] BGH NJW 1995, S. 583, 584.

ist[92]. Es sei aber kein sachlich gerechtfertigter Grund ersichtlich, der eine unterschiedliche Handhabung rechtfertigen könnte. Ohne an dieser Stelle näher auf die dogmatische Grundlage der Einbeziehung eines Verbandsregelwerkes in den Vertrag zwischen Sportler und Sportverband einzugehen, bedarf es demnach zwingend der Möglichkeit des Sportlers, in zumutbarer Weise Kenntnis von dem Inhalt des Regelwerkes zu erlangen[93].

bb) Umfang der zumutbaren Kenntnisnahme

Der Sportverband hat dem Sportler damit grundsätzlich bei Vertragsschluß das Verbandsregelwerk zugänglich zu machen. Es kann nicht ohne weiteres angenommen werden, der Verweis auf das Verbandsregelwerk im Rahmen der vertraglichen Einigung zwischen Sportler und Verband führe stets zu dessen Geltung. Nach der Verkehrssitte, die durch die Auffassung der betreffenden Kreise bestimmt wird[94], kann der Sportler zwar mit der Bezugnahme und der Geltung von Sportregeln rechnen. Denn es entspricht der allgemeinen Üblichkeit, daß sportliche Wettkämpfe bestimmten Regeln entsprechend durchgeführt werden und der Sportler nicht nur die Existenz solcher Regeln erwartet, sondern auch die Beachtung derselben von den anderen Teilnehmern verlangt[95]. Ein sportlicher und geregelter Wettkampf wäre ohne die Existenz solcher Regeln nicht durchführbar. Andererseits wird den Sportverbänden aufgrund der Verweisung auf bestimmte Ordnungen des Verbandsregelwerkes, wie beispielsweise die Wettkampf- sowie die Rechts- und Verfahrensordnung, auch eine bestimmte Rechtsmacht zugewiesen.

Der Sportverband müßte daher für eine wirksame Einbeziehung der betreffenden Satzung und Ordnungen auf deren Geltung hinweisen und diese dem Sportler bei Vertragsschluß überreichen, wobei die Durchführung in der Praxis gerade bei

---

[92] St. Rspr. BGHZ 47, 172, 175; BGH, NJW 1995, 583, 586.

[93] A.A. indessen *Pfister*, JZ 1995, 464, 466, obwohl er an anderer Stelle eine Ungleichbehandlung bei Bindung des Sportlers einerseits durch Mitgliedschaft und andererseits durch Vertrag (als Nichtmitglied) ablehnt, S. 466, Fn. 23.

[94] Statt aller *Palandt/Heinrichs*, § 133 BGB, Rn. 21 m.w.N.

[95] So auch BGH NJW 1995, S. 583, 584.

größeren Verbänden wegen des enormen Aufwandes schwierig ist[96]. Ebenso als ausreichend kann es daher angesehen werden, wenn dem Sportler die zumutbare Möglichkeit verschafft wird, Kenntnis vom Regelwerk zu erlangen. Dies kann dadurch geschehen, daß die betreffenden Regelungen bei den Vereinen, deren Mitglieder die Sportler sind, respektive bei den Wettkampfveranstaltungen zur Einsicht ausliegen oder daß dem Sportler diese auf Verlangen von dem jeweiligen Verband mit Vertragsschluß zugesendet werden[97].

Erfolgen nach Vertragsschluß zulässige Änderungen des Regelwerkes durch den Verband, muß der Sportler auch hiervon in zumutbarer Weise Kenntnis erlangen können. Diesbezüglich erscheint eine Mitteilung an den jeweiligen Athleten nicht erforderlich; ausreichend ist vielmehr eine geeignete Veröffentlichung der Änderung, die im jeweiligen Verbandsorgan oder Mitteilungsblatt erfolgen kann[98]. Dies gilt aber nur gegenüber denjenigen Athleten, die diese Blätter o.ä. persönlich beziehen oder die Mitglieder von Vereinen sind, bei denen diese erhältlich sind. Andernfalls hat der Sportverband dafür Sorge zu tragen, daß der Sportler von der Änderung Kenntnis erhält, beispielsweise durch Information während eines darauffolgenden Wettkampfes.

cc) Ergebnis
Die zumutbare Möglichkeit der Kenntnisnahme des Sportlers von dem aufgrund des Vertrages mit dem Verband Geltung beanspruchenden Verbandsregelwerk ist somit unabdingbare Voraussetzung für die wirksame Einbeziehung in den Vertrag.

5. Vertragstypen
Voraussetzung für die rechtsgeschäftliche Anerkennung des Verbandsregelwerks ist, daß ein Vertrag zwischen Sportler und Verband bzw. Veranstalter hierüber

---

[96] In diesem Sinne *Vieweg*, SpuRt 1995, S. 97, 99.
[97] Zu den einzelnen Fallkonstellationen siehe unten Zweites Kapitel, A. II. 5. a).
[98] So auch *Pfister*, JZ 1995, S. 464, 467; *Fenn*, SpuRt 1997, S. 77, 79.

abgeschlossen wird. In der Praxis treten primär drei vertragliche Abschlußformen in Erscheinung[99].

a) Der Lizenzvertrag

In einigen Sportarten werden sogenannte Lizenzverträge oder Athletenvereinbarungen zwischen Sportverband und Sportler abgeschlossen, deren Bestand obligatorisch für die Teilnahme am Spielbetrieb des jeweiligen Verbandes ist. Diese ausdrücklich zwischen Sportler und Verband zustandekommenden Verträge existieren in wenigen Sportarten, und dort auch nur in Beziehung zum Spitzensport, mithin dann, wenn von einer professionellen Ausübung der Sportart gesprochen werden kann[100]. Hintergrund dieser Verträge ist, daß die Sportler aufgrund ihrer professionellen Sportausübung häufig nicht Mitglied in den dem Dachverband angegliederten Vereinen sind[101] und daß auf diese Weise eine Bindung an das Verbandsregelwerk auf diesem Weg sichergestellt werden soll.

Der Abschluß der Lizenzverträge zwischen Sportverband und Sportler erfolgt nach den allgemeingültigen Bestimmungen des BGB; der Vertrag kommt durch ein Angebot des Sportverbandes und die übereinstimmende Annahme des Sportlers zustande, §§ 145 ff. BGB.

Der Inhalt der Lizenzverträge ist vornehmlich auf die Beachtung bestimmter Regelungen der Sportverbände durch den Sportler gerichtet. Dies geschieht regelmäßig dadurch, daß innerhalb der Lizenzverträge die Geltung bestimmter Satzungs- oder Ordnungsabschnitte des Sportverbandes vereinbart werden.

---

[99] BGH NJW 1995, S. 583, 585 f.; *Lindemann*, SpuRt 1994, S. 17, 21; *Vieweg*, SpuRt 1995, S. 97, 99; *Pfister*, JZ 1995, S. 464, 465; *ders.* FS-Lorenz, S. 171, 184 f.; siehe auch *Lukes*, FS-H. Westermann, S. 325, 333; *Schlosser*, Vereinsgerichtsbarkeit, S. 78.

[100] Dementsprechend ist der Abschluß eines Lizenzvertrages zwischen Verband und Sportler obligatorisch in der 1. und 2. Bundesliga des DFB, in der DEL, der obersten deutschen Eishockey-Liga sowie im DTTB. Auch der DLV schließt mit den Spitzenathleten eine gesonderte „Athletenvereinbarung" ab. Hierzu *Haas/Prokop*, SpuRt 1996, S. 109 ff., 187 ff.; und *Haas/Prokop/Niese*, SpuRt 1996, S. 189; vgl. zum Muster einer Athletenvereinbarung des DSB, *Reschke*, Dok.-Nr. 13-00-2.

[101] Vgl. bereits oben, Zweites Kapitel, A. I. 1.

Beispielsweise berechtigt der zwischen dem DFB und dem Spieler abzuschließende Lizenzvertrag[102] den Spieler, die Verbandseinrichtung (1. und 2.) Bundesliga zu benutzen (§ 1 des Lizenzvertrages). Im Gegenzug wird der Spieler zur Beachtung des Verbandsregelwerks, namentlich des Lizenzspielerstatuts sowie der Satzung und weiterer, ausdrücklich genannter Ordnungen des DFB durch Verweisung auf diese verpflichtet, wozu auch die Regelungen über die Strafbefugnis des DFB gehören (§ 2 des Lizenzvertrages). Es werden aber auch Pflichten der Spieler ausdrücklich im Lizenzvertrag geregelt, wie auch die Möglichkeit einer Vertragsstrafe (§ 3 „Vertragspflichten" des Lizenzspielervertrages).

Die Anerkennung des Verbandsregelwerkes einschließlich der Doping-Bestimmungen kann daher durch Abschluß eines sog. Lizenzvertrages, einer Athletenvereinbarung o.ä.[103], erfolgen.

b) Erteilung eines Spielerpasses oder Ausweises
Ein Rechtsgeschäft zwischen Verband und Sportler kann sich auch aus der Tatsache ergeben, daß ein Teil der Spitzenverbände Ausweise oder Spielerpässe ausstellt, die für einen bestimmten Zeitraum gültig sind und ohne die eine Teilnahme am Spielbetrieb oder an Wettkämpfen nicht möglich ist[104].

aa) Vertragsschluß
Die Ausstellung eines solchen Ausweises respektive Spielerpasses erfolgt auf Antrag des Sportlers durch den nationalen Sportverband oder einem seiner Landesverbände.

---

[102] Zum Lizenzvertrag im Bereich des DFB *Füllgraf*, Der Lizenzfußball, S. 21 und passim; *Weiland*, S. 9 ff.

[103] Zum Inhalt der Athletenvereinbarung im Bereich des DLV *Haas/Prokop/Niese*, SpuRt 1996, S. 189. Eine ähnliche Regelung zur ausdrücklichen vertraglichen Anerkennung enthalten auch der Anhang 1 zur Anti-Doping-Ordnung des **DVBB** und die RRL des **DSB**.

[104] Die Erteilung eines Spielerpaßes o.ä. zwecks Spielberechtigung existiert beispielsweise im **DHB**, § 12 SpielO; **DVV**, Ziff. 6.7, 7. BSO sowie SpielerpaßO (Anlage 7 zur BSO), Ziff. 4.7 Bundesliga-Ordnung (Anlage 2 zur BSO); **BVDG**, § 19 SpO „Startbuch"; **DTU**, § 8 SpO, „Startpaß"; **DTTB**, B 2.1 WO.

In dem Antrag kann ohne weiteres ein Vertragsangebot gesehen werden, das durch die Erteilung des Ausweises angenommen wird. Soweit der Verein für seine Athleten die genannten Anträge stellt, handelt er hierbei als Stellvertreter des Sportlers gemäß § 164 Abs. 1 BGB, so daß auch dann ein Vertrag zwischen Sportler und Sportverband zustandekommt.

bb) Vertragsinhalt

Der Vertrag muß die Geltung des Verbandsregelwerkes einschließlich der Doping-Bestimmungen beinhalten.

Ein Teil der Sportverbände weist in den von ihnen zur Erlangung eines Spielerpasses o.ä. herausgegebenen Antragsformularen ausdrücklich auf diejenigen Regelungen, d.h. Satzungsbestimmungen und Ordnungen, hin, die der Sportler mit dem Antrag anerkennen soll. Dadurch werden diese Inhalt der rechtsgeschäftlichen Vereinbarung zwischen Sportler und Verband, wobei dem Sportler die Möglichkeit zumutbarer Kenntnisnahme des Regelwerkes eingeräumt werden muß[105].

Soweit es jedoch an einer ausdrücklichen Bezugnahme auf das Verbandsregelwerk fehlt, wird dieses auch nicht Vertragsbestandteil. Auch wenn davon auszugehen ist, daß jeder Sportler, der an einem Wettkampf oder einem Spiel teilnimmt, weiß, daß diese bestimmten Regeln unterliegen[106], und erwartet, daß der Verband die Wettkämpfe diesen Regeln entsprechend durchführt und Verstöße gegen diese ahndet, kann ein konkludentes Einverständnis mit der Geltung des Verbandsregelwerkes nicht ohne weiteres angenommen werden. Bereits die umfassenden Doping-Bestimmungen und Verfahrensordnungen, die zur Geltung gelangen sollen, sind im einzelnen so detailliert ausgestaltet, daß die Annahme eines konkludenten Einverständnisses mit dem Inhalt der Willenserklärung des

---

[105] So beispielsweise die Deutsche Reiterliche Vereinigung (FN), vgl. BGH NJW 1995, S. 583 f., 586. Der vom **DLV** für Kaderathleten und andere näher bezeichnete „Spitzensportler" herausgegebene Athletenpaß verlangt die Anerkennung u.a. der Dopingregelungen, DLV-Satzung, WKO, DLO, Anti-Doping-Ordnung, Doping-Bestimmungen des DSB und der IAAF einschließlich Verfahrensregelungen, durch die Unterschrift des Athleten; eine Anerkennung der Satzung und Ordnungen durch Unterschrift verlangt auch den **DVV** im Rahmen des Lizenzantrages der Sportler, Ziff. 4.7.5 h) Bundesliga-Ordnung (Anlage 2 zur BSO).

[106] Vgl. *Lindemann*, SpuRt 1994, S. 17, 21.

Sportlers nicht mehr übereinstimmen würde. Dies gilt umso mehr, wenn der Sportler nicht als Spitzensportler tätig ist, da nicht angenommen werden kann, daß ein Sportler, der z.B. in einer „unterklassigen" Liga tätig ist, überhaupt damit rechnet, einem Doping-Verbot als Bestandteil des Regelwerkes zu unterliegen.

cc) Ergebnis

Damit das Verbandsregelwerk in den Inhalt des zwischen Sportverband und Sportler abgeschlossenen Vertrages einbezogen wird, muß der Sportler zumindest sein Einverständnis hinsichtlich der Geltung dieser Regeln erklären und die Möglichkeit der Kenntnisnahme haben.

c) Teilnahme am Wettkampf

Die Teilnahme eines Sportlers an Wettkämpfen oder Turnieren o.ä. setzt grundsätzlich einen konkreten Teilnahmevertrag zwischen Sportler und Wettkampfveranstalter voraus[107].

aa) Einbeziehung des Verbandsregelwerkes

Die Wettkampfveranstaltung wird in Form einer Ausschreibung bekanntgegeben[108]. Mit der Meldung des Sportlers zum Wettkampf beziehungsweise - bei einer begrenzten Teilnehmerzahl - mit der auf die Meldung folgenden Zulassung zum Wettkampf kommt ein konkreter Teilnahmevertrag zwischen Veranstalter und Sportler zustande.

Die Sportverbände und Veranstalter weisen auch regelmäßig bereits in der Ausschreibung auf die Geltung der bestimmten Verbandsregeln, insbesondere Sportordnung (Wettkampf- oder Spielordnung) einschließlich Sanktionen und Rechts- und Verfahrensordnung, hin[109]. Davon umfaßt ist die Befugnis des Sportverbandes zur Verhängung der Sanktionen. Die schriftliche Anmeldung des

---

[107] *Meinberg/Olzen/Neumann*, S. 63, 73 f.
[108] Vgl. §§ 2.2; 3 VsO der **DTU**; C Ziff. 4 WO des **DTTB**; § 20 f. TurnierO des **DTB**.
[109] Vgl. Teil I der WKO des **DLV**: auf die ALB mit u.a. der WKO ist in Ausschreibungen und anderen Drucksachen hinzuweisen; vgl. dazu auch die vom DLV für alle Deutschen Meisterschaften herausgegebene DLV-Ausschreibung; vgl. C Ziff. 4.14 WO des **DTTB**, wonach eine Ausschreibung den Hinweis auf die Geltung der internationalen Tischtennis-Regeln und die WettspielO des DTTB enthalten muß.

Sportlers zu der Veranstaltung beinhaltet zugleich die rechtsgeschäftliche Anerkennung dieser Regelungen. Das Verbandsregelwerk wird daher zum Bestandteil des zwischen Sportler und Veranstalter abgeschlossenen Vertrages, so daß diesbezüglich eine rechtsgeschäftliche Anerkennung gegeben ist. Dabei ist allerdings ebenfalls Voraussetzung, daß ihm die Kenntnisnahme von dem Verbandsregelwerk zumutbar ermöglicht wird.

bb) Verband nicht als Veranstalter
Tritt der Sportverband selbst als Veranstalter auf, kommt auch zwischen ihm und dem Sportler der das Regelwerk beinhaltende Anerkennungsvertrag zustande. Besonders im Individualsport ist häufig der Veranstalter jedoch nicht mit dem Sportverband identisch, sondern ist ein dritte Person oder Organisation, die einen Wettkampf lediglich nach den Regeln des nationalen Sportverbandes durchführt, wie z.B. häufig bei Tennis- oder Leichtathletikturnieren in Deutschland.
In diesem Fall erkennt der Sportler zwar auch rechtsgeschäftlich das Verbandsregelwerk an. Dies geschieht aber nur im Verhältnis zum Veranstalter, mit dem er einen Vertrag zwecks Teilnahme schließt.
Die Befugnis des Sportverbandes, bei Nichtbeachtung des anerkannten Regelwerkes Sanktionen zu verhängen, also seine Strafbefugnis auszuüben, ergibt sich aus den §§ 315, 317 BGB. Der Sportler schließt mit dem Veranstalter einen konkreten Teilnahmevertrag, mit dem der Sportler das Regelwerk des Verbandes anerkennt und diesem als Drittem i.S.d. §§ 315, 317 BGB die Gestaltungsbefugnis, insbesondere die Ausübung der Strafbefugnis, überlassen wird. So erkennen beispielsweise die teilnehmenden Spieler eines im Bereich des DTB, aber nicht von diesem veranstalteten Turniers die Sanktionsgewalt des DTB an (vgl. § 54 TurnierO des DTB).

cc) Ergebnis
Der Sportler ist daher durch die Teilnahme an einem Wettkampf grundsätzlich an das Verbandsregelwerk gebunden, da dieses Inhalt des konkreten Teilnahmevertrages ist. Zu beachten ist aber, daß die rechtsgeschäftliche Anerkennung des Regelwerkes und die sich daraus ergebende Bindung an diesen sich zeitlich nur auf die Dauer des Wettkampfes bezieht. Das sich hieraus ergebende Problem der

Kontrolle des Sportlers außerhalb das Wettkampfes wird unten näher untersucht[110].

III. Zusammenfassung

Der an Wettkämpfen teilnehmende Sportler ist regelmäßig an das Regelwerk des betreffenden Sportverbandes gebunden. Der dafür notwendige Abschluß eines Vertrages kommt durch eine Lizenzerteilung, die Ausgabe von Spielerpässen oder letztlich durch die Wettkampfteilnahme selbst zustande. Voraussetzung für die Geltung des Verbandsregelwerkes ist dabei, daß der Sportverband dem Sportler die Kenntnisnahme vom Inhalt und von Änderungen des Regelwerkes zumutbar ermöglicht.

Auch wenn eine Verbindlichkeit des Regelwerkes allein aufgrund der Mitgliedschaft des Sportlers in einem verbandsangehörigen Verein in der Praxis häufig am Fehlen korrespondierender Satzungen scheitert[111], ist der Sportler somit an das Regelwerk gebunden. Beide Bindungsmöglichkeiten schließen sich nicht gegenseitig aus, sondern kommen nebeneinander in Betracht. Bei nicht bestehender Vereinsmitgliedschaft des Sportlers (z.B. Lizenzspieler der Fußballbundesliga) führt jedoch nur die individualrechtliche Lösung zu einer Bindung.

B. Wirksamkeit der Doping-Bestimmungen und Entscheidungen

Die Möglichkeit der Anerkennung des Verbandsregelwerkes und damit der Doping-Bestimmungen durch einen Vertrag zwischen dem Sportler und dem Sportverband oder dem Wettkampfveranstalter trifft noch keine Aussage darüber, ob diese Regelungen auch inhaltlich wirksam sind.

I. Gang der Darstellung

Im folgenden wird daher untersucht, welchen Rechtmäßigkeitsanforderungen die Doping-Regelungen unterliegen und ob die in der Praxis der Sportverbände ver-

---

[110] Siehe hierzu unten, Zweites Kapitel, B. II. 3. d) bb). Eine verhängte Sperre gegen den Sportler kann sich auch für zukünftige Wettkämpfe auswirken, da die vom Sportverband verhängte Sperre (als negative Zulassungsvoraussetzung) zugleich bewirkt, daß die Voraussetzung für die Zulassung zu einem im Bereich des Verbandes später veranstalteten Wettkampfes nicht erfüllt ist; sämtliche Veranstalter erkennen die Regeln bzw. Entscheidungen insofern als verbindlich an; vgl. auch unten, Viertes Kapitel, A I. 1. b).

[111] Siehe umfassend oben, Zweites Kapitel, A. I. 1. b).

wendeten Doping-Regelungen im einzelnen diesen Anforderungen gerecht werden.

Für die Bestimmung der rechtlichen Wirksamkeit der Doping-Regelungen ist entscheidend, inwieweit sie im einzelnen einer gerichtlichen Überprüfung standhalten. Die gerichtliche Inhaltskontrolle entscheidet darüber, ob die Doping-Regelungen eine Sanktion des Athleten, z.B. eine Wettkampfsperre, rechtswirksam begründen können.

Da eine satzungsrechtliche Bindung aus den genannten Gründen häufig scheitern und eine Bindung aufgrund der rechtsgeschäftlichen Lösung im Zweifel gegeben sein wird, steht im folgenden die Inhaltskontrolle der vertraglichen Bindung des Athleten an das Verbandsregelwerk einschließlich der Doping-Regelungen im Vordergrund (nachfolgend II.) Im Anschluß hieran wird auf den Umfang der gerichtlichen Tatsachen- und Subsumtionskontrolle einzugehen sein (nachfolgend III.). Bei beiden Untersuchungen ist davon auszugehen, daß die Entscheidung des Sportverbandes, wie z.B. die Doping-Sperre, durch ein Verbandsorgan und nicht durch ein echtes Schiedsgericht i.S.d. ZPO ausgesprochen wird, bei welchem die gerichtliche Überprüfung erheblich eingeschränkt wäre[112].

II. Die Inhaltskontrolle

Bei der Inhaltskontrolle geht es um die Frage, ob eine verbandsrechtliche Sanktion (z.B. eine Wettkampfsperre) des Athleten wegen eines Verstoßes gegen die Doping-Regelungen einer gerichtlichen Überprüfung standhält.

Die Inhaltskontrolle ist dabei mehr als die sogenannte Ausübungs- bzw. Tatsachen- und Subsumtionskontrolle von Verbandsakten, sondern greift bereits dann ein, wenn der Verband auf einen richtig festgestellten Sachverhalt eine verbandsrechtliche Strafbestimmung an sich zutreffend anwendet[113]. Sie betrifft damit sämtliche Regelungen des Sportverbandes, die Grundlage einer Sanktion des Athleten sind.

---

[112] Zur Abgrenzung des Verbandsorgans vom Schiedsgericht unten, Drittes Kapitel, C. II. 1.
[113] Vgl. *Erman/Westermann*, § 25 BGB, Rn. 4; *Bunte*, ZGR 1991, S. 316, 319; *van Look*, Vereinsstrafen, S. 191 f.

1. Umfang der gerichtlichen Inhaltskontrolle

Die den Gerichten im Rahmen der Inhaltskontrolle eines Verbandsregelwerkes im Verhältnis zu Mitgliedern wie auch Nichtmitgliedern eingeräumte Befugnis zur Überprüfung der einzelnen Regelungen hat sich erst nach und nach entwickelt und wird an unterschiedliche Voraussetzungen geknüpft. Das Ausmaß der gerichtlichen Inhaltskontrolle bedarf somit einer konkreten Bestimmung.

a) Inhaltskontrolle von Vereinsregelwerken

Den Sportverbänden steht als eingetragenen Vereinen i.S.d. §§ 21 ff BGB grundsätzlich das Recht zu, den Inhalt ihrer Regelungen (Satzungen, Ordnungen) und damit auch die Doping-Regelungen frei zu bestimmen; dies wird von der grundsätzlich in Art. 9 GG geschützten Vereinsautonomie gewährleistet[114].

aa) Entwicklung der Inhaltskontrolle

Der Bundesgerichtshof[115] hatte bereits frühzeitig bei körperschaftlich strukturierten Personengesellschaften wie der Publikums-KG eine auf § 242 BGB gestützte Inhaltskontrolle vorgenommen und den Gesellschaftsvertrag insbesondere daraufhin kontrolliert, ob er das einzelne Mitglied unbillig benachteiligende Regelungen enthält. In der Folgezeit hatte er zunächst gezögert, diese Rechtsprechung auf das Vereinsrecht zu übertragen[116]. Mit seinem Urteil vom 24.10.1988[117] änderte der Bundesgerichtshof jedoch seine Rechtsprechung zur Inhaltskontrolle von Vereinsordnungen grundlegend, indem er eine auf § 242 BGB fußende Inhaltskontrolle von Vereinsordnungen vornahm, soweit es sich um Vereine handelt, die im wirtschaftlichen oder sozialen Bereich eine überragende Machtstellung innehaben.

Zur Begründung führte der Bundesgerichtshof zunächst an, es sei anerkannt, daß Verbände mit überragender Machtstellung Bewerber nicht willkürlich abweisen dürfen, so daß es nur konsequent sei, eine das Mitglied willkürlich oder unbillig, gegen die Grundsätze von Treu und Glauben (§ 242 BGB) verstoßende

---

[114] Vgl. statt vieler *Reichert/van Look*, Rn. 299; *van Look*, WM-Festgabe Hellner, 1994, S. 46, 49; *Röhricht*, Zulassungssperren, S. 12; *Erman/Westermann*, § 25 BGB, Rn. 2.

[115] BGHZ 64, 238 ff.

[116] Eine Übertragung forderten u.a. *Nicklisch*, passim, insbes. S. 45 ff; *Staudinger/Coing*, 12. Aufl., § 25 BGB, Rn. 16, 20.

[117] BGHZ 105, 306, 316 ff.

Satzungsbestimmung zu untersagen. Das ansonsten bei Vorhandensein solcher Verbandsregelungen gegebene Korrektiv des freiwilligen Austritts entfalle, da das Mitglied wegen der überragenden Machtstellung des Verbandes auf die Mitgliedschaft angewiesen ist.

Des weiteren hob der BGH hervor, daß das später eintretende Mitglied regelmäßig nicht die Möglichkeit habe, eine Änderung des bestehenden Satzungsrechtes zu erreichen, und insofern dessen Stellung vergleichbar mit dem Vertragspartners eines Verwenders von Allgemeinen Geschäftsbedingungen sei.

Das Schrifttum folgte im Ergebnis der Rechtsprechung, wobei es jedoch in weiten Teilen eine Ausdehnung auch auf diejenigen Verbände forderte, denen eine solche Machtstellung nicht zukommt[118]. Diese Frage stellt sich vorliegend jedoch nicht, da die deutschen Sportverbände wegen des Ein-Verband-Prinzips eine Monopolstellung innehaben[119].

Die Regelwerke der Sportverbände im Verhältnis zu Mitgliedern unterliegen daher grundsätzlich einer umfassenden Inhaltskontrolle, deren Maßstab sich nach § 242 BGB bestimmt[120]. Die grundsätzlich vorrangigen §§ 9 ff. AGBG gelangen nicht zur Geltung, da das AGBG nach § 23 Abs. 1 AGBG nicht auf Gesellschaftsverträge und damit nach zutreffender h.M. nicht auf Vereinssatzungen Anwendung findet[121].

---

[118] *Reichert/van Look*, Rn. 300 a; *van Look*, Vereinsstrafen, S. 184; *Vieweg*, FS-Lukes, S. 809, 817; *ders.* Normsetzung, S. 233 ff; *Soergel/Hadding*, § 25 BGB, Rn. 25; *Grunewald*, ZHR 151 (1988), S. 242, 261, allerdings unter Heranziehung des § 9 Abs. 1 AGBG; für eine Beschränkung auf Vereine mit überragender Machtstellung: *Nicklisch*, S. 39 ff.; *Bunte*, ZGR 1991, S. 316, 323; *MüKo-Reuter*, vor § 21 BGB, Rn. 116 ff, 124; § 25 BGB, Rn. 15; *Ulmer* in *Ulmer/Brandner/Hensen*, § 23 AGBG, Rn. 29; für eine Beschränkung auch *Möschel*, Monopolverband, S. 19 ff., der auf das „Ausmaß der Betroffenheit" abstellt.

[119] Vgl. oben, Erstes Kapitel, E. II.

[120] BGHZ 105, 306, 316 ff.; *Vieweg*, Normsetzung, S. 235; *van Look*, WM-Festgabe Hellner 1994, S. 46, 49 ff; für eine ergänzende Heranziehung des § 315 BGB *Palandt/Heinrichs*, § 25 BGB Rn. 9.

[121] H.M.: *Vieweg*, FS-Lukes, S. 809, 813 ff; *MüKo-Basedow*, § 23 AGBG, Rn. 9; *Palandt/Heinrichs*, §§ 23, 24 AGBG, Rn. 4; *Ulmer* in *Ulmer/Brandner/Hensen*, § 23 AGBG, Rn. 22; a.A. *Erman/Werner*, § 23 ABGB, Rn. 8 mit der Begründung, der Begriff Gesellschaft umfasse nicht den Verein; für eine Anwendung des AGBG auch *Bunte* ZGR 1991, S. 316, 324; differenzierend *Grunewald*, ZHR 152 (1988), S. 242, 251 ff.; ähnlich für Wettkampf- und Disziplinarregeln *Fenn*, Festgabe Zivilrechtslehrer, S.103, 105 ff.

bb) Konkreter Umfang der Inhaltskontrolle

Die Inhaltskontrolle nach § 242 BGB wird durch eine Angemessenheitsüberprüfung des Regelwerkes vorgenommen, die somit letztlich auf eine Interessenabwägung hinausläuft[122]. Dabei ist auch auf gesellschaftliche Kriterien, wie beispielsweise Treue- und Rücksichtspflichten, den Gleichbehandlungsgrundsatz sowie den Individual- und Minderheitenschutz zurückzugreifen [123]. Die Rechtsprechung hat diese allgemeine Inhaltskontrolle von Vereinsregelwerken im Hinblick auf die Kontrolle von Vereinsstrafen näher konkretisiert. Dies betraf zwar vornehmlich den Umfang der sogenannten Ausübungskontrolle bzw. Tatsachen- und Subsumtionskontrolle, die der Inhaltskontrolle der Strafregelungen nachgeschaltet ist. Die sich nach und nach entwickelnde Konkretisierung erfolgte durch die Rechtsprechung nicht streng an den Begriffen der unterschiedlichen Kontrollarten; sie bestimmte dabei diejenigen Anforderungen näher, die an die Vereinsregelungen zu stellen sind, die die Grundlage einer Vereinsstrafe darstellen und damit eine Strafe rechtswirksam begründen sollen[124].

Danach darf die Strafregelung nicht unangemessen sein[125] und hat gewissen Bestimmtheitsanforderungen zu genügen[126]. Sie muß zum Zeitpunkt der Handlung bereits existiert haben; der Grundsatz „nulla poene sine lege" gilt ebenso wie das Rückwirkungsverbot[127]. Grundsätzlich darf sie auch nur an ein schuldhaftes Verhalten anknüpfen[128]. Die vorgesehene Strafe darf ferner nicht unbillig sein und insbesondere dem Betroffenen kein gesetzes- oder sittenwidriges Verhalten abnötigen[129]. Der zur Findung der Strafe festgelegte Verfahrensablauf hat die allgemeinen Verfahrensgrundsätze zu beachten[130], insbesondere elementare rechts-

---

[122] Umfassend zur Interessenabwägung *Vieweg*, Normsetzung, S. 235 f; *ders.*, Bedeutung der Interessenabwägung, S. 36, 40 ff.

[123] *Van Look*, WM-Festgabe Hellner 1994, S. 46, 51; *ders.*, Vereinsstrafe, S. 183.

[124] Vgl. im einzelnen *Reichert/van Look*, Rn. 1802 ff; *Soergel/Hadding*, § 25 BGB, Rn. 57 ff; *Palandt/Heinrichs*, § 25 BGB, Rn. 21 ff.

[125] BGH, WM 1991, 948, 949; BGHZ 93, 151, 152 f; 102, 265, 276 f.; 105, 306, 316 ff.

[126] Umfassend hierzu *Reichert/van Look*, Rn. 1597 ff m.w.N.

[127] RGZ 125, 338, 340; BGHZ 55, 381, 385; *Soergel/Hadding*, § 25 BGB, Rn. 39.

[128] RGZ 163, 200, 206; OLG Frankfurt a.M., NJW-RR 1986, 135; a.A. jedenfalls für die „kleine Vereinsstrafe" noch BGHZ 21, 352, 359.

[129] BGH, WM 1991, 948, 949.

[130] BGH, WM 1991, 948, 949; vgl. BGH NJW 1967, 1657 f, (insoweit nicht abgedruckt in BGHZ 47, 381).

staatliche Grundsätze, wie beispielsweise die Anhörung des Betroffenen[131], die Begründung der Straffestsetzung[132] sowie den Grundsatz „ne bis in idem"[133].

Das Schrifttum ist dieser Rechtsprechung weitgehend gefolgt[134]. Es stützt allerdings die Überprüfung der Vereinsstrafe je nach dogmatischer Einordnung entweder auf § 242 BGB[135] oder auf die §§ 343 Abs. 1, 315 Abs. 3 BGB[136], kommt dabei aber grundsätzlich zu den gleichen Ergebnissen.

b) Ausdehnung der Inhaltskontrolle auf Nichtmitglieder

Die Geltung der aufgestellten Maßstäbe auch im Verhältnis des Sportverbandes zu Nichtmitgliedern, die dessen Regelwerke nur vertraglich anerkannt haben, kann nicht ohne weiteres angenommen werden. Denn insofern bestehen strukturelle Unterschiede, da der Athlet gerade nicht Mitglied des regelaufstellenden Verbandes ist, sondern das Regelwerk als außenstehender Dritter anerkannt hat.

---

[131] BGHZ 29, 355; BGH, NJW 1980, 440, 443 f.

[132] BGH WM 1989, 1508, 1511.

[133] RGZ 51, 89; OLG Hamm, AnwBl 1973, 110.

[134] Zu den einzelnen Anforderungen einer Vereinsstrafe: *Larenz*, Gdschr-Dietz, S. 45, 56 f.; *Habscheid*, Vereinsautonomie, Vereinsgerichtsbarkeit und ordentliche Gerichtsbarkeit, S. 158 ff., 166; *Palandt/Heinrichs*, § 25 BGB, Rn. 13 ff.; *Soergel/Hadding*, § 25 BGB, Rn. 39 ff; *Erman/Westermann*, § 25 BGB, Rn. 5 ff; *Vieweg*, SpuRt 1995, S. 97, 99 f;

[135] *Vieweg*, SpuRt 1995, S. 97, 99 f; *ders.* NJW 1991, S. 1511, 1515; *ders.* FS-Lukes, S. 809, 815 f. Vgl. zur Einordnung der Vereinsstrafe als Institut sui generis: *Meyer-Cording*, Vereinsstrafe, S. 62; *Larenz*, Gdschr.-Dietz, S. 45, 49 f., 55; *Bruder*, MDR 1973, S. 897, 898; *MüKo-Reuter*, § 25 BGB, Rn. 21 ff.; *ders.* ZHR 151 (1987); S. 355, 385; *Palandt/Heinrichs*, § 25 BGB, Rn. 12; *RGRK-Steffen*, § 25 BGB, Rn. 15 ff.

[136] *Soergel/Hadding*, § 25 BGB, Rn. 38 ff.; *van Look*, Vereinsstrafen, passim., insbes. S. 184 ff; *ders.* WM-Festgabe Hellner, S. 46, 54 ff. Vgl. generell zur Einordnung der Vereinsstrafe als Vertragsstrafe: *Hadding*, FS-Fischer, S. 165 ff; *Staudinger/Rieble*, vor §§ 339 ff. Rn. 94 ff; *Reichert/van Look*, Rn. 1592 ff.; *Weitnauer*, FS-Reinhardt, S. 179, 181 ff; *Bötticher*, ZfA 1970, S. 3, 44 ff.; *Säcker/Rancke*, ArbuR 1981, S. 1, 5; *Medicus*, AT, Rn. 1123; so auch schon *v. Tuhr*, BGB-AT, Bd. 1, § 35 III; *Ennecerus-Nipperdey*, § 108 II; für die Vereinsgeldstrafe ebenso *Flume*, FS-Bötticher, S. 101, 126 ff.; *ders.* Juristische Person, § 9 IV, S. 336 ff.; für eine Typenvermischung von Vereinsstrafe und Vertragsstrafe: *H.P. Westermann*, Verbandsstrafgewalt, S. 38 f.

aa) Entwicklung der Rechtsprechung

Der Bundesgerichtshof[137] hatte zwar frühzeitig die Satzungsbestimmungen eines Vereins einer Inhaltskontrolle nach § 242 BGB unterzogen, die seine Rechtsbeziehung zu Nichtmitgliedern regelten, die Einrichtungen des Verbandes benutzen wollten. Er stellte diesbezüglich auf die Ähnlichkeit der vorweggenommenen Regelung der Benutzung im Vergleich zu Allgemeinen Geschäftsbedingungen ab und nahm mangels ausdrücklicher gesetzlicher Regelung eine Kontrolle der Angemessenheit gemäß § 242 BGB vor[138]. Die Frage der Monopolstellung des betreffenden Verbandes ließ er ausdrücklich offen.

In seiner sog. Reiter-Entscheidung[139] bejahte der BGH erneut eine Überprüfung des Verbandsregelwerkes auch im Verhältnis zu Nichtmitgliedern, die dieses rechtsgeschäftlich anerkannt haben. Die Rechte der Nichtmitglieder gegenüber sozialmächtigen Verbänden seien hiernach durch Vornahme einer gerichtlichen Kontrolle des Verbandsregelwerkes unter dem Gesichtspunkt von Treu und Glauben (§ 242 BGB) zu wahren. Der BGH hat damit die Inhaltskontrolle von Vereinsregelwerken im Verhältnis zu Nichtmitgliedern auf Verbände mit überragender Machtstellung begrenzt. Als Prüfungsmaßstab hat er § 242 BGB herangezogen und zugleich die Einordnung der Verbandsregelwerke in Beziehung zu Nichtmitgliedern als Allgemeine Geschäftsbedingungen i.S.d. AGBG abgelehnt. Hinsichtlich des konkreten Ausmaßes der Inhaltskontrolle sei aber bei der vorzunehmenden Angemessenheitsprüfung der Regelungen kein weniger strenger Maßstab anzulegen, als bei der Anwendung des AGBG oder bei der Inhaltskontrolle von Regelungen, durch die der Verband die Beziehung zu seinen Mitgliedern ordnet.

bb) Das Schrifttum

Demgegenüber stellt die wohl h.L. für die Rechtsbeziehung des Nichtmitgliedes zum Verband auf die Vergleichbarkeit zur Anwendung von vorformulierten Klauseln, mithin Allgemeinen Geschäftsbedingungen, ab und nimmt eine Inhaltskon-

---

[137] BGH, NJW 1972, S. 1249.
[138] Die Entscheidung erging am 13.07.1972 und damit vor Inkrafttreten des AGB-Gesetzes vom 09.12.1976.
[139] NJW 1995, S. 583, 585.

trolle anhand des AGB-Gesetzes, insbesondere des § 9 AGBG, vor[140]. Die dabei vorzunehmende Interessenabwägung soll allerdings grundsätzlich zu den gleichen Ergebnissen führen wie bei der Inhaltskontrolle von Verbandsnormen gem. § 242 BGB[141]. Ein Teil des Schrifttums ist dem BGH gleichwohl gefolgt und stützt die Inhaltskontrolle ebenfalls auf § 242 BGB[142]. Soweit die Vereinsstrafe gegenüber Nichtmitgliedern als Vertragsstrafe angesehen wird[143] und die Inhaltskontrolle dementsprechend auf §§ 315 Abs. 3, 343 Abs. 1 BGB zu stützen ist, führt die - unter der Voraussetzung der Nichtanwendung des AGBG stehende - Anwendung dieser Vorschriften zur gleichen Kontrolle[144].

cc) Legitimation der Inhaltskontrolle

Die Übertragung der für die Inhaltskontrolle von Vereinssatzungen im Verhältnis zu Mitgliedern geltenden Grundsätze auf die Beziehung zu Nichtmitgliedern ergibt sich nicht auf den ersten Blick. Denn es stehen nicht die in der Satzung geregelten Beziehungen eines Vereins zu seinem Mitglied in Frage, sondern der Vertrag, mit welchem der Sportler als Nichtverbandsmitglied das Verbandsregelwerk anerkennt. Die vertragliche Anerkennung des Verbandsregelwerkes stellt sich dabei im Ergebnis als nichts anderes dar als die rechtsgeschäftliche Beziehung zwischen zwei Privatrechtssubjekten[145], mithin der Abschluß eines Vertrages i.S.d. § 305 BGB.

Für diesen gilt grundsätzlich aufgrund der sich aus Art. 2 Abs. 1 GG ergebenden Privatautonomie die Freiheit der inhaltlichen Gestaltung des Rechtsver-

---

[140] *Vieweg*, NJW 1991, S. 1511, 1516; ders., Blutentnahme, S. 89, 118; *Röhricht*, Zulassungssperren, S. 12, 18 f; vgl. auch *Soergel/Hadding*, § 25, 35; *van Look*, Vereinsstrafen, S. 210; *Fenn*, Festgabe Zivilrechtslehrer, S. 103, 115 ff.

[141] So ausdrücklich *Vieweg*, NJW 1991, 1511, 1516; ders., SpuRt 1995, 97, 100; ebenso BGH, NJW 1995, S. 583, 585.

[142] *Edenfeld*, S. 219 f.; *Pfister*, JZ 1995, S. 464, 466; ähnlich bereits ders. FS-Lorenz, S. 171, 184 ff.

[143] BAG NJW 1980, S. 470 f.; vgl. OLG Frankfurt a.M., WRP 1985, S. 564, 566; *Burmeister*, DÖV 1978, S. 1, 9; *Füllgraf*, S. 50 f.; *Soergel/Hadding*, § 25 BGB, Rn. 38 ff.; *van Look*, Vereinsstrafen, S. 184 ff.; a.A. BGH, NJW 1995, S. 583, 584 ff.; *Schlosser*, Vereinsgerichtsbarkeit, S. 77 ff.; *Baecker*, Grenzen der Vereinsautonomie S. 123 ff.

[144] *Pfister*, JZ 1995, S. 464, 466; *Edenfeld*, S. 217.

[145] Vgl. BVerfG, NJW 1996, 1203.

hältnisses[146]; die Vertragsfreiheit wird in § 305 BGB nicht statuiert, sondern als bestehend vorausgesetzt[147]. Eine gerichtliche Inhaltskontrolle von Verträgen kann somit nur bei Vorliegen besonderer Voraussetzungen angenommen werden.

Die Richtigkeitsgewähr des Vertragsabschlusses ist jedoch dann nicht gewährleistet, wenn die Funktionsvoraussetzungen der Vertragsfreiheit versagen[148]. Bei Fehlen des Machtgleichgewichts der Verhandlungspartner besteht die Gefahr, daß mit den Mitteln des Vertragsrechts kein sachgerechter Ausgleich zwischen den Interessen gewährleistet wird und somit der eine Vertragsteil vor der einseitigen Inanspruchnahme der Vertragsfreiheit durch den anderen geschützt werden müßte[149]. Dabei ist aufgrund der bestehenden Vertragsautonomie zu beachten, daß nicht jedes Verhandlungsungleichgewicht eine Inhaltskontrolle rechtfertigen kann, sondern nur dann, wenn die Störung von Funktionsvoraussetzungen generalisierend und typisierend festgestellt werden kann[150]. Ist das der Fall, greifen die zivilrechtlichen Generalklauseln, insbesondere die §§ 138, 242, 315 BGB, ein, welche als Übermaßverbot wirken und bei deren Konkretisierung und Anwendung die Grundrechte zu beachten sind[151]

Auch dem AGB-Gesetz liegt die Vorstellung zugrunde, daß grundsätzlich der Vertragsinhalt von den Parteien gemeinsam in rechtsgeschäftlicher Privatautonomie bestimmt wird und ergänzend das ausgewogene Gesetzesrecht gilt[152]. Der mit der Inhaltskontrolle nach dem AGB-Gesetz bezweckte Interessenausgleich beruht darauf, daß neben der Vorformulierung insbesondere die einseitige Stellung der Vertragsbedingungen deren Aushandeln und damit einen sachgerechten Interessenausgleich verhindern, also der Verwender die einseitige Vertragsge-

---

[146] Vgl. BVerfGE 8, 274, 328; 72, 155, 170; *Erichsen* in *Isensee/Kirchhoff*, VI, S. 1210, Rn. 58.

[147] Vgl. *Palandt/Heinrichs*, Einf. v. § 305 BGB, Rn. 3.

[148] *Steinbeck*, S. 219 m.w.N.

[149] BVerfGE 81, 232, 255; *Steinbeck*, S. 219 f. m.w.N.

[150] Vgl. BVerfG, WM 1994, 2199, 2203; *Steinbeck*, S. 224 f.; *Bunte*, ZIP S. 1983, 8, 14; vgl. auch BVerfG NJW 1994, 36, 38; dazu *Grün*, WM 1994, 713 ff. ; allgemein zur Inhaltskontrolle im Privatrecht, *Fastrich*, passim, insbes. S. 70 ff; *U. Preis*, Vertragsgestaltung im Arbeitsrecht, S. 216 ff., 249 f.

[151] Vgl. grundsätzlich BVerfGE 7, 198, 206; siehe auch BVerfG, NJW 1990, S. 1469, 1470; BGHZ 91, 1, 5.

[152] Vgl. statt aller: *Palandt/Heinrichs*, Einf. AGBG, Rn. 1.

staltung für sich in Anspruch nimmt[153]. Es soll vermieden werden, daß der Verwender den anderen Teil unter Abbedingung des dispositiven Rechts unangemessen benachteiligt[154].

Die dargestellten Grundsätze zeigen, daß dem Vertragsrecht bei Vorliegen der entsprechenden Voraussetzungen eine Inhaltskontrolle nicht fremd ist. Zu fragen ist, ob diese auf die rechtsgeschäftliche Anerkennung von Verbandsregelwerken durch Sportler als Nichtverbandsmitglieder übertragen werden können.

Angesichts der geltenden Vertragsautonomie ist eine Inhaltskontrolle nicht ohne weiteres zu bejahen. Der Sportverband verfolgt zudem nicht nur eigennützige Interessen, sondern auch und insbesondere die der Athleten, indem er einen fairen Wettkampf garantieren will. Allerdings kommt sämtlichen Sportverbänden eine Monopolstellung auf dem jeweils von ihnen repräsentierten Sportgebiet zu. Die Monopolstellung eines Sportverbandes rechtfertigt die Inhaltskontrolle der Regelwerke im Verhältnis zu Verbandsmitgliedern, weil es faktisch an der durch § 39 BGB gewährleisteten Freiwilligkeit der Mitgliedschaft fehlt[155]; die Möglichkeit des Austritts ist angesichts der Monopolstellung nur theoretischer Natur. Diese Rechtfertigung kann auf das Verhältnis zu Nichtverbandsmitgliedern übertragen werden. Denn auch hier fehlt es am Korrektiv im Hinblick auf die Angemessenheit des Regelwerkes. Der Athlet ist aufgrund der Monopolstellung auf einen Vertrag mit dem Sportverband angewiesen, sofern er an einem Wettkampf im Geltungsbereich des Verbandes teilnehmen und damit seinen Sport ausüben will; er wird zwangsläufig verpflichtet, das vom Sportverband vorgegebene Regelwerk einschließlich der Doping-Regelungen zu akzeptieren. Die dem Sportverband damit zustehende Möglichkeit, den Vertragsinhalt faktisch einseitig zu bestimmen und festzulegen, führt für den Athleten zu einer Fremdbestimmung[156].

Da die Sportverbände ihr Regelwerk sämtlichen Sportlern „auferlegen", besteht eine unverkennbare Übereinstimmung zu vorformulierten AGB. Auch aus diesem

---

[153] *Locher*, JuS 1997, S. 389, 390 f; *Steinbeck*, S. 222 m.w.N.; *Palandt/Heinrichs*, Einf. AGBG, Rn. 5.
[154] BGHZ 126, 326, 332; 70, 304, 310; *Palandt/Heinrichs*, Einf. AGBG, Rn. 5.
[155] Vgl. bereits oben Zweites Kapitel, B. II. 1. a) aa); so auch *Steinbeck*, S. 225.
[156] Vgl. zur Fremdbestimmung BVerfGE 89, 214, 234; siehe auch BVerfGE 81, 242, 255.

Grunde ist eine Inhaltskontrolle geboten. Im Rahmen des AGB-Gesetzes kommt es bereits deshalb zu einer Inhaltskontrolle, weil der Verwender das Recht für sich in Anspruch nimmt, einseitig den Vertragsinhalt zu bestimmen. Dem Sportler steht – anders als regelmäßig dem Vertragspartner des AGB-Verwenders – nicht einmal die Möglichkeit zu, den Vertragsinhalt zu verhandeln oder bei Weigerung des Verbandes sich einen anderen Vertragspartner zu suchen.

Denn aufgrund des Ein-Verband-Prinzips ist die Möglichkeit ausgeschlossen, sich einem konkurrierenden Verband anzuschließen. Da der mit dem Vertrag verfolgte Zweck für den Sportler eine erhebliche wirtschaftliche Bedeutung aufweist[157], bleibt von den Alternativen, das Verbandsregelwerk anzuerkennen oder auf eine Teilnahme an Sportwettkämpfen gänzlich zu verzichten, regelmäßig nur die erste. Da die Situation des Sportlers insofern vergleichbar mit der eines Mitgliedes eines Monopolvereines ist, unterliegt das von ihm rechtsgeschäftlich anerkannte Verbandsregelwerk ebenfalls einer Inhaltskontrolle[158].

Es bietet sich daher an, als Maßstab für die Inhaltskontrolle den Grundsatz von Treu und Glauben (§ 242 BGB) heranzuziehen, der auch im Verhältnis zu Mitgliedern gilt. Da im Verhältnis zu Verbandsmitgliedern das AGB-Gesetz auf die Verbandssatzung wegen § 23 Abs. 1 AGBG nicht anwendbar ist, sollte die Inhaltskontrolle von Verbandsregelwerken in beiden Fällen auf die gleiche dogmatische Grundlage gestützt werden. Die Unterschiede zwischen § 242 BGB und § 9 AGBG sind zudem vornehmlich theoretischer Natur, da sich die Ergebnisse einer Inhaltskontrolle nicht unterscheiden werden[159]. Die folgende Untersuchung wird daher vornehmlich auf § 242 BGB gestützt. Daneben kommen die allgemein geltenden Vorschriften zur Wirksamkeit eines Vertrages zur Anwendung, namentlich §§ 134, 138 BGB[160]

---

[157] Vgl. zu diesem Kriterium als Rechtfertigung für die Inhaltskontrolle von Verbandssatzungen *Steinbeck*, S. 225.

[158] Ob eine Inhaltskontrolle auch bei Nichtmonopolvereinen begründet ist, kann angesichts der durch das Ein-Verband-Prinzip bedingten Monopolstellung der Sportverbände dahinstehen.

[159] So ausdrücklich *Vieweg*, NJW 1991, S. 1511, 1516; *ders.* SpuRt 1995, S. 97, 99 f.; BGH NJW 1995, S. 583, 585; vgl. auch *Pfister*, JZ 1995, S. 464, 466; *Edenfeld*, S. 217; siehe auch *Steinbeck*, S. 217 in Bezug auf Vereinsmitglieder.

[160] Dabei handelt es sich strenggenommen nicht um eine Inhaltskontrolle sondern um eine Rechtskontrolle, siehe *Steinbeck*, S. 210.

Die auf § 242 BGB gestützte Inhaltskontrolle führt zu einer Angemessenheitsprüfung des Verbandsregelwerkes und damit letztlich zu einer Interessenabwägung. Hinsichtlich des Umfangs der gerichtlichen Kontrolle kann dabei weitgehend auf die Kriterien zurückgegriffen werden, die sich anhand der Inhaltskontrolle von Verbandsregeln entwickelt haben, die die Beziehung des Verbandes zu seinen Mitgliedern regelt.

Allerdings führt die Inhaltskontrolle nicht zwangsläufig zu den gleichen Ergebnissen. Es wird zwar angenommen, die Inhaltskontrolle von Verbandsregelwerken im Verhältnis zu Nichtmitgliedern dürfe nicht anders ausfallen als im Verhältnis zu Mitgliedern[161]. Es kann aber nicht außer Betracht bleiben, daß die Bindung des Athleten nur einen begrenzt sachlich-gegenständlichen Bereich betrifft[162], die durch einen konkreten Teilnahmevertrag oder durch eine rahmenartige Teilnahmeberechtigung begründet wird[163]. Konsequenz dessen ist es, daß in die Interessenabwägung nur diejenigen Kriterien eingestellt werden können, die mit diesem Bereich im Zusammenhang stehen. Andere Regelungen des Verbandes, die hierzu keinen Bezug haben, müssen damit ebenso außen vor bleiben wie allgemeine verbandspezifische Wertungen, die insbesondere typischerweise mitgliedschaftliche Rechte und Pflichten (z.B. Treue- und Förderpflichten) betreffen[164].

---

[161] *Haas/Prokop*, SpuRt 1998, S. 15, 18; *Pfister*, JZ 1995, S. 464, 466.

[162] *Lukes*, FS-Westermann, S. 325, 343 f.; *Vieweg*, Blutentnahme, S. 89, 118; *Reichert/ van Look*, Rn. 300 e; *van Look*, EWiR § 25 BGB 1/95, S. 221, 222, *Grunewald*, ZHR 152 (1988), S. 242, 259; differenzierend *Edenfeld*, S. 219 f

[163] Siehe zu den einzelnen Konstruktionsmöglichkeiten oben, Zweites Kapitel, A. II. 5.

[164] Dies entspricht weitgehend dem Kontrollmaßstab des § 9 AGBG; vgl. auch BGH, NJW 1995, S. 583, 585; *Vieweg*, NJW 1991, S. 1511, 1516; *ders.*, SpuRt 1995, S. 97, 100; im übrigen bestehen auch zur Kontrolle nach §§ 315, 343 BGB keine Differenzen, vgl. *van Look*, Vereinsstrafen, S. 183 ff. Außer Betracht bleiben muß z.B. das Verbot vereinsschädigenden Verhaltens, welches regelmäßig an eine mitgliedschaftliche Förderpflicht anknüpft, hierzu *van Look*, Vereinsstrafen, S. 210.

dd) Umfang der Inhaltskontrolle im Rahmen der folgenden Untersuchung

Die folgende Untersuchung der Doping-Regelungen hat sich demnach an diesen Grundsätzen zu orientieren. Denn nur diejenigen Regelungen, die einer gerichtlichen Inhaltskontrolle standhalten, können eine Sanktion wegen eines Verstoßes gegen das Doping-Verbot (z.B. eine Wettkampfsperre) rechtswirksam begründen. Die dabei insbesondere im Rahmen des § 242 BGB vorzunehmende Angemessenheitsprüfung hat einen angemessenen Ausgleich der verschiedenen Interessen des Sportverbandes einerseits und des Athleten andererseits zu gewährleisten. Im Rahmen dieser Interessenabwägung gelangen auch die einschlägigen Grundrechte der Beteiligten zur Geltung. An dieser Stelle bedarf es diesbezüglich keiner vertieften Auseinandersetzung mit dem Meinungsstreit, ob den Grundrechten im Privatrecht eine unmittelbare Drittwirkung[165] zukommt und sie damit als gesetzliche Verbote (§ 134 BGB) oder Schutzgesetze i.S.d. § 823 Abs. 2 BGB unmittelbar auch für den Privatrechtsverkehr gelten oder ob ihnen lediglich eine mittelbare Drittwirkung[166] zuzusprechen ist. Hier wird mit dem Bundesverfassungsgericht und der herrschenden Lehre von einer mittelbaren Drittwirkung der Grundrechte ausgegangen[167]. Denn die Grundrechte sind vornehmlich als Abwehrrechte des Bürgers gegen den Staat konzipiert; sie sollen den einzelnen vor ungerechtfertigten Eingriffen der öffentlichen Gewalt schützen. Als bei der Interessenabwägung zu berücksichtigende Grundrechte kommen auf der Seite des Sportler vornehmlich Art 2 Abs. 1 i.V.m. Art. 1 Abs. 1 GG, Art. 2 Abs. 1 GG, Art. 2 Abs. 2 S. 1, 2 GG, Art. 4 Abs. 1 GG sowie Art. 12 Abs. 1 GG in Betracht und auf seiten des Sportverbandes als eingetragener Verein insbesondere Art. 9 Abs. 1 GG[168].

---

[165] BAGE 1, 185, 193; 16, 95, 100 f; anders jetzt BAGE 47, 363, 374; für eine direkte Wirkung auch *Enneccerus/Nipperdey*, § 15, IV 4, S. 91 ff; *Bleckmann*, DVBL 1988, S. 938 ff; *Hager*, JZ 1994, S. 373.

[166] BVerfGE 7, 198, 204 ff; 30, 173, 199; 34, 269, 280; 89, 214, *Dürig* in *Maunz/Dürig*, Art. 1, Rn. 132; *Schmidt/Bleibtreu/Klein*; Vorb. v. Art. 1, Rn. 6; *Hesse*, Rn. 351 ff.; *Wiedemann*, JZ 1990, S. 696; ausführlich *Stern*, Staatsrecht III/1, S. 1509 ff.

[167] Vgl. die Nachweise in der vorangegangenen Fußnote.

[168] Zur Geltung des Art. 9 Abs. 1 GG im Rahmen der Inhaltskontrolle BGH, NJW 1995, S. 583, 584; vgl. *Wertenbruch*, NJW 1993, 179, 181.

Die Doping-Bestimmungen der Sportverbände müssen demnach einer an diesen Kriterien orientierten gerichtlichen Inhaltskontrolle standhalten, um eine Sanktionierung eines Athleten rechtswirksam begründen zu können.

2. Das Doping-Verbot

Das Verbot des Dopings ist immanente Grundlage jeder Sanktion wegen eines Doping-Vergehens. Dementsprechend nehmen die Sportverbände das Verbot des Dopings entweder ausdrücklich in ihren Regelwerken auf oder setzen es als notwendig voraus[169].

Ein gesetzliches Verbot gemäß § 134 BGB, welches der Aufnahme eines Doping-Verbotes in das Verbandsregelwerk, mithin in den Vertrag mit dem Sportler, entgegenstehen könnte, kann nicht ausgemacht werden. Eine Auswirkung auf die Rechtswirksamkeit einer auf Grundlage des Doping-Verbots ausgesprochenen Sanktion käme aber in Betracht, wenn im Rahmen der vorzunehmenden Interessenabwägung gemäß § 242 BGB das Doping-Verbot zu einer unangemessenen Benachteiligung der Interessen des Athleten führen würde.

Die mit dem Dopingverbot verbundene Einschränkung der Lebensführung des Athleten beeinträchtigt zwar dessen Grundrecht der allgemeinen Handlungsfreiheit nach Art. 2 Abs. 1 GG. Dieser Eingriff könnte aber aufgrund der hinter dem Dopingverbot stehenden wertenden Entscheidung gerechtfertigt sein.

Dem Doping-Verbot liegen drei wertende Entscheidungen zugrunde. Es sollen die Chancengleichheit zwischen den Sportlern gewahrt, der Gefahr der Gesundheitsbeschädigung des Athleten begegnet und das Ansehen der jeweiligen Sportart in der Öffentlichkeit gewahrt werden[170]. Dies wird bestätigt durch die Ausführung des IOC in seiner „International Olympic Charter against Doping in sport", in der u.a. folgendes postuliert ist[171]:

> „Considering that the use of doping agents in sport is both unhealthy and contrary to the ethics of sport, and that it is necessary to protect the physical and

---

[169] Vgl. nur **DFB** § 14 SpielO; **DHockeyB** § 2 Satzung; **DVV** § 4 (4) Satzung; **DTU** § 1 DpO; **DTB** § 5 a WO; **DHB** § 21 a SpielO.

[170] *Vieweg*, Bedeutung der Interessenabwägung, S. 36, 40; *ders.* NJW 1991, S. 1511.

[171] „Preamble and principles", A. , abgedruckt in *Donike/Rauth*, Dopingkontrollen, S. 142 f.

spirituel health of athletes, the value of fair play and of competition, the integrity and unity of sport, and the rights of those who take part in it at whatever level".

Die Durchführung eines „fairen" Wettkampfes, an dem alle Teilnehmer auf die Einnahme leistungssteigernder Mittel verzichten, dient nicht nur dem Interesse des Verbandes. Vielmehr wird hierdurch auch der Sportler geschützt, da der Verzicht auf derartige Mittel einen leistungsgerechten Wettkampf zur Folge hat, bei dem dann i.d.R. der „sportlich" Beste den Sieg erringen soll. Ein solcher Wettkampf liegt aber auch im Interesse der Athleten, denn insoweit kann unterstellt werden, daß kein Athlet einem anderen unterlegen sein will, der sich „unfair" verhält bzw. der zu Methoden greift, die nicht mit den Vorstellungen eines gerechten Vergleiches der Leistungsfähigkeit der Athleten zu vereinbaren sind. Darüber hinaus dient das Verbot des Dopings und damit das Verbot der Einnahme bestimmter Substanzen bzw. Medikamente oder die Verwendung bestimmter Methoden vornehmlich dem Gesundheitsschutz der Athleten, denn von diesen können bei Mißbrauch erhebliche Gefahren für die Gesundheit der Athleten herbeigeführt werden. Damit wird mit dem Dopingverbot letztlich aber die Gesundheit des Athleten und damit zuvörderst dessen Interessen geschützt. Das Doping-Verbot verfolgt demnach ein sportethisch und sozialethisch wertvollen Zweck.

Ebenso wenig widerspricht die Festlegung eines Doping-Verbotes den guten Sitten i.S.d. § 138 BGB[172]. Es dient vielmehr gerade der sittlichen Vorstellung von einem „fairen" Wettkampf, bei dem jeder Teilnehmer auf die Einnahme bestimmter, leistungssteigernder Mittel verzichten muß. Zudem bezweckt es den Schutz der Gesundheit der Athleten, für die der Verband als Initiator und Förderer sportlicher Wettkämpfe in dieser Hinsicht Verantwortung tragen soll.

Das Doping-Verbot im Bereich des Sportes widerspricht daher keiner gesetzlichen Wertung und kann als gesetzeskonform bezeichnet werden.

3. Die Doping-Kontrolle

Die Sportverbände führen sogenannte Dopingkontrollen während eines Wettkampfes und z.T. auch außerhalb eines solchen durch, mit denen die mögliche

---

[172] So auch *Meinberg/Olzen/Neumann*, S. 63, 77.

Einnahme verbotener Doping-Mittel oder die Verwendung verbotener Doping-Methoden nachgewiesen werden soll[173]. Im Rahmen der Kontrollen hat der Athlet i.d.R. eine Urinprobe abzugeben; neuerdings wird zudem vermehrt die Abgabe einer Blutprobe verlangt.

a) Rechtmäßigkeit der Doping-Kontrolle allgemein

Die Durchführung einer Dopingkontrolle beeinträchtigt den Sportler in seinem Recht auf allgemeine Handlungsfreiheit, welches von Art. 2 Abs. 1 GG umfaßt wird[174]. Diese Beeinträchtigung ist aber gerechtfertigt durch den Zweck der Doping-Kontrolle. Die Kontrolle rechtfertigt sich aus den gleichen Überlegungen wie das Doping-Verbot selbst[175]. Sie entspricht sportlich-ethischen Prinzipien; das Doping-Verbot kann nur dann eine Wirkung entfalten, wenn die Sportverbände die Einhaltung des Verbotes kontrollieren können. Die Durchführung der Kontrollen dient damit einerseits der Entdeckung derjenigen Sportler, die Doping-Mittel eingenommen oder Doping-Methoden angewendet haben. Andererseits kommt ihr präventive Wirkung zu. Denn die Befürchtung des Athleten vor Entdeckung der Einnahme von Doping-Mitteln führt häufig zu einem Verzicht auf deren Einnahme. Je wirksamer die Kontrolle diesbezüglich ist, also je häufiger die Möglichkeit der Kontrolle eines Athleten besteht, desto größer ist die Wahrscheinlichkeit, jeden Doping-Verstoß aufzudecken, und umso eher wird der Sportler von der Einnahme von Doping-Mitteln oder der Anwendung von Doping-Methoden Abstand nehmen[176]. Diese Kontrollen können als das Hauptinstrument jeder Prävention im Hinblick auf das Dopingverbot bezeichnet werden[177]. Damit sind aber insbesondere der Sport und der objektiv faire - weil ungedopte - Sportler auf die Doping-Kontrolle zur Erreichung des Doping-Verbotes angewiesen. Nur hierdurch

---

[173] Zum Verfahren der Dopingkontrolle siehe oben, Erstes Kapitel, E. I. 2.

[174] Zur allgemeinen Handlungsfreiheit als Schutzgut des Art. 2 Abs. 1 GG *Bleckmann*, StaatsR II, § 22, Rn. 4 ff.; *Pieroth/Schlink*, Rn. 368 ff.; *Jarass/Pieroth*, Art. 2, Rn. 1 ff.; *Schmidt-Bleibtreu/ Klein*, Art. 2 GG, Rn. 2.

[175] Hierzu oben, Zweites Kapitel, B. II. 2.

[176] Vgl. Prof. Kindermann, Internist und „Chefarzt der deutschen Fußball-Nationalmannschaft": „Ein intelligentes Dopingkontrollsystem könne nur darin bestehen, das Risiko ertappt zu werden, so hoch wie möglich zu schrauben"; FAZ vom 14.10.1998, S. 42.

[177] Vgl. *Schneider-Grohe*, Doping, S. 122.

kann das sportethisch und sozialethisch wertvolle Ziel eines dopingfreien Sportes erreicht werden. Die mit der Durchführung der Kontrolle zusammenhängende Beeinträchtigung des Athleten in seiner allgemeinen Handlungsfreiheit ist diesem zumutbar und belastet ihn folglich nicht unverhältnismäßig.

b) Die Urinprobe

Die Sportverbände verlangen in der Regel im Rahmen der Dopingkontrolle die Abgabe einer Urinprobe (mind. 75 ml[178]) des Sportlers. Das diesbezüglich vorgesehene Verfahren ist detailliert festgelegt. Zunächst werden diejenigen Athleten benachrichtigt, die während bzw. im unmittelbaren Anschluß an einen Wettkampf zur Dopingkontrolle bestimmt oder ausgelost worden sind, mithin zur Abgabe einer Urinprobe. Ab dem Zeitpunkt seiner Benachrichtigung, zumindest aber während des gesamten Vorganges der Abgabe der Urinprobe, steht der Athlet unter Aufsicht einer Kontrollperson[179]; dabei sind Kleidungsstücke, die die direkte Beobachtung des Urinierens behindern, abzulegen[180]. Soweit der Athlet angibt, keinen Urin lassen zu können, ist er „unter Aufsicht zu halten, bis Urin geliefert wird"[181]. Darüber hinaus wird dem Kontrollpersonal die Befugnis eingeräumt, den Athleten bei Betreten und Verlassen des Dopingkontrollraumes einschließlich seiner persönlichen Gegenstände zu kontrollieren[182].

---

[178] Ziff. 3.4 der IOC-Regeln, vgl. *Donike/Rauth*, Dopingkontrollen, S. 60, 63; die RRL des DSB enthalten keine explizite Regelung.

[179] Ziff. 2.1 der IOC-Regeln: „ Immediately after the competition or after determination of the final results, (...). From then on the Escort shall be physically beside the competitor and keep the competitor under observation at all times and accompany him or her to the waiting room at the Doping Control Station(...)." vgl. *Donike/Rauth*, Dopingkontrollen, S. 60, 61; insoweit ungenauer die Bestimmung des § 13 S. 1 RRL des DSB: „Die Sportler/innen, (...), haben unter Aufsicht einer(...) Person unmittelbar nach dem Wettkampf und ggf. außerhalb des Wettkampfes Urin abzugeben".

[180] Ziff. 3.4 S. 2 der IOC-Regeln, vgl. *Donike/Rauth*, Dopingkontrollen, S. 60, 63; vgl. auch LG München I vom 17.05.1995, 7 HKO 16591/94, S. 8 (insoweit nicht abgedruckt in SpuRt 1995, S. 162).

[181] § 13 S. 2 RRL des DSB.

[182] Ziff. 2.10 S. 2 der IOC-Regeln, vgl. *Donike/Rauth*, Dopingkontrollen, S. 60, 62 f.

aa) Freiwilligkeit der Abgabe

Die Verpflichtung des Athleten zur Abgabe einer Urinprobe kann als solche grundsätzlich Gegenstand einer vertraglichen Verpflichtung sein, die zwischen Sportler und Sportverband besteht[183]. Die Abgabe der Urinprobe stellt eine „unvertretbare Handlung" dar, welche durchaus Inhalt einer vertraglichen Verpflichtung sein kann. Dies folgt mittelbar aus § 888 Abs. 1 ZPO, der die Zwangsvollstreckung einer unvertretbaren Handlung regelt.

(1) Keine Zwangsbefugnis des Sportverbandes

Das Recht, die Abgabe der Urinprobe zwangsweise durchzusetzen, steht den Sportverbänden allerdings nicht zu. Die gesetzliche Regelung des § 888 Abs. 1 ZPO weist allein dem Staat die Befugnis zur zwangsweisen Durchsetzung zu. Hierin kommt der allgemeine Rechtsgedanke zum Ausdruck, daß die private Gewaltanwendung zur Durchsetzung vermeintlicher oder wirklicher Rechtspositionen mit den Erfordernissen des Rechtsstaates unvereinbar ist und somit dem Staat generell die Durchsetzung privater Rechte vorbehalten ist[184].
Die Durchführung der Kontrolle durch den Sportverband ist nur dann rechtmäßig, wenn sie freiwillig erfolgt, d.h. sie muß vom freien Willen des Athleten abhängig sein und kann von Seiten des Verbandes nicht mit Gewalt durchgesetzt werden[185]. Die beispielsweise vom DSB in seinen Rahmenrichtlinien verwendete Formulierung, „der Sportler ist bis zur Abgabe der Urinprobe unter Aufsicht zu halten", kann insofern keine diesen Grundsätzen zuwiderlaufende Eingriffsbefugnis statuieren. Hierdurch kann keine Befugnis des Verbandes begründet werden, den Sportler bis zum Zeitpunkt der Urinabgabe dazu zu zwingen, beispielsweise den Kontrollraum nicht zu verlassen. Ein notfalls mit Gewalt durchgesetztes „Unter-Aufsicht-Halten" entspricht nicht den o.g. Grundsätzen der Rechtstaatlichkeit. Ein solches Recht des Verbandes würde nicht nur dem Gewaltmonopol des Staates

---

[183] *Meinberg/Olzen/Neumann*, S. 63, 77 ff.

[184] Vgl. *Palandt/Heinrichs*, Überbl. v. § 226, Rn. 1. Ausnahmen stellen insofern die gesetzlichen Regelungen Notwehr (§ 227 BGB), Notstand (§§ 228, 904 BGB), Selbsthilfe (§ 229 ff BGB) und Besitzschutz (§§ 859 ff BGB) dar.

[185] So auch *Meinberg/Olzen/Neumann*, S. 63, 78 f.

zuwiderlaufen sondern zudem den Straftatbestand der Freiheitsberaubung gemäß § 239 StGB erfüllen. Von dieser Regelung kann daher allenfalls das Recht des Verbandes umfaßt sein, den Sportler von Beginn der Kontrolle bis zur endgültigen Abgabe der Urinprobe unter Beobachtung einer Kontrollperson zu stellen[186].

(2) Verweigerung der Kontrolle als Doping-Verstoß
Die Freiwilligkeit des Einverständnisses des Sportlers könnte aber dadurch ausgeschlossen sein, daß die Sportverbände die Verweigerung der Doping-Kontrolle einem Doping-Verstoß, also einer positiven Doping-Probe, gleichstellen und den Sportler dementsprechend sanktionieren[187].
Hierdurch wird auf den Sportler Druck ausgeübt, an der Kontrolle teilzunehmen, da er andernfalls sanktioniert würde. Dem Sportler verbleibt somit tatsächlich keine Wahlmöglichkeit, wenn er diesen Sanktionen entgehen will. Allerdings bleibt zu beachten, daß dem Sportverband keine Rechte eingeräumt werden, die Kontrolle gegen den Willen des Athleten durchzuführen, so daß es letztlich bei einer Entscheidung des Athleten verbleibt. Es liegt im freien Willensentschluß des Athleten, an der Kontrolle teilzunehmen oder nicht. Dadurch wird aber das Kriterium der Freiwilligkeit in dem oben genannten Sinn gewahrt. Denn dieses soll vornehmlich sicherstellen, daß die freie Willensbetätigung des Athleten nicht durch den Sportverband zwangsweise eingeschränkt werden kann, diesem also nicht die dem Staat obliegenden Aufgaben der zwangsweisen Durchsetzung privater Rechte zuerkannt werden.
Diese Beurteilung wird bestätigt durch die vergleichbare Situation der Einstellung eines Arbeitnehmers[188]. So ist eine ärztliche Untersuchung des Arbeitnehmers vor seiner Einstellung sowohl im öffentlichen Dienst als auch zumindest in größeren Betrieben durchaus üblich und wird allgemein als rechtlich zulässig angesehen[189]. Bei Verweigerung der Einstellungsuntersuchung, die häufig sogar mit körperlichen

---

[186] Hierzu unten, Zweites Kapitel, B. II. 3. a) bb).
[187] Vgl. § 9 Ziff. 2 RRL des DSB.
[188] Hierauf weisen ebenfalls hin: *Meinberg/Olzen/Neumann*, S. 63, 79; *Kühl*, Zulässigkeit von Blut-/ Urin-Dopingtests, S. 31, 61 f.
[189] Vgl. *Münch/ArbR/Freitag*, § 181, Rn. 9 f.

Eingriffen verbunden ist, wird die Einstellung versagt. Demgemäß besteht eine Verpflichtung bzw. Berechtigung des Arbeitgebers, im Fall der Verweigerung der Untersuchung durch den Arbeitnehmer von der Einstellung abzusehen[190]. Auf den Arbeitnehmer wird also ebenfalls in erheblichen Maße Druck ausgeübt, an der Untersuchung teilzunehmen, da ihm andernfalls die Nichteinstellung droht. Dem Arbeitgeber wird aber nicht das Recht eingeräumt, die Untersuchung gegen den Willen des Arbeitnehmers durchzuführen, sie also zwangsweise durchzusetzen.

Die Nichteinstellung des Arbeitnehmers ist daher vergleichbar mit den für den Fall der Verweigerung der Doping-Kontrolle angedrohten Sanktionen, insbesondere der Wettkampfsperre. Die Freiwilligkeit der Teilnahme an der Doping-Kontrolle wird auf Seiten des Sportlers folglich nicht durch die für die Verweigerung angedrohten Sanktionen ausgeschlossen.

bb) Die Beobachtung des Athleten während der Abgabe der Urinprobe

Die Regelung[191], daß der Sportler während der Doping-Kontrolle unter Aufsicht steht, insbesondere die ständige Beaufsichtigung der Urinausscheidung, ist ebenfalls von rechtlicher Relevanz.

(1) Beeinträchtigung des allgemeinen Persönlichkeitsrechts

Hierdurch werden in nicht unerheblicher Art und Weise das allgemeine Persönlichkeitsrecht und die Intimsphäre des Sportlers betroffen. Art. 2 Abs. 1 GG i.V.m. Art. 1 Abs. 1 GG schützt den Menschen vor Eingriffen, die geeignet sind, seine Persönlichkeitssphäre zu beeinträchtigen[192]. Das allgemeine Persönlichkeitsrecht schützt zunächst und im Ausgangspunkt die private Sphäre als Handlungssphäre, also das Recht, eine Sphäre der Intimität zu begründen und sie dem Einblick und

---

[190] Vgl. die gesetzlichen Regelungen in § 7 BAT und §§ 32, 36 JArbSchG; *Münch/ArbR/ Freitag*, § 181, Rn. 9 f.; *Zmarlik/Anzinger*, § 32 JArbSchG, Rn. 5; ausführlich hierzu *Kühl*, Zulässigkeit von Blut-/Urin-Dopingtests, S. 31, 61.

[191] Vgl. § 13 S. 1 RRL des DSB, Ziff. 2.1, 3.4 S. 2 der IOC-Regeln, vgl. *Donike/Rauth*, Dopingkontrollen, S. 60, 61 ff.

[192] BVerfGE 54, 148, 153; *Bleckmann*, Staatsrecht II, § 21, Rn. 48 ff.; *Kunig* in v.*Münch/Kunig*, Art. 2 GG, Rn. 30 ff.; *Palandt/Thomas*, § 823 BGB, Rn. 177; *Soergel/ Zeuner*, § 823 BGB, Rn. 71.

Zugriff anderer zu entziehen[193]. Es wird der Schutz vor Einsicht- oder Kenntnisnahme durch Dritte - gleich auf welche Weise und zu welchem Zweck - gewährt[194]. Von diesem Schutz ist die Urinausscheidung ohne Beobachtung durch Dritte umfaßt. Die Beaufsichtigung des Athleten während der Abgabe der Urinprobe greift in das allgemeine Persönlichkeitsrecht des Athleten ein. Möglicherweise ist dies aber gerechtfertigt und dem Athleten eine solche Beeinträchtigung zumutbar.

(2) Angemessenheit
Eine Rechtfertigung kann nur dann angenommen werden, wenn die Beobachtung zur Erreichung des angestrebten Zweckes geeignet und - unter dem Gesichtspunkt des geringstmöglichen Eingriffs - erforderlich sowie für den Sportler zumutbar ist[195].
Der von den Sportverbänden beabsichtigte und geschützte Zweck (Art. 9 Abs. 1 GG), der mit der ständigen Beobachtung des Athleten im Kontrollraum und bei Abgabe der Urinprobe verfolgt wird, ist die Verhinderung einer Manipulation der Urinprobe durch den Sportler. Denn der Sportler könnte, falls er nicht unter Beobachtung stünde, statt der Abgabe des Eigenurins „sauberes", also dopingfreies, Urin abgeben, indem er es vorher in einen Behälter abfüllt, den er nunmehr bei der Dopingkontrolle bei sich führt. Die ständige Beobachtung des Sportlers ist daher geeignet, eine Manipulation der Dopingprobe zu verhindern.
Sie stellt auch den geringstmöglichen Eingriff dar. Angesichts der bei der Manipulation von Dopingproben entwickelten Verfahren und Techniken - z.B.

---

[193] *Pieroth/Schlink*, Rn. 376; *Erichsen* in *Isensee/Kirchhoff*, VI, § 152, Rn. 52 ff.; *Kunig* in *v.Münch/Kunig*, Art. 2 GG, Rn. 32; *Schmidt-Bleibtreu/Klein*, Art. 1 GG, Rn. 5 a; *Palandt/Thomas*, § 823 BGB, Rn. 178.

[194] *Pieroth/Schlink*, Rn. 376; *Erichsen* in *Isensee/Kirchhoff*, VI, § 152, Rn. 52 ff.; *Schmidt-Bleibtreu/Klein*, Art. 1 GG, Rn. 5 a; *H. Dreier* in *Dreier*, Art. 2 I GG, Rn. 51; *Palandt/Thomas*, § 823 BGB, Rn. 178.

[195] Vgl. auch *Vieweg*, Bedeutung der Interessenabwägung, S. 36, 41.

sog." Vagina-Packs"[196] oder die „Katheterisierung"[197] - bietet die ständige Beobachtung die Möglichkeit, einer Verfälschung der Probe vorzubeugen. Als einzige Alternative hierzu käme lediglich eine körperliche Untersuchung des Athleten in Betracht. Diese stellt aber einen weitaus gravierenderen Eingriff in das allgemeine Persönlichkeitsrecht des Sportlers dar. Die ständige Beobachtung erscheint auch eine für den Sportler zumutbare Regelung. Die Dopingkontrolle dient der Nachforschung, ob der Sportler verbotene Mittel eingenommen hat. Dieses dem generellen Zweck des Dopingverbotes entsprechende Verfahren erfüllt seinen Zweck aber nur, wenn die Dopingprobe, die wesentliche Grundlage der Kontrolle ist, ihrerseits Manipulationen entzogen ist. Damit wird letztlich dem Zweck gedient, den das Verbot des Doping allgemein verfolgt. Der „faire" dopingfreie Wettkampf ist dabei nicht nur im Interesse des Verbandes, sondern fördert zugleich die Interessen der Sportler und dient ihrem gesundheitlichen Schutz. Dieses Ziel kann aber nur erreicht werden, wenn von der Dopingkontrolle eine präventive Wirkung ausgeht. Diesbezüglich ist es erforderlich, die Möglichkeit einer Manipulation der Probe auf ein Minimum zu reduzieren. Die ständige Beobachtung des Athleten ist hierfür unerläßlich und stellt damit für diesen eine zumutbare Beeinträchtigung seiner Rechte dar.

Dies kann allerdings nur gelten, wenn die Beobachtung - zumindest während der Abgabe der Urinprobe - von einer gleichgeschlechtlichen Kontrollperson oder gegebenenfalls von einem Arzt vorgenommen wird[198]. Alles andere wäre nicht ver-

---

[196] Diese Methode ist vornehmlich im Zusammenhang mit der Dopingkontrolle von Katrin Krabbe, Grit Breuer und Silke Möller 1992 in Südafrika in die Öffentlichkeit getreten, bei der alle sechs (A- und B) Proben der Athleten ein völlig identisches Urin enthielten, vgl. LG München I, vom 17.05.1995, 7 HKO 16591/94, S. 11 (insoweit nicht abgedruckt in SpuRt 1995, S. 162 ff.). „Vagina-Packs" sind mit Fremd- oder sauberen (dopingfreien) Eigenurin gefüllte kleine Plastikbeutel, die vor der Kontrolle in der Vagina versteckt und beim Urinieren mit dem Fingernagel geöffnet werden, vgl. *A. Müller*, S. 27, Fn. 66; diese Methode soll laut einem Artikel in der SZ vom 10.04.1992 in der ehemaligen DDR systematisch geübt worden sein, vgl. LG München I, a.a.O., S. 28.

[197] Urinaustausch in der Blase mittels Katheter vor dem Erscheinen in der Dopingkontrollstation; als weitere Beispiele kann genannt werden die Urinabgabe aus mitgeführten Flaschen und Plastikbehältern sowie Verdünnung von Urin bei der Abnahmeprozedur in unbewachten Augenblicken, vgl. *Donike/Rauth*, Dopingkontrollen, S. 17 f.

[198] So auch Ziff. 3.10.2.4 des Doping-Kontroll-Systems (DKS) der Gemeinsamen Anti-Doping-Kommission (ADK) von DSB/NOK für Trainingskontrollen; Ziff. 3.4 der IOC-Regel, vgl. *Donike/Rauth*, Dopingkontrollen, S. 60, 62.

hältnismäßig und stellte eine nicht zu rechtfertigenden Eingriff in die Rechte des Athleten aus Art. 2 Abs. 1, 1 Abs. 1 GG dar.

cc) Die „Durchsuchung" des Athleten

Des weiteren wird teilweise die Befugnis des Sportverbandes statuiert[199], den Athleten und seine persönliche Gegenstände beim Betreten und Verlassen des Kontrollraumes zu untersuchen.

(1) Durchsuchung im eigentlichen Sinne

Eine Befugnis des Sportverbandes, diese Untersuchung ohne Einwilligung des Athleten vorzunehmen, kann aus den genannten Gründen nicht bestehen. Die zwangsweise Durchsetzung privater Rechte, mithin die gegen den Willen durchgesetzte Untersuchung des Athleten oder seiner persönlichen Gegenstände, ist unrechtmäßig.

Die Durchsuchung des Athleten, d.h. seiner Kleidung, Taschen o.ä., stellt zudem einen Eingriff in die allgemeine Handlungsfreiheit (Art. 2 Abs. 1 GG) dar. Dieser Eingriff ist allerdings gerechtfertigt, wenn dem Athleten diese Beschränkung zumutbar ist.

Das der Durchsuchung zugrundeliegende Motiv ist es, die Mitnahme von Utensilien zu verhindern, mit denen die Urinprobe manipuliert werden kann. Der mit dieser Durchsuchung verfolgte Zweck hat in Relation zu dem damit verbundenen Eingriff in Art. 2 Abs. 1 GG nicht zurückzutreten, da die Beeinträchtigung des Sportlers nicht erheblich ist und hinter der verfolgten Absicht, die Manipulation der Dopingproben zu verhindern, zurückzutreten hat. Die Beeinträchtigung selbst ist damit so gering, daß sie dem Athleten aufgrund des verfolgten Zweckes zumutbar ist.

(2) Die Untersuchung des Athleten

Fraglich ist aber, ob von der genannten Regelung auch die Befugnis der Untersuchung des Athleten selbst, also eine körperliche Untersuchung, umfaßt sein kann.

---

[199] Ziff. 2.10 der IOC-Regeln, vgl. *Donike/Rauth*, Dopingkontrollen, S. 60, 62 f.

Durch sie wird neben der allgemeinen Handlungsfreiheit die im Rahmen des allgemeinen Persönlichkeitsrechts geschützte Intimsphäre nach Art. 2 Abs. 1 i.V.m. Art. 1 Abs. 1 GG tangiert[200].

Die körperliche Untersuchung des Athleten ist insoweit als ein weitaus schwerwiegenderer Eingriff in die Rechte des Athleten anzusehen. Dies gilt auch dann, wenn der Umfang der Untersuchungsmaßnahmen denen der §§ 81 a, 81 c StPO entspricht, wonach zwar keine körperlichen Eingriffe erlaubt werden, jedoch die Untersuchung des Körpers an seiner Oberfläche einschließlich der natürlichen Körperöffnungen gestattet ist[201].

Die Rechtfertigung eines solchen Eingriffes kann sich wiederum allein aus der Relation des verfolgten Zweckes zu der Beeinträchtigung sowie aus der Grenze der Zumutbarkeit ergeben.

Das mit einer solchen Untersuchung verfolgte Ziel, die Auffindung insbesondere von Utensilien, die der Manipulation der Urinprobe dienlich sein können, wird damit in geeigneter Weise erreicht werden können. Allerdings kommen diesbezüglich auch Maßnahmen in Betracht, die die Grundrechte der Athleten weniger beeinträchtigen. Die oben dargestellte dauerhafte Beobachtung des Athleten, die durchaus zeitlich bis auf den Zeitpunkt der Benachrichtigung des Athleten von seiner Auswahl als zu kontrollierende Person ausgedehnt werden kann[202], ist ohne weiteres geeignet, einer Manipulation der Urinprobe durch den Athleten zu begegnen bzw. eine solche aufzudecken.

Der schwerwiegende Eingriff in die von dem allgemeinen Persönlichkeitsrecht mitumfaßte und grundgesetzlich geschützte Intimsphäre, der mit einer körperlichen Untersuchung des Athleten verbunden ist, ist daher nicht gerechtfertigt.

---

[200] Vgl. zur Intimsphäre BVerfGE 6, 32, 41; 38, 312, 320; 54, 148, 153 f.
[201] Vgl. *Kleinknecht/Meyer-Goßner*, § 81a StPO, Rn. 9; § 81c StPO, Rn. 16; *KK-Senge*, § 81c StPO, Rn. 4.
[202] Vgl. Ziff. 2.1 der IOC-Regeln, vgl. *Donike/Rauth*, Dopingkontrollen, S. 60, 61.

c) Die Blutprobe

Blutproben sind bisher nur von wenigen Sportverbänden eingeführt worden[203]. Die Abnahme einer Blutprobe stellt in der Regel eine Ergänzung zu der von den meisten Sportverbänden eingeführten Urinprobe dar; sie kann sie aber nicht ersetzen[204]. Allerdings lassen sich bestimmte Doping-Vergehen nur mittels einer Blutprobe nachweisen. Eindeutig nachweisbar ist die Übertragung von Fremdblut und damit eine Variante des sogenannten Blutdopings[205]. Ebenfalls kann nur anhand einer Blutprobe die Erfassung von Peptidhormonen gewährleistet werden[206], die als Doping-Substanzen eingestuft werden[207]. Allerdings ist zu beachten, daß die Übertragung von Eigenblut, die Verwendung von Erythropoietin (EPO) zur besseren Sauerstoffversorgung sowie die Einnahme von Wachstumshormonen (Somatotropin) die Festlegung fester Grenzwerte voraussetzt, um sie eindeutig nachweisen zu können[208].

Es existieren damit verschiedene als Doping eingestufte Methoden und Substanzen, die ausschließlich mit einer Blutprobe nachgewiesen werden können. Zu klären ist damit, ob die Abnahme einer Blutprobe rechtlich zulässig ist. Dabei ist zu beachten, daß die Abnahme der Blutprobe durch eine Venenpunktion in einer Größenordnung von 20 ml Venenblut erfolgt[209].

---

[203] Die IAAF hat in ihren Rahmenrichtlinien für Dopingkontrollen („Procedural Guidelines for Doping Control", Stand März 1996) Vorschriften für die Entnahme von Blutproben aufgenommen, vgl. *Donike/Rauth*, Dopingkontrollen, S. 167 ff.; auch der internationale Skiverband hat bereits seit 1989 zusätzlich zu den üblichen Dopingkontrollen bei der WM Blutproben entnommen, vgl. *Donike/Rauth*, Dopingkontrollen, S. 29; *Donike*, Gutachten zur Frage des Nachweises von Dopingmitteln im Blut, S. 127, 133.

[204] *Donike/Rauth*, Dopingkontrollen, S. 31.

[205] *Donike*, Gutachten zur Frage des Nachweises von Dopingmitteln im Blut, S. 127, 132; *Donike/Rauth*, Dopingkontrollen, S. 42; *R. Müller*, Eignung von Blut und/oder Urin zum Doping-Nachweis, S. 165, 167 f.

[206] *Donike*, Gutachten zur Frage des Nachweises von Dopingmitteln im Blut, S. 127, 129; *Donike/Rauth*, Dopingkontrollen, S. 29; *R.K. Müller*, Eignung von Blut und/oder Urin zum Doping-Nachweis, S. 165, 167; *Stoffel*, S. 205, 207.

[207] *Donike/Rauth*, Dopingkontrollen, S. 6, 16.

[208] *R. Müller*, Eignung von Blut und/oder Urin zum Doping-Nachweis, S. 165, 168; *Donike/Rauth*, Dopingkontrollen, S. 29, vgl. Ziff. 2.48 der IAAF Vorschrift zur Entnahme von Blutproben, *Donike/Rauth*, a.a.O., S. 167, 169.

[209] *Donike/Rauth*, Dopingkontrollen, S. 30; vgl. Ziff. 2.33 der IAAF Vorschrift zur Entnahme von Blutproben, *Donike/Rauth*, a.a.O., S. 167, 168.

aa) Eingriff in die körperliche Unversehrtheit

Die Abnahme des Blutes mittels Venenpunktion stellt einen Eingriff in das in Art. 2 Abs. 2 S. 1 GG geschützte Recht auf körperliche Unversehrtheit dar[210]. Der diesbezüglich in Art. 2 Abs. 2 S. 3 GG angeordnete Gesetzesvorbehalt gilt jedoch nur bei staatlichen Eingriffen. Einer Blutprobe steht damit nicht die fehlende formalgesetzliche Legitimation der Sportverbände entgegen.

Der Eingriff in die geschützte körperliche Integrität des Sportlers ist dann gerechtfertigt, wenn die Blutentnahme erforderlich sowie Art und Folgen des Eingriffes dem Athleten zumutbar sind.

Bestimmte Doping-Substanzen und Doping-Methoden sind allein anhand einer Blutprobe nachweisbar. Da hierfür keine andere Nachweismöglichkeit besteht, die einen geringeren Eingriff in die Rechte des Sportlers darstellt, z.B. die Urinprobe, stellt die Blutprobe als einzige Kontrollmöglichkeit zugleich den geringstmöglichen Eingriff dar. Dabei ist zu berücksichtigen, daß es sich nur um einen geringfügigen und für die Gesundheit des Athleten ungefährlichen Eingriff[211] handelt. Darüber hinaus dient die Blutprobe aufgrund ihrer präventiven Bedeutung zugleich dem Schutz der Gesundheit des Athleten. Denn das allein mit der Blutprobe zu entdeckende Blutdoping stellt eine erhebliche Gefährdung der Gesundheit des Sportlers dar. Insbesondere die Verwendung von Fremdblut birgt die Gefahr von Infektionen (Virushepatitis und AIDS), Fieber, Gelbsucht oder Malaria[212].

Die Entnahme der Blutprobe ist aber nur verhältnismäßig, wenn der Eingriff keine gesundheitlichen Gefahren für den Sportler herbeiführen kann.

Dafür ist erforderlich, daß die Blutentnahme durch einen Arzt vorgenommen wird[213], um gesundheitliche Gefahren durch unsachgemäße Abnahme zu verhindern. Dies wird auch für die staatlich angeordnete Blutentnahme vorgesehen,

---

[210] *Lorenz* in *Isensee/Kirchhoff*, VI, § 128, Rn. 17; *Pieroth/Schlink*, Rn. 396; *Tettinger*, S. 67, 74; *Kunig* in *v.Münch/Kunig*, Art. 2 GG, Rn. 65, 72.

[211] BayVGH NJW 1990, 2926, 2927; OLG Köln NStZ 1986, 234, 235; *Kleinknecht/Meyer-Goßner*, § 81 a StPO, Rn. 13; *KK-Senge*, § 81 a StPO, Rn. 5 a.

[212] *Donike/Rauth*, Dopingkontrollen, S. 17; *A.Müller*, S. 26.

[213] Vgl. Ziff. 2.28 der IAAF Vorschrift zur Entnahme von Blutproben, *Donike/Rauth*, Dopingkontrollen, S. 167, 168.

§ 81 a Abs. 1 S. 2 StPO[214]; und es ist kein Grund ersichtlich, der eine abweichende Handhabung rechtfertigen könnte. Weitere gesundheitliche Nachteile des Athleten als die Venenpunktion müssen daher mit an Sicherheit grenzender Wahrscheinlichkeit ausgeschlossen sein, soweit ihnen ein gewisses Gewicht beigemessen werden kann. Da der mit der Blutentnahme als solcher verbundene Eingriff nur geringfügige Auswirkungen hat, ist insbesondere auf den Gesundheitszustand des Athleten Rücksicht zu nehmen. Bei Risikogruppen, wie beispielsweise Hämophilen (Bluter), ist die Abnahme einer Blutprobe unverhältnismäßig und kann nicht durchgeführt werden. Die mit der Abgabe der Blutprobe zusammenhängenden gesundheitlichen Nachteile für den Athleten sind dann höher zu bewerten als das ansonsten schützenswerte Interesse an einer Dopingkontrolle[215]. Lediglich geringfügige gesundheitliche Nachteile, beispielsweise ein Hämatom (Bluterguß), welches als Folge der Blutentnahme gegebenenfalls auftreten kann, oder die Angst vor Spritzen[216], sind dagegen vom Athleten in zumutbarer Weise hinzunehmen.

Der mit der Blutentnahme verbundene Eingriff in das Recht auf körperliche Unversehrtheit, Art. 2 Abs. 2 S. 1 GG, ist daher grundsätzlich gerechtfertigt, soweit keine der genannten Ausnahmen vorliegt.

---

[214] *Kleinknecht/Meyer-Goßner*, § 81 a StPO, Rn. 19; *KK-Senge*, § 81 a StPO, Rn. 7: Mediziner, der als Arzt approbiert oder zur vorübergehenden Ausübung des Arztberufs berechtigt ist (§ 2 II - IV BÄO).

[215] Anders Ziff. 2.33 der IAAF Vorschrift zur Entnahme von Blutproben, *Donike/Rauth*, Dopingkontrollen, S. 167, 168, die eine Verweigerung des Athleten aus diesem Grund nicht vorsieht, mit der Folge, daß sie als Verweigerung der Dopingkontrolle entsprechend der IAAF-Regel 56 gewertet wird (Ziff. 2.24, 2.29 der IAAF Vorschrift zur Entnahme von Blutproben, aaO, S. 167, 168), womit ein Doping-Verstoß vorläge, der mit einer Sperre (bei einem ersten Verstoß) von 4 Jahren geahndet wird (IAAF-Regel 60, Ziff. 1 d), 2 a) aa).

[216] So auch *Tettinger*, S. 67, 77; Anders für § 372 a ZPO das OLG Koblenz, NJW 1976, 379 f., dagegen *Zöller/Greger*, § 372 a ZPO, Rn. 10.

bb) Körperverletzung i.S.d. StGB

(1) Tatbestandsmäßigkeit

Die Abnahme der Blutprobe stellt darüber hinaus eine Körperverletzung i.S.d. § 223 Abs. 1 StGB dar. Die Rechtswidrigkeit und damit die Strafbarkeit entfällt allerdings bei Einwilligung des Athleten, § 228 StGB[217].

(2) Freiwillige Einwilligung

Wirksamkeitsvoraussetzung für die Einwilligung ist insbesondere die Freiwilligkeit der Willensentschließung[218]. Die Einwilligung wird daher dann für unwirksam erachtet, wenn sie durch Drohung, Täuschung oder Zwang herbeigeführt wird[219]. Nicht jedwede Drohung führt allerdings zu einer Unfreiwilligkeit der erteilten Einwilligung; sie muß vielmehr in Abgrenzung zu den allgemeinen Lebensrisiken zumindest die Qualität einer Nötigung i.s.d. § 240 Abs. 1 und 2 StGB erreichen[220]. Soweit in der Androhung der Sanktion des Sportlers für den Fall der Nichtteilnahme an der Doping-Kontrolle der Tatbestand des § 240 Abs. 1 StGB in Gestalt der Drohung mit einem empfindlichen Übel als erfüllt anzusehen ist, entfällt zumindest die Rechtswidrigkeit, da es an der nach § 240 Abs. 2 StGB erforderlichen Verwerflichkeit fehlt[221].

Denn der Zweck der angedrohten Sanktion ist es, möglichst weitgehend eine Effektivität der Durchführung der Doping-Kontrolle zu erreichen und damit einen dopingfreien Sport zu gewährleisten. Soweit der Athlet die Blutprobe, die zur Aufdeckung bestimmter Doping-Methoden die einzige Möglichkeit des Nachweises bietet, ohne Sanktionen zu erwarten, nicht abgeben muß, kann das mit der Do-

---

[217] H.M., vgl. nur BGHSt 16, 309, 310 f.; *LK-Hirsch*, vor § 32 StGB, Rn. 92 ff.; *Schönke/Schröder/Lenckner*, Vorbem. §§ 32 ff. StGB, Rn. 29 ff., *Jeschek/Weigend*, S. 375 ff.; für einen Tatbestandsausschluß *SK-Horn*, § 228 Rn. 2.

[218] BGHSt 19, 201, 202 ff.; *Tröndle/Fischer*, vor § 32 StGB, Rn. 3 b; *Amelung*, ZStW 95 (1985), S. 1 ff.

[219] *Tröndle/Fischer*, vor § 32 StGB, Rn. 3 b.

[220] OLG Hamm, NJW 1987, S. 1034, 1035; *Schönke/Schröder/Lenckner*, Vorb. §§ 32 ff StGB, Rn. 48; vgl. *Arzt*, S. 33 f. vgl. auch *Jeschek/Weigend* ,S. 383; *LK-Hirsch*, Vor § 32 StGB, Rn 1191 ff.; nach *Rudolphi*, ZStW 86 (1974), S. 68, 85, muß der Grad des § 35 StGB für die Annahme einer Drohung erreicht sein.

[221] Ausführlich zur Freiwilligkeit und § 240 StGB *Kühl*, Zulässigkeit von Blut-/Urin-Dopingtests, S. 31, 57 ff.

ping-Kontrolle verfolgte Ziel eines dopingfreien Sports nicht erreicht werden. Der zur Verfolgung dieses Zweckes notwendige Eingriff in die körperliche Unversehrtheit des Sportlers ist zudem lediglich geringfügig und ungefährlich[222]. Die Zweck-Mittel-Relation steht damit nicht außer Verhältnis, so daß eine Verwerflichkeit zu verneinen ist. Die Androhung der Sanktion des Sportlers durch den Sportverband stellt damit keine rechtswidrige Drohung i.S.d. § 240 Abs. 1 StGB dar. Sie läßt daher die Wirksamkeit der Einwilligung des Athleten in die Blutentnahme nicht entfallen.

(3) Keine Zwangsbefugnis des Verbandes
Im übrigen steht dem Sportverband aus den o.g. Gründen nicht das Recht zu, die Blutprobe zwangsweise, also mit Gewalt, durchzusetzen, da eine solche Befugnis allein dem Staat zukommen kann[223].
Die Entnahme einer Blutprobe ist somit nur rechtmäßig, wenn sie auf einer freien Willensentschließung des Athleten beruht, dieser mithin wirksam seine Einwilligung erteilt.

cc) Eingriff in die Religionsfreiheit, Art. 4 Abs. 1 GG
Die Blutentnahme kann darüber hinaus das Recht des Sportlers aus Art 4 Abs. 1 GG beeinträchtigen.
Art. 4 Abs. 1 GG gewährleistet eine allgemeine Glaubensverwirklichungsfreiheit, mithin das Recht des Bürgers, sein gesamtes Verhalten und Leben an den Grundsätzen dieses Glaubens auszurichten und seiner inneren Glaubensüberzeugung gemäß zu handeln[224]. Hiervon wird auch die sogenannte negative Glaubensverwirklichungsfreiheit umfaßt, mithin das Recht, eine Handlung entsprechend seiner Glaubensgewährleistung nicht vorzunehmen. Der Athlet kann daher unter Berufung auf seine Glaubensüberzeugung die Einwilligung in die Blutent-

---

[222] BayVGH, NJW 1990, S. 2926, 2927; OLG Köln, NStZ 1986, S. 234, 235; *Kleinknecht/Meyer-Goßner*, § 81 a StPO, Rn. 13; *KK-Senge*, § 81 a StPO, Rn. 5 a.
[223] Vgl. zur staatlichen „gewaltsamen" Durchsetzung der Blutentnahme die Regelungen der § 372 a ZPO, §§ 81 a - d StPO.
[224] BVerfGE 32, 98, 106 f.; 41, 29, 49; BayVGH NVwZ 1987, 706, 708; *v. Münch* in *v.Münch/Kunig*, Art. 4 Rn. 22.

nahme verweigern. Dies gilt allerdings nur, sofern die betreffende Glaubensgemeinschaft die Entnahme von Blut generell oder zu Zwecken der sportmedizinischen bzw. dopingspezifischen Untersuchung grundsätzlich ablehnt[225].

Des weiteren hat der Sportler sich auch in seinem sonstigen Leben konsequent nach den Verhaltensregeln dieser Glaubensgemeinschaft zu richten[226], denn andernfalls wäre ihm die Blutentnahme und die damit verbundene Zuwiderhandlung gegen seine Glaubensüberzeugung zumutbar. Liegen die genannten Voraussetzungen vor, kann der Sportler die Abgabe der Blutprobe unter Berufung auf Art. 4 Abs. 1 GG verweigern. Das grundsätzlich bestehende und geschützte Interesse des Sportverbandes (Art. 9 GG) sowie der anderen Sportler an der Durchführung der Kontrolle hat angesichts der hohen Bedeutung des Art. 4 Abs. 1 GG zurückzutreten. Die Entnahme einer Blutprobe würde in einem solchen Fall die Grenze der Zumutbarkeit, die die Schwelle der Rechtmäßigkeit eines Grundrechtseingriffes darstellt, überschreiten.

Der Athlet ist also berechtigt, bei Vorliegen der genannten, engen Voraussetzungen die Abgabe einer Blutprobe zu verweigern. Eine auf die Verweigerung gestützte Sanktion des Sportverbandes wäre unwirksam.

d) Die Nicht-Wettkampf-Kontrolle

Die sog. Trainingskontrolle findet außerhalb eines Wettkampfes statt, sie wird daher exakter mit Nicht-Wettkampf-Kontrolle (out-of-competition control[227]) bezeichnet.

Die meisten nationalen Fachverbände haben sich zwecks Durchführung der Nicht-Wettkampf-Kontrolle dem 1992 gegründeten „Doping-Kontroll-System (DKS)" der Anti-Doping-Kommission (ADK) des DSB angeschlossen[228]. Die Durchführung der Kontrollen hat der DSB einer unabhängigen Organisation übertragen. Damit sie wirksam durchgeführt werden können, sind die Athleten verpflichtet, eine Ab-

---

[225] Zur Zumutbarkeit der Blutentnahme für einen Angehörigen der „Zeugen Jehovas" OLG Düsseldorf, FamRZ 1976, S. 51, 52.
[226] Vgl. *Tettinger*, S. 67, 86: „religiöser Konsequenz des Verhaltens des Sportlers".
[227] Vgl. *Donike/Rauth*, Dopingkontrollen, S. 21.
[228] Die Bestimmungen zur Durchführung der Dopingkontrollen außerhalb des Wettkampfes im DSB sind abgedruckt in: *Donike/Rauth*, Dopingkontrollen, S. 150 ff.

wesenheit von ihrem Wohnort resp. ständigem Trainingsort von mehr als 5 Tagen der ADK zu melden. Einige Sportverbände haben diese Frist auf drei Tage verkürzt und zudem die Athleten verpflichtet, ihre Trainingsstätte und den Rahmen ihrer Trainingszeiten offenzulegen, um den Kontrolleuren genügend Gelegenheit für unangemeldete Kontrollen zu geben[229].

Die Auswahl der Probanden im Rahmen der Nicht-Wettkampf-Kontrolle erfolgt grundsätzlich nach dem Zufallsprinzip; doch ist eine Zielkontrolle bei speziellem Dopingverdacht oder längerer Nichtkontrolle eines Athleten möglich. Der Ablauf des Kontrollverfahrens selbst entspricht im wesentlichen dem der Wettkampfkontrolle.

aa) Beeinträchtigung des Art. 2 Abs. 1 GG

Das gemäß Art. 2 Abs. 1 GG geschützte Recht des Athleten der allgemeinen Handlungsfreiheit wird im Rahmen der Nicht-Wettkampf-Kontrolle erheblicher beeinträchtigt als bei einer Wettkampfkontrolle. Denn der Athlet wird in seinem privaten Bereich oder an seiner Trainingsstätte aufgesucht und hat - ggf. nach einer ihm gewährten Wartezeit[230] - sich der Kontrolle zu unterziehen und muß somit zwangsläufig seine gerade ausgeübte Tätigkeit unterbrechen. Demgegenüber kann die Wettkampfkontrolle als Bestandteil des Wettkampfes angesehen werden, an dem der Sportler freiwillig teilnimmt. Darüber hinaus legt auch der Zwang zur Abwesenheitsanzeige dem Athleten gewisse Pflichten auf, die die allgemeine Handlungsfreiheit beschränken.

Die Rechtmäßigkeit dieser Beschränkungen der allgemeinen Handlungsfreiheit i.S.d. Art. 2 Abs. 1 GG folgt jedoch aus der Notwendigkeit der Nicht-Wettkampf-Kontrolle und aus dem mit ihr verfolgten Zweck, die die Beschränkungen dem Athleten als zumutbar erscheinen lassen.

---

[229] So der DLV, Infoblatt der Anti-Doping-Koordinierungsstelle des DLV von März 1994.
[230] Vgl. Ziff. 3.10. der Anti-Doping-Kommission (ADK) des DSB/NOK, der die Bestimmungen zur Durchführung der Dopingkontrollen außerhalb des Wettkampfes regelt, hier (3.10.) 2.5: „Trifft der/die Kontrollbeauftragte ohne Vorankündigung ein, hat er/sie dem Athlet/der Athletin ausreichend Zeit zu gewähren, jegliche Tätigkeit, mit der er/sie gerade beschäftigt ist, zu beenden. Jedoch sollte der Test innerhalb einer Stunde nach der ersten Kontaktaufnahme beginnen".

Bestimmte Doping-Mittel, die insbesondere bei längerer Anwendung eine gesundheitschädigende Wirkung haben können, sind, in der Trainingsphase zur Leistungsverbesserung eingesetzt, aber rechtzeitig vor dem Wettkampf abgesetzt, bei Wettkampfkontrollen nicht mehr nachweisbar[231]. Eine effektive Aufdeckung dieser so angewendeten Doping-Mittel kann daher nur mit der Durchführung von Nicht-Wettkampf-Kontrollen bewirkt werden. Der verfolgte Zweck, mittels effektiver Kontrollen möglichst viele Doping-Verstöße aufzudecken, sowie das dahinter stehende und letztlich verfolgte Ziel, den Sportler durch die mit der Kontrolle gegebene Möglichkeit der Entdeckung eines Doping-Verstoßes bereits von der Verwendung von Doping-Mitteln abzuhalten, kann nur mit der Durchführung der Nicht-Wettkampf-Kontrolle erreicht werden. Die hiermit verbundene Beeinträchtigung des Athleten in seiner allgemeinen Handlungsfreiheit, die insbesondere in der zeitlichen Beeinträchtigung während der Dauer der Kontrolle sowie der Abwesenheitsanzeige zu sehen ist, ist nicht so schwerwiegend, als daß sie nicht hinter dem verfolgten Zweck zurücktreten könnte. Darüber hinaus liegt die Nicht-Wettkampf-Kontrolle letztlich auch im Interesse des nicht gedopten Athleten. Denn nur so kann sichergestellt werden, daß er an einem dopingfreien Wettkampf teilnehmen wird. Die Nicht-Wettkampf-Kontrolle versucht, dem nichtgedopten Sportler einen fairen, von gedopten Sportlern freien, Wettkampf zu gewährleisten. Die Einschränkung der allgemeinen Handlungsfreiheit des Art. 2 Abs. 1 GG ist damit rechtmäßig[232].

Im übrigen unterliegt die Nicht-Wettkampf-Kontrolle hinsichtlich ihrer Durchführung den gleichen Voraussetzungen, die an die Wettkampfkontrolle zu stellen sind. Insofern kann auf die hierzu gefundenen Ergebnisse verwiesen werden[233].

bb) Besonderheit der Bindung des Sportlers an die Doping-Bestimmungen
Die Nicht-Wettkampf-Kontrolle kann zudem das besondere Problem der Bindung des Sportlers an das Verbandsregelwerk aufwerfen.

---

[231] Insbesondere die androgen anabolen Steroide, vgl. *Donike/Rauth*, Dopingkontrollen, S. 21.
[232] So auch *Steiner*, NJW 1991, S. 2729, 2736.
[233] Vgl. dazu oben, Zweites Kapitel, B. II. 3. b).

Denn bei der Wettkampfkontrolle liegt eine Verbindlichkeit des Regelwerkes in der Regel vor, da zumindest mit der Teilnahme zugleich eine Teilnahmevertrag abgeschlossen wird, der den entsprechenden Teil des Verbandsregelwerkes zum Inhalt hat, so daß die Geltung der darin enthaltenen Doping-Bestimmungen sichergestellt wird.

Bei der Nicht-Wettkampf-Kontrolle ist eine Bindung aber nur gegeben, wenn ein Lizenzvertrag abgeschlossen oder ein Athletenpaß ausgegeben worden ist und der hierdurch vorgegebene zeitliche Rahmen der Bindung während der Kontrolle noch gegeben ist. Entgegen *Haas/Adolphsen*[234] ist allein die Bindung durch einen Wettkampfvertrag nicht ausreichend, da ein solcher sich zeitlich nur auf den konkreten Wettkampf bezieht und damit keine Eingriffsbefugnisse außerhalb des Wettkampfes umfaßt. Soweit keine vertragliche Beziehung des Sportlers mit dem Sportverband besteht, die die Anerkennung der Dopingbestimmungen (als Teil des Regelwerkes) beinhaltet, ist der Athlet daher nicht zur Durchführung einer Dopingkontrolle verpflichtet. Der Sportverband hat in diesem Fall nicht das Recht, den Athleten zu kontrollieren, denn insofern bestehen keine Rechtsbeziehungen zwischen den Parteien, die ein solches Recht begründen könnten.

e) Zwischenergebnis

Die Dopingkontrollbestimmungen der Sportverbände und deren Anwendung im Einzelfall können daher nur als rechtmäßig erachtet werden, wenn sie den vorgenannten Anforderungen genügen, was in der Praxis regelmäßig der Fall ist. Andernfalls halten sie einer gerichtlichen Inhaltskontrolle gemäß § 242 BGB nicht stand. Eine Sanktion des Athleten, die auf das Ergebnis einer Dopingkontrolle gestützt wird, die diesen Anforderungen nicht entspricht, kann demnach nicht rechtswirksam begründet werden; sie ist unwirksam.

---

[234] Vgl. *Haas/Adolphsen*, NJW 1995, 2146, 2147 und oben, Zweites Kapitel, A. I. 2. a) bb), die von einer quasi-mitgliedschaftlichen Beziehung ausgehen. Dagegen die ganz h.M und bereits oben, Zweites Kapitel, A. I. 2. a) cc) dd); vgl. allgemein zur Notwendigkeit einer Bindung des Sportler an das Regelwerk (durch Rechtsgeschäft) oben, Zweites Kapitel, II. 1.

4. Die Doping-Regelungen im eigentlichen Sinn

Die Doping-Regelungen im eigentlichen Sinn bestehen aus den sogenannten Straftatbeständen, die vornehmlich bestimmen, unter welchen Voraussetzungen ein Doping-Verstoß angenommen wird, sowie aus den für einen Verstoß hiergegen angedrohten Sanktionen der Athleten. Auch sie müssen einer auf § 242 BGB fußenden Inhaltskontrolle standhalten, um eine Sanktion des Athleten rechtswirksam begründen zu können. Dabei sind wiederum die Interessen der Sportverbände und der Athleten in einem angemessenen Verhältnis gegeneinander abzuwägen.

a) Inhalt der Strafregelung „Doping"

aa) Einnahme verbotener Substanzen und die Verwendung verbotener Methoden

Die bedeutsamste Bestimmung ist das Verbot bestimmter Substanzen bzw. bestimmter Methoden. Sobald einer dieser Substanzen bzw. Methoden anhand einer positiven Dopingprobe nachgewiesen wird, liegt ein Dopingverstoß des Athleten vor[235].

(1) Beeinträchtigung der allgemeinen Handlungsfreiheit

Das Verbot bestimmter Mittel bzw. Methoden beeinträchtigt den Athleten in seiner allgemeinen Handlungsfreiheit aus Art. 2 Abs. 1 GG[236]. Denn dem Athleten wird die Einnahme der verbotenen Substanzen nicht nur für den Bereich der Sportausübung untersagt, sondern das Verbot bedeutet auch eine Beschränkung der darüber hinaus gehenden allgemeinen Lebensführung. Der Athlet ist beispielsweise im Krankheitsfall auf die Einnahme der Medikamente beschränkt, die keine verbotenen Substanzen beinhalten[237]. Dies hängt damit zusammen, daß eine Vielzahl der verbotenen Substanzen, die gezielt zum „Doping" eingesetzt werden, der

---

[235] Siehe oben, Erstes Kapitel, E. I. 2.
[236] Zur Auswirkung der auf ein Zuwiderhandeln gestützten Sanktion im Rahmen der Berufsfreiheit des Athleten siehe unten, Zweites Kapitel, B. II. 4. c) bb).
[237] Bereits eine Vielzahl der gängigen Mittel zur Bekämpfung von Erkältungskrankheiten, Fieber oder Allergien, die in Apotheken und anderen Geschäften z.T. ohne ärztliches Rezept erworben werden können, enthalten verbotene Substanzen, vgl. *Donike/Rauth*, Dopingkontrollen, S. 11, 12.

Leistungssteigerung dienen können, aber andererseits in handelsüblichen Medikamenten in geringen Dosen ebenfalls enthalten sind.

(2) Angemessenheit

Das Dopingverbot und das damit einhergehende Verbot bestimmter Substanzen und Methoden ist allerdings aus den genannten[238] Gründen gerechtfertigt und benachteiligt den Athleten nicht unangemessen. Das Verbot der jeweiligen Substanzen und Methoden, also die verbandspezifische Dopingdefinition, hat sich allerdings an der dem Dopingverbot zugrundeliegenden Wertentscheidung[239] zu orientieren. Danach ist nicht die Aufnahme jedweder Substanzen und Methoden in die Liste der verbotenen Substanzen zulässig, sondern nur derjenigen, die der Leistungssteigerung dienen und ggf. eine Gefährdung der Gesundheit des Athleten mit sich bringen können. Diese Wertungsfrage kann im Einzelfall insbesondere wegen der unterschiedlichen Wirkungen zu unterschiedlichen Ergebnissen innerhalb verschiedener Sportarten führen[240].

(3) Medizinische Indikation

Die mit dem Dopingverbot ausgesprochene generelle Untersagung der Einnahme oder sonstigen Verwendung der als unzulässig eingeordneten Substanzen könnte aber unter bestimmten Umständen unangemessen für den Athleten sein. Die verbotenen Substanzen werden nicht nur als Dopingmittel verwendet sondern sind häufig Bestandteil medizinischer Medikamente. Sollte der Sportler daher solche Medikamente einnehmen, deren Substanz in der Strafregelung aufgelistet ist,

---

[238] Oben, Zweites Kapitel B. II. 2.

[239] Zu den Wertvorstellungen, die das Dopingverbot rechtfertigen können, siehe oben, Zweites Kapitel, B. II. 2. Diese „Wertvorstellung" sind teilweise völlig unterschiedlich. Deutlichstes Beispiel ist vielleicht die Einnahme der Substanz „Androstenedione" durch den Baseballprofi McGwire, der Bekanntheit durch Einstellung des 37 Jahre alten Saisonrekordes von 61 Homeruns im Jahr 1998 erlangte; dieses Testasteron-Mittel ist im Bereich des IOC und nahezu aller internationalen und auch deutschen Fachverbände als Doping-Substanz verboten , hingegen in der Major League Baseball (MLB), die höchste Spielklasse des Baseballs in den USA, erlaubt, vgl. FAZ v. 25.08.1998, S. 33; vgl. International Herald Tribune v. 29.-30. 08.1998, S. 18.

[240] Beispielsweise spielt die Verwendung von sog. ß-Blockern in solchen Sportarten eine Rolle, bei denen die körperliche Anstrengung von keiner oder geringer Bedeutung ist, insbesondere Schießwettbewerbe, Turmspringen, Skispringen u.a., während bei Ausdauersportarten die ß-Blocker die Leistungsfähigkeit sogar einschränken; vgl. *Donike/Rauth*, Dopingkontrollen, S. 20.

hätte dies zur Folge, daß er nicht an einem Wettkampf teilnehmen kann, will er nicht der Strafregelung zuwiderhandeln. Darüber hinaus würde ihm auch bei Entdeckung der Einnahme im Rahmen einer Nicht-Wettkampf-Kontrolle eine Sanktion drohen.

Im Fall einer medizinischen Indikation, die anzunehmen ist, wenn der Sportler aus gesundheitlichen Gründen auf die Einnahme eines bestimmten Medikamentes zwingend angewiesen ist, muß ihm die Möglichkeit eröffnet werden, von der Strafregelung befreit zu werden.

Dabei bedarf es einer Interessenabwägung im Einzelfall, die insbesondere davon abhängt, ob eine medizinische Indikation besteht und ob eine Behandlung mit einem anderen, zulässigen, Medikament möglich ist. Dem Athleten ist dabei der Rückgriff auf Austauschpräparate mit der gleichen medizinischen oder therapeutischen Wirkung durchaus zumutbar. Sofern die Einnahme einer verbotenen Substanz aus medizinischen Gründen jedoch unumgänglich ist, muß die Möglichkeit eines Dispenses bestehen. Ein in einem solchen Fall generell bestehendes Verbot der Einnahme der Substanz wäre unverhältnismäßig und würde die Interessen des Sportlers in unangemessener Weise nicht berücksichtigen.

bb) Manipulation der Dopingprobe

Als weiterer Tatbestand eines Dopingverstoßes wird die Manipulation der Dopingprobe angesehen, die in der Praxis aber von erheblich geringerer Bedeutung ist[241]. Die Manipulation der Dopingprobe wird von den Sportverbänden mit einem positiven Dopingverstoß, mithin mit der Einnahme verbotener Substanzen oder der Verwendung verbotener Methoden, gleichgestellt.

Dem Athleten erwächst zwar mit der Manipulation der Probe nicht zwangsläufig ein Vorteil. Allerdings wird er eine solche in aller Regel nur vornehmen, um einen

---

[241] Zum Verfahrensablauf oben Erstes Kapitel, E. I. 2.; allerdings traten in der Vergangenheit mehrere Einzelfälle auf, die auf eine solche Manipulation schließen lassen, so die vermeintliche Unbrauchbarmachung der Urinprobe durch Hinzugabe von Alkohol durch die dreifache Goldmedaillengewinnerin der Olympischen Spiele 1996 in Atlanta, die irische Schwimmerin Michelle Smith-De Bruin, vgl. FAZ v. 07.08.1998, S. 31 oder die Identität der Urinprobe von drei verschiedenen Sportlern, vgl. LG München I, v. 17.05.1995, 7 HKO 16591/94, S. 10 f. (insoweit nicht abgedruckt in SpuRt 1995, S. 161 ff.).

positiven Dopingtest zu vermeiden und damit die Aufdeckung eines Dopingverstoßes in dem o.g. Sinne zu verhindern. Allein dies rechtfertigt bereits die Gleichstellung der Probenmanipulation mit einem positiven Testergebnis[242]. Eine unangemessene Benachteiligung des Athleten ist darin nicht auszumachen.

cc) Verweigerung der Dopingkontrolle

Letztlich wird die Verweigerung der Dopingkontrolle aufgeführt, die ebenfalls einem positiven Dopingbefund, mithin der Einnahme verbotener Substanzen o.ä., gleichgestellt wird.

Dies ist grundsätzlich auch gerechtfertigt und benachteiligt den Athleten nicht unangemessen, da die Durchführung der Dopingkontrolle unerläßliche Voraussetzung für die Wirkung des Dopingverbotes ist. Ohne die Durchführung der Dopingkontrolle und damit ohne eine Sanktionsandrohung für den Fall der Verweigerung der Dopingkontrolle würde dem Dopingverbot kaum Beachtung geschenkt werden; das Dopingverbot würde letztlich keine Wirkung entfalten. Nur mit Vornahme der Kontrolle kann die Einhaltung des Dopingverbotes überhaupt gewährleistet werden.

Die Durchführung der Dopingkontrolle muß den genannten[243] Rechtmäßigkeitsvoraussetzungen entsprechen; andernfalls kann die Nichtvornahme der Dopingkontrolle durch den Athleten nicht mit einem positiven Dopingverstoß gleichgestellt werden und somit nicht rechtswirksam eine Sanktion wegen eines Dopingverstoßes begründen.

b) Allgemeine inhaltliche Anforderungen an die Strafregelungen

Die Strafregelungen der Sportverbände bestimmen, unter welchen Voraussetzungen eine Sanktion gegen den Athleten aufgrund eines angenommenen Dopingverstoßes ausgesprochen wird. Insofern sind bestimmte inhaltliche Anforderungen an diese Regelungen zu stellen, damit sie einer gerichtlichen Inhaltskontrolle standhalten. Dieses betrifft vornehmlich die Frage nach der erforderlichen

---

[242] Dies entspricht dem Rechtsgedanken der §§ 427 S. 2, 444 ZPO.
[243] Oben, Zweites Kapitel B. II. 3.

Bestimmtheit dieser Regelungen, und ob ein Verschulden des Athleten notwendige Voraussetzung für eine Sanktion sein muß.

aa) Erforderliches Maß der Bestimmtheit

Die Strafregelungen der Sportverbände, die das Dopingverbot regeln, bestimmen, welches Verhalten des Sportlers mit Sanktionen bedroht wird. Sie legen fest, was unter dem Begriff „Doping" zu verstehen und welches Verhalten des Athleten als Verstoß gegen das Dopingverbot anzusehen ist. Ebenso bestimmen sie, welche Sanktionen dem Athleten für einen solchen Verstoß drohen.

Daß eine exakte Definition des Dopings Schwierigkeiten bereitet, zeigt die dargestellte Entwicklung, die die Begriffsbestimmung des „Doping" in den letzten Jahrzehnten genommen hat[244]. Nachdem die ersten Versuche der Definition des Dopings noch aus vielen unbestimmten und damit auslegungsbedürftigen Begriffen bestand[245], sind die Sportverbände dazu übergegangen, Doping als die Verwendung von Substanzen aus verbotenen Wirkstoffgruppen und die Anwendung verbotener Methoden zu definieren, wobei anhand einer Aufzählung in Form einer Liste diese Gruppen und Methoden näher bestimmt werden.

Welches Maß an Bestimmtheit diese Regelungen und insbesondere die Definition des „Dopings" aufzuweisen haben, um Grundlage einer Sanktion des Athleten wegen eines Verstoßes gegen das Dopingverbot darzustellen, ist im folgenden näher zu bestimmen.

(1) Regelungsdichte bei der allgemeinen Vereinsstrafe

Die Anforderungen, die an die Regelungsdichte des Straftatbestandes einer allgemeinen Vereinsstrafe gestellt werden, sind nicht sehr hoch[246]. So sind Generalklauseln zulässig, soweit sich das „inkriminierende" Verhalten zumindest durch Auslegung der Klausel entnehmen läßt[247]. Die Vereinsstrafe sichere grundsätzlich

---

[244] Siehe oben, Erstes Kapitel, D.
[245] Siehe oben, Erstes Kapitel, D.
[246] Ausführlich zum Bestimmtheitserfordernis der Vereinsstrafe *Reichert/van Look*, Rn. 1597 ff.
[247] BGHZ 55, 383, 385; 47, 172, 175 ff.; 36, 105, 114; *Reichert/van Look*, Rn. 1597, 1598; *Stöber*, Vereinsrecht, Rn. 678; *MüKo-Reuter*, § 25 BGB, Rn. 30; *ders.* ZGR 1980, S. 101, 117; *Soergel/Hadding*, § 25 BGB, Rn. 40.

die mitgliedschaftliche Förderpflicht ab, und diesbezüglich sei eine unbeschränkte Anzahl von Fallkonstellationen denkbar, so daß deren kasuistische Aufzählung unmöglich sei[248]. Der strafrechtliche Bestimmtheitsgrundsatz finde demgemäß keine direkte Anwendung auf die Vereinsstrafe[249]. Diese Grundsätze gelten auch bei Einordnung der Vereinsstrafe als Vertragsstrafe[250].

(2) Besonderheit im Sportbereich
Im Bereich des Sports wird für das Verbandsregelwerk allgemein und deren Straftatbestände im besonderen jedoch ein höheres Maß an Bestimmtheit als erforderlich angesehen[251]. Die verbandsrechtliche Förderpflicht und der Schutz der Mitglieder sollen eine detaillierte Regelung zur Folge haben[252]. Dies werde durch die mit der zunehmenden Kommerzialisierung und Professionalisierung im Sport einhergehenden Umstände verstärkt, die eine sowohl in wirtschaftlicher als auch persönlich-beruflicher Hinsicht langfristige Prognoseentscheidung des Sportlers unumgänglich machen[253]. Insbesondere im Hinblick auf die Straftatbestände müsse der Sportler vorab übersehen können, bei welchen Regelverstößen er mit Sanktionen zu rechnen habe[254].

(3) Bestimmtheit der Doping-Regelungen - Grundsatz
Bei Übertragung dieser Grundsätze auf die Anforderungen an die Regelungsdichte der Strafbestimmungen der Doping-Regelungen, die im Verhältnis des Athleten als Nichtmitglied zum Verband Geltung beanspruchen, ist zu beachten,

---

[248] *Reichert/van Look*, Rn. 1598; vgl. *MüKo-Reuter*, § 25 BGB, Rn. 30.
[249] *Soergel/Hadding*, § 25 BGB; Rn. 40; nach *v.Münch* in *v.Münch/Kunig* Art. 103, Rn. 34, ist allerdings der Grundgedanke als Ausfluß des § 242 BGB zu berücksichtigen.
[250] *van Look*, Vereinsstrafen, S. 178; *Soergel/Hadding*, § 25 BGB, Rn. 38 ff; allgemein zur Zulässigkeit von Generalklauseln in Vertragsstrafen, *Fischer*, FS-Piper, S. 205, 209. Zur Nichtanwendung des strafrechtlichen Bestimmtheitsgrundsatzes für die Vertragsstrafe: *Staudinger/Rieble*, vor §§ 339 ff.; Rn. 64; a.A. BAG NZA 1992, 215, 217.
[251] Ausführlich hierzu *Vieweg*, Normsetzung, S. 244 ff.
[252] *Vieweg*, Normsetzung, S. 247 ff.
[253] *Vieweg*, Normsetzung, S. 249.
[254] *Reichert/van Look*, Rn. 1597 b; gleiches gilt bei der Vereinbarung einer Vertragsstrafe, deren Inhalt grundsätzlich nach den allgemein gültigen Regeln gemäß §§ 133, 157 BGB aus der Sicht des Empfängers zu bestimmen ist, vgl. allgemein hierzu BGHZ 121, 13, 16 - Fortsetzungszusammenhang; *Fischer*, FS-Piper, S. 205, 211.

daß eine Förderpflicht des Sportverbandes gegenüber den Athleten als Nichtmitgliedern grundsätzlich nicht besteht[255]. Es ist im folgenden demnach zu klären, wie detailliert die Sportverbände den Begriff des „Dopings" und damit die Strafregelung des Dopingverbotes definieren müssen.

Dabei ist zu beachten, daß das Verbot des Dopings unter Androhung von Sanktionen zugleich die Festlegung des Nicht-Dopings als Zulassungsvoraussetzung für die Teilnahme an einem Wettkampf darstellt. Anders als sonstige Zulassungsvoraussetzungen, wie beispielsweise das Geschlecht des Athleten, sein Alter oder eine zu erbringende Wettkampfleistung als Qualifikationskriterium, denen die Eindeutigkeit des jeweiligen Kriteriums immanent ist, ist das Doping als negative Zulassungsvoraussetzung gerade nicht eindeutig bestimmbar. Denn eine exakte Definition des Dopings ist mit Schwierigkeiten verbunden, da es sich bei dem Begriff des „Dopings" um einen unbestimmten (Rechts-)begriff handelt. Dies geht u.a. darauf zurück, daß dem Verbot des Dopings eine wertende, ethisch-moralisch geprägte Entscheidung zugrundeliegt[256]. Eine eindeutige und nicht von divergierender Auslegung geprägte Begriffsbestimmung ist nahezu unmöglich.

Jeder Athlet muß aber wissen können, unter welchen Voraussetzungen er an einem Wettkampf teilnehmen kann. Dies gebietet bereits eine möglichst genaue Festlegung, welches Verhalten einen Dopingverstoß darstellt, mithin eine möglichst detaillierte Definition des Dopings. Dies gilt umso mehr, als die Nichteinhaltung dieses Kriteriums - das Doping-Verbot - mit erheblichen Sanktionen bedroht ist. Denn der Verstoß gegen das Doping-Verbot wird i.d.R. mit mehrmonatigen, mehrjährigen oder sogar lebenslangen Wettkampfsperren geahndet. Darüber hinaus gebietet die damit in Zusammenhang stehende zunehmende Professionalisierung des Sportes, daß der Athlet, der seinen Sport immer häufiger als Beruf i.S.d. Art. 12 Abs. 1 GG ausübt[257], vorab übersehen kann, welches Verhalten als Doping eingeordnet wird und damit mit einer Sanktion bedroht ist. Denn mit einer Sperre aufgrund eines Dopingverstoßes wird dem Athleten die weitere Wett-

---

[255] Anders soweit der Athlet zumindest „mittelbares" Mitglied des Verbandes ist, vgl. *Vieweg*, Normsetzung, S. 244 ff.

[256] Siehe oben, Zweites Kapitel, II. 2.

[257] Dazu ausführlich unten, Zweites Kapitel, II. 4. c) bb).

kampfteilnahme und damit die Berufsausübung untersagt. Die Effektivität einer solchen Sperre wird durch das sog. Ein-Verband-Prinzip gewährleistet, welches den Sportverbänden innerhalb ihrer Sportart eine Monopolstellung sichert. Diese bedingt, daß der Athlet zur Teilnahme an einem Wettkampf und somit letztlich zur Berufsausübung auf die Zulassung des jeweiligen Sportverbandes angewiesen ist. Die insoweit bestehende Machtposition des Sportverbandes gebietet daher die Pflicht, so detailliert die Doping-Strafregelungen zu bestimmen, daß der Athlet eindeutig erkennen kann, welches Verhalten vom Doping-Verbot erfaßt und mit welcher Sanktion es bedroht wird.

(4) Die Doping-Definition der Sportverbände

Die Definition des Begriffes „Dopings" durch die Sportverbände als „die Verwendung von Substanzen aus den verbotenen Wirkstoffgruppen und die Anwendung verbotener Methoden" muß den genannten Anforderungen entsprechen.

Die einzelnen genannten Wirkstoffgruppen (Stimulantien, Narkotika, anabole Wirkstoffe, Diuretika sowie Peptid- und Gycoproteinhormone und Analoge[258]) werden jeweils anhand einer Liste, die die ihr zuzuordnenden verbotenen Substanzen enthält, ergänzt. In dieser Liste werden diese Substanzen mit ihrem sog. Internationalen Freinamen (INN)[259] bezeichnet. Sie enthalten jeweils den Zusatz, daß auch nichtbenannte, aber chemisch und/oder pharmakologisch verwandte Verbindungen unter die Wirkstoffgruppe fallen und damit verboten sind; Substanzen, die an sich den Wirkstoffgruppen zuzuordnen sind, aber als erlaubt eingestuft werden, werden ausdrücklich als zulässig benannt[260].

---

[258] Nach der Dopingdefinition des IOC für 1996 (oben, Erstes Kapitel, D).Hinzu kommen noch die Wirkstoffgruppen, die mit gewissen Einschränkungen verbunden sind, nämlich Alkohol, Marihuana, Lokalanästetika, Kortikosteroide und Beta-Blocker, vgl. *Donike/ Rauth*, Dopingkontrollen, S. 6 ff.

[259] Die INN-Zeichen sind empfohlene, international gesetzlich nicht geschützte Bezeichnungen (Recommended International Nonpropiertary Names) für Substanzen, die für pharmazeutische Zwecke verwendet werden; sie sind von der Weltgesundheitsorganisation in der Liste 21 (Rec - INN) veröffentlicht, vgl. *Fezer*, § 8 MarkenG, Rn. 52.

[260] *Donike/Rauth*, Dopingkontrollen, S. 6 ff.; 18.

(a) Notwendigkeit einer abschließenden Liste

Damit stellt sich die Frage, ob die im einzelnen verbotenen Substanzen abschließend aufgezählt werden müssen oder ob es ausreicht, lediglich die Wirkstoffgruppen enumerativ aufzuzählen und sie lediglich mit nichtabschließenden Substanzlisten zu konkretisieren.

Die Aufzählung verbotener Wirkstoffgruppen und Substanzen muß zunächst erkennen lassen, welches Mittel, Medikament o.ä. unter diese Begriffsdefinition des Dopings zu subsumieren ist.

(aa) Kriterium der Fachkenntnis

Eine Person mit entsprechenden Fachkenntnissen, beispielsweise ein Arzt, Apotheker oder Pharmakologe, wird grundsätzlich feststellen können, ob ein bestimmtes Produkt eine Substanz enthält, die einer verbotenen Wirkstoffgruppe zugerechnet werden kann und damit als Doping angesehen wird. Die eindeutige Zuordnung wird durch die nähere Konkretisierung der einzelnen Wirkstoffgruppen anhand der (nicht abschließenden) Liste der verbotenen Substanzen erleichtert. Die Verwendung der Internationalen Freinamen (INN) durch die Sportverbände erleichtert eine eindeutige Zuordnung, weil die Zusammensetzung eines Arzneimittels, mithin die einzelnen Wirkstoffe, nach Art und Menge auf den Behältnissen sowie ggf. den äußeren Umhüllungen gemäß § 10 Abs. 1 Nr. 8 AMG anzugeben und dabei für die Bezeichnung der Wirkstoffe nach § 10 Abs. 6 Nr. 1 AMG die internationalen Kurzbezeichnungen der Weltgesundheitsorganisation zu verwenden sind[261]. Sie bietet daher die Möglichkeit einer konkreteren Zuordnung als beispielsweise die Aufstellung einer Medikamentenliste, da die Rezeptur der unter gleichen Handelsnamen vertriebenen Medikamente nicht in allen Ländern gleich ist, so daß bei gleichem Handelsnamen die Möglichkeit besteht, daß ein Medikament in einem Land verbotene Doping-Substanzen enthält und in einem anderen nicht[262].

---

[261] Vgl. *Schiwy*, § 10 AMG, Anm. VII, 1.
[262] Hierauf weist *Donike/Rauth*, Dopingkontrollen, S. 77 hin.

Soweit der Sportler selbst über derartige Fachkenntnisse nicht verfügt, hat er sich der Hilfe des genannten Personenkreises zu bedienen. Hierdurch wird er auch nicht unangemessen benachteiligt. Dem Athleten ist vor der Einnahme eines Medikamentes zur Besserung der Gesundheit durchaus zumutbar, sich darüber zu informieren, ob dieses Medikament verbotene Substanzen enthält. Da der Athlet grundsätzlich auch eine Ausfertigung dieser Doping-Definition überreicht bekommt[263], kann er der Fachperson die Kenntnis darüber verschaffen, welche Wirkstoffgruppen verboten sind. Die Auferlegung einer solchen Informationspflicht ist umso mehr demjenigen Athleten zumutbar, der bestimmte Mittel nicht aus medizinischen Gründen, sondern allein zum Zwecke der Leistungssteigerung einnehmen will. Der Rückgriff auf die Kenntnis einer Fachperson, die zwischen legalen Substanzen und damit erlaubter Substitution einerseits und illegalen Substanzen und damit verbotenem Doping andererseits unterscheiden kann, stellt keine unangemessene Benachteiligung dar.

(bb) Enumerative Auflistung der Wirkstoffgruppen und/oder Substanzen

Die Auflistung der Wirkstoffgruppen muß allerdings vollständig sein, da andernfalls auch die Fachperson nicht feststellen kann, welche Substanzen verboten sind. Einer abschließenden Auflistung aller einzelnen verbotenen Substanzen bedarf es dabei nicht.

Die im Betäubungsmittelrecht geltenden Grundsätze können nicht entsprechend herangezogen werden. Das Betäubungsmittelrecht ist zwar insoweit vergleichbar, da es ebenso wie die Strafregelung der Sportverbände die Einnahme bestimmter Substanzen verbietet. Dabei fallen nur die namentlich als Suchtmittel (Betäubungsmittel) aufgelisteten Substanzen unter die Strafandrohung des BtMG; der Positivliste der Anlage I-III zu § 1 Abs. BtMG kommt insoweit eine sogenannte negative Wirkung zu, d.h. die nicht in der Anlage aufgezählten Substanzen unterliegen nicht dem BtMG[264].

---

[263] Siehe oben, Zweites Kapitel, A. II. 4. c); entweder ist ihm das Regelwerk samt Doping-Bestimmungen auf Wunsch zu überreichen oder er kann es beim Sportverband resp. Wettkampfveranstalter einsehen.

[264] *Körner*, § 1 BtMG, Rn. 2, 5.

Der strafrechtliche Bestimmtheitsgrundsatz des Art. 103 Abs. 2 GG, der für das BtMG Anwendung findet, ist aber nicht ohne weiteres auf die Anforderungen an die Regelungsdichte der Strafregelungen der Sportverbände zu übertragen[265].

Zudem ist dem Bedürfnis der Sportverbände Rechnung zu tragen, auch diejenigen Wirkstoffe zu erfassen, die neu synthetisiert und erst kürzlich in den Handel gekommen sind, sowie sog. „Designer-Drugs" oder Schwarzmarktprodukte[266]. Dadurch wird nicht nur das Interesse des Sportverbandes an einer möglichst umfassenden Doping-Bekämpfung unterstützt, sondern es werden auch die Interessen derjenigen Athleten geschützt, die auf die Einnahme derartiger Mittel verzichten, um sich einem „fairen" Wettkampf zu stellen. Darüber hinaus ist es als ausreichend für die Anforderungen an die Regelungsdichte der Straftatbestände der Sportverbände anzusehen, wenn der Athlet - gegebenenfalls nach Rücksprache mit einer Fachperson - feststellen kann, welche Substanz verboten ist und welches Verhalten damit als Doping eingestuft wird. Dies wird durch die Praxis der Sportverbände mit der enumerativen Aufzählung der verbotenen Wirkstoffgruppen unter Konkretisierung anhand einer nicht abschließenden Auflistung der hierunter fallenden Substanzen sowie der enumerativen Nennung der verbotenen Methoden gewährleistet.

Sollte im Einzelfall ein eindeutige Zuordnung eines Mittel, Medikaments o.ä. auch durch eine Person mit Fachkenntnissen nicht zweifelsfrei möglich sein, so besteht die Möglichkeit des Athleten, eine verbindliche Stellungnahme des betroffenen Sportverbandes über die Zulässigkeit einzuholen.

Der ebenso denkbare Fall[267], daß ein Athlet ein Mittel einnimmt, welches nach Auskunft einer Person mit Fachkenntnissen nicht einer der verbotenen Wirkstoffgruppen zuzuordnen ist, und der Sportverband sich im nachhinein auf den Standpunkt stellt, die eingenommene Substanz sei verboten, läßt sich ebenfalls lösen, ohne den Athleten unangemessen zu benachteiligen. Denn es fehlt an dem für

---

[265] Siehe oben, Zweites Kapitel, B. II. 4. b) aa) (1).
[266] Vgl. zu diesem Aspekt *Donike/Rauth*, Dopingkontrollen, S. 9, 72.
[267] Vgl. hierzu die Einnahme des Mittels „Clenbuterol" durch eine Sportlerin, welches nicht auf der Liste der verbotenen Substanzen stand, DLV Rechtsausschuß, SpuRt 1996, S. 66 ff.

eine Sanktionierung des Athleten zwingend notwendigen Verschulden[268], soweit die auskunftgebende Person das eingenommene Mittel rechtsfehlerfrei als erlaubt ansah, seine Einordnung also nicht fahrlässig oder vorsätzlich falsch erfolgte, und dem Athleten bei Auswahl dieser Person kein Verschulden vorgeworfen werden kann; dieses fehlt i.d.R., wenn es sich um einen approbierten Arzt, Apotheker oder Pharmakologen handelt. Dann kann dem Athleten weder eigenes Verschulden vorgeworfen noch fremdes Verschulden i.S.v. § 278 BGB zugerechnet werden.

(b) Ergebnis

Im Ergebnis bleibt festzuhalten, daß die in der Praxis der Sportverbände vorgenommene Bestimmung des Begriffes „Doping" den inhaltlichen Anforderungen genügt, die an die Bestimmtheit einer Strafregelung zu stellen sind[269]. Sie hält einer Inhaltskontrolle stand und kann damit rechtswirksame Grundlage einer Sanktion des Athleten sein.

bb) Erfordernis eines Verschuldens

Der Verstoß des Sportlers gegen eine das Doping-Verbot konkretisierende Strafregelung kann durch den entsprechenden Sportverband sanktioniert werden. Fraglich ist, ob jeder Verstoß gegen die Doping-Regelungen die Verhängung einer Sanktion rechtswirksam begründen kann oder ob dem Sportler ein schuldhaftes Verhalten zur Last gelegt werden muß.

Die Sportverbände sehen in ihren Doping-Bestimmungen - zumindest teilweise - die Sanktionierung des Athleten wegen eines Dopingverstoßes vor, ohne daß es seines Verschuldens bedarf[270]. Es ist im folgenden der Frage nachzugehen, ob eine derartige verschuldensunabhängige Sanktionierung des Athleten einer gerichtlichen Inhaltskontrolle standhält, während eine verschuldensabhängige Sanktionierung kein Problem darstellt.

---

[268] Hierzu ausführlich unten, Zweites Kapitel, B. II. 4. b) bb).
[269] Welche Wirkstoffgruppen im einzelnen zu verbieten sind, bleibt hier außer Betracht.

(1) Verschuldenserfordernis bei der Vereinsstrafe

Die Verhängung einer Vereinsstrafe setzt nach h.M. grundsätzlich ein Verschulden voraus[271]. Dies gilt bei Einordnung der Vereinsstrafe als Strafe eigener Art[272]; bei Einordnung der Vereinsstrafe als Vertragsstrafe folgt dies aus §§ 339 S.1, 285, 276 ff. BGB[273]. Ebenso kann die Vereinssatzung das Erfordernis des Verschuldens nach h.M. nicht abbedingen[274]. Die Rechtsprechung hat lediglich in älteren Entscheidungen auf ein Verschulden verzichtet, soweit es die Verhängung der sog. „kleineren" Vereinsstrafe[275] oder den Vereinsausschluß[276] betraf. Der Grund bezüglich des Vereinsausschlusses liegt darin, daß dieser nach ganz h.M. tatsächlich keines Verschuldens bedarf, weil der Ausschluß entweder als außerordentliche Kündigung der Mitgliedschaft und damit bereits nicht als Vereinsstrafe aufgefaßt wird[277], oder weil - bei Einordnung als Vereinsstrafe - die Ausschließung nach der allgemein bei Dauerschuldverhältnissen nach § 242 BGB gegebenen Möglichkeit der Beendigung aus wichtigem Grund möglich ist, für die es auch nicht auf ein Verschulden ankommt[278].

Das Verschuldenserfordernis für die Verhängung einer Sanktion eines Vereins gegenüber Nichtmitgliedern ist - soweit ersichtlich - bisher nicht problematisiert

---

[270] Vgl. § 2 RRL des **DSB**; **DLV**, Teil VI, F 2 WKO; **BVDG** § 6 StrafO; anders: **DFB**, § 5 Ziff. 1 j Rechts- und VerfahrensO; **DHB**, § 11 Ziff. 1 RO; **DTU**, § 3.2 DpO.

[271] *Soergel/Hadding*, § 25 BGB, Rn. 50; *Reichert/van Look*, Rn. 1599; *MüKo-Reuter*, § 25 BGB, Rn. 30; *Meyer-Cording*, Vereinsstrafe, S. 65; *Larenz*, Gdschr-Dietz, S. 45, 56; im Ergebnis auch *Staudinger/Weick* § 35 BGB, Rn. 39.

[272] *Meyer-Cording*, Vereinsstrafe, S. 65; *MüKo-Reuter*, § 25 BGB, Rn. 30.

[273] So ausdrücklich *van Look*, WM-Festgabe Hellner 1994, S. 46, 54, *Reichert/van Look*, Rn. 1599; *Soergel/Hadding*, § BGB 25, Rn. 50; für die Vertragsstrafe allgemein: BGH, NJW 1972, 1893, 1895; BGH NJW-RR 1997, 686, 688; *Baumbach/Hefermehl*, Einl. UWG, Rn. 291; *Palandt/Heinrichs*, § 339 BGB, Rn. 3; Darüber hinaus wird das Verschuldensprinzip z.T. für unabdingbar gehalten, vgl. *Teplitzky*, Wettbewerbsrechtliche Ansprüche, Kap 20, Rn. 13; *Staudinger/Rieble*, § 339 BGB, Rn. 117 ff.

[274] *MüKo-Reuter*, § 25 BGB, Rn. 30; *Palandt/Heinrichs*, § 25 BGB, Rn. 14; *Larenz*, Gdschr-Dietz, S. 45, 56; so auch *van Look*, Vereinsstrafen, S. 187; *Reichert/van Look*, Rn. 1599, 1599 a.

[275] BGHZ 29, 352, 359.

[276] BGH, NJW 1972, S. 1892 f.

[277] *Soergel/Hadding*, § 25 BGB, Rn. 41, 50; ähnlich *van Look*, Vereinsstrafen, S. 131 ff, 134; *Flume*, FS-Bötticher, S. 101, 103, 116 ff.

[278] BGH NJW 1972, 1893; *Staudinger/Weick*, § 25 BGB, Rn. 39; *Palandt/Heinrichs*, § 25 BGB, Rn. 12, 14; differenzierend *MüKo-Reuter*, § 25 BGB, Rn. 29: der Ausschluß wegen des Verhaltens des Mitglieds stelle eine Vereinsstrafe dar; der Ausschluß aus anderen Gründen sei stets Kündigung.

worden. Es wurde lediglich geltend gemacht, für die Verhängung einer Strafe gegenüber Nichtmitgliedern müssen - zumindest im Bereich des Sports - die gleichen Voraussetzungen gelten wie gegenüber Mitgliedern[279]. Hiernach dürfte auf das Verschuldenserfordernis nicht verzichtet werden.

(2) Übertragbarkeit auf das Verhältnis zu Nichtmitgliedern

Die Vereinsstrafe soll in erster Linie die Einhaltung der bestehenden Pflichten sichern. Sie weist insofern ein spezialpräventives Element auf, nämlich das betroffene Mitglied von weiteren Verstößen abzuhalten. Das Verschuldenserfordernis für die Verhängung der Vereinsstrafe ist also eng damit verbunden, daß sie regelmäßig an ein persönliches Fehlverhalten des Mitgliedes anknüpft[280].

Es ist auf den ersten Blick kein Grund ersichtlich, dies bei der Verhängung einer Sanktion gegenüber Nichtmitgliedern anders zu beurteilen. Die Straftatbestände der Sportverbände, die das Dopingverbot betreffen und gegenüber den Athleten als Nichtmitgliedern Geltung beanspruchen, verfolgen einen insoweit gleichen Zweck. Es soll nicht nur der Verstoß des Athleten gegen das Dopingverbot sanktioniert werden, wodurch sichergestellt wird, daß er von der Teilnahme an einem Wettkampf ausgeschlossen bzw. sein erzieltes Wettkampfergebnis im nachhinein annulliert wird. Vielmehr soll der Athlet bereits durch die angedrohte Sanktion von einem Verstoß gegen das Dopingverbot abgehalten werden. Gerade die Durchführung der Dopingkontrollen im Zusammenhang mit der Androhung und Festsetzung der Sanktionen bezweckt, daß das Dopingverbot seitens der Athleten eingehalten wird. In gleichem Maße wie bei der Vereinsstrafe gegenüber Mitgliedern kommt also der Aspekt der Prävention der angedrohten Sanktion zum Tragen.

Die Sanktion knüpft damit an ein persönliches Fehlverhalten des Athleten an und soll dessen Vermeidung für die Zukunft sichern; ihre Funktion ist es damit, den künftigen Willen des Sportlers zu beeinflussen (Spezialprävention). Dies setzt

---

[279] BGH, NJW 1995, S. 583, 585; *Haas/Prokop*, SpuRt 1998, S. 15, 16 ff.; *Pfister*, JZ 1995 S. 464, 466.
[280] *Reichert/van Look*, Rn. 1599 a.

aber ein vorwerfbares Verhalten voraus. Beeinflusst und abgeschreckt werden kann der Sportler nur vor solchen Handlungen, die in der Einflußsphäre seines Willens liegen. Nur dann kommt die angedrohte Sanktion als Instrument der Willensbeeinflussung zum Tragen. Eine verschuldensunabhängige Sanktion entspricht damit letztlich nicht der Funktion der angedrohten Sanktion, den künftigen Willen des Athleten zu beeinflussen.

Die das Verschuldenserfordernis für die Vereinsstrafe (gegenüber Mitgliedern) u.a. rechtfertigende Spezialprävention kommt damit auch im Verhältnis des Verbandes gegenüber Nichtmitgliedern zum Tragen. Grundsätzliche Vorbehalte oder Argumente, die eine andere Handhabung begründen könnten, sind nicht ersichtlich.

(3) Möglichkeit des Verzichtes

Eine Abweichung kann daher nur ausnahmsweise in Betracht kommen, wenn auf Seiten des Sportverbandes gewichtige Gründe vorliegen, die eine solche rechtfertigen könnten.

(a) Kriterien

Diese Gründe müssen dazu geeignet sein, das Interesse des Sportverbandes an einer verschuldensunabhängigen Sanktionierung des Athleten im erforderlichen Maß zu begründen, und dürfen andererseits nicht zu einer unangemessenen Benachteiligung des Athleten führen.

Dieses Ergebnis wird bestätigt anhand der insoweit vergleichbaren Rechtslage, die für die Vertragsstrafe gilt. Für die Vertragsstrafe ist zwar grundsätzlich das Verschuldenserfordernis nicht zwingend. Dies gilt aber nur für Individualvereinbarungen. Demgegenüber halten formularmäßige Abreden, die eine Vertragsstrafevereinbarung zum Inhalt haben, einer Inhaltskontrolle nur dann stand, wenn für deren Verwirkung ein Verschulden vorausgesetzt ist[281]; etwas anderes gilt nur, wenn ein wichtiger Grund für den Verzicht auf das Verschulden vorliegt[282].

---

[281] BGHZ 72, 174, 178 ff; OLG Hamm, OLGZ 1989, 461, 462 f; *Palandt/Heinrichs* , § 339 BGB, Rn. 3.
[282] OLG Celle, NJW-RR 1988, 946, 947.

Die Vergleichbarkeit der vorliegenden Konstellation mit der Vertragsstrafe ergibt sich daraus, daß der Vertragsstrafevereinbarung als Druckmittel ebenso spezialpräventive Bedeutung zukommt; denn die Höhe der vereinbarten Strafe soll den Schuldner gerade von einer Zuwiderhandlung gegen die Vereinbarung abhalten[283]. Darüber hinaus ist die Rechtslage insofern vergleichbar, soweit sie Vertragsstrafevereinbarungen in Allgemeinen Geschäftsbedingungen betrifft, da das vom Athleten rechtsgeschäftlich anerkannte Verbandsregelwerk bzw. die Dopingbestimmungen ebenfalls aus vorformulierten Klauseln bestehen.

(b) Übertragbarkeit auf die Doping-Regelungen?

Bei der Frage, ob ausnahmsweise der Verzicht auf das Verschuldenserfordernis gerechtfertigt sein kann, ist zwischen den verschiedenen Handlungsmodalitäten, mit denen der Athlet gegen das Dopingverbot verstoßen kann, sowie zwischen den unterschiedlich angedrohten Sanktionen - dem Ausschluß des Athleten von einem konkreten Wettbewerb einschließlich der Annullierung der Wettkampfleistung einerseits und der Wettkampfsperre andererseits - zu differenzieren.

(aa) Verweigerung der Kontrolle

Die Verweigerung bzw. Vereitelung der Mitwirkung des Athleten im Rahmen der Dopingkontrolle impliziert bereits begrifflich ein Verschulden des Athleten. Das Unterlassen der geforderten Dopingkontrolle durch den Athleten kann nur dann Grundlage einer Sanktion sein, wenn dem Athleten diesbezüglich ein Vorwurf i.S. eines schuldhaften Verhaltens gemacht werden kann[284].

(bb) Manipulation der Probe

Die Manipulation der Dopingprobe, die ebenfalls Grundlage einer Sanktion sein kann, setzt ebenfalls ein Verschulden des Athleten voraus. Insofern ist ein Verhalten des Athleten, mit welchem er die Dopingprobe manipuliert, dabei aber nicht

---

[283] *Baumbach/Hefermehl*, Einl. UWG, Rn. 275; *Teplitzky*, Wettbewerbsrechtliche Ansprüche, Kap. 8, Rn. 19.

[284] Ebenso *Röhricht*, Zulassungssperren, S. 12, 20.

vorsätzlich oder fahrlässig gehandelt hat, wohl nicht denkbar. Ein Verschulden des Athleten ist dieser Handlungmodalität daher immanent.

(cc) Einnahme verbotener Stoffe/Verwendung verbotener Methoden
Es verbleibt somit bei den Tatbestandsalternativen, daß die dem Athleten abgenommene Dopingprobe positiv ausfällt, mithin deren Untersuchung die Einnahme einer verbotenen (Doping-) Substanz bzw. die Verwendung einer unzulässigen (Doping-) Methode belegt.

(α) Ausschluß vom Wettkampf
Diesbezüglich wird angenommen, daß zumindest der verschuldensunabhängige Ausschluß desjenigen Athleten von der Teilnahme an dem konkreten Wettbewerb gerechtfertigt ist, der während dieses Wettbewerbes positiv getestet worden ist[285]. Es liegt im Interesse des Sportverbandes und der Athleten, daß mit Beendigung eines Wettbewerbes grundsätzlich das erzielte Ergebnis Bestand hat. Demgemäß sei es für den Sport allgemein und die anderen Teilnehmer am Wettbewerb unerträglich, wenn die Disqualifikation sowie die daran anknüpfende nachträgliche Korrektur des Wettkampfergebnisses erst lange Zeit nach Abschluß des Wettkampfes ausgesprochen werden[286].

Allerdings bedingt bereits der aufgrund einer positiven Dopingprobe angenommene Dopingverstoß in aller Regel eine nachträgliche Änderung des Wettkampfergebnisses, da die Dopingkontrollen zwar während des Wettkampfes durchgeführt werden, das Analyseergebnis in den meisten Fällen jedoch erst nach Beendigung des Wettkampfes vorliegt. Dies kann mehrere Tage oder Wochen dauern, insbesondere da sowohl die A- als auch die B-Probe, bei der der Athlet ein Anwesenheitsrecht hat, zu analysieren sind. Die nachträgliche Korrektur des Wettkampfergebnisses ist damit i.d.R. zwingend mit der Sanktionierung eines Dopingverstoßes verbunden. Sie greift auch weit weniger in das schützenswerte Interesse an eine Endgültigkeit des Wettkampfergebnisses mit Beendigung des Wett-

---

[285] *Röhricht*, Zulassungssperren, S. 12, 19.
[286] *Röhricht*, Zulassungssperren, S. 12, 19.

kampfes ein als beispielsweise eine nachträgliche Korrektur einer Tatsachenentscheidung des Schiedsrichters[287]. Das Erfordernis eines Verschuldens hätte lediglich zur Folge, daß eine weitere Ausdehnung des zeitlichen Rahmens zwischen Wettkampf und verbandsrechtlicher Entscheidung, der Annullierung der Wettkampfleistung, zu besorgen ist. Denn bei einer verschuldensunabhängigen Disqualifikation einschließlich Annullierung der Leistung wäre das Verfahren mit einem positiven Testergebnis abgeschlossen, während ansonsten der Athlet noch den Beweis des fehlenden Verschuldens führen könnte.

Die zeitliche Verzögerung allein, die ein solches Vorgehen mit sich bringen könnte, vermag den Verzicht auf das Verschuldenserfordernis nicht zu begründen. Denn zum einen kann diese durch Einrichtung eines Schiedsgerichtes bzw. durch Festlegung einer kurzen Verfahrensdauer eingeschränkt werden. Zum anderen sind die Nachteile zu berücksichtigen, die dem Athleten aufgrund einer solchen Disqualifikation einschließlich Annullierung seiner Leistung widerfahren können. Insbesondere bei großen Wettkämpfen, wie beispielsweise Olympischen Spielen, Welt- oder Europameisterschaften sowie bei Qualifikationwettkämpfen dazu, trifft die Disqualifikation den Athleten unangemessen hart, wenn das positive Dopingergebnis nicht von ihm zu vertreten ist.

Soweit der Athlet aber unwissentlich Substanzen einnimmt, die auf der Dopingliste stehen - beispielsweise werden ihm vom Turnierarzt solche Substanzen unter der - bewußt - wahrheitswidrigen Angabe verabreicht, sie seien zulässig -, oder ein Dritter - möglicherweise ein Konkurrent - füllt solche Substanzen in sein Trinkgefäß -, stellt die verschuldensunabhängige Disqualifikation eine noch schwerer wirkende Benachteiligung des Athleten dar. Die schwerwiegenden Folgen, die mit einer Disqualifikation des Athleten verknüpft sein können, stehen daher dem Verzicht auf das Verschuldenserfordernis entgegen.

Auch die Annahme, die Teilnahme eines positiv getesteten Athleten bringe diesem stets einen sportlich nicht gerechtfertigten Vorsprung gegenüber seinen Mitbewerbern und verfälsche damit das Wettkampfergebnis in mit den Grundgedanken des Sportes nicht hinnehmbarer Weise, weil der Athlet unabhängig von

---

[287] Zur nachträglichen Korrektur einer Tatsachenentscheidung siehe *Lenz/Imping*, SpuRt 1994, S. 225 ff.

seinem Verschulden unter dem Einfluß von Dopingmitteln und damit leistungsfördernder Substanzen stehe[288], kann nicht einen Verzicht auf das Verschuldenserfordernis begründen. Denn bei unverschuldeter und unwissentlicher Einnahme von Dopingsubstanzen ist der Effekt der Leistungssteigerung nicht ohne weiteres zu bejahen. Bei Substanzen wie z.B. Anabolika, welches auf eine längere Einnahme ausgerichtet ist, um die beabsichtigte Steigerung der Muskelmasse zu erreichen[289], kann bei unwissentlicher, einmaliger Einnahme unmittelbar vor dem Wettkampf der leistungssteigernde Effekt verneint werden. Des weiteren existieren Doping-Mittel, die sich bei bestimmten Sportarten sogar negativ auf die Leistungssteigerung auswirken, wie z.b. ß-Blocker bei Ausdauersportlern oder Aufputschmittel bei Schützen[290]. Verabreicht beispielsweise der Konkurrent dem unwissenden Sportler eine solche Substanz, ist eine „unfaire" Leistungssteigerung nicht zu befürchten; vielmehr das Gegenteil wäre der Fall.

Entscheidend ist, daß ein Verstoß gegen das Dopingverbot in aller Regel schuldhaft begangen worden ist; denn soweit der Athlet wissentlich Mittel irgendeiner Art einnimmt, hat er sich entsprechend zu erkundigen, ob diese unter das Dopingverbot fallen. Für die wenigen denkbaren Fälle, bei denen es an einem Verschulden des Athleten fehlt, muß es ihm aber möglich sein, den Nachweis führen zu können, daß ihn kein Verschulden trifft. In diesen Fällen würde bereits die Disqualifikation des Athleten vom Wettkampf einschließlich der damit einhergehenden Annullierung seiner Wettkampfleistung eine unangemessen Benachteiligung darstellen.

An die Informationspflicht des Athleten sind hohe Anforderungen zu stellen, damit ihm kein Fahrlässigkeitsvorwurf gemacht werden kann. Der unverschuldete Verstoß gegen das Dopingverbot wird daher grundsätzlich die Ausnahme darstellen. Angesichts der detaillierten Regelung der verbotenen Substanzen wird der Athlet den Rat einer Fachperson einholen[291] und bei danach noch bleibenden Zweifeln

---

[288] So *Röhricht*, Zulassungssperren, S. 12, 19.
[289] Vgl. *Donike/Rauth*, Dopingkontrollen, S. 13, 43.
[290] Vgl. *Donike/Rauth*, Dopingkontrollen, S. 20.
[291] Siehe oben, Zweites Kapitel, B. II. 4. b) aa) (4) (a) (aa).

eine verbindliche Stellungnahme des betreffenden Sportverbandes einholen müssen, ob eine bestimmte Substanz als „erlaubt" gilt. Nur durch ein solches Verhalten kann er dem Vorwurf begegnen, ihm falle ein Verschulden im Sinne von Fahrlässigkeit oder Vorsatz zur Last.

Der Athlet haftet auch für das schuldhafte Verhalten derjenigen Personen, die im Rahmen der Wettkampfvorbereitung o.ä. für ihn tätig sind, wie beispielsweise der Trainer, Betreuer oder ein (Vereins-) Arzt. Denn er bedient sich der Hilfe dieser Personen und hat sich somit auch deren Verschulden im Rahmen seiner gegenüber dem Sportverband bestehenden vertraglichen Pflicht zum Unterlassen des Dopings gemäß § 278 BGB zurechnen zu lassen. Dies gilt dann z.B. auch, wenn der unwissende Sportler planmäßig gedopt wird, wie es in der ehemaligen DDR vorgekommen sein soll.

Aus den genannten Gründen spricht bei einem positiven Dopingtest bereits ein Erfahrungssatz für das Vorliegen eines Verschuldens des Athleten. Es stellt daher keine unangemessene Benachteiligung dar, ein Verschulden des Athleten widerlegbar zu vermuten (so z.B. § 5 Ziff. 1j) der DFB-Rechts- und VerfahrensO). Auch ohne explizite Regelung trifft den Sportler daher die volle Darlegungs- und Beweislast für sein Nichtverschulden. Diese Beweislastverteilung entspricht auch dem Rechtsgedanken des § 282 BGB, der für alle vertraglichen Schuldverhältnisse gilt[292]. Er kann daher auch auf das vertragliche Verhältnis des Sportlers zum Sportverband angewandt werden. Der Verstoß gegen das Dopingverbot liegt im Gefahren- oder Verantwortungsbereich des Sportlers, so daß er bei Vorliegen eines objektiven Dopingverstoßes, mithin einer positiven Probe, beweisen muß, daß er oder einer seiner Erfüllungsgehilfen den Verstoß nicht zu vertreten hat.

(β) Die in die Zukunft wirkende Sperre

Die vorgenannten Grundsätze kommen umso mehr zum Tragen, wenn die Sanktion neben der Annullierung der Wettkampfleistung aus einer in die Zukunft gerichteten Wettkampfsperre besteht. Denn hier existiert bereits nicht im gleichen

---

[292] Statt aller: *Palandt/Heinrichs*, § 282 BGB, Rn. 3.

Maße das Bedürfnis nach einer schnellen Entscheidung darüber, ob tatsächlich ein Dopingverstoß vorliegt, wie bei der Disqualifikation. Darüber hinaus beeinträchtigt die Wettkampfsperre von mehreren Monaten oder Jahren den Athleten weitaus mehr in seinen Interessen als der Ausschluß von einem Wettkampf. Dies gilt insbesondere deshalb, weil es sich um einen gravierenden Eingriff in die durch das Grundgesetz geschützte Berufsfreiheit des Athleten aus Art. 12 Abs. 1 GG handelt[293].

Ein Verzicht auf das Verschuldenserfordernis käme letztlich nur dann in Betracht, wenn die Strafregelung sonst ihren Zweck nicht oder kaum erreichen könnte[294]. Diesbezüglich ist aber nicht erkennbar, daß das Doping-Verbot bei Verzicht auf ein Verschulden keine Wirkung entfalten würde. Das Doping-Verbot, welches einen fairen und manipulationsfreien Wettkampf zum Ziel hat, wird diesen Zweck vielmehr aufgrund der präventiven Wirkung des Verbotes in der Regel nur erreichen, wenn der Sanktionierung eines Sportlers durch Annullierung der konkreten Wettkampfleistung bzw. der Verhängung einer Wettkampfsperre ein schuldhaftes Zuwiderhandeln gegen das Doping-Verbot zugrundeliegt.

(4) Zusammenfassung

Es bleibt somit festzuhalten, daß die Sanktionierung eines Sportlers, gleichgültig in welcher Art und Weise sie erfolgt, nur dann rechtmäßig ist, wenn dem Sportler ein schuldhaftes Verhalten zur Last gelegt werden kann[295]. Dem Sportler muß die Möglichkeit eröffnet werden, den Nachweis eines fehlenden Verschuldens führen zu können[296]. Er trägt diesbezüglich entsprechend § 282 BGB die volle Beweislast.

---

[293] Siehe zum Geltungsbereich des Art. 12 GG unten, Zweites Kapitel B. II. 4. c) bb) (1).
[294] So OLG Hamm, OLGZ 1989, 461, 462 zur Vertragsstrafe.
[295] Zu diesem Ergebnis kommt auch *DLV*-Rechtsausschuß, SpuRt 1996, 66, 67, 68; sowie die Spruch- und Schlichtungskammer des *DKanuV*, allerdings unter Rückgriff auf strafrechtliche Grundsätze und Art. 11 GG, Entscheidung vom 21.10.95, abgedruckt in *Reschke*, Dok.-Nr. 13-22-2.
[296] So auch für die Vertragsstrafe in AGB *Wolf* in *Wolf/Horn/Lindacher*, AGBG, § 11 Nr. 6, Rn. 26.

c) Rechtliche Folgen des Dopings - die Sanktionen

Die Regelwerke der Sportverbände sehen unterschiedliche Sanktionen für einen Verstoß gegen das Dopingverbot vor. In der Regel wird die Wettkampfleistung des Sportlers, die unter Zuwiderhandlung gegen das Doping-Verbot erbracht worden ist, annulliert; d.h. der Sportler wird nachträglich disqualifiziert, bzw. das Spiel der Mannschaft, in der er am Wettkampf (im Ligenbetrieb) teilgenommen hat, wird als verloren oder mit Punktabzug gewertet[297]. Manche Sportverbände sehen zudem eine Geldstrafe vor[298]. Hinzu kommt in der Regel eine in die Zukunft gerichtete Sanktion, meist in der Form einer Sperre, aufgrund derer dem Sportler für einen bestimmten Zeitraum die Teilnahme an Wettkämpfen und/oder am Spielbetrieb im Geltungsbereich des sanktionierenden Sportverbandes untersagt wird[299].

aa) Disqualifikation/Annullierung der Wettkampfleistung

Es erscheint nicht unbillig i.S.d. § 242 BGB, den Sportler zu disqualifizieren und seine erbrachte Wettkampfleistung zu annullieren, wenn er während des Wettkampfes durch die Einnahme verbotener Substanzen oder in sonstiger Weise schuldhaft gegen das Doping-Verbot verstoßen hat. Soweit das Dopingverbot allgemein für rechtmäßig erachtet wird[300], hat gleiches für die Disqualifizierung des Sportlers und die Annullierung seiner Leistung zu gelten. Denn dies ist lediglich die zwingende Folge eines Verstoßes gegen eine rechtmäßige Regel. Die Rechtmäßigkeit einer Disqualifikation bei einem Verstoß gegen „gewöhnliche" Regeln, d.h. Sportregeln i.e.S., steht insofern außer Zweifel[301]. Die Nichtanerkennung einer sportlichen Leistung, die entgegen den sportlichen Regeln, welche selbst wiederum legitim sind, erreicht wird, entspricht daher dem dem Sport zugrundeliegenden Grundverständnis. Die Disqualifikation des Athleten bzw. die

---

[297] Vgl. Ziff. 3 der RRL des **DSB** die beispielsweise vom **DBB, DHB, DHockeyB, DSchwimmV** übernommen wurden; § 25 Abs. 5 SpielO des DFB.

[298] So der **BVDG**, § 6 StrafO; **DHB**, § 11 Ziff. 4 der RO, DFB, § 4 Ziff. 1 i) Rechts- und VerfahrensO.

[299] Vgl. Ziff. 1 a) - d) der RRL des **DSB**; § 6 StrafO des **BVDG**; § 2 Ziff. 1 b), c) RO des **DHB**; Teil VI, F., Ziff. 2 WKO des **DLV** (= IAAF Regel 60).

[300] Siehe oben, Zweites Kapitel B. II. 2.

Annullierung der Wettkampfleistung ist somit rechtmäßig, soweit der Athlet während des Wettkampfes „gedopt" war und schuldhaft gegen das Dopingverbot verstoßen hat.

bb) Die Sperre

Die Verhängung einer befristeten oder unbefristeten Sperre des Sportlers ist nur dann rechtmäßig, wenn sie den Grundsätzen von Treu und Glauben nach § 242 BGB entspricht und der erforderlichen Angemessenheitsprüfung standhält. Dabei wird vornehmlich die Frage nach der Vereinbarkeit der Sperre mit dem in Art. 12 Abs. 1 GG gewährleisteten Grundrecht der Berufsfreiheit aufgeworfen, das über die Generalklausel des § 242 BGB seine Wirkung entfaltet.

(1) Geltung des Art. 12 GG

Die Geltung des Art. 12 GG im Rahmen der privatrechtlichen Beziehung zwischen Sportler und Sportverband folgt aus der bereits oben[302] dargestellten generell geltenden mittelbaren Drittwirkung der Grundrechte im Privatrecht und wirkt sich insbesondere in der Vorschrift des § 242 BGB aus. Die sich aus der in Art. 12 Abs. 1 GG geschützten Berufsfreiheit ergebende Grundwertungen sind daher im Rahmen der Rechtmäßigkeit der Sanktionen zu berücksichtigen.

(a) Sport als Beruf i.S.d. Art. 12 Abs. 1 GG

Beruf i.S.d. Art. 12 Abs. 1 GG ist jede auf Dauer angelegte Tätigkeit zur Schaffung und Erhaltung der Lebensgrundlage, die nicht schlechthin gemeinschädlich ist[303]. Der Begriff Beruf ist weit auszulegen und umfaßt nicht nur die traditionell fixierten Berufsbilder[304].

---

[301] Beispielsweise der Fußballspieler, der aufgrund einer roten Karte vom weiteren Spielverlauf ausgeschlossen wird oder die Disqualifikation eines Läufers, der entgegen der Regel die Laufbahn verläßt.

[302] Zweites Kapitel B. II. 1. bb) ee).

[303] BVerfGE 7, 377, 397; 54, 301, 313; BVerwG, NJW 1991, 1766, 1767; *Bleckmann*, StaatsR II, § 33, Rn. 2 ff; *Pieroth/Schlink*, Rn. 810 ff.; *Gubelt* in *v.Münch/Kunig*, Art. 12 GG, Rn. 8.

[304] BVerfGE 7, 377, 397; *Bleckmann*, StaatsR II, § 33, Rn. 2; *Schmidt-Bleibtreu/Klein*, Art. 12 GG, Rn. 6; *Gubelt* in *v.Münch/Kunig*, Art. 12 GG, Rn. 8; vgl. *Breuer* in *Isensee/ Kirchhof*, IV, § 147, Rn. 35 ff.

Der Schutzbereich des Art. 12 Abs. 1 GG umfaßt in erster Linie die Sportler, die eine Entlohnung aufgrund eines zivilrechtlichen Vertrages (Dienst- oder Arbeitsvertrages) als unmittelbare Gegenleistung für ihre sportliche Leistung erhalten[305]. Hierzu zählen vornehmlich die Lizenzspieler (z.B. der 1. und 2. Fußballbundesliga), die anerkanntermaßen als Arbeitnehmer ihrer Vereine anzusehen sind[306]. Ebenso fallen die Sportler in den Anwendungsbereich des Art. 12 Abs. 1 GG, die zwar keinen Arbeitsvertrag mit einem Verein abgeschlossen haben, die aber aufgrund ihrer sportlichen Tätigkeit wirtschaftliche Vorteile in erheblichem Umfang erhalten. Diesbezüglich sind insbesondere Einnahmen durch Preisgelder, Prämien, Sponsoringverträge o.ä. zu nennen[307]. Dies kommt besonders bei Sportarten in Betracht, bei denen der Sportler an Einzelwettkämpfen teilnimmt, z.B. der Leichtathletik. Die hierdurch erzielten Einnahmen befähigen den Sportler, in umfangreichem Maß den Sport auszuüben. Aber auch im Bereich des Mannschaftssportes, der vornehmlich als Ligenbetrieb organisiert ist, ist es bis in untere Spielklassen - zumindest im Bereich des Fußballs - üblich, dem Sportler Punkte- und Spielprämien sowie sonstige Vergünstigungen zu gewähren[308].
Bei der Einordnung dieser Sportler in den Schutzbereich des Art. 12 Abs. 1 GG ist es unerheblich, ob die Sportverbände die Sportler als Amateur bezeichnen (z.B. die IAAF = International **Amateur** Athletic Federation,[309]) oder Werbeverträge o.ä.

---

[305] Allgemein zur Anwendung des Art. 12 GG auf Sportler: *Stern*, Grundrechte der Sportler, S. 142, 153 ff; *Busse*, Sgb 1989, S. 537, 539; *Turner*, MDR 1991, 569, 570; *Steiner*, NJW 1991, 2729, 2739; *Preis*, DB 1971, 1570, 1571; *Vieweg*, NJW 1992, 2539, 2540.

[306] Für die Lizenzspieler des DFB: BAG NJW 1980, 480 f.; BAG, NJW 1996, S. 2388; *Reuter*, NJW 1983, 649, 653, 658; *Wertenbruch*, NJW 1993, 179 ff., *H.P. Westermann*, Sportler als Arbeitnehmer besonderer Art, S. 35 ff, *Arens/Jaques*, SpuRt 1997, 41.; *Hilpert*, RdA 1997, S. 92, 94 ff; *Palandt/Putzo*, Einf. § 611 BGB, Rn. 8. Für die Lizenzspieler im Bereich des Eishockey: BAG, SpuRt 1997, 94; BAG, DB 1990, 739; *Arens*, SpuRt 1997, 126, 127. Siehe auch zur Einordnung der Berufsfußballspieler als Arbeitnehmer i.S.d. Art. 48 EWGV: EuGH, EuZW 1996, S. 82 ff. - Bosman, hierzu: *Wertenbruch*, EuZW 1996, S. 91 f; *Gramlich*, DöV 1996, S. 801 ff; *Hilf/Pache*, NJW 1996, S. 1169 ff; *Weber*, RdA 1996, S. 107 ff.

[307] Katrin Krabbe hat beispielsweise im Rahmen ihrer Sponsoringverträge allein als Basisvergütung (d.h. ohne Prämien der Sponsoren) folgendes Entgelt erhalten: Nike: 45.000 DM (für 2 ½ Jahre), Taifun Collection: 100.000 DM (für 2 Jahre), Goldwell 500.000 DM (für 3 Jahre), vgl. LG München I vom 17.5.1995, 7 HKO 16591/94, S. 41 ff (insoweit nicht veröffentlicht in SpuRt 1995, 162 ff.).

[308] Das ArbG Frankfurt a.M. hat Art. 12 Abs. 1 GG auf einen Fußballspieler der Bezirksoberliga angewandt, der 2-3 mal wöchentlich trainierte, jeweils Sonntags an Spielen teilnahm und von seinem Verein 50,- DM für jedes unentschiedene Spiel, 100,- DM für jeden Sieg, Ersatz der Fahrtkosten und teilweise weitere Zahlungen erhielt, vgl. SpuRt 1997, S. 64, 65.

[309] **DLV**, Teil V B WKO; vgl. **IAAF**-Regel 52.

der Sportler verbieten. Denn unter den Schutzbereich des Art. 12 GG fallen diejenigen Sportler, die die Sportausübung zum Zwecke der Schaffung und Erhaltung der Lebensgrundlage vornehmen. Dies ist nicht eng auszulegen, sondern es ist ausreichend, wenn die betreffende Tätigkeit wesensmäßig geeignet ist, eine entsprechende Grundlage zu schaffen und zu erhalten, und nicht, ob die Tätigkeit des einzelnen als tatsächliche Lebensgrundlage dient[310].

Aber auch die Sportler, die nicht über derartige Verdienstmöglichkeiten verfügen, sondern vom Sportverband eine sogenannte Sportförderung erhalten, fallen in den Schutzbereich des Art. 12 GG. Insofern dient die Förderung der Erhaltung der Lebensgrundlage des Sportlers; denn dem Sportler wird durch die finanzielle Förderung die Möglichkeit eröffnet, Leistungssport zu betreiben[311]. Gleiches gilt damit für Sportler, denen die Mitgliedschaft in der Bundeswehr die finanzielle Möglichkeit eröffnet, Leistungssport zu betreiben[312]. Insofern ist die Teilnahme am Leistungssport als sogenannter Nebenberuf anzusehen, der von Art. 12 GG mitumfaßt ist[313].

Es läßt sich festhalten, daß zumindest im Bereich des Leistungssportes die Sportausübung grundsätzlich der Schaffung und Erhaltung der Lebensgrundlage dient. Da diese auch auf Dauer angelegt ist - hierfür ist die objektive Geeignetheit der Schaffung und Erhaltung einer Lebensgrundlage ausreichend, mithin ist es nicht erheblich, ob der einzelne die Tätigkeit über einen gewissen Zeitraum ausübt[314] - fällt die Ausübung eines Leistungssportes in den Anwendungsbereich des Art 12 GG[315].

---

[310] Statt vieler *Scholz* in *Maunz/Dürig*, Art. 12 GG, Rn. 21;*Gubelt* in *v.Münch/Kunig*, Art. 12 GG, Rn. 10.

[311] So auch *Turner*, MDR 1991, S. 569, 570.

[312] Insbesondere die Spitzenathleten im Bereich des DSkiV (z.B. Biathlon, Skilanglauf, Ski-Weitflug) sind Mitglieder der Bundeswehr.

[313] Allgemein zum Nebenberuf: BVerfGE 54, 237, 245 f; BGHZ 97, 204, 208; *Scholz* in *Maunz/Dürig*, Art. 12 GG, Rn. 20, 280; *Gubelt* in *v.Münch/Kunig*, Art. 12 GG, Rn. 15.

[314] *Scholz* in *Maunz/Dürig*, Art. 12 GG, Rn. 19.

[315] So auch *Stern*, Grundrechte der Sportler, S. 142, 153 ff; *Turner*, MDR 1991, S. 569, 570; *Steiner*, NJW 1991, S. 2729, 2739; *Preis*, DB 1971, S. 1570, 1571; für die Lizenzspieler des DFB *Reuter*, NJW 1983, S. 649, 653, 658; *Vieweg*, NJW 1992, S. 2539, 2540.

(b) Beeinträchtigung des Schutzbereiches des Art. 12 Abs. 1 GG

Die Verhängung einer Sanktion durch den Sportverband in Form der Sperre greift in den Schutzbereich der durch Art. 12 Abs. 1 GG geschützten Berufsfreiheit ein. Denn bei der Würdigung der von den Sportverbänden verhängten befristeten und unbefristeten Sperren ist dem Umstand Rechnung zu tragen, daß die Sportverbände monopolistisch strukturiert sind. Die Monopolstellung eines Sportverbandes in einer bestimmten Sportart (sog. Ein-Verband-pro-Sportart-Prinzip) bedingt, daß es dem Sportler aufgrund der Sperre versagt ist, im Bereich des Verbandes seinen Beruf, d.h. eine bestimmte Sportart, auszuüben. Der Athlet kann damit bei Verhängung der Sperre durch den nationalen Sportverband an keinem Wettkampf teilnehmen, der in Deutschland in der betreffenden Sportart veranstaltet wird[316].

(c) Angemessenheit des Eingriffes in Art. 12 Abs. 1 GG

Dieser Eingriff in die Rechte des Sportlers könnte allerdings gerechtfertigt sein. Das Bundesverfassungsgericht hat diesbezüglich für staatliche Eingriffe mit der im Apothekenurteil[317] entwickelten und seitdem nahezu unbestrittenen Stufentheorie[318] für einen rechtfertigenden Eingriff bestimmte Voraussetzungen festgelegt. Hiernach kann die Freiheit der Berufsausübung eingeschränkt werden, soweit vernünftige Gründe des Gemeinwohls es zweckmäßig erscheinen lassen; im Bereich der Berufswahl sind subjektive Zulassungsvoraussetzungen gerechtfertigt, wenn ein besonders wichtiges Gemeinschaftsgut sie zwingend erfordert, und objektive Zulassungsvoraussetzungen, wenn sie der Abwehr nachweisbarer oder höchstwahrscheinlich schwerer Gefahren für ein überragend wichtiges Gemeinschaftsgut dienen.

Eine zeitlich befristete Sperre des Sportlers betrifft grundsätzlich die Freiheit der Berufsausübung. Je länger eine solche Sperre andauert und je mehr sie faktisch auf eine lebenslange Sperre hinausläuft, desto eher wird die Berufswahl beein-

---

[316] Darüber hinaus übernimmt i.d.R. der internationale Dachverband die Sperre für seinen Wirkungsbereich oder verhängt eine eigene, mit der Folge, daß dem Sportler quasi „weltweit" die leistungsmäßige Sportausübung unmöglich gemacht wird.

[317] BVerGE 7, 377, 400 ff; seitdem std. Rspr.: BVerfGE 9, 39, 48; 16, 147 ff; 21, 245 ff.

[318] Vgl. zur Stufentheorie statt vieler: *Scholz* in *Maunz/Dürig*, Art. 12 GG, Rn. 15 f, 318 ff; *Rupp*, AöR 92 (1967), S. 212, 235 ff.

trächtigt. Denn zur Freiheit der Berufswahl gehört auch das Recht zur Entscheidung über die Aufgabe eines Berufes[319]. Dies gilt demgemäß insbesondere, wenn die Sperre als lebenslange Sperre ausgesprochen wird.

(aa) (Entsprechende) Anwendung der Stufentheorie

Bei der Übertragung der sich aus der Stufentheorie ergebenden Rechtfertigungsgründe auf die Beziehung zwischen Sportler und Sportverband ist zu berücksichtigen, daß sie für die Beziehung Bürger - Staat entwickelt wurden. Bei der hier in Frage kommenden Geltung aufgrund der sog. mittelbaren Drittwirkung ist daher davon auszugehen, daß als Gesichtspunkt einer zulässigen Grundrechtsbeschränkung des Athleten nicht Belange des Gemeinwohls in Betracht kommen, sondern vielmehr auf die vom Sportverband in legitimer Weise verfolgten Aufgaben und Interessen zurückzugreifen ist (Art. 9 Abs. 1 GG), insbesondere diejenigen, die der Aufrechterhaltung und Durchsetzung der sportlichen Verhaltensregeln dienen[320]. Dabei kann auf die Funktion der Sportverbände, die vornehmlich in der Förderung und dem Betreiben von Sport zu sehen ist, als einem Gesichtspunkt einer zulässigen Grundrechtsbeschränkung zurückgegriffen werden[321]. Die Übertragung[322] der Stufentheorie auf das Verhältnis Sportler - Sportverband hat zur Folge, daß die Rechtmäßigkeit einer Sanktion (Sperre) daran zu messen ist, ob eine ausgewogene, den Grundsätzen der Verhältnismäßigkeit entsprechende Beziehung zwischen der inkriminierten (unsportlichen) Handlung des Athleten und der dafür angedrohten Sanktion besteht[323]. Auf eine kurze Formel gebracht bedeutet dies, daß, je länger die verhängte Sperre andauert, desto gewichtigere Gründe auf Seiten des Sportverbandes vorliegen müssen, die die Sperre rechtfertigen können.

---

[319] BVerfGE 7, 377, 401; 9, 338, 344 f; vgl. auch *Preis*, DB 1971, 1570, 1572.

[320] *Stern*, Grundrechte der Sportler, S. 142, 155.

[321] Vgl. LAG Berlin, NJW 1979, 2582

[322] *Preis*, DB 1971, 1570, 1571 f; *Stern*, Grundrechte der Sportler, S. 142, 155; im Ergebnis auch *Reuter*, NJW 1983, 649, 653, 656; vgl. auch *Busse*, Sgb 1989, S. 537, 539; *Albers*, JuS 1972, S. 590, 592 f.

[323] In diesem Sinn *Stern*, Grundrechte der Sportler, S. 142, 155.

(bb) Rechtfertigung der Beeinträchtigung

Die Sperre des Athleten als Eingriff in Art. 12 Abs. 1 GG ist damit gerechtfertigt, wenn sie einen legitimen Zweck in verhältnismäßiger Weise verfolgt.

Den Sportverbänden obliegt die Festsetzung bestimmter Regeln innerhalb ihres Aufgaben- und Sportbereiches. Hiervon wird als Wertentscheidung das Verbot des Dopings mitumfaßt, welches die Chancengleichheit zwischen den Athleten wahren, der Gefahr der Gesundheitsbeschädigung des Athleten begegnen und das Ansehen der jeweiligen Sportart bewahren soll[324].

Gerechtfertigt ist die Sperre aber nur dann, wenn sie geeignet ist, die Verwirklichung des verfolgten Zweckes zu gewährleisten und sie nicht über das hinausgeht, was zur Erreichung dieses Zweckes erforderlich ist.

Die Verfolgung und Erreichung des genannten Zweckes, mithin die angestrebte Einhaltung des Dopingverbotes durch sämtliche Sportler, soll durch die Verhängung von Sanktionen in Gestalt von Sperren erreicht werden. Die Sperre verfolgt u.a. das Ziel, eine Drohungs- und Abschreckungsfunktion zu entfachen. Nur wenn der Verstoß gegen das Dopingverbot angemessen geahndet wird, kann ihm überhaupt eine Wirkung zukommen. Die der Sperre damit zukommende spezialpräventive Wirkung existiert darüber hinaus nicht nur im Strafrecht, sondern ist auch dem Zivilrecht nicht fremd. Eine im Wettbewerbsrecht vereinbarte Vertragsstrafe[325], die einen vereinbarten Unterlassungsanspruch absichern soll, wird diesen nur dann wirksam sichern können, wenn die festgelegte Höhe dazu geeignet ist, den Schuldner von einer Zuwiderhandlung abzuhalten. Die Angemessenheit der Höhe richtet sich dabei ausschließlich danach, ob die Sanktionsandrohung dem Abschreckungszweck genügt[326]. Die mit einer Sperre zusammenhängende Wirkung der Spezialprävention, den Sportler von einem Verstoß gegen das Dopingverbot abzuhalten, kann somit durchaus als legitim bezeichnet werden.

Die Bemessung der Höhe der Sperre kann sich daher u.a. an der Abschreckungsfunktion orientieren, die ihr zukommen soll. Hierdurch wird zugleich auch der Sportler geschützt, denn je größer die Abschreckungsfunktion einer an-

---

[324] Vgl. oben, Zweites Kapitel, B. II. 2.
[325] Vgl. *Baumbach/Hefermehl*, Einl. UWG, Rn. 25; *Fischer*, FS-Piper, S. 205, 214.
[326] *Teplitzky*, Wettbewerbsrechtliche Ansprüche, Kap. 20, Rn. 9.

gedrohten Sperre ist, mithin je länger die Sperre dauert, desto eher wird der Sportler auf die Einnahme von Dopingmitteln verzichten, die seine Gesundheit gefährden.

Die Sperre hat zudem eine angemessene Relation zwischen der inkriminierten (unsportlichen) Handlung des Athleten und der angedrohten Dauer einzuhalten[327]. Eine Sperre kann damit nur dann angemessen sein, wenn sie das jeweilige inkriminierende Verhalten des Sportlers und sein Verschulden bei der Bemessung der Höhe berücksichtigt. Eine unterschiedslose, für jeden Dopingverstoß gleiche Sanktion entspricht nicht der Verhältnismäßigkeit. Ein Sportler, der aufgrund falscher und damit fahrlässiger ärztlicher Behandlung ein Medikament zum Zwecke der Heilbehandlung eingenommen hat, welches auf der Dopingliste steht, ist grundsätzlich anders zu beurteilen als derjenige Sportler, der mehrmals gegen das Dopingverbot verstoßen hat, indem er wissentlich zum Zweck der Leistungssteigerung Mittel eingenommen hat, die auf der Dopingliste stehen. Eine in einem solchen Fall jeweils in gleicher Höhe verhängte Sperre unter Ausblendung der individuellen Ausgestaltung ist unverhältnismäßig und damit rechtswidrig[328]. Bei der Bemessung der Höhe der Sperre ist in erster Linie das Verschulden des Athleten zu berücksichtigen. Eine starre Regelung, die verschuldensunabhängig ist, ist in jedem Fall unrechtmäßig[329].

Des weiteren hat die Sperre sich daran zu orientieren, ob der Sportler zum ersten Mal gegen das Dopingverbot verstoßen hat, oder ob es sich um eine wiederholte Zuwiderhandlung handelt, bei der die Sperre grundsätzlich länger ausfallen kann. Bei der Bemessung der Höhe ist ferner die Auswirkung der Sperre auf die sportliche Laufbahn zu berücksichtigen. Denn je länger die Sperre ausfällt, desto schwieriger wird es für den Sportler, nach Ablauf der Sperre wieder an die alte Leistung anzuknüpfen; mithin besteht sogar die Möglichkeit, daß dem Sportler bei erheblicher Dauer der Sperre die Rückkehr in seinen Beruf „Sport" unmöglich

---

[327] In diesem Sinn *Stern*, Grundrechte der Sportler, S. 142, 155.

[328] Ebenso der DLV Rechtsausschuß, NJW 1992, 2588, 2592; *Vieweg*, NJW 1992, 2539, 2540; *Busse*, SGb 1989, S. 537, 538 f.; *Stern*, Grundrechte der Sportler, S. 142, 155.

[329] Zum grundsätzlichen Erfordernis des Verschuldens siehe oben, Zweites Kapitel, B. II. 4. b) bb) (3).

wird. Die von manchen Sportverbänden vorgesehene Sperre von vier Jahren für einen erstmaligen Dopingverstoß kann unter diesem Gesichtspunkt nicht mit Art. 12 Abs. 1 GG in Einklang gebracht werden, da sie als unverhältnismäßiger Eingriff einzustufen ist[330].

Denn eine vierjährige Sperre wird beispielsweise im Bereich der Leichtathletik als eine Sperre mit lebenslanger Wirkung angesehen; es kann nicht davon ausgegangen werden, daß der Sportler nach deren Ablauf erneut der Sportausübung als Leistungssport, mithin als „Beruf", wird nachgehen können. Auf das dementsprechende Ergebnis einer medizinischen Studie hat *Ljungqvist*, der Vorsitzende der Medizinischen Kommission der IAAF, hingewiesen[331].

Demgemäß kommt eine lebenslange Sperre, die die Verhängung eines Berufsverbotes darstellt, nur unter besonderen Umständen in Betracht. Es müssen die spezielle Umstände des Einzelfalles einen derart schweren Eingriff in Art. 12 Abs. 1 GG rechtfertigen. Dies könnte beispielsweise bei einer wiederholten Zuwiderhandlung gegen das Dopingverbot, die nicht den ersten Rückfall darstellt, gegeben sein, wobei noch hinzukommen müßte, daß dem Athleten diesbezüglich eine besonders schwerer Vorwurf zu machen ist, weil beispielsweise die Verstöße vorsätzlich erfolgt sind.

(2) Zusammenfassung

Es bleibt demnach festzuhalten, daß eine Sperre den Anforderungen des Art. 12 Abs. 1 GG nur genügt, wenn sie das jeweilige inkriminierende Verhalten des Sportlers bei der Bemessung der Höhe berücksichtigt; d.h. die Dauer einer ggf. bis auf Lebenszeit ausdehnbare Sperre hat dem Schweregrad der widerrechtlichen Handlung des Athleten in angemessener Weise zu entsprechen.

Diesem Erfordernis entsprechen die Strafregelungen der Sportverbände - zumindest teilweise - nicht[332]. Sie stellen starre Regelungen dar, die unabhängig

---

[330] H.M. *Steiner*, NJW 1991, S. 2729, 2736; *Vieweg*, NJW 1992, S. 2539, 2530.

[331] Vgl. DLV Rechtsausschuß, NJW 1992, S. 2588, 2592, der S. 49 des Protokolls des 38. IAAF-Kongresses zitiert: „He explained that Medical studies had revealed that a four year ban would in all probability be a lifetime ban".

[332] Vgl. u.a. **DLV** Teil VI, A. 2. WKO; **BVDG** § 6 StrafO.

von der individuellen Ausgestaltung eines Verstoßes eine Sperre in einer bestimmten Höhe festlegen. Eine auf einer solchen Regelung beruhende Sperre wird aus den genannten Gründen unverhältnismäßig und damit rechtswidrig sein[333].

Die im Rahmen des § 242 BGB vorzunehmende Wertung läßt damit den Schluß zu, daß eine Sperre des Sportlers einer Angemessenheitsprüfung standhält, soweit die Abwägung der beiderseitigen Interessen eine Rechtfertigung der Beeinträchtigung des Grundrechtes auf Berufsfreiheit gem. Art. 12 Abs. 1 GG ergibt.

Andere Umstände als die genannte Einschränkung der Berufsfreiheit, die die Annahme eines Verstoßes gegen das Gebot von Treu und Glauben rechtfertigen könnten, sind nicht ersichtlich. Eine Sperre des Athleten ist damit rechtmäßig und verstößt nicht gegen 242 BGB, wenn die genannten Voraussetzungen vorliegen.

d) Formelle Anforderungen an die Strafregelungen

Die Strafregelungen müssen neben den oben genannten inhaltlichen Anforderungen auch formellen Anforderungen entsprechen, um eine Sanktion rechtswirksam begründen zu können. Dabei stellt sich insbesondere die Frage der Regelungsebene der Dopingbestimmungen, insbesondere, ob ihnen Satzungsqualität zukommen muß, sowie die Frage nach der Geltung allgemeiner Verfahrensgrundsätze.

aa) Regelungsebene der Doping-Bestimmungen

Zunächst ist zu untersuchen, ob der Straftatbestand, der den Verstoß gegen das Dopingverbot sowie dessen Sanktionierung regelt, in der Satzung der Sportverbände fixiert sein muß oder ob dieser auch in der Satzung nachrangigen Vereinsordnungen festgelegt sein kann.

---

[333] Insofern anders und damit als rechtmäßig anzusehen der Formulierungsvorschlag des Akademiegespräches „Verbandsrecht und Zulassungssperren", Anlage I, S. 1, 4, der in B. II 3 folgende Regelung bezüglich einer Sperre vorsieht:
a) im ersten Fall bis zu 12 Monaten,
b) im ersten Rückfall von einem Jahr bis zu zwei Jahren und sechs Monaten,
c) im zweite Rückfall zwischen 2 ½ Jahren und bis auf Lebenszeit,

(1) Bei der Vereinsstrafe

Die Vereinsstrafe bedarf nach ganz überwiegender Ansicht der Rechtsgrundlage in der Satzung und kann daher nicht in eine nachrangige Vereinsordnung aufgenommen werden[334]. Dieses formelle Satzungserfordernis kann aber nicht ohne weiteres Geltung für die Beziehung des Sportverbandes zu Nichtmitgliedern, den Athleten, beanspruchen.

(2) Gegenüber Nichtmitgliedern

Die Vereinsstrafe gegenüber Mitgliedern bedarf deshalb der Aufnahme in die Satzung, weil die das Vereinsleben bestimmenden Grundentscheidungen zur Organisation und Mitgliedschaft, zu denen auch die Vereinsstrafe zählt, in der Vereinssatzung als Grundordnung des Vereins enthalten sein müssen[335]. Die Vereinsstrafe wirkt insofern unmittelbar auf bestehende mitgliedschaftliche Rechte und Pflichten ein und beinhaltet damit grundlegende, die mitgliedschaftliche Beziehung zum Verein beeinträchtigende Regelungen. Hintergrund des Satzungserfordernisses ist in erster Linie der Schutz der Mitglieder[336]. Denn hierdurch wird der Individual- und Minderheitenschutz der Mitglieder gewahrt (vgl. § 31 Abs. 1 BGB[337]) und insbesondere dem Publizitäts- und Informationsinteresse der Mitglieder Rechnung getragen; daneben unterliegt die Satzung wegen des Erfordernisses der Registereintragung einer Prüfung durch das Registergericht.

Bereits aus rechtsdogmatischer Sicht handelt es sich dagegen bei der Anerkennung des Verbandsregelwerkes bzw. der Strafregelungen durch den Athleten

---

„Bei der Festlegung der Wettkampfsperre ist der individuelle Grad des Verschuldens sowie die möglich Dauer weiterer wettkampfsportlicher Tätigkeit zu berücksichtigen".

[334] Statt aller BGHZ 47, 172, 177 f.; *Stöber*, Rn. 675; *Reichert/van Look*, Rn. 1596 m.w.N.; *Meyer-Cording*, Die Vereinsstrafe, S. 88 f., 114; *Palandt/Heinrichs*, § 25 BGB, Rn. 13; *van Look*, WM-Festgabe Hellner 1994, S. 46, 54; *Vieweg*, NJW 1991, S. 1511, 1514. Bei Einordnung der Vereinsstrafe als Vertragsstrafe folgt dies daraus, daß das Mitglied als Schuldner die Strafe dem Verein als Gläubiger „versprochen" haben muß, § 339 S. 1 BGB, vgl. *Soergel/Hadding*, § 25 BGB, Rn. 39.

[335] Statt vieler: *Palandt/Heinrichs*, § 25 BGB, Rn. 2.

[336] A.A. *MüKo-Reuter*, § 25 BGB, Rn. 5 f., der den Zweck des § 25 BGB nicht im Schutz der Minderheiten oder der einzelnen Mitglieder sieht, sondern in der Sicherung der Integrationsfunktion der Vereinsverfassung; vgl. auch *ders.* ZHR 148 (1984), S. 523, 527 f.; ebenso *Grunewald*, ZHR 152 (1988), S. 242, 247 ff.

[337] § 33 Abs. 1 BGB ist freilich gemäß § 40 BGB dispositiv und damit abdingbar; hierauf weist auch *MüKo-Reuter*, § 25 BGB, Rn. 5 hin.

nicht um einen Vereinsbeitritt[338]. Das Verbandsregelwerk wird vielmehr nach allgemeinen rechtsgeschäftlichen Grundsätzen Vertragsinhalt. Die Gründe, die eine Festlegung in der Satzung rechtfertigen, sind auf die Beziehung des Athleten zum Sportverband nicht übertragbar, da diese bereits nicht mitgliedschaftlicher Natur ist, so daß Strafregelungen des Verbandes grundsätzlich nicht die mitgliedschaftlichen Rechte und Pflichten des Athleten betreffen. Dem das Satzungserfordernis der Vereinsstrafe begründenden Mitgliederschutz kommt folglich keine tragende Funktion zu. Die Athleten erfahren darüber hinaus auch ohne Regelung der Strafnormen auf Satzungsebene den gleichen Schutz wie die Mitglieder eines Vereins[339]. Denn dem Informationsinteresse der Athleten wird dadurch Rechnung getragen, daß die zumutbare Kenntnisnahme von den einzelnen Regelungen zwingende Voraussetzung für die rechtsgültige Einbeziehung des Verbandsregelwerkes bzw. der Strafregelungen in den Anerkennungsvertrag ist[340]. Der Sportler kann demnach von vornherein erkennen, welche Regeln und insbesondere welche Strafregeln des Sportverbandes er anerkennt. Damit erfährt er den gleichen Schutz wie das Vereinsmitglied, dessen Informationsinteresse durch das Satzungserfordernis gewahrt wird. Denn dieses ermöglicht ihm, durch Einblicknahme in das Vereinsregister die notwendige Kenntnis von der dort einzureichenden Satzung und damit von den Strafregelungen zu erhalten.

Die Strafregelungen bedürfen damit für die Beziehung des Sportverbandes zu den Athleten in formeller Hinsicht nicht der Satzungsqualität[341].

bb) Allgemeine Verfahrensvorschriften

Als weiteres formelles Erfordernis kommt die Beachtung bestimmter Verfahrensgrundsätze in Betracht.

---

[338] Siehe oben, Zweites Kapitel, A. II. 2.

[339] Die Gleichbehandlung von Mitgliedern und Nichtmitgliedern in diesem Punkt sehen *Haas/Prokop*, SpuRt 1998, S. 15, 17 als notwendig an.

[340] Siehe oben, Zweites Kapitel, A. II. 4. c).

[341] So auch OLG München, Urt. v. 28.03.1996, U (K) 3424/95, S. 66 (insoweit nicht abgedruckt in SpuRt 1996, S. 133 ff.); ausführlich *Haas/Prokop*, SpuRt 1998, S. 15, 16 f.

(1) Bei der Vereinsstrafe

Für die Vereinsstrafe gegenüber Mitgliedern ist anerkannt, daß bei ihrer Festsetzung Verfahrensgrundsätze, insbesondere elementare rechtsstaatliche Grundsätze, nicht verletzt sein dürfen[342]. Diese Verfahrensgrundsätze, wie beispielsweise die Gewährung rechtlichen Gehörs und der Grundsatz „ne bis in idem", gelten im Rahmen der staatlichen Verfahrensordnungen und können daher nicht ohne weiteres auf das vereinsrechtliche Verfahren übertragen werden. Die positivrechtliche Normierung in den staatlichen Verfahrensordnungen stellt jedoch nur die Kodifzierung allgemeingültiger Rechtsgedanken dar, die auch im vereinsgerichtlichen Verfahren Geltung beanspruchen. Das Verfahren, welches zum Ausspruch einer Vereinsstrafe führt, darf nicht zum Willkürakt werden; das betroffene Mitglied muß sich sachgerecht verteidigen können[343].

(2) Gegenüber Nichtmitgliedern

Die zwingende Beachtung allgemeiner Verfahrensgrundsätze auch in der Rechtsbeziehung des Sportverbandes zu den Athleten als Nichtmitglieder ist nicht unangemessen i.S.d. § 242 BGB. Ihre Berücksichtigung führt zwar letztlich zu einer Begrenzung der Strafbefugnis des Sportverbandes. Diese ist aber aufgrund der gestörten Vertragsparität, die auf die Monopolstellung der Sportverbände und der damit zusammenhängenden Angewiesenheit des Athleten auf Zulassung zum Wettkampf durch den Sportverband zurückzuführen ist, gerechtfertigt. Insofern liegt die Beachtung der Verfahrensgrundsätze im natürlichen Interesse des Athleten, insbesondere um sich gegen einen - ungerechtfertigten - Vorwurf des Dopings bereits vor Verhängung der Sanktion angemessen verteidigen zu können. Auf der anderen Seite stellt es keine wesentliche Beeinträchtigung auf Seiten des Sportverbandes dar, wenn die allgemeinen Verfahrensgrundsätze nicht verletzt werden dürfen, mithin der Grundsatz des „fairen Verfahrens" zu berücksich-

---

[342] Siehe oben, Zweites Kapitel B. II. 1. a) bb); BGHZ 102, 265, 269; BGH NJW 1967, 1657, 1658; *Meyer-Cording*, Vereinsstrafe, S. 81 ff; *ders.* NJW 1966, 225, 228; *Reichert/van Look*, Rn. 1802 ff.; *Röhricht*, Zulassungssperren, S. 12, 23 f.; Larenz, Gdschr-Dietz, S. 45, 55 f.; *W. Kirberger/ P. Kirberger*, BB 1978, 1390, 1394; *Staudinger/Weick*, § 35 BGB, R. 48 ff; *Soergel/ Hadding*, § 25 BGB, Rn. 48 ff; kritisch *Staudinger/Rieble*, vor §§ 339 ff. BGB, Rn. 63.

[343] Ständige Rechtsprechung des Bundesgerichtshofes, BGHZ 102, 265, 269; BGH NJW 1967, 1657, 1658 (insoweit nicht abgedruckt in BGHZ 47, 381).

tigen ist, damit eine im Anschluß hieran verhängte Sanktion einer gerichtlichen Inhaltskontrolle nach § 242 BGB standhalten kann.

(3) Einzelne Verfahrensgrundsätze
Im wesentlichen sind im Rahmen des Verbandsverfahrens, welches zur Verhängung einer Sanktionierung des Athleten führen kann, folgende Grundsätze zu beachten:

(a) Rechtliches Gehör
Zu den rechtsstaatlichen Mindestanforderungen, die beachtet werden müssen, gehört zunächst die Gewährung „rechtlichen Gehörs"[344].
Dieses beinhaltet in erster Linie die Information des Athleten über das ihm zur Last gelegte Verhalten und dessen rechtliche Würdigung. Dem Athleten muß die Möglichkeit eingeräumt werden, hierzu Stellung zu nehmen. Diese kann schriftlich oder mündlich erfolgen; sofern die Straffestsetzung allerdings in einer mündlichen Verhandlung entschieden wird, ist dem Athleten in diesem Rahmen eine mündliche Stellungnahme zu gewähren. Bei der Straffestsetzung dürfen somit keine Umstände berücksichtigt werden, die dem Athleten nicht bekannt gegeben worden sind und zu denen er nicht die Möglichkeit der Stellungnahme gehabt hat[345]. Verzichtet der Sportler auf das Recht zur Anhörung, kann die Festsetzung der Sanktion ohne dessen Stellungnahme rechtswirksam erfolgen.

(b) Beistand eines Rechtsanwaltes
Des weiteren darf dem Athleten nicht verwehrt werden, sich während des gesamten Verfahrens der Hilfe eines Rechtsanwaltes zu bedienen[346]. Eine diesbe-

---

[344] Vgl. BGHZ 29, 352, 355; BGH NJW 1980, 440, 443 f.; OLG Frankfurt a.M. NJW-RR 1986, S. 133; OLG München, U (K) 3424/95, Urteil v. 28.03.1996, S. 95 unter direkter Berufung auf Art. 103 Abs. 1 GG (insoweit nicht abgedruckt in SpuRt 1996, S. 133 ff.); *Soergel /Hadding*, § 25 BGB, Rn. 46; *MüKo-Reuter*, § 25 BGB, Rn. 30; *Meyer/Cording*, Vereinsstrafe, S. 81 f.; *Habscheid*, Vereinsautonomie, Vereinsgerichtsbarkeit und ordentliche Gerichtsbarkeit, S. 158, 166; *Schlosser*, Vereinsgerichtsbarkeit, S. 188; umfassend zur inhaltlichen Ausgestaltung *Reichert/van Look*, Rn. 1666 ff.

[345] *Röhricht*, Zulassungssperren, S. 12, 24; *Reichert/van Look*, Rn. 1668 m.w.N.

[346] *Röhricht*, Zulassungssperren, S.12, 24; vgl. *Reinicke*, NJW 1975, S. 2048 ff.; *W.Kirberger/P. Kirberger*, BB 1978, S. 1390, 1394.

zügliche Beschränkung nur für den Fall, daß der Verein selbst anwaltlich beraten wird[347], ist nicht vorzunehmen. Das Verfahren, welches die meisten Sportverbände zur Sanktionierung eines Dopingverstoßes vorsehen, ist bereits „justizförmig" ausgestaltet. Darüber hinaus, also auch, soweit das nicht positiv verankert ist, gebieten die für einen Dopingverstoß angedrohten Sanktionen, insbesondere die Wettkampfsperre, die Pflicht zur Zulassung eines Rechtsanwaltes. Denn die hiermit verbundene einschneidende Wirkung für den Rechtskreis des Sportlers muß diesem erlauben, sich der anwaltlichen Hilfe zu bedienen; andernfalls läge eine unangemessene Benachteiligung des Athleten vor. Dem Athleten kann daher nicht verwehrt werden, während des verbandsrechtlichen Verfahrens einen Rechtsanwalt zu Rate zu ziehen, dem bei der Verhandlung im gleichen Umfang und Ausmaß ein Anwesenheits- und Äußerungsrecht einzuräumen ist wie dem Athleten selbst. Eine anderslautende Regelung hält einer gerichtlichen Inhaltskontrolle nicht stand und ist demzufolge unwirksam.

(c) Verbot der mehrfachen Bestrafung

Des weiteren ist das Verbot der Mehrfachbestrafung („ne bis in idem") zu beachten[348]. Der Sportverband darf für einen Doping-Verstoß des Sportlers nur einmalig eine Sanktion verhängen. Eine mehrfache Bestrafung des gleichen Sachverhaltes würde den Sportler unangemessen benachteiligen.

(d) „Rückwirkungsverbot"

Die Geltung des sog. „Rückwirkungsverbotes"[349] ergibt sich bereits aus dem oben[350] zur Bestimmtheit der Strafregelung Gesagten. Denn für deren Ausmaß ist

---

[347] BGHZ 55, 381, 391; 90, 92, 94; vgl. *Soergel/Hadding*, § 25 BGB, Rn. 47; differenzierend *Reichert/van Look*, Rn. 1675 ff. und *ders.* WM-Festgabe Hellner 1994, S. 46, 55, der die Zulassung bejaht, sofern das Verfahren „justizförmig" ausgestaltet ist.

[348] Vgl. RGZ 51, 89; OLG Hamm, AnwBl 1973, 110; OLG München, U (K) 3424/95 v. 28.03.1996, S. 95 unter direkter Berufung auf Art. 103 Abs. 3 GG (insoweit nicht abgedruckt in SpuRt 1996, S. 133 ff.); *Habscheid*, Vereinsautonomie, Vereinsgerichtsbarkeit und ordentliche Gerichtsbarkeit, S. 158, 166; *Soergel/Hadding*, § 25 BGB, Rn. 48; *MüKo-Reuter*, § 25 BGB, Rn. 31; *Reichert/van Look*, Rn. 1695, *Meyer-Cording*, Vereinsstrafe, S. 83.

[349] BGHZ 55, 381, 385; *Soergel/Hadding*, § 25 BGB, Rn. 39; *Röhricht*, Zulassungssperren, S. 12, 24.

u.a. entscheidend, daß der Sportler im vorhinein erkennen kann, welches Verhalten mit Sanktionen seitens des Sportverbandes bedroht ist.

(4) Zusammenfassung

Die Beachtung der genannten Verfahrensgrundsätze ist unerläßliche Voraussetzung dafür, daß eine Doping-Sanktion einer gerichtlichen Inhaltskontrolle standhalten kann.

e) Kontrahierungszwang

Die Rechtmäßigkeit einer Sperre des Athleten könnte zudem unter dem Gesichtspunkt zweifelhaft sein, daß sie zwangsläufig den Nichtabschluß von Wettkampfverträgen mit dem Sportler während der Dauer der Sperre zur Folge hat. Allerdings umfaßt die verfassungsrechtlich gewährleistete Vertragsfreiheit grundsätzlich auch das Recht der Abschlußfreiheit[351]. Diese findet aber dort ihre Grenzen, wo ein Kontrahierungszwang besteht, d.h. wo die Pflicht besteht, mit einem anderen einen Vertrag abzuschließen, sofern nicht gewichtige Gründe dagegen sprechen[352]. Ein Kontrahierungszwang kann sich aus § 826 BGB und aus § 20 Abs. 1 GWB ergeben.

Der Nichtabschluß des Wettkampfvertrages mit dem Sportler stellt aber unter den o.g. Voraussetzungen, insbesondere der Rechtfertigung der Beschränkung der Berufsfreiheit, keinen Verstoß gegen die guten Sitten und damit keine sittenwidrige Schädigung des Sportlers i.S.d. § 826 BGB dar.

Auch die Anwendung des 20 Abs. 1 GWB[353] auf das Verhältnis Sportler Sportverband[354] führt zu keinem Kontrahierungszwang, solange die o.g. Rechtmäßigkeitsvoraussetzungen der Sperre gewahrt sind. Denn insoweit liegt kein Verstoß gegen Treu und Glauben (§ 242 BGB) vor, wobei im Rahmen dieser Prüfung die gebotene Interessenabwägung zugunsten des Verbandes ausfällt. Daraus folgt

---

[350] Zweites Kapitel B. II. 4. b) aa).
[351] Statt aller *Palandt/Heinrichs*, Einf. v. § 145 BGB, Rn. 7 f.
[352] *Palandt/Heinrichs*, Einf. § 145 BGB, Rn. 8.
[353] In der Fassung vom 1.1.1999, entspricht § 26 Abs. 2 GWB a.F.
[354] Zur Anwendung der § 20, 33 GWB auf das Verhältnis Sportler - Sportverband ausführlich unten, Viertes Kapitel A. II.

aber auch, daß der Nichtabschluß von Wettkampfverträgen als Folge der rechtmäßigen Sperre legitim ist und sich aus § 20 Abs. 1 GWB kein Kontrahierungszwang herleiten läßt; denn eine unbillige Behinderung des Athleten liegt nicht vor.

5. Ergebnis der Inhaltskontrolle

Die Doping-Bestimmungen der deutschen Sportverbände sind nur rechtmäßig, wenn sie den genannten Anforderungen entsprechen. Eine Entscheidung des Sportverbandes, wie beispielsweise eine Sperre des Athleten, hält damit einer gerichtlichen Inhaltskontrolle nur stand, wenn die der Entscheidung zugrundeliegenden Doping-Regelungen die aufgestellten Anforderungen erfüllen.

III. Tatsachen- und Subsumtionskontrolle

Die Entscheidungen des Sportverbandes zum Nachteil des Sportlers können aber auch unabhängig von dem zugrundeliegenden Regelwerk unrechtmäßig sein und einer gerichtlichen Überprüfung nicht standhalten. Insofern kommt die sogenannte Tatsachen- und/oder Subsumtionskontrolle der Entscheidung des Sportverbandes durch ein staatliches Gericht in Betracht. Dabei ist davon auszugehen, daß die Entscheidung des Verbandes durch ein Verbandsorgan und nicht durch ein echtes Schiedsgericht i.S.d. ZPO getroffen worden ist[355].

1. Tatsachenkontrolle

Die sogenannte Tatsachenkontrolle betrifft die Überprüfung der Tatsachenermittlung durch das staatliche Gericht, die der Entscheidung des Sportverbandes zugrunde liegt.

Die ganz herrschende Meinung[356] bejaht eine umfassende gerichtliche Tatsachenkontrolle, welche nicht auf Verbände mit überragender Machtstellung im wirtschaftlichen oder sozialen Bereich beschränkt ist. Auch im Verhältnis des Ver-

---

[355] Zum Schiedsgericht siehe unten, Drittes Kapitel, C.
[356] BGHZ 87, 337, 344; *Baecker*, NJW 1984, S. 906, 907; *Leipold*, ZGR 1985, S. 113 ff.; *Meyer-Cording*, Vereinsstrafe, S. 103 f.; *Larenz*, Gdschr-Dietz, S. 45. 55 ff.; *van Look*, Vereinsstrafe, S. 214 ff.; *Reichert/Reichert*, Rn. 1812; *Erman/Westermann*, § 25 BGB, Rn. 5.

bandes zu Nichtmitgliedern hat das Gericht zu überprüfen, ob der Entscheidung des Verbandes eine fehlerfreie Tatsachenermittlung zugrundeliegt[357].

Der Entscheidung der Sportverbände, einen Sportler wegen Dopings zu sanktionieren, muß damit eine objektive, an rechtsstaatlichen Grundsätzen ausgerichtete und fehlerfreie Tatsachenermittlung zugrunde liegen. Andernfalls hält sie einer gerichtlichen Überprüfung nicht stand und ist unrechtmäßig, so daß sie aufzuheben ist.

2. Subsumtionskontrolle

Unter dem Begriff der Subsumtionskontrolle ist die gerichtliche Überprüfung der Subsumtion des festgestellten Sachverhaltes unter das Verbandsregelwerk zu verstehen[358]. Für Vereine mit Monopol- oder überragender Machtstellung ist nahezu allgemein anerkannt, daß die gerichtliche Subsumtionskontrolle umfassend und nicht auf offensichtliche Willkür und grobe Unbilligkeit beschränkt ist[359].
Da die Sportverbände aufgrund des Ein-Platz-Prinzipes[360] eine Monopolstellung innehaben, unterliegen ihre Entscheidungen damit auch einer uneingeschränkten Subsumtionskontrolle. Dies gilt auch für ihre Entscheidungen gegenüber Nichtmitgliedern[361].
Die Doping-Sanktion des Sportverbandes zum Nachteil des Sportlers wird daher ebenfalls einer umfangreichen Subsumtionskontrolle durch das staatliche Gericht unterzogen. Dieses prüft insbesondere, ob der Sportverband bei seiner Entscheidung das eigene Regelwerk einschließlich der eigenen Verfahrensbedingungen und Strafregelungen eingehalten hat und ob die Sanktion durch das Organ ausgesprochen wird, welches im Regelwerk bzw. Teilnahmevertrag hierfür vorgesehen ist[362]. Nur soweit diese Voraussetzungen eingehalten werden, kann

---

[357] BGH, NJW 1995, S. 583, 587.
[358] Vgl. allgemein *Erman/Westermann*, § 25 BGB, Rn. 5.
[359] BGHZ 102, 265, 276; dazu *Hadding/van Look*, ZGR 1988, S. 270 ff.; *van Look*, Vereinsstrafen, S. 214 ff.; *Röhricht*, AcP 189 (1989), S. 386, 391; *Reichert/Reichert*, Rn. 1813 ff.
[360] Hierzu oben, Erstes Kapitel, E. I.
[361] BGH, NJW 1995, S. 583, 587.
[362] Soweit der Sportverband selbst nicht Vertragspartner des Sportlers ist, kann er bzw. sein Organ als Dritter zur Festsetzung der Sperre vertraglich ermächtigt werden, §§ 315, 317, 328 BGB analog, vgl. *Pfister*, JZ 1995, S. 464, 467.

die Sanktion des Sportlers der gerichtlichen Kontrolle standhalten. Andernfalls ist seine Sperre o.ä. rechtswidrig und damit unwirksam.

Drittes Kapitel: Die gerichtliche Geltendmachung
Die rechtlichen Wirksamkeitsanforderungen an die Entscheidungen - die Sanktionen - der Sportverbände und an die diesen zugrundeliegenden Regelwerke werden danach bestimmt, ob sie einer gerichtlichen Kontrolle standhalten. Dies setzt bereits voraus, daß eine Klage des Sportlers gegen den Sportverband vor einem staatlichen Gericht zulässig ist. Darüber hinaus ist es für den Sportler von erheblicher Bedeutung, ob er vor Gericht geltend machen kann, eine Sanktion des Sportverbandes sei unrechtmäßig. Dabei sind im wesentlichen zwei Klageziele zu unterscheiden[1].

Zum einen kann sich der Sportler gegen die Sanktion, meist eine Sperre, selbst wenden. Hierfür steht ihm die Feststellungsklage gemäß § 256 ZPO mit dem Ziel zur Verfügung, die Unwirksamkeit der Entscheidung des Sportverbandes (Sperre) feststellen zu lassen. Da hierdurch selbst bei für den Athleten positiver Entscheidung – zumindest theoretisch – nicht ausgeschlossen werden kann, daß der Sportverband ihn aufgrund des – vermeintlichen – Dopingvergehens weiterhin von Wettkämpfen ausschließen wird, kommt ergänzend die Leistungsklage in Form der Unterlassungsklage in Betracht. Hiermit kann der Sportler beantragen, daß der Sportverband – im Fall der Unrechtmäßigkeit der Sperre – es zu unterlassen hat, ihn an der Teilnahme an künftigen Wettkämpfen im Bereich des Verbandes zu hindern, soweit die Behinderung auf das konkrete – vermeintliche – Dopingvergehen gestützt wird.

Zum anderen kommt die Geltendmachung eines Schadensersatzes in Betracht, wofür dem Sportler, sofern er den Schaden beziffern kann, die Leistungsklage zur Verfügung steht und andernfalls er auf Feststellung der Schadensersatzpflicht des Sportverbandes (§ 256 ZPO) klagen kann.

Unabhängig davon, ob er sich allein gegen die Entscheidung des Sportverbandes wendet oder diese lediglich inzidenter in einem auf deren Unrechtmäßigkeit ge-

---

[1] Umfassend zu den verschiedenen Klagearten gegen eine Verbandsentscheidung *van Look*, Vereinsstrafe, S. 148 ff., 150 ff.; vgl. OLG München, Urteil v. 28.03.1996, U (K) 3424/95, S. 22 (insoweit nicht abgedruckt in SpuRt 1996, S. 133 ff.) sowie die Vorinstanz LG München I, Urteil v. 17.05.1995, 7 HKO 16591/94, S. 46, 90 ff.(insoweit nicht abgedruckt in SpuRt 1995, S. 162 ff.).

stützten Schadensersatzprozeß einer gerichtlichen Kontrolle zu unterziehen ist, ist die Zulässigkeit der Klage Voraussetzung.

A. Gang der Darstellung

Die nachfolgende Untersuchung der gerichtlichen Durchsetzung der Ansprüche des Sportlers beschränkt sich auf Einwendungen, die typischerweise der Zulässigkeit der Klage des Sportlers entgegenstehen könnten. Diesbezüglich kommt die Frage in Betracht, ob der Sportler vor Klageerhebung den möglicherweise bestehenden verbandsinternen Rechtszug durchlaufen muß und ob der Zulässigkeit der Klage entgegensteht, daß die Entscheidung über Rechtsstreitigkeiten mit dem Sportverband einem privaten Schiedsgericht übertragen worden ist.

B. Ausschöpfung des verbandsinternen Rechtsmittelweges

Mehrere Sportverbände sehen interne Rechtsschutzmöglichkeiten gegen von ihren Organen[2] verhängte Sanktionen vor. So existiert beispielsweise im Bereich des DFB gegen Entscheidungen des Sportgerichtes die Möglichkeit der „Berufung" zum sogenannten Bundesgericht[3].

Es ist anerkannt, daß der verbandsinterne Rechtszug grundsätzlich ausgeschöpft sein muß, bevor eine staatliches Gericht angerufen werden kann[4]. Einer zuvor eingereichten Klage fehlt das Rechtsschutzbedürfnis, so daß sie unzulässig ist. Etwas anderes gilt zwar für Maßnahmen des einstweiligen Rechtsschutzes, die auch während der Dauer des verbandsinternen Verfahrens zulässig sind[5], hier aber außer Betracht bleiben sollen.

Die Notwendigkeit der Ausschöpfung des verbandsinternen Rechtsmittelweges bezieht sich primär nur auf die gerichtliche Kontrolle der betreffenden Entscheidung des Verbandsorganes. Denn soweit das Verbandsregelwerk einen Rechts-

---

[2] Zur Abgrenzung dieser Verbandsorgane von den „echten" Schiedsgerichten i.S.d. ZPO siehe unten, Drittes Kapitel, C. II.
[3] §§ 37 Nr. 1, 38, 42 Nr. 1 a Satzung **DFB**; vgl. auch Ziff. II. 4.2 der RechtsO des **DVV**, der eine Berufung gegen Entscheidungen der Spruchkammer (1. Instanz) vorsieht.
[4] BGHZ 106, 67, 69; 47, 172, 174; OLG München, Urteil v. 28.3.1996, U (K) 3424/95, S. 86 ff. (insoweit nicht abgedruckt in SpuRt 1996, S. 133 ff.); *Palandt/Heinrichs*, § 25 BGB, Rn. 19; *MüKo-Reuter*, § 25 BGB, Rn. 40; *Reichert/Reichert*, Rn. 1704 f.
[5] Statt aller *Palandt/Heinrichs*, § 25 BGB, Rn. 19.

mittelweg vorsieht, kommt darin der Wille zum Ausdruck, bis zur Entscheidung der vorgesehenen letzten Instanz die beanstandete Maßnahme nicht als endgültig anzusehen[6]. Wendet sich der Sportler mit seiner Klage aber nicht direkt gegen die Entscheidung des Verbandsorganes, sondern macht lediglich einen Schadensersatzanspruch geltend, ist die Frage der Rechtmäßigkeit dieser Verbandsentscheidung inzidenter für das Bestehen der Schadensersatzansprüche des Sportlers von entscheidender Bedeutung. Die gerichtliche Geltendmachung von Schadensersatzansprüchen kann demnach ebenso solange als unzulässig anzusehen sein, bis eine endgültige Entscheidung des Sportverbandes über die Sanktion vorliegt, mithin die letzte vorgesehene verbandsinterne Instanz hierüber entschieden hat.

In Ausnahmefällen bedarf es allerdings nicht der Einhaltung des verbandsinternen Rechtsmittelweges, so z.B. wenn der Verband die Entscheidung des Rechtsmittelorgans böswillig verhindert oder verzögert oder die Durchführung des Rechtsmittelweges sich als leere Förmelei darstellen würde[7].

C. Das Bestehen eines Schiedsgerichtes

Die Klage des Athleten, mit der er sich gegen eine Sanktion des Sportverbandes wendet, kann unzulässig sein, wenn der beklagte Sportverband die Einrede der Schiedsvereinbarung erhebt, § 1032 Abs. 1 ZPO. Dies setzt eine wirksame Schiedsvereinbarung gemäß den §§ 1025 ff. ZPO voraus.

I. Rechtstatsachen

Das Bestehen einer Schiedsvereinbarung zwischen Athlet und Sportverband kommt aus rechtstatsächlicher Sicht unter zwei Gesichtspunkten in Betracht.

1. Gesonderter, ausdrücklicher Schiedsvertrag

Ein Teil der Sportverbände schließt mit den Sportlern einen gesonderten, als Schiedsvereinbarung bezeichneten Vertrag ab, nach dem für alle Rechtsstreitig-

---

[6] Vgl. *Reichert/Reichert*, Rn. 1704.
[7] OLG München, Urteil v. 28.3.1996, U (K) 3424/95, S. 87 (insoweit nicht abgedruckt in SpuRt 1996, S. 133 ff.); *Reichert/Reichert*, Rn. 1705 mit weiteren Ausnahmen und jeweils w.N.

keiten zwischen ihnen unter Ausschluß des ordentlichen Rechtsweges ein bestimmter, als Schiedsgericht bezeichneter Spruchkörper zuständig sein soll[8]. Diese Verträge enthalten regelmäßig Bestimmungen über die Besetzung des Schiedsgerichtes durch die Parteien, dessen Verfahrensordnung und den Umfang seiner Zuständigkeit.

2. Satzungsmäßig statuiertes Schiedsgericht

Daneben sind in den Regelwerken der Sportverbände Spruchkörper statuiert, denen die Zuständigkeit für die Klärung von Rechtsfragen zugewiesen wird. Diese werden u.a. als „Bundesgericht"[9], „Sportgericht"[10], „Rechtsausschuß", „Verbandsgericht", „Ehrenrat" oder „Schiedsgericht" bezeichnet[11]. Hierbei kann es sich einerseits um sogenannte Vereins- oder Verbandsgerichte handeln, die als Organe des Verbandes tätig werden und in diesem Rahmen u.a. Sanktionen verhängen. Ihre Entscheidungen unterliegen einer gerichtlichen Kontrolle durch die staatlichen Gerichte[12]. Andererseits können diese Spruchkörper aber auch „echte" Schiedsgerichte i.S.d. ZPO darstellen, so daß eine gerichtliche Kontrolle ihrer Entscheidungen nahezu ausgeschlossen ist (§§ 1032 Abs. 1, 1059, 1060 ZPO). Sie werden zudem als Bestandteil des Verbandsregelwerkes Inhalt des mit dem Sportler abgeschlossenen (Anerkennungs- oder Teilnahme-) Vertrages, mit dem unter anderem die Geltung des Regelwerkes vereinbart wird.

II. Satzungsmäßig statuiertes Schiedsgericht

Die Vereinbarung zwischen Sportler und Sportverband, wonach der im Verbandsregelwerk statuierte Spruchkörper als Schiedsgericht anzusehen sei, wirft die

---

[8] So der „Schiedsvertrag", der zwischen dem DFB und den Lizenzspielern (der Bundesligavereine) abgeschlossen wird. Der DLV schließt mit den Kaderathleten neben der Athletenvereinbarung, mit der u.a. die Geltung des Verbandsregelwerkes vereinbart wird, zusätzlich eine Schiedsvereinbarung ab; beide sind abgedruckt bei *Haas/Prokop/Niese*, SpuRt 1996, S. 189 ff. Zum Muster einer Schiedsvereinbarung des DSB auch *Reschke*, Dok.-Nr. 13-00-2
[9] Vgl. § 37 ff. der **DFB**-Satzung.
[10] Vgl. § 37 ff. der **DFB**-Satzung.
[11] Vgl. die Beispiele bei *Deutsch*, VersR 1990, S. 1; *Hilpert*, BayVBl. 1988, S. 161, 162.
[12] Siehe oben, Zweites Kapitel, B. II.

Frage der Abgrenzung zum Verbandsgericht auf, gegen dessen Entscheidung die staatlichen Gerichte angerufen werden können.

1. Abgrenzung des Verbandsgerichtes zum Schiedsgericht

Bei der Abgrenzung des Verbandsgerichtes vom Schiedsgericht i.S.d. §§ 1025 ff. ZPO läßt sich eine Trennung der begrifflichen Voraussetzungen eines Schiedsgerichts von dessen Wirksamkeitsvoraussetzungen teilweise nur schwer durchführen[13]. Die begriffliche Unterscheidung ist aber zwingend notwendig. Liegt bereits eine Entscheidung des Spruchkörpers vor, ist die Klage allein unzulässig, wenn der Spruchkörper ein Schiedsgericht ist, da Entscheidungen des Verbandsgerichts der gerichtlichen Kontrolle unterliegen. Des weiteren wäre eine bereits vor Entscheidung des Spruchkörpers eingereichte Klage zwar jeweils unzulässig, da der Athlet entweder den verbandsinternen Rechtszug nicht durchlaufen oder die Schiedsvereinbarung nicht beachtet hätte. Die Abgrenzung kann aber auch hier nicht dahinstehen, da an die Schiedsvereinbarung andere Wirksamkeitsvoraussetzungen zu stellen sind und somit, wenn begrifflich ein Schiedsgericht vorliegt, die Klage des Sportlers bei Unwirksamkeit der Schiedsvereinbarung nicht unzulässig ist. Es muß daher im Einzelfall festgestellt werden, ob der Spruchkörper ein Verbandsgericht (Organ des Verbandes) oder ein unabhängiges Schiedsgericht i.S.d. ZPO ist.

a) Kriterien

Im Hinblick auf die Abgrenzung des Schiedsgerichts vom Verbandsgericht besteht Einigkeit dahingehend, daß der Bezeichnung der Spruchkörper keine Bedeutung zugemessen werden kann[14]. Im übrigen ist der Schiedsgerichtsbarkeit bereits be-

---

[13] Zur Notwendigkeit einer Trennung und den einzelnen Kriterien umfassend *Fenn*, FS-Henckel, S. 173 ff.; vgl. auch *Meyer-Cording*, Vereinsstrafe, S. 124; *Reichert/Reichert*, Rn. 2530.

[14] Statt aller *Reichert/Reichert*, Rn. 2532; *Stein/Jonas/Schlosser*, vor § 1025 ZPO, Rn. 6.

grifflich immanent die Entscheidung durch ein Schiedsgericht anstelle und unter Ausschluß der staatlichen Gerichte[15].

Der Ausschluß der staatlichen Gerichtsbarkeit kann ausdrücklich in das Verbandsregelwerk aufgenommen werden oder sich konkludent durch Auslegung der Bestimmungen ergeben[16]. In jedem Fall muß er sich aber eindeutig aus den getroffenen Regelungen ermitteln lassen. Dabei ist zu beachten, daß nicht jede Klausel, die bestimmt, der Rechtsweg sei ausgeschlossen, zur Annahme einer Schiedsgerichtsbarkeit führen kann. Dementsprechend bestimmen Satzungen mancher Sportverbände, die Entscheidung des Spruchkörpers sei endgültig und erfolge unter Ausschluß der staatlichen Gerichtsbarkeit[17]. Hierbei kann es sich ebenso um Verbandsgerichtsbarkeit handeln, für die ein unwirksamer Rechtswegausschluß statuiert ist[18].

Allgemeingültige Kriterien sind daher nur schwer zu bestimmen. Es kann jedoch auf bestimmte Indizien zurückgegriffen werden, die einen Anhaltspunkt für die Existenz einer echten Schiedsgerichtsbarkeit bieten können. Diesbezüglich kommen insbesondere eine konkrete Bezugnahme auf die §§ 1025 ff. ZPO, die Erwähnung der staatsgerichtlichen Mitwirkungshandlungen gemäß § 1062 ZPO bzw. die Verweisung auf das Aufhebungsverfahren nach § 1059 ZPO in Betracht[19].

Des weiteren ist nicht von einer Schiedsgerichtsbarkeit, sondern von einer Verbandsgerichtsbarkeit auszugehen, wenn der Spruchkörper ausschließlich mit Or-

---

[15] *Thomas/Putzo*, § 1029 ZPO, Rn. 3 ff; so auch für das insoweit identische alten Recht: BGH ZIP 1981, S. 1097, 1098; *Stein/Jonas/Schlosser*, vor § 1025 ZPO, Rn. 6; § 1025 ZPO, Rn. 7 ff.; *Schwab/Walter*, Kap. 3, Rn. 2 ff., Kap. 32, Rn. 17, *MüKo-Maier*, § 1025 ZPO, Rn. 14; *Henn*, S. 103; *Schütze*, Rn. 3; *Reichert/Reichert*, Rn. 2531 *Fenn*, FS-Henckel, S. 173, 185.

[16] *Vollkommer*, FS-Nagel, S. 474, 489; *Fenn*, FS-Henckel, S. 173, 192.

[17] Vgl. § 9 SportgerichtsverfahrensO **DTB**; Ziff. VI 12. RechtsO **DVV**; anders § 16 Satzung **DFB**; § 5 RechtO **BVDG**, die die Anrufung der staatlichen Gericht zulassen. Siehe auch BGH, NJW 1995, S. 583, 587; *Schauhoff*, SpuRt 1995, 24 f.

[18] Der Ausschluß der staatlichen Gerichtsbarkeit ist nach h.M. unzulässig: BGH, NJW 1995, S. 583, 587; BGHZ 29, 352, 354; *Reichert/Reichert*, Rn. 1699; *Palandt/Heinrichs*, § 25 BGB, Rn. 18.

[19] So auch *Fenn*, FS-Henckel, S. 173, 194; vgl. BGH, NJW 1995, S. 583, 587, der u.a. darauf abstellt, ob die Entscheidung der Spruchkammer zur Vollstreckung durch staatliche Gerichte bestimmt ist.

gan- und/oder Verbandsmitgliedern besetzt und damit der Grundsatz der Überparteilichkeit verletzt ist[20].

b) Rechtspraxis der Sportverbände
Ein Großteil der in den Satzungen der Sportverbände statuierten „Spruchkörper" stellen sich aufgrund der genannten Kriterien nicht als Schiedsgerichte dar. So wird die Besetzung des Spruchkörpers häufig durch den Sportverband bzw. seine Organe vorgenommen, die sich allein aus Verbandsmitgliedern - z.B. den Landesverbänden - zusammensetzen[21]. Soweit die Regelwerke Bestimmungen über die Vollstreckung von beispielsweise Geldstrafen enthalten, wird die Vornahme und Durchführung der Vollstreckung bestimmten Personen - z.B. dem Kassenwart - zugewiesen; demgemäß findet keine Verweisung auf eine staatliche Mithilfe bei der Vollstreckung statt[22]. Die Spruchkörper einer Vielzahl der Sportverbände sind somit nicht als ein Schiedsgericht i.S.d. ZPO statuiert, sondern es handelt sich um Verbandsorgane.

2. Ergebnis
Der Zulässigkeit einer Klage des Sportlers kann nur ein in den Satzungen der Sportverbände statuiertes Spruchorgan entgegenstehen, welches als Schiedsgericht und nicht als Verbandsorgan anzusehen ist. Dieses muß insofern den Wirksamkeitsvoraussetzungen der §§ 1025 ff. ZPO ebenso entsprechen, wie das durch einen ausdrücklichen Schiedsvertrag vereinbarte Schiedsgericht.

III. Schiedsvereinbarung zwischen Sportverband und Athlet
Eine wirksame Schiedsvereinbarung zwischen Sportverband und Athlet, die der Zulässigkeit einer Klage vor dem staatlichen Gericht entgegensteht, setzt voraus, daß die Voraussetzungen der §§ 1025 ff. ZPO erfüllt sind.

---

[20] Siehe unten, Drittes Kapitel, C. 4. b) bb) und umfassend *Fenn*, FS-Henckel, S. 173, 187 ff.; so auch ausdrücklich *Stein/Jonas/Schlosser*, § 1025 ZPO, Rn. 8; *Zöller/Geimer*, § 1025 ZPO, Rn. 24; so auch BGH, NJW 1995, S. 583, 587.
[21] **DVV**, §§ 22 Ziff. 2, 13 Ziff. 2 g Satzung; **BVDG**, §§ 10, 12 RO; **DTB**, § 2 Ziff. 1 b DisziplinarO, § 16 Ziff. 2 Satzung; **DHB**, §§ 18 c, 46 Satzung.
[22] So z.B. **DHB**, § 32 RO.

1. Anwendungsbereich der §§ 1025 ff. ZPO

Das Schiedsverfahrensrecht in den §§ 1025 ff ZPO ist seit dem 01.01.1998 gesetzlich neu geregelt worden und entspricht weitgehend einer Übernahme des UNCITRAL-Modellgesetzes[23]. § 1025 Abs. 1 ZPO regelt den sachlichen Geltungsbereich des 10. Buches der ZPO und folgt dem sogenannten Territiorialprinzip. Der Anwendungsbereich der §§ 1025 ff. ZPO ist damit eröffnet, sofern der Ort des schiedsrichterlichen Verfahrens zwischen dem Sportverband und dem Athleten gemäß §§ 1025 Abs. 1, 1043 Abs. 1 ZPO in Deutschland liegt.

2. Schiedsvereinbarung i.S.d. § 1029 ZPO

Die Zuständigkeit des Schiedsgerichts zur Entscheidung anstelle der staatlichen Gerichte wird durch eine Schiedsvereinbarung zwischen den Parteien i.S.d. § 1029 Abs. 1 ZPO begründet. Danach kann der Sportverband eine Schiedsvereinbarung entweder als selbständige Vereinbarung gemäß § 1029 Abs. 2, 1. Alt. ZPO mit dem Sportler abschließen, die sich ausschließlich mit dem schiedsrichterlichen Verfahren befaßt (Schiedsabrede), oder im Rahmen eines anderen Vertrages gemäß § 1029 Abs. 2, 2. Alt. ZPO (Schiedsklausel) ein Schiedsgericht statuieren.

a) Schiedsabrede

Den Abschluß einer Schiedsabrede i.S.d. § 1029 Abs. 1, 1. Alt. ZPO sehen beispielsweise der DFB und der DLV vor[24]. Auch im übrigen ist es denkbar, daß bei bestimmten Wettkämpfen mit herausragender Bedeutung eine gesonderte Schiedsvereinbarung zwischen Sportverband und Athlet abgeschlossen wird. Bisher machen die deutschen Sportverbände von dieser Möglichkeit allerdings nur selten Gebrauch.

---

[23] Zur Übernahme *Berger*, Das neue Recht der Schiedsgerichtsbarkeit, S. 1 ff.; vgl. auch *Schwab/Walter*, Kap. 41, Rn. 7 m.w.N. (Fn. 14 b); *Labes/Lörcher*, MDR 1997, S. 420 ff; *Lörcher*, ZRP 1987, S. 230 ff; *Schlosser*, RIW 1994, S. 723 ff.; *Schwab*, FS-Nagel, S. 427 ff.

[24] Vgl. *Haas/Prokop/Niese*, SpuRt 1996, S. 189 ff.

b) Schiedsklausel

Eine Schiedsklausel i.S.d. § 1029 Abs. 2, 2. Alt. ZPO kommt in Betracht, wenn der Sportverband keinen gesonderten Schiedsvertrag mit den Sportlern abschließt, sondern das im Verbandsregelwerk statuierte Schiedsgericht zur Entscheidung berufen sein soll.

Diese satzungsmäßigen Schiedsgerichte werden gemäß § 1066 ZPO von herrschenden Lehre[25] und Rechtsprechung[26] als zulässig angesehen. Ein solches „satzungsmäßiges" Schiedsgericht kann seine Zuständigkeit jedoch nur für vereinsinterne Streitigkeiten begründen und nicht gegenüber Nichtmitgliedern[27]. Der Sportler ist aber weder Mitglied im Sportverband noch ist er als „mittelbares" Verbandsmitglied an dessen Regelwerk gebunden, da es regelmäßig an der erforderlichen satzungsmäßigen Doppelverankerung fehlt[28].

Eine Geltung gegenüber Nichtmitgliedern des Sportverbandes, mithin gegenüber den Athleten, kommt nur in Betracht, wenn dies gesondert vereinbart ist[29]. Eine solche Vereinbarung kann zugleich in der Anerkennung des Verbandsregelwerkes, welches auch das Schiedsgericht statuiert hat, durch den Athleten erblickt werden. Diese erfolgt durch Rechtsgeschäft[30], so daß dieser Vertrag daher auch auf die Bestimmungen über das Schiedsgericht in dem Verbandsregelwerk bezug nimmt; dieser ist daher als Schiedsklausel i.S.d. § 1029 Abs. 2, 2. Alt. ZPO anzusehen. Es handelt sich demnach ebenfalls um ein vertragliches und nicht um ein außervertragliches Schiedsgericht i.S.d. § 1066 ZPO.

---

[25] *Meyer-Cording*, Vereinsstrafe, 123; *Vollmer*, S. 61 ff.; *K. Schmidt*, ZGR 1988, S. 523, 530; *Kornblum*, Schiedsrichterliche Unabhängigkeit, S. 215; *Vollkommer*, FS-Nagel, S. 474, 487 f.; *Schütze*, Rn. 295; *Reichert/Reichert*, Rn. 2530; *MüKo-Reuter*, § 25 BGB, Rn. 14; *Zöller/Geimer*, § 1048 ZPO, Rn. 2; a.A. und damit für eine Einsetzung eines Schiedsgerichts für vereinsinterne Streitigkeiten nur durch Schiedsvertrag: *Stein/Jonas/Schlosser*, § 1048 ZPO, Rn. 9-11; vgl. auch *Hadding*, FS-Fischer, S. 165, 179.

[26] BGHZ 38, 155, 158 f.; 48, 35, 43.

[27] BGHZ 38, 155, 161 f; vgl. BGHZ 48, 35, 39 ff.; *Reichert/Reichert*, Rn. 2548; *Schwab/Walter*, Kap. 32, Rn. 9 ff.; *Henn*, S. 101 f.; *Stein/Jonas/Schlosser*, § 1048 ZPO, Rn. 8; *Haas/Prokop*, SpuRt 1996, S. 187.

[28] Siehe oben, Zweites Kapitel A. I. 2. c)

[29] BGHZ 51, 37; 48, 35; 38, 155; *Reichert/Reichert*, Rn. 2548; *Schwab/Walter*, Kap. 32, Rn. 9 ff.; *Henn*, S. 101 f.; *Stein/Jonas/Schlosser*, § 1048 ZPO, Rn. 8; *Haas/Prokop*, SpuRt 1996, S. 187.

[30] Siehe oben, Zweites Kapitel, A. II. 1.

Die Einrichtung eines satzungsmäßigen Schiedsgerichts im Verhältnis zum Sportler scheidet dagegen regelmäßig aus.

c) Ergebnis
Die Zuständigkeit eines Schiedsgerichts für Rechtsstreitigkeiten des Athleten mit dem Sportverband kann sich damit nur aufgrund einer (vertraglichen) Schiedsvereinbarung i.S.d. § 1029 ZPO ergeben. Dies setzt allerdings die Wirksamkeit der Vereinbarung voraus.

3. Wirksamer Inhalt der Schiedsvereinbarung
Gegenstand der Schiedsvereinbarung kann gemäß § 1030 Abs. 1, S. 1 ZPO jede vermögensrechtliche Streitigkeit sein. Streitigkeiten aus der Rechtsbeziehung des Athleten zum Sportverband betreffen grundsätzlich, und insbesondere auf das Doping bezogen, die Zulassung des Athleten zum Wettkampf, die Rechtmäßigkeit verbandsrechtlicher Sanktionen und die sich hieraus ergebenden Folgen und sind damit grundsätzlich vermögensrechtlicher Natur[31] und damit schiedsfähig.

a) Arbeitsrechtliche und kartellrechtliche Streitigkeit
Die rechtliche Wirksamkeit der Schiedsvereinbarung zwischen Sportler und Sportverband könnte fraglich sein, soweit es sich um eine arbeitsrechtliche oder kartellrechtliche Streitigkeit handelt.
Die Streitigkeit zwischen Sportler und Sportverband stellt jedoch keine arbeitsrechtliche Streitigkeit dar; insbesondere ist der Sportverband im Verhältnis zum Sportler kein Arbeitgeber, unabhängig davon, ob dieser Angestellter seines Vereines ist oder lediglich dessen Mitglied bzw. als „Selbständiger" an Wettkämpfen teilnimmt[32]. Die Schiedsfähigkeit der Streitigkeit zwischen Sportler und Sportverband ist daher nicht gemäß §§ 4, 101 ArbGG eingeschränkt.
Nach bisherigem Recht mußte allerdings gemäß § 91 Abs. 1 GWB die Schiedsvereinbarung zwischen Sportverband und Sportler eine Wahlfreiheit beinhalten,

---

[31] Vgl. *Pfister*, SpuRt 1995, S. 201, 203.
[32] Siehe oben, Zweites Kapitel, A. II. 2. b).

wonach den Beteiligten im Einzelfall die Möglichkeit eingeräumt werden mußte, die Entscheidung durch ein ordentliches Gericht herbeizuführen[33]. Dies ist mit der Neufassung des schiedsgerichtlichen Verfahrens obsolet geworden, da § 91 GWB ersatzlos gestrichen wurde.

b) Unzulässiger Schiedszwang

Ein weiteres Problem der rechtlichen Zulässigkeit einer Schiedsvereinbarung zwischen Sportverband und Sportler kann sich unter dem Gesichtspunkt des unzulässigen Schiedszwanges ergeben.

aa) Alte Rechtslage

Nach der alten Rechtslage wurde ein solcher Schiedsvertrag gemäß § 1025 Abs. 2, 1. Alt. a.F. ZPO als unwirksam angesehen, weil eine Vielzahl der Sportverbände vom Sportler den Abschluß einer Schiedsvereinbarung verlangte[34]. Insofern wurde angenommen, der Sportverband handele nötigend i.S.d. § 1025 Abs. 2, 1. Alt. a.F. ZPO, weil ihm aufgrund seiner Monopolstellung eine wirtschaftliche Überlegenheit zukam, aufgrund derer er den Athleten zum Abschluß eines Schiedsvertrages nötige[35].

bb) Heutiges Recht

Das neue Recht enthält keine dem § 1025 Abs. 2, 1. Alt. a.F. ZPO vergleichbare Regelung, womit die Frage aufgeworfen wird, ob die Monopolstellung der Sport-

---

[33] Vgl. zur Anwendung des § 91 GWB: *Vollkommer*, RdA 1982, S. 16, 25, 36; *ders.* NJW 1983, S. 726, 727; *Deutsch*, VersR 1990, S. 1, 4; OLG Frankfurt, GRUR 1983, S. 517, 518 - „Motorradrennfahrer"; gegen eine Anwendung *Schlosser*, FS-Zeuner, S. 467, 469; ebenso für das Verhältnis DFB-Lizenzspieler, *Preis*, DB 1972, 1723; 1726. Zum Geltungsbereich des Kartellrechts für die Beziehung des Athleten zum Sportverband vgl. unten, Viertes Kapitel A. II.

[34] So war Voraussetzung für die Teilnahme an den Olympischen Sommerspielen 1996 in Atlanta die Unterzeichnung eines Schiedsvertrages, der den staatlichen Gerichten die Zuständigkeit zur Überprüfung sportgerichtlicher Maßnahmen des IOC entzog, hierzu *Haas/Prokop*, SpuRt 1996, S. 187.

[35] LG Frankfurt, ZIP 1989, S. 599, 600 f; *Nicklisch*, BB 1972, S. 1285, 1288 ff.; *Westermann*, Verbandsstrafgewalt, S. 108 ff.; *Preis*, DB 1972, S. 1723, 1727; *Kornblum*, Schiedsrichterliche Unabhängigkeit, S. 223; *Vollkommer*, RdA 1982, S. 16, 34 ff.; *ders.* NJW 1983, 726; kritisch *Schlosser*, EWiR 1989, S. 623 f.; *ders.*, FS-Zeuner, S. 467, 481.

verbände und der Zwang zum Abschluß einer Schiedsvereinbarung sich auf deren Wirksamkeit auswirkt.

(1) Fehlen einer vergleichbaren Regelung

Aus dem Fehlen einer vergleichbaren Regelung wird der Schluß gezogen, daß die Monopolstellung der Sportverbände und die damit verbundene Machtposition keinen Einfluß auf die Wirksamkeit der Schiedsvereinbarung hat[36]. Der Gesetzgeber hat hiernach mit der Abschaffung des § 1025 Abs. 2, 1. Alt. a.F. ZPO gerade zum Ausdruck gebracht, daß die Monopolstellung einer Vertragspartei nicht die Unwirksamkeit der Schiedsvereinbarung zur Folge haben soll.

(2) Anwendbarkeit des § 138 BGB

Es ist allerdings zu beachten, daß die allgemeinen Regeln des BGB, wie § 138 BGB, für die Schiedsvereinbarung Geltung beanspruchen[37]. Bereits während der Geltung des alten Rechts wendete die Rechtsprechung neben § 1025 Abs. 2, 1. Alt. a.F. ZPO als Prüfungsmaßstab für die Gültigkeit einer Schiedsvereinbarung § 138 BGB an[38]. Dem wurde zwar entgegengehalten, § 1025 Abs. 2 a.F. ZPO sei lex specialis zu § 138 BGB[39] bzw. stelle eine sachliche Erweiterung zu § 138 BGB dar und damit sei die Anwendung des § 138 BGB für die praktische Rechtsanwendung bedeutungslos[40]. Aus der mit der Neufassung erfolgten Streichung des § 1025 Abs. 2, 1 Alt. a.F. ZPO folgt somit, daß die Anwendung des § 138 BGB auf die Schiedsvereinbarung nunmehr eröffnet ist.

Dementsprechend wird auch nach neuem Recht eine Schiedsvereinbarung für unwirksam gehalten, wenn der wirtschaftlich Stärkere ohne gleichzeitige Schiedsabrede den Hauptvertrag nicht abschließt, auf den der Partner aus beruf-

---

[36] *Haas/Prokop*, SpuRt 1996, S. 187; vgl. auch die Regierungsbegründung zur Neuregelung des Schiedsverfahrensrecht, BRat-Drs. 211/96, S. 109 f.
[37] *Thomas/Putzo*, § 1029 ZPO, Rn. 10; *Schütze*, Rn. 99.
[38] BGHZ 106, 336, 338 ; *MüKo-Maier*, § 1025 ZPO, Rn. 8.
[39] *Schwab/Walter*, Kap. 4, Rn. 18; *Walter*, JZ 1989, S. 590, 591; *Zöller/Geimer*, § 1025 ZPO, Rn. 62; *MüKo-Mayer-Maly*, § 138 BGB, Rn. 38, Fn. 92 b.
[40] *Stein/Jonas/Schlosser*, § 1025 ZPO, Rn. 19, 21.

lichen oder wirtschaftlichen Gründen angewiesen ist[41]. Ebenso hat das Reichsgericht vor Einführung des § 1025 Abs. 2 a.F. ZPO eine Schiedsvereinbarung gemäß § 138 BGB für nichtig erklärt, weil eine Partei durch wirtschaftlichen Zwang zum Abschluß genötigt wurde[42].

§ 138 BGB findet damit Anwendung auf die Schiedsvereinbarung zwischen Sportverband und Athlet und ist der Maßstab für die Frage, ob die Monopolstellung eines Vertragspartners die Sittenwidrigkeit und damit Nichtigkeit einer Schiedsvereinbarung begründen kann.

(3) Folgen der Anwendung des § 138 BGB

Die Monopolstellung der Sportverbände und die damit zusammenhängende Machtposition allein können eine Unwirksamkeit einer mit dem Athleten abgeschlossenen Schiedsvereinbarung nicht begründen. Denn diese allein führt weder zu einer unzulässigen Knebelung des Athleten noch wird dessen freie Willensentschließung unzulässig stark beeinträchtigt. Anders könnte die Beurteilung aber dann ausfallen, wenn der Sportverband – wie regelmäßig - die Zulassung zum Wettkampf vom Abschluß einer Schiedsvereinbarung abhängig macht.

Dabei ist zu berücksichtigen, daß der Sportler - soweit die übrigen Voraussetzungen vorliegen - einen Anspruch gegen den Sportverband auf Zulassung zum Wettkampf oder zur Veranstaltung gemäß §§ 20 Abs. 1, 33 GWB oder § 826 BGB hat[43]. Schließt der Sportverband eine Zulassung aber immer dann aus, wenn der Sportler nicht zugleich eine Schiedsvereinbarung abschließt, nutzt er seine überragende Machtstellung in unzulässiger Weise aus und schränkt die Willensentschließungsfreiheit des Athleten ein.

Darüber hinaus ist zu berücksichtigen, daß die Schiedsvereinbarung zum Ausschluß der staatlichen Gerichtsbarkeit führt. Das Grundgesetz gewährleistet je-

---

[41] *Thomas/Putzo*, § 1029 ZPO, Rn. 10; ähnlich *Schütze*, Rn. 11, nach dem die Fälle der Knebelung bei wirtschaftlichen Zwang gemäß § 138 BGB zur Unwirksamkeit der Schiedsvereinbarung führen.

[42] Urteil des Reichsgericht v. 23.09.32 und damit vor Einfügung des Abs. 2 des § 1025 a.F. ZPO durch Gesetz v. 27.10.33, RGZ 137, 251, 259. Zur Entstehungsgeschichte des § 1025 Abs. 2 a.F. ZPO *Reichert/Reichert*, Rn. 2570.

[43] Vgl. unten, Viertes Kapitel, II. IV.

doch auch für den Bereich des Privatrechts einen umfassenden und effektiven Gerichtsschutz durch staatliche Gerichte[44]; es besteht insofern ein Justizgewährungsanspruch[45] des Bürgers gegen den Staat. Die staatliche Gerichtsbarkeit wird zwar in den §§ 1025 ff. ZPO eingeschränkt, die den Ausschluß der staatlichen zu Gunsten einer privaten Gerichtsbarkeit vorsehen. Deren verfassungsrechtliche Zulässigkeit ist auf den Grundsatz der Privatautonomie zurückführen[46] und wird demgemäß durch die freiwillige Unterwerfung der Parteien begründet[47]. Daraus folgt, daß der Verzicht auf den staatlichen Rechtsschutz durch Abschluß einer Schiedsvereinbarung nur dann rechtmäßig begründet werden kann, wenn er freiwillig erfolgt.

Soweit der Sportverband die Schiedsvereinbarung zur unabdingbaren Voraussetzung für die Teilnahme des Sportlers an Wettkämpfen macht, liegt seitens des Athleten eine Freiwilligkeit nicht vor. Diesbezüglich fällt insbesondere ins Gewicht, daß aufgrund der Monopolstellung der Sportverbände dem Athleten keine Handlungsalternative verbleibt, wenn er nicht auf die Durchführung seines Sportes und damit regelmäßig auch auf die grundrechtlich in Art. 12 GG geschützte Ausübung seines Berufes verzichten will. Der mit einer Schiedsvereinbarung verbundene Verzicht auf die staatliche Gerichtsbarkeit kann daher nicht als freiwillig angesehen werden und verstößt gegen den grundsätzlich bestehenden verfassungsmäßigen Anspruch auf staatlichen Gerichtsschutz[48].

Das Bestehen des Sportverbandes auf einer Schiedsvereinbarung stellt sich insofern als eine Knebelung des Sportlers aufgrund wirtschaftlichen Zwanges dar. Der Sportverband nutzt hierdurch seine bestehende Monopolstellung in unzulässiger Weise unter Beschränkung der Willensentschließungsfreiheit des Athleten aus. Dies ist sittenwidrig i.S.d. 138 BGB.

---

[44] BGHZ 68, 356, 360; *Preis*, DB 1972, S. 1723, 1724; *Dütz*, passim, und insbes. S. 95 ff.

[45] Allgemein *Bethge*, NJW 1991, S. 2391, 2393 f.; *Detterbeck*, AcP 192, S. 325, 327 ff.

[46] Hierzu *Nicklisch*, RIW 1991, S. 89, 90 f.

[47] BAG NJW 1964, 268, 269; BGHZ 68, 356, 360; *Stein/Jonas/Schlosser*, vor § 1025 ZPO, Rn. 4; *Zöller/Geimer*, § 1025 ZPO, Rn. 1; *Schütze*, Rn. 1; *MüKo-Maier*, vor § 1025 ZPO, Rn. 1; *Schmidt-Bleibtreu/Klein*, Art. 92 GG, Rn. 6; *Herzog* in *Maunz/Dürig*, Art. 92 GG, Rn. 145 ff., 157, 165; ausführlich *Geimer*, Schiedsgerichtsbarkeit und Verfassung, 1994, S. 113, 161 ff.

[48] So auch *Nicklisch*, BB 1972, S. 1285, 1289; *Preis*, DB 1972, S. 1723, 1725.

cc) Ergebnis

Der Abschluß einer Schiedsvereinbarung ist demnach gemäß § 138 BGB nichtig, wenn der Sportverband die Teilnahme des Sportlers an einem Wettkampf zugleich vom Abschluß der Schiedsvereinbarung abhängig macht, ihn also nur unter der Voraussetzung des Zustandekommens der Schiedsvereinbarung am Wettkampf teilnehmen lassen will. Der Klage des Sportlers steht in diesem Fall damit nicht die Einrede des Schiedsvertrages gem. § 1032 Abs. 1 ZPO entgegen.

4. Besetzung des Schiedsgerichtes

Ein weiteres Zulässigkeitsproblem der Schiedsvereinbarung, welches im Verhältnis des Sportverbandes zum Sportler virulent wird, stellt die Besetzung des Schiedsgerichts dar.

a) Rechtstatsachen

Die Schiedsvereinbarungen des DFB und des DLV sehen die Besetzung des Schiedsgerichtes mit drei Schiedsrichtern vor, wobei die Parteien jeweils einen Schiedsrichter frei benennen dürfen und diese dann den Vorsitzenden des Schiedsgerichts wählen bzw. dieser nach Ablauf einer bestimmten Frist vom Präsidenten des OLG Frankfurt/Main bestimmt werden kann. Bei den meisten der übrigen Spruchkörper, die in den Verbandsregelwerken statuiert sind, wird die Besetzung ausschließlich oder überwiegend durch den Sportverband bzw. seine Organe vorgenommen[49].

b) Übergewicht des Sportverbandes

Den Sportverbänden kommt daher ein Übergewicht bei der Bestimmung der Besetzung des Schiedsgerichtes vor, soweit sie die Mehrzahl der Schiedsrichter benennen dürfen.

---

[49] Vgl. zur Besetzung **DVV**, § 22 Ziff. 2, § 13 Ziff. 2 g Satzung; **BVDG**, §§ 10, 12 RechtsO; **DTB**, § 2 Ziff. 1 b DisziplinarO, § 16 Ziff. 2 Satzung.

aa) Grundsatz

Nach bisherigem Recht war Rechtsfolge des Übergewichtes einer Partei bei der Zusammensetzung des Schiedsgerichts gemäß § 1025 Abs. 2, 2. Alt. a.F. ZPO die Nichtigkeit der Schiedsvereinbarung. Dies führte dazu, daß in der Regel die Schiedsvereinbarungen zwischen Sportverband und Sportler, insbesondere soweit es ein in der Satzung statuiertes Schiedsgericht betraf, als unzulässig angesehen wurden[50]. Die neue Regelung sieht demgegenüber als Rechtsfolge des Übergewichts nicht die Unwirksamkeit, sondern die Möglichkeit eine Antrages der benachteiligten Partei bei Gericht vor, den oder die Schiedsrichter abweichend von der erfolgten Ernennung zu bestellen, § 1034 Abs. 2 ZPO. Zuständig hierfür ist gemäß § 1062 Abs. 1 Nr. 1 ZPO das Oberlandesgericht.

Damit führt ein bloßes Übergewicht des Sportverbandes bei der Ernennung der Schiedsrichter nicht zu Unwirksamkeit der Schiedsvereinbarung und hindert folglich nicht die Erhebung der Einrede der Schiedsvereinbarung nach § 1032 Abs. 1 ZPO.

bb) Gebot der überparteilichen Rechtspflege

Problematisch ist aber die Beurteilung, wenn das Schiedsgericht ausschließlich aus Mitgliedern des Sportverbandes bzw. ausschließlich mit Mitgliedern seiner Organe besetzt ist. Hier stellt sich die Frage, ob bereits begrifflich kein Schiedsgericht vorliegt oder ob es an einer Wirksamkeitsvoraussetzung für ein Schiedsgericht fehlt.

Für die staatliche Gerichtsbarkeit ist insofern das Gebot der überparteilichen Rechtspflege anerkannt[51]. Es gehört zu den wesentlichen Grundsätzen der staatlichen Gerichtsbarkeit und findet sich nicht nur in der Verfassung in Art. 97 Abs. 1 GG, sondern spiegelt sich auch in den einzelnen Verfahrensordnungen für die staatlichen Gerichte wieder. Der unabhängigen richterlichen Tätigkeit ist es

---

[50] LG Frankfurt, ZIP 1989, S. 599, 601 f.; *Vollkommer*, RdA 1982, S. 16, 31 f.; vgl. *Hilpert*, BayVerwBl 1988, S. 161, 169 f.; *Deutsch*, VersR 1990, S. 2, 6.

[51] *Bettermann* in *Isensee/Kirchhof*, III, § 73, Rn. 34 ff., § 74, Rn. 40; *Meyer* in *v.Münch/Kunig*, Art. 97 GG, Rn. 1 ff.; *Schmidt-Bleibtreu/Klein*, Art. 97 GG, Rn. 2 ff.

wesenseigen, „daß sie von einem nichtbeteiligten Dritten ausgeübt wird"[52]. Tritt an die Stelle der staatlichen Gerichtsbarkeit die private Schiedsgerichtsbarkeit durch freiwillige Unterwerfung, kann auch diese nur dann als verfassungskonform bezeichnet werden, wenn der Grundsatz der Überparteilichkeit gilt. Die überparteiliche Rechtspflege ist daher ein allgemeingültiger Rechtsgrundsatz, der bei der Besetzung des Schiedsgerichts zu beachten ist[53].

Nach richtiger Ansicht läßt sich die Überparteilichkeit vom Bild des Schiedsrichters bereits begrifflich nicht trennen, da der richterlichen Tätigkeit die Ausübung durch einen unbeteiligten Dritten wesenseigen ist[54]. Die ältere Entscheidung des BGH[55], die eine solche Schiedsvereinbarung wegen des Verstoßes gegen § 134 BGB als nichtig ansah, steht hierzu nicht im Widerspruch. Denn der BGH[56] stellt daneben, worauf *Fenn*[57] zu Recht hinweist, in einem obiter dictum darauf ab, daß eine solche Besetzung dem Sinn einer auf Unparteilichkeit ausgerichteten Tätigkeit zuwider laufe und daher auch nach § 306 BGB nichtig sei, weil sie einem auf eine unmögliche Leistung gerichteten Vertrag gleichstehe.

Sieht die Schiedsvereinbarung demnach die Besetzung des Spruchkörpers ausschließlich mit Organen oder Mitgliedern des Sportverbandes vor, haben die Parteien die Streitigkeit nicht einem Schiedsgericht zur Entscheidung übertragen[58]. Es

---

[52] BVerfGE 4, 331, 346; 21, 139, 145 f.; 27, 312, 322; *Stern*, II, S. 897 m.w.N.; vgl. auch *Bettermann* in *Isensee/Kirchhof*, III, § 73, Rn. 30 ff.

[53] BGHZ 51, 255, 258 f.; 98, 70, 72; vgl. auch *Schütze*, Rn. 100; *Schütze/Tschernig/Wais*, Rn. 156 f.; vgl. BVerfGE 21, 139, 145 f.; 42, 65, 78.

[54] Umfassend hierzu *Fenn*, FS-Henckel, S. 173, 187 ff.; so auch ausdrücklich *Stein/Jonas/Schlosser*, § 1025 ZPO, Rn. 8; *Zöller/Geimer*, § 1025 ZPO, Rn. 24; ähnlich BGH, NJW 1995, S. 583, 587.

[55] BGHZ 51, 255, 262; so auch *Palandt/Heinrichs*, § 134 BGB, Rn. 22; *Soergel/ Hefermehl*, § 134 BGB, Rn. 85; *MüKo-Maier*, § 1032 ZPO, Rn. 2; *Schwab/Walter*, Kap. 9, Rn. 12; *Schütze/Tschernig/Wais*, Rn. 156; im Ergebnis ebenso aber unter Anwendung des § 138 BGB *Staudinger/Sack*, § 134 BGB, Rn. 308, 497; ebenfalls für eine Unwirksamkeit der Vereinbarung *v. Look*, Vereinsstrafen S. 166. Ausführlich zum Verbot der Entscheidung in eigener Sache *Kornblum*, Schiedsrichterliche Unabhängigkeit, S. 6 ff. m.z.N. aus Rechtsprechung und Schrifttum.

[56] BGHZ 51, 255, 263.

[57] Umfassend *Fenn*, FS-Henckel, S. 172, 188 ff.

[58] *Fenn*, FS-Henckel, S. 173, 189, weist zu Recht darauf hin, daß bei Statuierung des Gebotes der Unabhängigkeit und Überparteilichkeit in der Satzung eine gleichwohl erfolgende Mitwirkung parteilicher Richter nicht zum Verlust der Eigenschaft als Schiedsgericht führt.

handelt sich bei einem derart besetzten Spruchkörper bereits begrifflich um ein Verbandsgericht und damit um ein Organ des Verbandes[59], und nicht um ein Schiedsgericht.

Daraus folgt, daß der Sportler vor Klageerhebung dieses als Bestandteil des verbandsinternen Rechtsweges regelmäßig anrufen muß[60].; einer im Widerspruch hierzu eingereichten Klage fehlt damit das Rechtsschutzbedürfnis, aber ihr steht nicht die Einrede des Schiedsvertrages gemäß § 1032 ZPO entgegen. Hat dieser Spruchkörper (Verbandsgericht) bereits eine Entscheidung gefällt, kann diese von den staatlichen Gerichten überprüft werden; die Einrede der Schiedsvereinbarung verfängt nicht.

5. Form

Die Schiedsvereinbarung zwischen Sportler und Sportverband muß der gesetzlich vorgesehenen Form (§ 1031 ZPO) entsprechen.

§ 1031 ZPO unterscheidet hinsichtlich der Formanforderungen zwischen Schiedsvereinbarungen im sogenannten gewerblichen (Abs. I-IV) und nicht gewerblichen (Abs. V) Bereich.

a) Der nicht-gewerbliche Bereich (§ 1031 Abs. 5 ZPO)

Nach § 1031 Abs. 5 ZPO darf die Schiedsvereinbarung keine weiteren Regelungen enthalten, bedarf der vollen Schriftform und muß von beiden Parteien unterzeichnet sein (§ 126 BGB). Die Formerschwerung des § 1031 Abs. 5 ZPO kommt aber nur dann zur Anwendung, wenn an dem zugrundeliegenden Geschäft eine Person („Verbraucher") beteiligt ist, die nicht zu einem Zweck gehandelt hat, der ihrer gewerblichen oder selbständigen beruflichen Tätigkeit zugerechnet werden kann (§ 1031 Abs. 5, S. 3 ZPO). Der Begriff der gewerblichen Tätigkeit ist nicht definiert und hat, sich am UNCITRAL-Modellgesetz orientierend, auf die Begriffe des HGB (Kaufmann, beiderseitiges Handelsgeschäft) verzichtet[61]. Entscheidend

---

[59] *Fenn*, FS-Henckel, S. 173, 189, 195 f.; vgl. RGZ 151, 229, 232 f; *Flume*, FS-Bötticher, S. 101, 134.

[60] Hierzu oben, Drittes Kapitel, B.

[61] *Schütze*, Rn. 103.

ist insofern nicht die Kaufmannseigenschaft der Parteien oder ob es sich um ein beiderseitiges Handelsgeschäft handelt, sondern ob Geschäfte in beruflicher, satzungsmäßiger oder ähnlicher Form abgeschlossen wurden[62]. Ausgeschlossen werden insbesondere private Endverbraucher und Arbeitnehmerstreitigkeiten[63]. Das der Schiedsvereinbarung zugrundeliegende Geschäft hat im wesentlichen die Teilnahme des Sportlers am Wettkampf zum Inhalt. Der Sportler übt diese Tätigkeit nicht als private Tätigkeit, sondern gewerbsmäßig sowie in der Regel als Beruf aus[64]. Die Teilnahme am Sport stellt insbesondere vielfach die einzige Tätigkeit dar, die der Erzielung eines Einkommens dient. Der Sportler ist demnach grundsätzlich nicht als Verbraucher i.S.d. § 1031 Abs. 5 ZPO anzusehen. Gleiches hat auch zu gelten, wenn er Angestellter seines Vereines ist und in diesem Rahmen an Veranstaltungen des Sportverbandes teilnimmt. Denn insofern handelt es sich nicht um eine unmittelbare Streitigkeit aus dem Arbeitsverhältnis (zum Verein), so daß seine Tätigkeit einer gewerblichen Tätigkeit gleichgestellt werden kann.

Die Schiedsvereinbarung zwischen Sportverband und Sportler unterfällt daher nicht den strengeren Anforderungen des § 1031 Abs. 5 ZPO, sondern richtet sich nach § 1031 Abs. 1-4 ZPO.

b) Der gewerbliche Bereich (§ 1031 Abs. 1 - 4 ZPO)

Bei der Festlegung der erforderlichen Form ist danach zu unterscheiden, ob eine Schiedsabrede oder eine Schiedsklausel zwischen Sportverband und Sportler vereinbart wird.

---

[62] *Lachmann*, Rn. 144 f.; *Zerbe*, S. 144; *Calavros*, S. 12; *Schütze*, Rn. 103; vgl. auch *Hußlein-Stich*, S. 43.

[63] *Zerbe*, S. 144.

[64] Siehe oben Zweites Kapitel, B. II. 4. c) bb) (1); ein Ausnahme kann u.U. dann gelten, wenn der Athlet keine Einnahmen mit der Sportausübung erlangt, wie es beispielsweise bei jüngeren Sportlern im Einzelfall gegeben sein kann.

aa) Schiedsabrede

Der gesondert vereinbarte Schiedsvertrag (Schiedsabrede), den z.B. der DLV und der DFB verwenden, entspricht regelmäßig dem Schriftformerfordernis des § 1031 Abs. 1, 1. Alt. ZPO, da er auf einer von beiden Parteien zu unterzeichnenden Urkunde festgehalten wird.

bb) Schiedsklausel

Das Schiedsgericht einschließlich der betreffenden Verfahrensbestimmungen kann aber auch im Verbandsregelwerk statuiert sein.

(1) Formerfordernis des § 1031 Abs. 3 ZPO

Die diesbezügliche Formanforderung richtet sich nach § 1031 Abs. 3 ZPO. Die Einbeziehung des vornormierten Verbandsregelwerkes mit Schiedsklauseln in den zwischen Sportverband und Sportler geschlossen Vertrag, der mit der Teilnahme am Wettkampf, dem Abschluß einer Athletenvereinbarung oder durch die Ausgabe von Lizenzen, Spielerpässen o.ä. zustandekommt[65], führt damit auch dazu, daß die im Verbandsregelwerk enthaltene Schiedsklausel Vertragsbestandteil wird. Die Anforderungen des § 1031 Abs. 3 ZPO sind demnach erfüllt.

(2) Form der Bezugnahme

Darüber hinaus muß die Bezugnahme selbst, mithin die Anerkennung des Verbandsregelwerkes, gemäß § 1031 Abs. 3 ZPO den Formerfordernissen des § 1031 Abs. 1 oder 2 ZPO entsprechen.

Die sogenannte Athletenvereinbarung bzw. der Lizenzvertrag[66] stellen einen gesondert zwischen Sportler und Sportverband abgeschlossenen schriftlichen und unterschriebenen Vertrag dar, der somit den Formanforderungen des § 1031 Abs. 1, 1. Alt. ZPO entspricht.

Der Spielerpaß, Spielausweis o.ä. werden dem Sportler auf schriftlichen Antrag in Form eines Schriftstückes erteilt. Dieses muß der Sportler zudem in der Regel

---

[65] Siehe oben, Zweites Kapitel A. II. 5.
[66] Siehe oben, Zweites Kapitel A. II. 5. a).

unterschreiben, was bei der jeweiligen Wettkampfteilnahme überprüft wird. Damit werden zwischen den Parteien Schriftstücke gewechselt, die Angebot und Annahme der Anerkennung des Verbandsregelwerkes enthalten[67] und damit den sicheren Nachweis einer Schiedsvereinbarung ermöglichen. Diese Vorgehensweise entspricht somit ebenfalls dem Formerfordernis des § 1031 Abs. 1, 2. Alt. ZPO.

Der allein durch die Wettkampfteilnahme begründete Vertrag zwischen Sportler und Sportverband erfolgt jedoch meist konkludent, da eine diesbezügliche schriftliche Vereinbarung häufig nicht verlangt wird. Fehlt eine derartige schriftliche Vereinbarung, die die Geltung des Verbandsregelwerkes und damit der Schiedsklausel begründet, ist dem Formerfordernis des § 1031 Abs. 3 ZPO nicht genüge getan.

Es liegt dann keine fomwirksame Schiedsvereinbarung zwischen Sportverband und Sportler vor, mit der Folge der Unwirksamkeit der gesamten Schiedsvereinbarung[68].

(3) „Überraschende" Schiedsklausel

Darüber hinaus können aber noch weitere Anforderungen in Betracht kommen. So ist hinsichtlich der Wirksamkeit von Schiedsklauseln in Allgemeinen Geschäftsbedingungen, die den typischen Anwendungsbereich des § 1031 Abs. 3 ZPO darstellen[69], anerkannt, daß diese sich an den Normen des AGBG zu messen haben[70]. Eine Schiedsklausel in Allgemeinen Geschäftsbedingungen darf insbesondere keine überraschende Klausel i.S.d. § 3 AGBG darstellen.

Das Verbandsregelwerk ist im Verhältnis zu Nichtmitgliedern wie den Sportlern zwar nicht als AGB einzuordnen. Aber auch im Rahmen der Kontrolle nach § 242

---

[67] Siehe oben, Zweites Kapitel A. II. 5. a).
[68] Eine mögliche Heilung kann allein durch rügeloses Einlassen auf die schiedsgerichtliche Verhandlung zur Hauptsache eintreten, § 1031 Abs. 6 ZPO.
[69] *Lachmann*, Rn. 140; *Thomas/Putzo*, § 1031 ZPO, Rn. 6; *Schütze*, Rn. 104; zur Schiedsklausel in AGB auch *Lindacher*, FS-Habscheid, 1989, S. 167 ff.
[70] BGH, NJW 1999, S. 282, 283; BGH, WM 1992, 100, 101 ff. *Schütze*, Rn. 104; *Wieczorek/ Schütze*, § 1027 ZPO, Rn. 21.

BGB darf es keine überraschende Klauseln enthalten[71]. Es können die für die Schiedsklauseln in Allgemeinen Geschäftsbedingungen geltenden Grundsätze insofern entsprechend herangezogen werden, wonach die Schiedsklausel im Verbandsregelwerk nicht als „überraschende" Regelung erscheinen darf. Bei den Verbandsregelwerken handelt es sich um umfangreiche Bestimmungen, die sich zudem in verschiedene Ordnungen aufgliedern, wie z.B. Satzung, Rechtsordnung, Verfahrensordnung, Schiedsordnung. Eine Schiedsklausel wird somit nicht ohne weiteres durch den Sportler wahrgenommen. Zudem entspricht eine Schiedsklausel nicht der Üblichkeit, so daß der Sportler nicht unbedingt mit einer solchen rechnen muß. Es bedarf daher eines ausdrücklichen Hinweises auf die Schiedsklausel, beispielsweise durch eine drucktechnische Hervorhebung. Dies ist auch dadurch gerechtfertigt, daß der Ausschluß der staatlichen Gerichtsbarkeit zugunsten der privaten Schiedsgerichtsbarkeit nur dann rechtmäßig ist, wenn er freiwillig erfolgt, und dieses Kriterium nicht erfüllt wäre, wenn der Sportler die Schiedsklausel nicht ohne weiteres wahrnehmen kann. Fehlt es demnach an einem ausdrücklichen Hinweis auf die Schiedsklausel, ist diese unwirksam.

c) Ergebnis

Die Einrede der Schiedsvereinbarung kann daher nur begründet sein, wenn dieser in der erforderlichen Form abgeschlossen wurde und sie keine überraschende Klausel darstellt. Soweit ein Schiedsvertrag ausdrücklich abgeschlossen wird, ist die erforderliche Form regelmäßig erfüllt. Bei den in den Satzungen der Sportverbände statuierten Schiedsgerichten wird dagegen die Form häufig nicht eingehalten sein, insbesondere weil die konkludente Einbeziehung durch die Wettkampfteilnahme nicht dem Formerfordernis des § 1031 Abs. 1 ZPO entspricht oder weil es an einem ausdrücklichen Hinweis auf die Schiedsklausel fehlt.

IV. Zusammenfassung

Die Einrede der Schiedsvereinbarung führt nur dann gemäß § 1032 Abs. 1 ZPO zur Abweisung der Klage des Sportlers gegen den deutschen Sportverband als

---

[71] Siehe oben, Zweites Kapitel A. II. 4. c) aa); BGHZ 128, 93, 105.

unzulässig, wenn die Schiedsvereinbarung wirksam ist. Die Schiedsvereinbarung muß dafür den genannten Voraussetzungen entsprechen, was aus rechtstatsächlicher Sicht – jedenfalls teilweise - nicht der Fall ist.

Viertes Kapitel: Die zivilrechtliche Haftung beim Doping

Das vierte Kapitel hat die zivilrechtliche Haftung der am Doping Beteiligten zum Inhalt. Dabei ist „Haftung" als Pflicht zum Schadensersatz und sonstigen Ausgleich erlittener Einbußen zu verstehen. Die diesbezügliche Untersuchung teilt sich in zwei Abschnitte.

Der erste Abschnitt befaßt sich mit Ansprüchen des Sportlers, der „unrechtmäßig" vom Sportverband sanktioniert wurde. Es geht daher um die haftungsrechtlichen Folgen, die eine unrechtmäßige Sperre auslösen kann.

Im zweiten Abschnitt werden mögliche Schadensersatzansprüche geprüft, die im Zusammenhang mit einem tatsächlich vorliegenden Dopingvergehen des Sportlers stehen; dem also die Einnahme von Dopingmitteln zugrundeliegt. Hierbei ist auf die unterschiedlichen Beziehungen der Beteiligten abzustellen. Als Anspruchsberechtigter kommen der gedopte Athlet, dessen Konkurrent, der Verein, Zuschauer, Veranstalter oder der Sponsor in Betracht.

A. Schadensersatzansprüche des (unrechtmäßig) wegen Dopings sanktionierten Sportlers

Der folgende Abschnitt konzentriert sich auf die Frage, inwieweit dem Sportler Schadensersatzansprüche gegen den Sportverband zustehen, wenn er von diesem wegen eines (vermeintlichen) Dopingvergehens „unrechtmäßig" sanktioniert wurde. Die „Unrechtmäßigkeit" der Sanktion ist gegeben, wenn sie die genannten Voraussetzungen nicht einhält[1], der Sportler also zum Zeitpunkt des Verstoßes nicht an das Regelwerk des Sportverbandes gebunden war, die Sanktion einer Tatsachen- und/oder Subsumtionskontrolle nicht entspricht oder sie bzw. das ihr zugrundeliegende Verbandsregelwerk einer Inhaltskontrolle nicht standhalten.

Als für einen Schadensersatzanspruch in Frage kommende Sanktionierung wird allein auf die Sperre des Athleten abgestellt, da es sich hierbei um die Sanktion handelt, die regelmäßig bei einem Dopingverstoß verhängt wird. Folge der Sperre

---

[1] Siehe oben Zweites Kapitel B. II., III.

ist es, daß dem Sportler während deren Dauer untersagt ist, an Wettkämpfen, Meisterschaftsspielen o.ä. teilzunehmen, die im Bereich des jeweiligen Verbandes veranstaltet werden. Die durch die Nichtzulassung entstehenden finanziellen Schäden des Athleten können sich unter folgenden Gesichtspunkten ergeben: die Kündigung von Sponsoren- oder Werbeverträgen, der Verlust sogenannter Antritts-, Start- oder Auflaufgelder oder entgangene Sieg- oder Punkteprämien.

I. (Quasi-) Vertraglicher Anspruch

Ein Schadensersatzanspruch des Sportlers gegen den Sportverband wegen einer „unrechtmäßigen" Sperre kann sich aus dem zwischen ihnen bestehenden Vertrag ergeben. Als Anspruchsgrundlage kommt dafür eine positive Vertragsverletzung (pVV) oder eine Unmöglichkeit (§ 280 Abs. 1 BGB) in Betracht.

Das Rechtsinstitut der pVV läßt sich aus einer analogen Anwendung der §§ 286, 326, 280, 325 BGB herleiten[2], und ist seit langem gewohnheitsrechtlich anerkannt[3]. Die der pVV vorgehenden Regelungen der Gewährleistung und des Verzuges sind zwar nicht einschlägig; eine Anwendung kommt aber nur dann in Frage, wenn die insofern auch vorrangige Regelung der Unmöglichkeit nicht zum Tragen kommt. Zur Abgrenzung ist entscheidend auf die Ausgestaltung des Vertrages und die sich aus diesem ergebende Pflicht des Sportverbandes abzustellen.

1. Vertragspflichten des Sportverbandes

Zwischen dem Sportverband und dem Sportler bestehen in der Regel vertragliche Beziehungen durch Abschluß einer Athletenvereinbarung bzw. eines Lizenzvertrages, durch Ausstellung eines Spielerpasses oder allein durch die Teilnahme am Wettkampf[4].

---

[2] *Medicus*, BR, Rn. 316; *Larenz*, SchuldR I, § 24 I a, *Palandt/Heinrichs*, § 276 BGB, Rn. 105 m.w.N.; das RG griff noch auf § 276 BGB zurück RGZ 52, 19, 53; so auch *MüKo-Emmerich*, vor § 275 BGB, Rn. 225.

[3] Statt vieler BGHZ 11, 80, 83 ff.; *Medicus*, BR, Rn. 316; *Larenz*, SchuldR I, § 24 I a; *Staudinger/Löwisch*, Vorb. § 275 BGB, Rn. 24; *Wertheimer/Eschbach*, JuS 1997, S. 605, 606; a.A. *Schünemann*, JuS 1987, S. 1 f.

[4] Hierzu oben Zweites Kapitel A. II. 5.

Aus diesem Vertrag läßt sich allgemein die Hauptpflicht des Sportverbandes herleiten, den Sportler – bei Vorliegen der entsprechenden Voraussetzungen – an Verbandsveranstaltungen (Wettkampf, Bundesliga, etc.) teilnehmen zu lassen sowie ihm die Teilnahme an von Dritten im Verbandsbereich veranstalteten Wettkämpfen nicht zu untersagen.

a) §§ 275, 280 BGB

Die Sperre des Sportlers bedingt seinen Ausschluß von zukünftigen Veranstaltungen des Sportverbandes. Dies könnte als Unmöglichkeit i.S.d. § 275 BGB anzusehen sein, mit der Folge, daß der Schadensersatzanspruch des Sportlers auf § 280 Abs. 1 BGB zu stützen wäre.

Unmöglichkeit ist gegeben, wenn die vertraglich geschuldete Leistung nicht mehr erbracht werden kann[5]. Die Sperre des Sportlers führt daher nur bei Vorliegen zweier Voraussetzungen zur Unmöglichkeit der vom Sportverband zu erbringenden Leistung:

Erstens muß die Sperre einen Zeitraum betreffen, in dem noch ein Vertrag zwischen Sportler und Verband besteht, da andernfalls keine Vertragspflicht des Sportverbandes besteht, den Sportler – bei Vorliegen der Zulassungsvoraussetzungen – an der Verbandsveranstaltung teilnehmen zu lassen.

Existiert eine vertragliche Vereinbarung zwischen Sportler und Sportverband allein aufgrund der Wettkampfteilnahme, ist die Vertragsdauer auf den Wettkampf beschränkt und damit auch die vertragliche Hauptpflicht zur Zulassung des Sportlers, so daß die Nichtzulassung (Sperre) zu späteren Wettkämpfen nicht zu einer Unmöglichkeit führen kann. Bei Bindung des Sportlers über eine für die Dauer einer Wettkampfsaison erteilten Lizenz oder Spielerpasses gilt Entsprechendes. Betrifft die Sperre den Zeitraum des bestehenden Vertrages, also regelmäßig die laufende Saison, führt sie zu einer Unmöglichkeit der Pflicht des Sportverbandes, den Sportler teilnehmen zu lassen. Geht die Sperre aber über die Dauer der Vertragsbeziehung hinaus, sind also Wettkämpfe betroffen, die zeitlich nach Ablauf der Saison liegen, für welche die Lizenz erteilt worden ist, kann die Sperre

---
[5] Statt aller *Palandt/Heinrichs*, § 275 BGB, Rn. 4, 13.

mangels bestehenden Vertrages nicht als Unmöglichkeit der vom Sportverband (nicht mehr) geschuldeten Vertragsleistung angesehen werden. Zweitens muß die jeweilige Veranstaltung bereits stattgefunden haben, da sie nur dann nicht mehr nachgeholt werden kann. Der auf § 280 BGB gestützte Anspruch kommt daher nur dann zum Tragen, wenn er sich auf einen Zeitraum bezieht, in dem vertragliche Beziehungen bestehen.

b) pVV

Die regelmäßig vorgesehene mehrjährige Sperre des Athleten geht aber häufig über den Zeitraum der zum Zeitpunkt des Dopingverstoßes bestehenden Vertragsbeziehung hinaus, in dem sie auch für die Zeit nach Wettkampfteilnahme bzw. Saisonablauf Geltung beansprucht. Die Sperre wirkt damit in einen Zeitraum hinein, in dem eine Vertragspflicht den Athleten teilnehmen zu lassen, nicht mehr besteht. Eine Unmöglichkeit scheidet damit aus, so daß sich die Frage stellt, ob sich ein auf die Unrechtmäßigkeit der Sperre gestützter Anspruch aus einer pVV herleiten läßt.

Voraussetzung für eine pVV ist die schuldhafte Verletzung einer sich aus dem Schuldverhältnis ergebenden Pflicht[6]. Die unrechtmäßige Sperre des Sportlers durch den Sportverband könnte damit auch eine Verletzung der sich aus dem Vertrag ergebenden Pflichten gegenüber dem Sportler darstellen.

Vertragliche Hauptpflicht des Sportverbandes ist es, den Sportler an Verbandsveranstaltungen teilnehmen zu lassen, soweit er die Zulassungskriterien erfüllt sowie ihm in diesem Fall nicht die Zulassung zu Wettkämpfen zu verweigern, die im Verbandsbereich durch Dritte veranstaltet werden. Seine Pflicht, keine unrechtmäßige Sperre zu verhängen, wird zwar nicht ausdrücklich vertraglich geregelt, ist dem Vertrag aber immanent. Dem Sportverband wird eine einseitige Gestaltungsbefugnis eingeräumt, indem ihm das Recht zusteht, Sanktionen gegen den Sportler zu verhängen. Hieraus ergibt sich die Pflicht, zunächst bei Festlegung der Sperre das eigene Regelwerk richtig anzuwenden, so daß die Sperre einer Subsumtionskontrolle standhält. Gleichfalls besteht die vertragliche Pflicht,

---

[6] Statt aller *Staudinger/Löwisch*, Vorb. § 275 BGB, Rn. 27 ff. m.w.N.

der Sanktion einen Sachverhalt zugrundezulegen, der korrekt ermittelt worden ist. Diese wird insbesondere angesichts der detaillierten Regelung[7] hinsichtlich der Dopingprobenentnahme, des Kontrollverfahrens und dessen Protokollierung sowie der Plombierung der Dopingproben im einzelnen konkretisiert. Des weiteren kann dem Vertrag die Pflicht entnommen werden, nur solche Sperren zu verhängen, die mit höherrangigem Recht vereinbar sind, mithin einer gerichtlichen Inhaltskontrolle standhalten.

Eine vom Sportverband verhängte Doping-Sperre, die einer Subsumtions-, Tatsachen- oder Inhaltskontrolle nicht standhält, stellt damit grundsätzlich eine Vertragsverletzung dar. Es wird dabei auf den Zeitpunkt des Dopingverstoßes bzw. der Verhängung der Sanktion abgestellt und nicht auf den der späteren Nichtzulassung zum Wettkampf, die bei noch bestehendem Vertrag zur Unmöglichkeit der Vertragspflicht des Sportverbandes führt, den Sportler teilnehmen zu lassen. Die genannte Vertragsverletzung führt daher jedenfalls dann nicht zur Unmöglichkeit, wenn die Sperre in einen Zeitraum hinein wirkt, in dem kein Vertrag mehr zwischen Verband und Sportler besteht, sie also auch für die Zeit nach dem konkreten Wettkampf oder nach Ablauf der Saison gilt. In diesem Fall ist die pVV nicht subsidiär.

Dieser Anspruch wegen einer pVV setzt das Bestehen eines Vertrages zum Zeitpunkt der Verletzungshandlung voraus.

Das Merkmal ist erfüllt, wenn zum Zeitpunkt der Entscheidung (Sperre) des Sportverbandes Vertragsbeziehungen zwischen Sportverband und Sportler bestehen. Entsteht die vertragliche Beziehung über den Abschluß einer Athletenvereinbarung oder die Ausgabe von Spielerpässen o.ä., führt dies regelmäßig zu einer vertraglichen Bindung für die Dauer einer Wettkampfsaison. Die Begründung vertraglicher Beziehungen allein über die Wettkampfteilnahme führt dagegen zu einem Vertrag zwischen Sportler und Sportverband ausschließlich für die Dauer des Wettkampfes[8]. Grundsätzlich liegt damit in der unrechtmäßigen Sperre eine

---

[7] Siehe oben Erstes Kapitel E. I. 2.
[8] Im einzelnen oben Zweites Kapitel A. II. 5. c)

Vertragsverletzung, wenn zum Zeitpunkt der Entscheidung, d.h. der Verhängung der Sperre, Vertragsbeziehungen zwischen Sportverband und Sportler bestehen[9].

Eine Ausnahme hiervon besteht jedoch dann, wenn die Entscheidung (Sperre) des Sportverbandes zu einem Zeitpunkt getroffen wird, zu dem die Vertragsbeziehungen bereits beendet sind und sich die Sanktion auf einen in der Vergangenheit liegenden Sachverhalt, mithin Doping-Verstoß, bezieht, zu dessen Zeitpunkt Vertragsbeziehungen bestanden haben. Diese sind jedoch ausreichend, um bei einer unrechtmäßigen Sperre die Verletzung von vertraglich bestehenden Pflichten anzunehmen, unabhängig davon, ob auch zum Zeitpunkt der Entscheidung noch vertragliche Beziehungen bestehen.

Denn in Rechtsprechung und Literatur ist anerkannt, daß nach Beendigung des Schuldverhältnisses bestimmte Pflichten des Schuldners weiterbestehen können[10]. So kann angenommen werden, daß die vertragliche Pflicht des Sportverbandes, keine unrechtmäßigen Sperren zu verhängen, nicht nur die Dauer der Vertragsbeziehungen umfaßt, die zum Teil auf einen konkreten Wettkampf beschränkt sein können, sondern darüber hinaus erweitert werden können, soweit die Grundlage (Doping-Verstoß) der Sanktion in den Zeitraum des Bestehens der vertraglichen Beziehungen fällt. Aus diesem Vertrag ergibt sich auch im Hinblick auf weitere Neuvertragsabschlüsse anläßlich späterer Wettkämpfe die nachvertragliche Pflicht der Rechtmäßigkeit der Doping-Sperre.

Die pVV kommt also zur Anwendung, wenn zum Zeitpunkt der Verhängung der Sperre ein Vertrag zwischen Sportler und Verband besteht oder falls er nicht mehr besteht, jedenfalls zum Zeitpunkt des Dopingverstoßes ein Vertrag bestanden hat. Zudem muß die Sperre bei beiden Fallkonstellationen in einen Zeitraum hinein wirken, in dem kein Vertrag und damit keine vertragliche Pflicht des Verbandes mehr besteht, den Sportler teilnehmen zu lassen, da ansonsten § 280 BGB und damit die Regeln über die Unmöglichkeit zum Tragen kommen.

---

[9] So auch für das Verhältnis zum internationalen Sportverband *Pfister*, SpuRt 1995, S. 250, 251.
[10] Vgl. statt vieler: *Staudinger/Löwisch*, Vorb. §§ 275 ff. BGB, Rn. 37.

c) Zwischenergebnis

Der Schadensersatzanspruch des Sportlers wegen einer unrechtmäßigen Sperre durch den Sportverband kann nur dann auf eine pVV gestützt werden, soweit er nicht diejenigen Fallkonstellationen betrifft, die von einer Unmöglichkeit i.S.d. § 280 Abs. 1 BGB umfaßt werden. Da die weitere Anspruchsvoraussetzung (Verschulden) und der Umfang des Schadensersatzanspruches (§§ 249 ff. BGB) nahezu identisch sind, werden im folgenden die Voraussetzungen für beide Anspruchsgrundlagen gemeinsam dargestellt.

2. Verschulden

Der Anspruch des Sportler aus einer pVV bzw. gem. § 280 BGB setzt ein Verschulden des Sportverbandes voraus.

Da die deutschen Sportverbände sämtlich eingetragene Vereine sind, wird ihnen das Handeln ihrer Organe gemäß § 31 BGB zugerechnet. Das jeweils zuständige Spruchorgan des Sportverbandes, welches die Sperre verhängt, wird als Organ[11] des Sportverbandes i.S.d. § 31 BGB tätig, so daß dieses ein Verschulden treffen muß.

Ein Verschulden ist bei Vorsatz oder Fahrlässigkeit gegeben, § 276 Abs. 1 S. 1 BGB. Es herrscht insofern ein objektiver Fahrlässigkeitsbegriff; die vom einzelnen gemäß § 276 Abs. 1 S. 2 BGB zu beachtende Sorgfalt bestimmt sich nach objektiven Kriterien[12].

a) Allgemein

Das Vorliegen eines Verschuldens des Sportverbandes bei Verhängung einer Sperre, die den genannten[13] Rechtmäßigkeitsanforderungen nicht genügt, ist eine Einzelfallentscheidung, so daß sich allgemeingültige Kriterien nur schwer ermitteln lassen. Im einzelnen kann aber anhand folgender Anhaltspunkte unterschieden werden:

---

[11] Siehe oben Drittes Kapitel C. II. 1.
[12] *Mayer*, S. 93 ff.; *Deutsch*, Fahrlässigkeit, S. 128 ff. *Larenz*, SchuldR I § 20 III, *Palandt/Heinrichs*, § 276 BGB, Rn. 15 m.w.N.; *MüKo-Hanau*, § 276 BGB, Rn. 78.
[13] Siehe oben Zweites Kapitel B. II., III.

Beruht die Unrechtmäßigkeit der Sperre auf einer fehlerhaften Anwendung der eigenen Verbandsregeln[14], hält die Sperre also einer Subsumtionskontrolle nicht stand[15], ist zumindest Fahrlässigkeit gegeben. Denn der Sportverband wendet nicht die im Verkehr erforderliche Sorgfalt an, wenn er seine eigenen Regeln falsch anwendet.

Schwieriger ist die Ermittlung des Verschuldens, wenn die Sperre bzw. das ihr zugrundeliegende Regelwerk einer Inhaltskontrolle nicht standhalten, insbesondere weil sie bzw. es mit höherrangigem Recht nicht vereinbar sind. Es fragt sich somit, inwieweit der Einwand berücksichtigt werden kann, der Sportverband habe - rechtsirrig - die verhängte Strafe für rechtmäßig gehalten.

b) Rechtsirrtum des Sportverbandes

Dieser Rechtsirrtum des Sportverbandes ist schuldhaft, wenn er ihn bei Anwendung der erforderlichen Sorgfalt hätte erkennen können[16], er also irrtümlich annimmt, zu einer Doping-Sanktion berechtigt zu sein, obwohl er es im konkreten Fall nicht ist.

Ein Verschulden ist grundsätzlich dann anzunehmen, wenn bereits höchstrichterliche Entscheidungen ergangen sind und der Sportverband in seiner Entscheidung hiervon abweicht[17]. Höchstrichterlich ist insoweit entschieden, daß der Sportler an das Verbandsregelwerk gebunden sein muß, damit eine Sperre überhaupt rechtswirksam sein kann[18]. Im übrigen ist zu berücksichtigen, daß gerichtliche Entscheidungen zur Inhaltskontrolle von Doping-Sperren und der diesen zugrundeliegenden Verbandsregelungen bisher kaum vorliegen[19].

Darüber hinaus kann für die Annahme eines Verschuldens darauf abgestellt werden, ob der Sportverband bei Anwendung der im Verkehr erforderlichen Sorgfalt mit einer anderen Beurteilung seines Verhaltens durch das Gericht hätte rechnen

---

[14] Vgl. OLG München, SpuRt 1996, S. 133, 137 f.
[15] Hierzu oben Zweites Kapitel B. III. 2.
[16] Vgl. *Staudinger/Löwisch*, § 285 BGB, Rn. 21; *Mayer-Maly*, AcP 170 (1970), S. 133, 148 ff.
[17] Vgl. *Mayer*, S. 104, 145; *Staudinger/Löwisch*, § 285 BGB, Rn. 23; vgl. *Köhler/Piper*, vor § 13 UWG, RN. 49 m.w.N.
[18] BGH, NJW 1995, S. 583, 585 f.
[19] Vgl. OLG München, SpuRt 1996, S. 133 ff.

können[20]. Diesbezüglich verbleibt es bei einer Einzelfallentscheidung, wobei zu berücksichtigen ist, daß die Rechtmäßigkeit der Dopingregelungen der Sportverbände in der Literatur zum Teil erheblich kritisiert und zugleich auf deren Unwirksamkeit hingewiesen wird[21]. Handelt es sich dabei nicht lediglich um eine vereinzelte Auffassung, liegt die Vermutung nahe, daß das Gericht ebenfalls den dort vertretenen Standpunkt werde einnehmen können. Beruht beispielsweise die Sperre auf einer Regelung, die für einen Doping-Verstoß eine verschuldensunabhängige Mindestsperre vorsieht, handelt der Sportverband mit Verhängung der Sperre wenigstens fahrlässig. Auf das Erfordernis eines Verschuldens ist bereits mehrfach hingewiesen worden[22]; es ist also damit zu rechnen, daß eine anderslautende Verbandsregelung ebenfalls einer gerichtlichen Kontrolle nicht standhält. Ein Verschulden des Sportverbandes in dem genannten Sinne bei Verhängung einer „unrechtmäßigen" Doping-Sperre wird also häufig vorliegen. Diese stellt sich zudem als rechtswidrige Vertragsverletzung dar.

Dem Sportler steht daher regelmäßig im Fall einer „unrechtmäßigen" Sperre ein Anspruch gegen den Sportverband aufgrund zu.

3. Rechtsfolge

Die Rechtsfolgen der pVV entsprechen im Grundsatz denjenigen, die das Gesetz im Fall der Unmöglichkeit vorsieht[23]. Der Sportverband hat demgemäß Schadensersatz zu leisten und den Schaden zu ersetzen, den der Sportler durch die Sperre erleidet, und den Sportler finanziell so zu stellen, wie dieser ohne die Sperre stünde[24].

---

[20] Vgl. BGH GRUR 1990, S. 1035, 1038 - Urselters II; GRUR 1993, S. 556, 559 - Triangle; MüKo-Hanau, § 276 BGB, Rn. 120; Palandt/Heinrichs, § 285 BGB, Rn. 4; Mayer, S. 146 ff.

[21] U.a. Röhricht, Zulassungssperren, S. 12, 20; Vieweg, NJW 1991, S. 1511 ff., 1516; ders., NJW 1992, S. 2539, 2540; DLV-Rechtsausschuß, NJW 1992, S. 2588, 2590 ff.

[22] Röhricht, Zulassungssperren, S. 12, 20; Turner, MDR 1991, S. 569 570; DLV-Rechtsausschuß, SpuRt 1996, S. 66, 68; vgl. Spruch- und Schlichtungskammer des DKanuV, Reschke, Dok.-Nr. 13-22-2.

[23] Statt vieler Emmerich, Leistungsstörungen, § 22 I.

[24] Die Möglichkeit des Rücktritts oder eines Schadensersatzanspruches wegen Nichterfüllung des ganzen Vertrages (hierzu Emmerich, Leistungsstörungen, § 22 I) kommt für den Sportler regelmäßig nicht in Betracht, da er am Vertrag mit dem Sportverband weiter festhalten will.

4. Umfang des Schadensersatzanspruches

Der Umfang des Schadensersatzanspruches richtet sich nach den §§ 249 ff. BGB[25]. Er umfaßt alle unmittelbaren und mittelbaren Nachteile des schädigenden Verhaltens[26].

a) Kündigung von Sponsoringverträgen

Eine Vielzahl der Spitzensportler hat Sponsoring- oder Werbeverträge mit Unternehmen abgeschlossen, die ihnen finanzielle Zuwendungen für die Dauer des Vertrages gewähren. Diese Verträge sehen zum Teil ausdrücklich ein Kündigungsrecht des Unternehmens vor, wenn der Sportler wegen eines Dopingverstoßes gesperrt wird[27]. Aber selbst wenn ein Kündigungsrecht ausdrücklich nicht vereinbart ist steht dem Unternehmen nach den allgemein für Dauerschuldverhältnissen geltenden Grundsätzen ein Kündigungsrecht aus wichtigem Grund gemäß § 242 BGB zu[28]. Hiernach ist das Unternehmen regelmäßig zur Aufkündigung des mit dem Sportler abgeschlossenen Vertrages berechtigt, wenn dieser wegen Dopings gesperrt wird.

Die Kündigung dieses Vertrages muß einen i.S.d. §§ 249 ff. BGB ersatzfähigen Schaden des Sportlers begründen.

Der grundsätzlich nach der Differenzhypothese[29] zu berechnende Vermögensschaden des Sportlers liegt in dem Ausfall der Zahlungen des Unternehmens, zu welcher dieses für die Restlaufzeit des Vertrages verpflichtet gewesen wäre. Dieser ohne weiteres konkret zu berechnende Betrag stellt den Vermögensschaden des Sportlers dar. Dieser Schaden ist zudem kausal auf das zum Schadensersatz verpflichtende Ereignis, die Sperre, zurückzuführen. Denn ohne diese

---

[25] *Emmerich*, Leistungsstörungen, § 22, II; *MüKo-Emmerich*, Vor § 275 BGB, Rn. 307 ff.; *Soergel/Wiedemann*, Vor § 275 BGB, RN. 492.

[26] Statt vieler *Palandt/Heinrichs*, § 276 BGB, Rn. 123.

[27] Siehe unten Viertes Kapitel B. VI. 1. b) aa).

[28] Vgl. *Palandt/Heinrichs*, Einl. v. § 241, Rn. 18; im einzelnen unten, Viertes Kapitel B. VI. 1. b) aa).

[29] Ganz h.M, vgl. nur BGHZ 86, 128, 130; 99, 182, 196; *Lange*, § 1 III 4. S. 45, § 6, S. 246 ff.; *Staudinger/Schiemann*, § 249 BGB, Rn. 4 ff. *Palandt/Heinrichs*, vor § 249 BGB, Rn. 8; Grundlegend *Mommsen*, S. 117 ff. und passim; ablehnend *MüKo-Grunsky*, vor § 249 BGB, Rn. 7.

hätte kein Kündigungsrecht des Unternehmens bestanden und dieses sich im übrigen auch nicht zur Kündigung des Vertrages veranlaßt gesehen.

Nach dem gemäß § 249 S. 1 BGB geltenden Grundsatz der Naturalrestitution hat der Sportverband den Zustand herzustellen, der ohne das schädigende Ereignis, die Sperre, bestünde. Der Sportler kann daher die ihm durch die Kündigung der Sponsoren- oder Werbeverträge ausfallenden Zahlungen des Vertragspartners vom Sportverband ersetzt bekommen.

b) Verlust sogenannter Antritts-, Start- oder Auflaufgelder

Ein ersatzfähiger Schaden des Sportlers kann zudem in dem Verlust sog. Antritts-, Start- oder Auflaufprämien zu sehen sein.

Der Sportler erhält im Bereich der Einzelsportarten teilweise sogenannte Antritts- oder Startgelder allein für die Teilnahme an einem Wettkampf[30]. Ebenso zahlen Vereine in zahlreichen Mannschaftssportarten an die Sportler neben einem Grundgehalt eine sogenannte Auflaufprämie. Diese stellt eine gesonderte Vergütung für die Teilnahme eines Sportlers an einem Spiel dar.

aa) Konkreter Vermögensschaden

Kann der Sportler aufgrund einer Sperre nicht an Wettkampf, Spiel o.ä. teilnehmen, erhält er die genannten Prämien nicht ausgezahlt. Insoweit besteht ein konkreter Vermögensschaden des Sportlers in Höhe der ausgefallenen Zahlungen, der kausal auf die Sperre als schädigendes Ereignis zurückzuführen ist. Allerdings ist Voraussetzung für die Annahme eines kausalen Vermögensschaden, daß der Sportler mit Sicherheit an dem Wettkampf, Spiel o.ä. teilgenommen hätte. Dies kann insbesondere bei Einzelsportarten bejaht werden, wenn der Sportler sich bereits zum Wettkampf gemeldet hat und seine Teilnahme gesichert war. Der Sportverband ist dann nach § 249 S. 1 BGB zum Ersatz der ausgefallenen Zahlungen verpflichtet.

Ist der Sportler noch nicht zum Wettkampf gemeldet, sondern beabsichtigt lediglich die Teilnahme, ist ein konkret eingetretener Vermögensschaden des Sportlers

---

[30] Diese werden z.B. in der Leichtathletik oder beim Tennis bei größeren Turnieren gezahlt.

nicht gegeben. Denn dann besteht noch kein Anspruch des Sportlers auf die Zahlung der Antrittsprämie. Es besteht auch die Möglichkeit, daß er zu dem Wettkampf nicht zugelassen worden wäre, weil er beispielsweise die Qualifikationskriterien nicht erfüllt. Gleiches kann grundsätzlich im Bereich des Mannschaftsports angenommen werden. Es kann generell nicht mit Sicherheit festgestellt werden, ob der Sportler tatsächlich am Spiel teilgenommen hätte.

bb) Entgangener Gewinn

In diesen Fällen der beabsichtigten Wettkampfteilnahme kommt ein Ersatz der entgangenen Prämien aber unter dem Gesichtspunkt des entgangenen Gewinns in Betracht. Dieser ist nach § 249 S. 1 BGB ersatzfähig; § 252 S. 1 BGB kommt insoweit nur klarstellende Bedeutung zu[31]. Der Begriff des entgangenen Gewinns umfaßt alle Vermögensvorteile, die im Zeitpunkt des schädigenden Ereignisses noch nicht zum Vermögen des Geschädigten gehörten, die ihm aber ohne dieses Ereignis zugeflossen wären[32]. Dabei kommt dem Geschädigten bei der Ermittlung des Gewinns die Beweiserleichterung des § 252 S. 2 BGB zugute, wonach auf den gewöhnlichen Lauf der Dinge abzustellen ist[33].

Die Ersatzfähigkeit der genannten Prämien ist gegeben, wenn sie dem Sportler ohne die Sperre ausgezahlt worden wären. Da ein solcher Nachweis aus den genannten Gründen nur schwer zu führen ist, kommt der Beweiserleichterung des § 252 S. 2 BGB entscheidende Bedeutung zu. Hiernach kann darauf abgestellt werden, inwieweit die Teilnahme des Sportlers an dem Wettkampf bzw. sein Mitwirken beim Spiel seiner Mannschaft üblicherweise hätten erwartet werden können.

Gehört der Sportler beispielsweise zu den sog. „Stammspielern" in seiner Vereinsmannschaft, wurde er also in der Vergangenheit regelmäßig aufgestellt, liegt

---

[31] GrZS, BGHZ 98, 212, 219; *Staudinger/Schiemann*, § 252 BGB, Rn. 1; *MüKo-Grunsky*, § 252 BGB, Rn. 1.

[32] *Palandt/Heinrichs*, § 252 BGB, Rn. 1.

[33] Sog. „Beweiserleichterungstheorie". Sie entspricht der h.M., BGHZ 74, 221, 224; *Lange*, § 6 X 1, S. 340 ff.; *Esser/Schmidt*, SchR I 2, § 32 II 3 a; *Brox*, SchR-AT, Rn. 341; *MüKo-Grunsky*, § 252 BGB, Rn. 8 f; *RGRK-Alff*, § 252 BGB, Rn. 6; *Staudinger/Schiemann*, § 252 BGB, Rn. 4; *Palandt/Heinrichs*, vor § 249 BGB, Rn. 51, § 252, Rn. 7; a.A. *Steindorff* AcP 158 (1959/60), S. 431, 462, der eine materiell-rechtliche Begrenzung des Ersatzes annimmt.

die Annahme nahe, daß er auch während der Dauer seiner Sperre gespielt und damit einen Anspruch auf die Prämie gehabt hätte. Ebenso kann bei einem Spitzensportler im Bereich der Einzelsportarten angenommen werden, daß er an den Wettkämpfen während der Dauer der Sperre teilgenommen hätte, wenn dies aufgrund seiner sportlichen Fähigkeiten zu erwarten gewesen wäre und er in der Vergangenheit ebenfalls an vergleichbaren Wettkämpfen teilgenommen hatte. Insbesondere in den Bereichen Leichtathletik oder Tennis kann bei entsprechender Spitzenstellung des Athleten eine hypothetische Teilnahme während der Sperre durchaus angenommen werden.

Der Sportler kann daher unter den genannten Voraussetzungen den Ersatz der während der Dauer der Sperre entgangenen Antritts-, Start- oder Auflaufgelder vom Sportverband gemäß §§ 249 S. 1, 252 BGB ersetzt verlangen.

c) Entgangene Sieg- oder Punkteprämie

Der Sportler erhält vom Wettkampfveranstalter oder von dem Verein, für den er an Meisterschaften teilnimmt, Zahlungen für bestimmte Plazierungen oder Ergebnisse. Ebenso sehen Sponsorenverträge z.T. gesonderte Zahlungen an den Athleten vor, die an die erzielten Wettkampfergebnisse anknüpfen[34].

Der Ersatz dieser Prämien kommt unter dem Gesichtspunkt des entgangenen Gewinns nach §§ 249 S. 1, 252 BGB in Betracht. Problematisch erscheint dabei, inwieweit der Sportler darlegen kann, ob eine bestimmte Plazierung oder ein Sieg als gewöhnlicher Lauf der Dinge anzusehen ist.

Die Besonderheit des Sports birgt allerdings in sich, daß sich verläßliche Prognoseentscheidungen, wie ein Wettkampf oder Spiel ausgegangen wären, nur schwer treffen lassen. Das Endergebnis hängt häufig von Sekundenbruchteilen oder auch von Zufällen ab, wie sogenannte „Außenseitersiege" belegen. Diese grundsätzliche Unvorhersehbarkeit[35] des Ausgangs eines Wettkampfes oder Spieles ist auch Grundlage der „Wette" beim Buchmacher oder der Teilnahme am Toto-System. Es ist daher eine restriktive Handhabung geboten, wenn die

---

[34] Vgl. LG München I, Urteil v. 17.5.1995, 7 HKO 16591/94, S. 41 ff. (insoweit nicht abgedruckt in SpuRt 1995, S. 162 ff.).
[35] So auch OLG Düsseldorf, MDR 1985, S. 54.

Plazierung o.ä. des Athleten nach dem gewöhnlichen Lauf der Dinge zu bestimmen ist. Als Kriterium kommt dabei folgende Annahme in Betracht: je größer die Ausnahmestellung des Athleten und seiner sportlichen Leistung im Vergleich zu seinen Mitkonkurrenten ist, desto eher kann angenommen werden, er hätte einen Sieg oder ein vergleichbares Ergebnis erzielt. Dem Sportler wird daher nur in besonderen Ausnahmefällen der Nachweis gelingen, ohne die Sperre hätte er die Sieg- oder Punkteprämien ausgezahlt bekommen.

In der Regel hat der Sportler keinen Anspruch gegen den Sportverband auf Ersatz der Sieg- oder Punkteprämien gemäß §§ 249 S. 1, 252 BGB.

II. Anspruch gemäß §§ 20 Abs. 1, 33 GWB [36]

Als mögliche Anspruchsgrundlage eines Schadensersatzanspruches des Sportlers gegen den Sportverband wegen einer „unrechtmäßigen" Sperre kommen §§ 20 Abs. 1, 33 GWB in Betracht.

Nach § 20 Abs. 1 GWB ist marktbeherrschenden Unternehmen jede unbillige Behinderung oder sachlich nicht gerechtfertigte Ungleichbehandlung von anderen Unternehmen in einem Geschäftsverkehr, der gleichartigen Unternehmen üblicherweise zugänglich ist, verboten. Dieses Diskriminierungsverbot des § 20 Abs. 1 GWB ist Schutzgesetz i.S.d. § 32 GWB und gibt dementsprechend dem diskriminierten Unternehmen einen Anspruch auf Schadensersatz[37].

Voraussetzung für einen Anspruch ist, daß der Sportverband und der Sportler jeweils die Anforderungen an den Normadressaten des § 20 Abs. 1 GWB erfüllen.

1. Sportverband als Unternehmen

Bei den in § 20 Abs. 1 GWB genannten Normadressaten kommt für den Sportverband der des marktbeherrschenden Unternehmens in Betracht.

---

[36] In Form der Neufassung des GWB, das am 1.1.1999 in Kraft trat; entspricht §§ 26 Abs. 2 S. 1, 35 GWB a.F.

[37] Vgl. BGHZ 36, 91, 100 - Gummistrümpfe, 49, 90, 98 - Jägermeister; *Immenga/Mestmäcker/Emmerich*, § 35 GWB, Rn. 60; *Immenga/Mestmäcker/Markert*, § 26 GWB, Rn. 299 - 307; *Emmerich*, KartellR, S. 257; *FK/Carlhoff*, § 26 GWB, Rn. 90, 397; *v. Gamm*, § 26 GWB, Rn. 74.

a) Unternehmen

Der Begriff des Unternehmens i.S.d § 20 Abs. 1 GWB entspricht einem einheitlichen Unternehmensbegriff des gesamten GWB[38], dessen Inhalt aus Gesetzeszusammenhang sowie Sinn und Zweck des GWB zu bestimmen ist - sog. funktionaler Unternehmensbegriff[39]. Der Begriff des Unternehmens ist demnach weit auszulegen und umfaßt unabhängig von der Rechtsform des Unternehmens „jedwede Tätigkeit im geschäftlichen Verkehr"[40].

Danach kommen Sportverbände grundsätzlich als Unternehmen in Betracht, sofern sie Tätigkeiten im geschäftlichen Verkehr ausüben. Dies gilt auch unter dem Gesichtspunkt, daß sie als nichtwirtschaftliche Vereine i.S.d. § 21 BGB, deren Zweck nicht auf einen wirtschaftlichen Geschäftsbetrieb gerichtet ist, konstituiert sind, da die Rechtsform nicht entscheidend und eine Gewinnerzielungsabsicht nicht erforderlich ist[41]. Demgemäß sind Sportvereine und -verbände von der Rechtsprechung[42] als Unternehmen i.S.d. GWB eingestuft worden, soweit sie geschäftlich tätig werden, wie z.B. durch Anbietung der Sportveranstaltung gegen Entgelt, geschäftliche Nutzung der Werbewirksamkeit der Mannschaft oder Vermarktung der Fernsehübertragungsrechte.

---

[38] Vgl. *Immenga/Mestmäcker/Markert*, § 26 GWB, Rn. 74; *Immenga/Mestmäcker/ Immenga*, § 1 GWB, Rn. 34; *Langen/Bunte*, § 1 GWB, Rn. 8; *FK/Huber/Baums*, § 1 GWB, Rn. 38; *FK/Carlhoff*, § 26 GWB, Rn. 96; *Burkhardt*, Rn. 91; gegen einen einheitlichen Unternehmensbegriff *K. Schmidt*, ZGR 1980, S. 277, 280.

[39] *FK/Huber/Baums*, § 1 GWB, Rn. 38; *Immenga/Mestmäcker/Immenga*, § 1 GWB, Rn. 34; *Langen/Bunte*, § 1 GWB, Rn. 8; vgl. BGH, GRUR 1977, S. 739, 741 - „Architektenkammer"; *Burkhardt*, Rn. 91.

[40] BGHZ 36, 91, 103 - „Gummistrümpfe"; 67, 81, 84 - „Autoanalyzer"; BGH, GRUR 1977, S. 739, 741 - „Architektenkammer"; *FK/Huber/Baums*, § 1 GWB, Rn. 38; *Immenga/Mestmäcker/Markert*, § 26 GWB, Rn. 74; *Langen/Bunte*, § 1 GWB, Rn. 8; *Emmerich*, KartellR, S. 18; *von Wallenberg*, Rn. 46.

[41] BGH, WuW/E BGH 1142, 1143 - „Volksbühne"; BGHZ 101, 100, 102 - „Inter Mailand-Spiel"; KG Berlin, WuW/E OLG, 1429, 1431 - „Deutscher Fußball Bund"; KG Berlin, WuW/E OLG 4267, 4269 - „Fußballübertragung"; vgl. BGH, NJW 1998, S. 756; 757- „Europapokalheimspiele"; so auch *FK/Huber/Baums*, § 1 GWB, Rn. 56; *Langen/Bunte*, § 1 GWB, Rn. 14.

[42] BGH, NJW 1998, S. 756, 757 f. - „Europapokalheimspiele" für die Lizenzligavereine des DFB; BGHZ 101, 100, 102- „Inter Mailand-Spiel", für den 1. FC Köln; KG Berlin, WuW/E OLG 4267, 4269 - „Sportübertragungen" für den DSB und 38 ihm angeschlossene Spitzenverbände ;OLG Frankfurt a.M., WuW/E OLG , 3568 - „Sportverein Jägermeister Braunschweig" für die Fußballbundesligavereine und den DFB; KG Berlin, WuW/E OLG 1429, 1431- "Deutscher Fußballbund" für den DFB; LG Frankfurt, WuW/E LG/AG 870, für den DFB.

Letztlich ist daher entscheidend, daß die konkret beanstandete Maßnahme des Sportverbandes - die Sperre - als Teilnahme am Wirtschaftsverkehr zu beurteilen ist[43].

aa) Teilnahme am Wirtschaftsverkehr

Die Sportverbände richten Meisterschaften o.ä. aus und betätigen sich dadurch auf dem Markt für Sportveranstaltungen. Nach ständiger Rechtsprechung des Bundesgerichtshofes ist derjenige Veranstalter, der in organisatorischer und finanzieller Hinsicht für die Veranstaltung verantwortlich ist, deren Vorbereitung und Durchführung übernimmt sowie das unternehmerische Risiko der Veranstaltung trägt[44]. Insbesondere im Bereich der sog. Einzelsportarten, wie z.B. Leichtathletik, Tennis, Boxen, Schwimmen, treten Sportverbände regelmäßig als Veranstalter von einzelnen Wettkämpfen auf. Sie organisieren diese Wettkämpfe, sind Eigentümer oder Mieter der Wettkampfstätten und tragen das finanzielle Risiko der Wettkampfes, indem sie die Preise der Eintrittskarten festlegen und deren Verkauf organisieren. Des weiteren obliegt ihnen selbst die Vermarktung dieser Wettkämpfe durch Vergabe von Senderechten und Lizenzen an Sponsoren, und sie sind für die Zahlung von Antritts- bzw. Start- und/oder Siegprämien verantwortlich. Soweit der Sportverband die Wettkämpfe nicht selbst durchführt, sondern diese von Dritten organisiert werden, ist er zwar nicht Veranstalter in dem genannten Sinn. Diejenigen, die stattdessen den Wettkampf veranstalten, bedürfen aber grundsätzlich einer Genehmigung des Sportverbandes, um eine offizielle Anerkennung der Leistungen, die im Rahmen dieses Wettkampfes von den Athleten erreicht werden, zu gewährleisten[45]. Diese wird aber nur erteilt, wenn die Ausrichtung des Wettkampfes entsprechend den Regeln des Sportverbandes erfolgt und demgemäß auch bestehende „Doping-Sperren" beachtet werden, also die gesperrten Sportler nicht zum Wettkampf zugelassen werden.

---

[43] Vgl. *Herrmann*, WuW 1979, S. 149, 152 f.
[44] BGH GRUR 1956, S. 515, 516 - „Tanzkurse"; BGHZ 27, 264, 265 f. - „Box-Programmheft"; NJW 1970, S. 2060 - „Bubi Scholz"; vgl. zur Veranstaltereigenschaft des DFB im Bezug auf die Fernsehrechte *Wertenbruch*, ZIP 1996, S. 1417, 1420 ff.
[45] Vgl. für den **DLV**, LG Frankfurt a.M., SpuRt 1996, S. 63 f.; vgl. § 3 TurnierO des **DTB**.

Des weiteren sind die Sportverbände in den sog. Mannschaftssportarten, wie z.B. Fußball, Eishockey, Basketball, die vornehmlich im Ligenbetrieb stattfinden, als Veranstalter der Liga anzusehen[46]. Demgemäß stellt beispielsweise die „Fußball-Bundesliga" eine Veranstaltung des DFB dar[47].

Die Sportverbände regeln die Zulassung der einzelnen Sportler zu ihren eigenen Veranstaltungen als auch zu denjenigen Veranstaltungen, die in ihrem Geltungsbereich durch Dritte durchgeführt werden. Sie vergeben die Lizenzen, Spielerpässe o.ä. an die einzelnen Sportler, die für die Teilnahme an einem Wettkampf oder Spiel erforderlich sind, beziehungsweise reglementieren deren Zulassung zum Wettkampf auf andere Art und Weise[48]. Die Verhängung einer „Doping-Sperre" führt dementsprechend dazu, daß der betroffene Sportler für die Dauer der Sperre an Wettkämpfen im Geltungsbereich des Verbandes nicht teilnehmen darf, unabhängig davon, ob der Wettkampf von Sportverband selbst oder einem Dritten veranstaltet wird.

Die Sportverbände entscheiden damit, welche Sportler an den Wettkämpfen oder Spielen teilnehmen dürfen und welche ausgeschlossen werden. Bei einer Verweigerung der Zulassung kommen Sportler nicht mehr in den Genuß der wirtschaftlichen Vorteile der Wettkampfteilnahme (Ligateilnahme). Sowohl innerhalb der Ligen als auch bei sonstigen Wettkämpfen bieten sich den Sportlern lukrative Einnahmemöglichkeiten in Form von festen Gehältern, Antritts- und Siegprämien oder z.B. Sponsoreneinnahmen. Die Sportverbände werden daher unternehmerisch tätig, wenn sie die Zulassung oder Nichtzulassung des Sportlers (durch eine Sperre) zum Wettkampf bestimmen. Es liegt damit eine gewerbliche Organisationsleistung vor, durch die der Sportverband am Wirtschaftsverkehr teilnimmt[49].

---

[46] Hinsichtlich der einzelnen Spiele ist aber regelmäßig der Sportverein selbst und nicht der Sportverband Veranstalter, vgl. BGH, NJW 1998, 756, 758; umfassend *Wertenbruch*, ZIP, 1996, S. 1417, 1420 ff.

[47] *Wertenbruch*, ZIP 1996, S. 1417, 1421.

[48] Allgemein hierzu oben Zweites Kapitel, A. II. 5.

[49] So auch *Herrmann*, WuW 1979, S. 149, 153 f. zur Erteilung der Lizenz im Verhältnis DFB zum Sportverein; hierzu *Heermann*, ZHR 161 (1997), S. 665, 683 ff.

bb) Zwischenergebnis

Der Sportverband ist als Unternehmen i.S.d. GWB anzusehen, da er am Wirtschaftsverkehr teilnimmt.

b) Marktbeherrschende Stellung

Marktbeherrschend i.S.d. § 20 Abs. 1 GWB sind Unternehmen, soweit sie auf einem sachlich, räumlich und zeitlich abgegrenzten Markt über eine überragende Marktstellung verfügen[50].

Das Ein-Verband-System des Sportverbandswesens bedingt, daß für jede einzelne Sportart nur ein deutscher Sportverband existent ist[51]. Dieser entscheidet allein über die Anerkennung von Wettkämpfen, die Zulassung von Mannschaften oder einzelner Sportler zu den Wettkämpfen und über die geltenden Regeln, mithin Spielregeln und sonstige Bestimmungen, die im Verbandsregelwerk enthalten sind, wie z.B. die Doping-Bestimmungen oder verbandsinterne Rechtsschutzmaßnahmen. Darüber hinaus obliegt es allein den deutschen Sportverbänden, Sportler zu internationalen Wettkämpfen wie Welt- oder Europameisterschaften zu melden. Die Sportverbände haben damit eine Monopolstellung inne und somit eine marktbeherrschende Stellung i.S.d. § 20 Abs. 1 GWB innerhalb der betreffenden Sportart.

2. Sportler als Unternehmen

Die Sportler können ebenfalls als Unternehmen i.S.d. GWB angesehen werden, wenn sie eine selbständige Tätigkeit ausüben. Denn die freien Berufe unterfallen grundsätzlich dem GWB[52].
So werden dann auch Berufssportler als Unternehmen i.S.d. § 20 Abs. 1 GWB eingeordnet, soweit sie ihre sportlichen Fähigkeiten vermarkten[53], und insbeson-

---

[50] *Emmerich*, KartellR, S. 178 ff.; vgl. *Immenga/Mestmäcker/Markert*, § 26 GWB, Rn. 75; *Langen/Bunte*, § 26 GWB, Rn. 69, § 22 GWB, Rn. 9 ff.

[51] Siehe oben, Erstes Kapitel E. II. 1.

[52] BGH, WuW/E BGH, 647, 650 f. - „Rinderbesamung"; WuW/E BGH 1325 f. - „Schreibvollautomat"; WuW/E 1474, 1476 f.- „Architektenkammer"; WuW/E 2326, 2328 - „Guten-Tag-Apotheke II"; *Emmerich*, KartellR, S. 19 ff.; *FKHuber/Baums*, § 1 GWB, Rn. 59; *Immenga/Mestmäcker/Immenga*, § 1 GWB, Rn. 84 ff. m.z.N. zur früher vertretenen gegenteiligen Ansicht; *Bechthold*, § 1 GWB, Rn. 2; *Langen/Bunte*, § 1 GWB, Rn. 17.

dere, soweit sie als „Lizenznehmer"[54] des Verbandes tätig werden, verfolgen sie nicht nur sportliche Zwecke, sondern üben ihre Tätigkeit überwiegend zum Zwecke des Erwerbs und damit einen freien Beruf aus[55]. Zumindest für die Gruppe der Leistungssportler kann damit eine Unternehmenseigenschaft bejaht werden, da sie ihre Einnahmen aus der sportlichen Betätigung und der Vermarktung derselben erzielen. Sie nehmen im Rahmen ihrer sportlichen Betätigung am Wirtschaftsverkehr teil[56] und stehen untereinander und mit Dritten im Wettbewerb. Die Sportler bieten also ihre Leistung gegen Entgelt, d.h. als geldwerte Leistung im Rahmen von Sportveranstaltungen an, und können insofern als „andere Unternehmen" i.S.d. § 20 Abs. 1 GWB eingeordnet werden.

Diese Beurteilung hat möglicherweise aber anders auszufallen, wenn der Berufssportler beim Sportverein fest angestellt ist und seine sportliche Leistung demgemäß als Arbeitnehmer des Vereins erbringt[57]. Denn Arbeitnehmer sind als solche keine Unternehmen, weil sie sich nicht am Wettbewerb für „gewerbliche Leistungen" beteiligen[58].

In mehreren Sportarten sind die Sportler als Angestellte ihrer Sportvereine tätig, so insbesondere die sogenannten Lizenzspieler der 1. und 2. Fußballbundesliga, der Deutschen Eishockeyliga und der 1. Handballbundesliga. Sie erbringen ihre sportliche Tätigkeit aufgrund des Angestelltenverhältnisses zum betreffenden

---

[53] Vgl. OLG Frankfurt a.M., BB 1986, S. 554 - Berufstennisspieler; *Immenga/Mestmäcker/Immenga*, § 1 GWB, Rn. 79; *Langen/Bunte*, § 1 GWB, 15.

[54] Soweit sie nicht zugleich Angestellte der Vereine sind.

[55] BKartA, BB 1961, S. 657 - „Berufsboxer"; siehe auch *Hilpert*, RdA 1997, S. 92, 95 zur Eigenschaft einzelner Sportler als Unternehmer.

[56] Vgl. EuGH, Urt. v. 12.12.1974, Rs. 36/74 - Walrave, Koch/Union Cycliste International, Slg. 1974, 1405, 1418 f.

[57] So *FK/Huber/Baums*, § 1 GWB, Rn. 381 für Berufsfußballspieler; zur Arbeitnehmereigenschaft der Sportler, *Hilpert*, RdA 1997, S. 92, 94 ff.

[58] *FK/Huber/Baums*, § 1 GWB, Rn. 74; *Langen/Bunte*, § 1 GWB, Rn. 21; *Immenga/ Mestmäcker/Immenga*, § 1 GWB, Rn. 37; *Burckhardt*, Rn. 94.

Verein und sind demgemäß als Arbeitnehmer i.S.d. § 611 BGB weisungsgebunden[59]. Diese Sportler erbringen mit der Sportausübung keine gewerbliche Leistung, weil sie unselbständig sind und die „Gewerblichkeit" der Leistung i.S.d. GWB gerade die Selbständigkeit der Leistung voraussetzt. Die beim Verein angestellten Berufssportler sind daher als Arbeitnehmer keine Unternehmen i.S.d. GWB. Ein Schadensersatzanspruch des Sportlers nach §§ 20 Abs. 1, 33 GWB kommt folglich nur in Betracht, wenn der Sportler nicht als Angestellter des Vereins sondern als selbständiger Berufssportler tätig ist.

3. Unbillige Behinderung

Die Sportverbände sind unter den genannten Voraussetzungen gehalten, das Diskriminierungsverbot des § 20 Abs. 1 GWB gegenüber dem Sportler zu beachten. Ihnen ist daher jede unbillige Behinderung beziehungsweise sachlich nicht gerechtfertigte unterschiedliche Behandlung „anderer Unternehmen" untersagt.

Da unter „Behinderung" eines anderen Unternehmens jede Beeinträchtigung dessen Betätigungsmöglichkeit im Wettbewerb zu verstehen ist[60] die auch in vertikaler Richtung geschehen kann[61], liegt eine solche auch in einer dem Sportler die Teilnahme an Wettkämpfen o.ä. untersagenden (Zulassungs-) Sperre.

Der Tatbestand des § 20 Abs. 1 GWB setzt zudem die Unbilligkeit der Behinderung voraus. Unbilligkeit ist anhand einer Interessenabwägung der Beteiligten

---

[59] Für die Lizenzspieler des DFB: BAG NJW 1980, 480 f.; BAG, NJW 1996, S. 2388; *Reuter*, NJW 1983, 649, 653, 658; *Wertenbruch*, NJW 1993, 179 ff., *H.P. Westermann*, Sportler als Arbeitnehmer besonderer Art, S. 35 ff, *Arens/Jaques*, SpuRt 1997, 41.; *Hilpert*, RdA 1997, S. 92, 94 ff; *Palandt/Putzo*, Einf. § 611 BGB, Rn. 8. Für die Lizenzspieler im Bereich des Eishockey: BAG, SpuRt 1997, 94; BAG, DB 1990, 739; *Arens*, SpuRt 1997, 126, 127. Siehe auch zur Einordnung der Berufsfußballspieler als Arbeitnehmer i.S.d. Art. 48 EWGV: EuGH, EuZW 1996, 82 ff. - Bosman, hierzu: *Wertenbruch*, EuZW 1996, S. 91 f; *Gramlich*, DöV 1996, S. 801 ff; *Hilf/Pache*, NJW 1996, S. 1169 ff; *Weber*, RdA 1996, S. 107 ff.; *Fischer*, SpuRt 1996, S. 34 f.

[60] BGHZ 81, 322, 327 - „Original-VW-Esatzteile II"; ‚OLG Düsseldorf, WuW/E OLG 2163 - „Ölbrenner"; OLG Karlsruhe, WuW/E OLG 4611, 4614 - „Stadtkurier"; BKartA, WuW/E BKartA 2543, 2550 - „ Importarzneimittel-Boykott"; *Immenga/Mestmäcker/ Markert*, § 26 GWB, Rn. 183; *Langen/Bunte*, § 26 GWB, Rn. 145; *Möschel*, Wettbewerbsbeschränkungen, Rn. 647; *Emmerich*, KartellR, S. 237.

[61] *Möschel*, Wettbewerbsbeschränkungen, Rn. 654.

unter Berücksichtigung der auf die Freiheit des Wettbewerbes gerichteten Zielsetzung des GWB zu beurteilen[62]. Dabei sind solche Interessen von vorneherein von der Abwägung ausgeschlossen, die auf einen gesetzwidrigen Zweck gerichtet sind oder gegen rechtliche Wertungen des GWB oder anderer Rechtsvorschriften verstoßen[63].

Erfolgt mithin die Sperre des Sportlers aufgrund einer Nichtbeachtung eigener Verbandsnormen, hält sie also einer gerichtlichen Subsumtions- und/oder Tatsachenkontrolle[64] nicht stand oder sind die der Sperre zugrundeliegenden Bestimmungen des Verbandsregelwerkes bzw. rechtsgeschäftlichen Vereinbarungen des Sportverbandes mit dem Sportler mit den Grundsätzen des staatlichen Rechts nicht vereinbar, halten sie mithin einer gerichtlichen Inhaltskontrolle[65] nicht stand, ist die Unbilligkeit dieser Behinderung logische Konsequenz.

4. Verschulden

Der Schadensersatzanspruch des § 33 GWB setzt ein Verschulden voraus. Dem Sportverband wird das Verschulden seines Spruchorgans, welches die Sperre verhängt, gemäß § 31 BGB zugerechnet[66].

Das Vorliegen eines Verschuldens der Sportverbandes bei Verhängung einer Sperre, die den genannten[67] Rechtmäßigkeitsanforderungen nicht genügt, kann unter den oben[68] angeführten Gründen angenommen werden. Hiernach ist ein fahrlässiges Verhalten des Verbandes anzunehmen, wenn die Sperre einer Subsumtionskontrolle nicht standhält. Sofern sie einer Inhaltskontrolle nicht gerecht

---

[62] St. Rspr. BGHZ 38, 90, 102 - „Treuhandbüro"; BGHZ 81, 322, 331 - „Original-VW-Ersatzteile II"; BGH, WuW/E BGH 2919, 2922 - „Orthopädisches Schuhwerk"; und h.L. Immenga/Mestmäcker/Markert, § 26 GWB, Rn. 196; Bechthold, § 26 GWB, Rn. 38; Langen/Bunte, § 26 GWB, Rn. 156; Emmerich, KartellR, S. 238 f.; Möschel, Wettbewerbsbeschränkungen, Rn. 649 ff.; Burckhardt, Rn. 421.
[63] Langen/Bunte, § 26 GWB, Rn. 159 ff.; Immenga/Mestmäcker/Markert, § 26 GWB, Rn. 198; Burckhardt, Rn. 421; Emmerich, KartellR, S. 238.
[64] Siehe oben, Zweites Kapitel B. III.
[65] Siehe oben, Zweites Kapitel B. II.
[66] Siehe oben, Viertes Kapitel A. I. 2.
[67] Siehe oben, Zweites Kapitel B II., III.
[68] Siehe oben, Viertes Kapitel A. I. 2.

wird, stellt sich ebenfalls die Frage, ob der Sportverband einen diesbezüglich bestehenden Irrtum dem Anspruch entgegenhalten kann. Ein Schadensersatzanspruch nach § 33 GWB setzt die Vorwerfbarkeit des Rechtsirrtums voraus, wenn der Schädiger sein Verhalten für nicht durch ein kartellrechtliches Schutzgesetz verboten hält[69]. Dies wird als vorwerfbar erachtet, wenn der Schuldner bei Anwendung der im Verkehr erforderlichen Sorgfalt mit einer anderen Beurteilung seines Verhaltens durch das Gericht hätte rechnen können, so daß die fehlerhafte Beurteilung höchstrichterlich noch nicht entschiedener Fragen nicht schon dann entschuldigt ist, wenn der fehlerhafte Rechtstandpunkt ernsthaft vertreten werden kann[70].

Dies entspricht im wesentlichen den oben[71] dargestellten Kriterien, auf die somit zu verweisen ist. Kann hiernach ein Verschulden des Sportverbandes bei Verhängung der Sperre angenommen werden, steht dem Sportler ein Schadensersatzanspruch gemäß §§ 20 Abs. 1, 33 GWB zu.

5. Schadensumfang

Der Inhalt und Umfang des Schadensersatzanspruch nach § 33 GWB richtet sich nach den §§ 249 ff. BGB[72]. Der Umfang des Schadensersatzanspruch des Sportlers gemäß § 33 GWB entspricht weitgehend dem, der dem Sportler gegen den Sportverband aufgrund einer pVV zusteht[73]. Der Sportler kann insbesondere diejenigen finanziellen Einbußen ersetzt verlangen, die durch die Aufkündigung von Sponsoringverträgen entstehen, sowie gegebenenfalls den Verlust von Antritts- oder Startgeldern[74]. Die Ersatzfähigkeit von Sieg- oder Punkteprämien unter dem Gesichtspunkt des entgangenen Gewinns wird dagegen i.d.R. zu verneinen sein[75].

---

[69] Vgl. OLG Düsseldorf, WuW/E OLG 2167, 2171- „Allkauf/Nordmende"; *Langen/Bunte*, § 35 GWB, Rn. 28.

[70] Vgl. BGH, WuW/E BGH 2341 - „Taxizentrale Essen"; *Langen/Bunte*, § 35 GWB, Rn. 28.

[71] Siehe oben, Viertes Kapitel A. I. 2. b)

[72] Statt vieler: *FK/Roth*, § 35 GWB, Rn. 160 ff.

[73] Bzw. Unmöglichkeit, hierzu oben, Viertes Kapitel, A. I. 4.

[74] Im einzelnen oben, Viertes Kapitel, A. I. 4. a) b).

[75] Im einzelnen oben, Viertes Kapitel, A. I. 4. a) c).

III. Anspruch gemäß § 1 UWG

Des weiteren ist ein Schadensersatzanspruch des Sportlers gegen den Sportverband wegen einer unrechtmäßigen Sperre gemäß § 1 UWG in Betracht zu ziehen.

§ 1 UWG setzt ein Handeln zu Zwecken des Wettbewerbes voraus. Ein solches wird angenommen, wenn objektiv ein Verhalten vorliegt, das geeignet ist, den Wettbewerb des Handelnden oder eines Dritten zum Nachteil des anderen zu begünstigen, und subjektiv die Absicht des Handelnden gegeben ist, den eigenen oder fremden Wettbewerb zu fördern[76].

Die Verhängung einer Sperre durch den Sportverband stellt sich nicht als Förderung des eigenen Wettbewerbes dar. Lediglich der Wettbewerb von eventuellen Konkurrenten des gesperrten Sportlers wird objektiv gefördert, wenn ihnen durch die Sperre ein Vorteil erwächst. Dieser kann beispielsweise in einer dadurch bedingten besseren Plazierung in einem Wettbewerb oder in einer Nominierung zu einem Wettkampf liegen. Der Sportverband handelt mit der Sperre des Athleten jedoch nicht in der Absicht, den fremden Wettbewerb zu fördern. Denn der Sportverband will mit der Sanktionierung des Sportlers gerade die Beachtung der Dopingbestimmungen durchsetzen, die für alle Sportler Geltung beanspruchen. Die Beachtung und Durchsetzung dieser Regelungen erfolgt gegenüber und im Interesse sämtlicher Sportler und nicht zu Gunsten einzelner. Spricht der Sportverband eine unrechtmäßige Sperre aus, geschieht dies i.d.R. nicht, um einzelne Sportler zum Nachteil anderer fördern. Die Unrechtmäßigkeit der Sperre beruht regelmäßig vielmehr auf eine Fehleinschätzung der rechtlichen Beurteilung der Dopingbestimmungen. Der Sportverband handelt somit mit Verhängung einer unrechtmäßigen Sperre grundsätzlich nicht zu Zwecken des Wettbewerbes.

Ein Anspruch des Sportlers gegen den Sportverband gemäß § 1 UWG ist folglich nicht gegeben.

---

[76] St. Rspr.: BGHZ 3, 270, 277 - Constanze I; GRUR 1981, 658, 659 - Preisvergleich; GRUR 1993, 125, 126 - EWG-Baumusterprüfung; *Köhler/Piper*, UWG, Einf., Rn. 167; *Baumbach/Hefermehl*, Einl. UWG, Rn. 215 ff., 232 ff., jeweils m.w.N.; *v. Gamm*, § 1 UWG, Rn. 24; *Gloy*, § 11, Rn. 7 m.w.N.

IV. Anspruch gemäß § 826 BGB

Der Schadensersatzanspruch des Sportlers gegen den Sportverband wegen einer „unrechtmäßigen" Sperre könnte sich darüber hinaus aus § 826 BGB ergeben.

1. Sittenwidrigkeit der unrechtmäßigen Sperre

Dann müßte der Sportverband durch die unrechtmäßige Sperre dem Sportler in einer gegen die guten Sitten verstoßenden Weise vorsätzlich Schaden zufügen. Die Unbilligkeit der unrechtmäßigen Sperre i.S.d. § 20 Abs. 1 GWB und die damit verbundene Nichtzulassung des Sportlers zu Wettkämpfen innerhalb eines bestimmten Zeitraumes begründet zugleich die Annahme eines Verstoßes gegen die guten Sitten i.S.d. § 826 BGB. So können Behinderungs- und Diskriminierungsmaßnahmen nach § 20 Abs. 1 GWB grundsätzlich auch eine sittenwidrige Schädigung i.S.d. § 826 BGB beinhalten[77]. Es stellt sich insofern auch als nicht mit den guten Sitten vereinbar dar, wenn der Sportverband dem Sportler die Zulassung zu Wettkämpfen auf Grund einer Entscheidung verweigert, die den rechtlichen Wirksamkeitsansprüchen nicht genügt[78]. Denn der Sportler ist wegen der Monopolstellung der Sportverbände auf deren Zulassung angewiesen, will er seinen Sport und damit regelmäßig seinen Beruf i.S.d. Art. 12 Abs. 1 GG ausüben. Die Sperre wirkt sich damit zugleich in wirtschaftlich und beruflich schwerwiegender Weise aus. Der Sportverband mißbraucht mit der Verhängung einer unrechtmäßigen Sperre seine bestehende Monopol- und Machtposition zum Nachteil des Sportlers.

2. Schädigungsvorsatz des Sportverbandes

Der Tatbestand des § 826 BGB setzt zudem einen Schädigungsvorsatz des Sportverbandes voraus. Der Vorsatz bezieht sich dabei allein auf die Nachteils-

---

[77] Vgl. BGHZ 41, 271, 278 - Werkmilchabzug; *Immenga/Mestmäcker/Markert*, § 26 GWB, RN. 319; *Langen/Bunte*, § 26 GWB, Rn. 207; *Palandt/Thomas*, § 826 BGB, Rn. 41; *MüKo-Mertens*, § 826 BGB, Rn. 162, 164; *FK/Carlhoff*, § 26 GWB, Rn. 418 und *FK/Roth*, § 35 GWB, Rn. 211 nehmen insofern regelmäßig die Erfüllung der tatbestandlichen Voraussetzungen des § 826 BGB bei entsprechenden Vorsatz an. Vgl. auch zum Gleichlauf zwischen § 826 BGB und § 26 Abs. 2 a.F. GWB *Schmidt-Syassen*, S. 155 ff.; ähnlich *Soergel/Hönn/Dönneweg*, § 826 BGB, Rn. 166.
[78] Vgl. BGH, WM 1980, S. 869 f.

zufügung und nicht auf die Sittenwidrigkeit oder Rechtswidrigkeit[79]. Zum Vorsatz - bedingter Vorsatz genügt[80] - gehört damit das Bewußtsein, daß das Handeln den schädigenden Erfolg haben wird, wobei die Kenntnis der die Sittenwidrigkeit begründenden Tatsachen mit eingeschlossen ist[81].

Der Sportverband wird bei Verhängung einer unrechtmäßigen Sperre regelmäßig nicht vorsätzlich hinsichtlich einer Schädigung des Sportlers handeln. Er müßte zunächst Kenntnis davon haben, daß die Sperre unrechtmäßig sein wird, also sie einer Subsumtions-, Tatsachen- oder Inhaltskontrolle nicht standhält. Es kann davon ausgegangen werden, daß der Sportverband, der eine unrechtmäßige Sperre verhängt, diesbezüglich keine Kenntnis hat, sondern allenfalls fahrlässig handelt[82]. Nur wenn im Einzelfall der Sportverband Kenntnis von den die Unrechtmäßigkeit der Sperre begründenden Tatsachen hat, kann auch ein bedingter Vorsatz hinsichtlich einer Schädigung des Sportlers angenommen werden. Denn wenn der Verband in Kenntnis der Unrechtmäßigkeit der Sperre diese trotzdem verhängt, nimmt er regelmäßig auch eine Schädigung des Sportlers in Kauf, da dies logische Folge einer Sperre ist. Dies kann beispielsweise angenommen werden, wenn er eine Sanktion verhängt, die offensichtlich nicht vom eigenen Regelwerk gedeckt ist[83].

3. Ergebnis

Eine Schadensersatzanspruch des Sportlers gemäß § 826 BGB wird damit häufig ausscheiden. Liegen die tatbestandlichen Voraussetzungen des § 826 BGB dagegen ausnahmsweise vor, richtet sich der Umfang des Anspruches nach den §§ 249 ff. BGB[84] und entspricht demjenigen, der sich aus einer pVV ergibt[85].

---

[79] *Soergel/Hönn/Dönneweg*, § 826 BGB, Rn. 52; *MüKo-Mertens*, § 826 BGB, Rn. 59.

[80] OLG Düsseldorf, WM 1996, 1366, 1368; *Larenz/Canaris*, SchuldR II/2, § 78 III 1, S. 454; *Esser/Weyers*, § 56 II 3, S. 585; *MüKo-Mertens*, § 826 BGB, Rn. 61; *Palandt/ Thomas*, § 826 BGB, Rn. 10.

[81] *Larenz/Canaris*, SchuldR II/2, § 78 III, S. 454 f.; *MüKo-Mertens*, § 826 BGB, Rn. 60 ff; *Soergel/Hönn/Dönneweg*, § 826 BGB, Rn. 54 m.w.N.; *Palandt/Thomas*, § 826 BGB, Rn. 10 f.

[82] Siehe oben, Viertes Kapitel I. 2.

[83] Vgl. BGH, DB 1980, S. 1687.

[84] *MüKo-Mertens*, § 826 BGB, Rn. 65; *Palandt/Thomas*, § 826 BGB, Rn. 14; *Soergel/ Hönn/Dönneweg*, § 826 BGB, Rn. 81.

V. § 823 Abs. 1 BGB - Recht am Gewerbebetrieb

Der Schadensersatzanspruch des Sportlers wegen einer „unrechtmäßigen Sperre" kann sich des weiteren aus § 823 Abs. 1 BGB unter dem Gesichtspunkt des Eingriffes in einen „eingerichteten und ausgeübten Gewerbebetrieb" ergeben.

Das Recht am eingerichteten und ausgeübten Gewerbebetrieb - heute oft als Recht am Gewerbetrieb oder Recht am Unternehmen bezeichnet[86] - wird als „sonstiges Recht" i.S.d. § 823 Abs. 1 BGB geschützt[87].

1. Gewerbebetrieb des Sportlers

Schutzgut des § 823 Abs. 1 BGB ist der eingerichtete und ausgeübte Gewerbebetrieb. Hierzu werden nicht nur gewerbliche Unternehmen oder Kaufleute gezählt, sondern auch die wirtschaftliche Betätigung der freien Berufe soll nunmehr in den Schutzbereich fallen[88].

Bereits für den Anwendungsbereich des GWB konnte die Unternehmenseigenschaft des Sportlers bejaht werden, da der professionelle Sportler, der mit der Sportausübung zugleich seinen Beruf ausübt und dadurch Einnahmen in nicht unerheblicher Höhe erzielt, ein Gewerbe bzw. einen freien Beruf ausübt[89]. Insofern kann dem Sportler für den Bereich des § 823 Abs. 1 BGB der aus dem Betrieb eines „Gewerbes" bzw. eines gleichzustellenden Berufes folgende Schutz nicht verweigert werden[90]. Dies kann jedoch ebenso wie für das GWB nur gelten, wenn der Sportler nicht als Angestellter des Vereins tätig wird. Denn aufgrund des Angestelltenverhältnisses zum Verein ist er nicht selbständig tätig, sondern als

---

[85] Bzw. Unmöglichkeit, hierzu oben, Viertes Kapitel I. 4.

[86] *Kötz*, Rn. 81.

[87] Ständige Rspr., RGZ 58, 24, 27; BGHZ 3, 270, 278 ff.; 45, 296, 307; *Kötz*, Rn. 77 ff.; 662; *Fikentscher*, Rn. 1217 ff.; *Palandt/Thomas*, § 823 BGB, Rn. 19 *MüKo-Mertens*, § 823 BGB, Rn. 481; *Soergel/Zeuner*, § 823 BGB, Rn. 106 ff.; a.A. *Larenz/Canaris*, SchuldR II/2, § 81 II-IV, S. 546 ff., 560 ff., die ein Recht am Gewerbebetrieb als Schutzgut des § 823 Abs. 1 BGB völlig verneint und für eine „Rückkehr zum Modell des BGB" plädiert.

[88] *Buchner*, S. 127; *K. Schmidt*, JuS 1993, S. 985, 988; *Palandt/Thomas*, § 823 BGB, Rn. 20; *MüKo-Mertens*, § 823 BGB, Rn. 488 m.w.N.

[89] Siehe oben, Zweites Kapitel B. II. 4. c) bb) (1) (a).

[90] Ebenso *Pfister*, SpuRt 1995, S. 250, 251.

Arbeitnehmer des Vereins beschäftigt.[91]. Er erfüllt damit gerade nicht die klassischen Merkmale eines „Unternehmens". Der Sportler, der als Arbeitnehmer des Vereins von der „unrechtmäßigen" Sperre des Sportverbandes betroffen wird, unterfällt damit nicht dem Schutzgut des § 823 Abs. 1 BGB, dem eingerichteten und ausgeübten Gewerbebetrieb. Ist der Sportler dagegen nicht als Arbeitnehmer des Vereins tätig, ist der Schutzbereich des § 823 Abs. 1 BGB einschlägig.

2. Sperre als betriebsbezogener Eingriff

Die Sperre des Sportlers muß sich darüber hinaus als betriebsbezogener Eingriff in sein Unternehmen darstellen. Ein solcher setzt eine unmittelbare Beeinträchtigung des Gewerbebetriebes als solchen voraus[92].

Die Sperre des Sportlers führt dazu, daß er nicht mehr zur Teilnahme an Wettkämpfen zugelassen wird. Der Sportler kann daher für die Dauer der Sperre keinen wettkampfmäßigen Sport ausüben, wodurch ihm unmittelbar die Grundlage seines Gewerbes bzw. Berufes entzogen wird. Da das „Unternehmen" der Sportausübung demnach völlig eingestellt werden muß, stellt die Sperre sich als betriebsbezogener Eingriff dar[93].

3. Verschulden des Sportverbandes

Dieser Eingriff ist schuldhaft i.S.d. § 823 Abs. 1 BGB, wenn der Sportverband die unrechtmäßige Sperre vorsätzlich oder fahrlässig ausgesprochen hat. Es kann

---

[91] Vgl. *Hilpert*, RdA 1997, 93, 94 ff.; vgl. zum Angestelltenverhältnis der Lizenzspieler des DFB: BAG NJW 1980, 480 f.; BAG, NJW 1996, S. 2388; *Reuter*, NJW 1983, 649, 653, 658; *Wertenbruch*, NJW 1993, 179 ff., *H.P. Westermann*, Sportler als Arbeitnehmer besonderer Art, S. 35 ff, *Arens/Jaques*, SpuRt 1997, 41.; *Hilpert*, RdA 1997, S. 92, 94 ff; *Palandt/Putzo*, Einf. § 611 BGB, Rn. 8. Für die Lizenzspieler im Bereich des Eishockey: BAG, SpuRt 1997, 94; BAG, DB 1990, 739; *Arens*, SpuRt 1997, 126, 127. Siehe auch zur Einordnung der Berufsfußballspieler als Arbeitnehmer i.S.d. Art. 48 EWGV: EuGH, EuZW 1996, 82 ff. - Bosman, hierzu: *Wertenbruch*, EuZW 1996, S. 91 f; *Gramlich*, DöV 1996, S. 801 ff; *Hilf/Pache*, NJW 1996, S. 1169 ff; *Weber*, RdA 1996, S. 107 ff.; *Fischer*, SpuRt 1996, S. 34 f.
[92] St. Rspr. BGHZ 29, 65, 69; 86, 152, 156; BGH NJW 1977, S. 2313, NJW 1998, S. 2141, 2142; *Fikentscher*, Rn. 1222; *Staudinger/Schäfer*, § 823 BGB, Rn. 157 ff.; *Palandt/Thomas*, § 823 BGB, Rn. 21; kritisch *MüKo-Mertens*, § 823 BGB, Rn. 491.
[93] So auch *Pfister*, SpuRt 1995, S. 250, 251 f.

insofern auf die oben gefundenen Ergebnisse verwiesen werden, wonach bei bestimmten Fallkonstellationen ein fahrlässiges Handeln in Betracht zu ziehen ist[94].

4. Zwischenergebnis

Dem Sportler steht demnach grundsätzlich ein Schadensersatzanspruch gemäß § 823 Abs. 1 BGB zu, soweit er nicht als Angestellter des Vereins seinen Sport ausübt.

5. Subsidiarität

Allerdings greift der Schutz des Gewerbetriebes anhand des § 823 Abs. 1 BGB wegen seiner lückenfüllenden Funktion nur subsidiär ein, soweit nicht der Tatbestand einer spezielleren Norm erfüllt ist[95]. Im Rahmen des Anwendungsbereiches der §§ 20 Abs. 1, 33 GWB ist daher § 823 Abs. 1 BGB, soweit als Schutzgut das Recht am Gewerbebetrieb in Betracht kommt, als subsidiär anzusehen[96].
Die unrechtmäßige Sperre des Sportlers begründet regelmäßig dessen Schadensersatzanspruch gegen den Sportverband gemäß §§ 20 Abs. 1, 33 GWB[97]. Liegen die diesbezüglich genannten Voraussetzungen vor, verbleibt daher für die Anwendung des § 823 Abs. 1 BGB kein Raum.

VI. Zusammenfassung

Dem Sportler steht ein Schadensersatzanspruch gegen den Sportverband regelmäßig gemäß einer pVV bzw. gemäß § 280 BGB sowie gemäß §§ 20 Abs. 1, 33 GWB zu, wenn dieser ihn mit einer „unrechtmäßigen" Sperre belegt. Er kann insbesondere den Ersatz finanzieller Einbußen verlangen, die ihm durch die Aufkündigung von Sponsorenverträgen o.ä. entstanden sind.

---

[94] Siehe oben, Viertes Kapitel A. I. 2.
[95] BGHZ 43, 359, 361; 69, 128, 138 f.; *Fikentscher*, Rn. 1224; *Soergel/Zeuner*, § 823 BGB, Rn. 114; *MüKo-Mertens*, § 823 BGB, Rn. 484; *Buchner*, S. 94ff ; a.A. *Larenz/ Canaris*, § 81 I 4 b), S. 543, der das Subsidiaritätsprinzip als systemfremd ablehnt.
[96] OLG Hamburg, WuW/E OLG 1113, 1116 - „Volksbühne"; *K. Schmidt*, JuS 1993, S. 985, 990; *FK-Roth*, § 35 GWB, Rn. 209; *Immenga/Mestmäcker/Emmerich*, § 35 GWB, Rn. 115, *Langen/Bunte*, § 35 GWB, Rn. 37.
[97] Siehe oben, Viertes Kapitel A. II.

Der Ersatz von entgangenen Start- oder Auflaufprämien wird von diesem Anspruch mitumfaßt, wenn bereits vor der Sperre eine verbindliche Meldung des Sportlers zum Wettkampf vorgelegen hat. Ansonsten ist darauf abzustellen, ob der Sportler aufgrund seiner fachlichen Qualifikation teilgenommen hätte. Ein Ersatz für entgangene Sieg- oder Punkteprämien kommt nur in wenigen Ausnahmefällen in Betracht, in denen der Sportler eine überragende Stellung gegenüber seinem Mitkonkurrenten einnimmt. Eine solche Konstellation wird aber nur selten bestehen.

B. Ansprüche der Beteiligten bei tatsächlich erfolgtem Doping
Der folgende Abschnitt befaßt sich mit der Untersuchung von Schadensersatzansprüchen, die sich in Fallkonstellationen ergeben können, die im Zusammenhang mit der tatsächlichen Einnahme von Doping-Substanzen durch den Sportler stehen. Als in Betracht zu ziehende Anspruchsberechtigte beschränkt sich die Untersuchung auf den (gedopten) Sportler, Konkurrenten, Verein, Zuschauer, Veranstalter und den Sponsor.

I. Anspruch des Sportlers
Der am Doping beteiligte Sportler, der unerlaubte Mittel zu sich genommen hat, kann zwei Arten von Schäden erleiden: erstens kann das Doping zumindest bei längerer Anwendung einen schädigenden Einfluß auf den Körper haben; zweitens können finanzielle Schäden dadurch auftreten, daß der Sportler des Doping-Mißbrauches überführt und dieses Vergehen durch den Sportverband sanktioniert wird. Hier ist vor allem an die Annullierung der Wettkampfleistung und an die Sperre zu denken, die den Verlust von Gehältern, Sieges- oder Punkteprämien oder die Aufhebung von Sponsorenverträgen nach sich ziehen kann.
Als Anspruchsgegner der hierauf gerichteten Ersatzansprüche kommen der behandelnde Arzt, der Trainer oder Betreuer sowie der Verein in Betracht.

1. Anspruch gegen den Arzt
Bei der Haftung des Arztes ist danach zu unterscheiden, ob die Doping-Mittel dem Sportler ohne dessen Wissen verabreicht werden oder der Arzt mit dem Sportler

darüber einig ist, daß die verschriebenen, verabreichten oder injizierten Mittel Doping-Substanzen enthalten.

a) Anspruch des unwissentlich gedopten Sportlers
aa) Anspruch wegen einer pVV

Nimmt der Sportler die ihm verabreichten Mittel in dem Glauben ein, sie dienten der Wiederherstellung oder der Erhaltung der Gesundheit, kann sich ein Schadensersatzanspruch des Sportlers gegen den Arzt aus einer positiven Vertragsverletzung[98] ergeben.

Die für diesen Anspruch notwendige Vertragsbeziehung ist zu bejahen, da zwischen Sportler und Arzt i.d.R. ein Behandlungsvertrag besteht, der als Dienstvertrag i.S.d. § 611 BGB zu qualifizieren ist[99]. Für das Bestehen eines Anspruches muß der Arzt zudem eine sich aus diesem Vertrag ergebene Pflicht verletzt haben.

(1) Pflichtverletzung

Der Arzt wird aus dem Vertrag grundsätzlich zu sorgfältiger Behandlung und hinreichender Diagnose, Beratung und Aufklärung verpflichtet[100].

(a) Sorgfältige Behandlung

Aufgabe des Arztes ist hiernach grundsätzlich die Herstellung und der Schutz der Gesundheit der Patienten, jedoch nicht die Vornahme von medizinisch nicht indizierten Eingriffen[101]. Verabreicht der Arzt dem Sportler ein Mittel, welches Doping-Substanzen enthält und für das keine medizinische Indikation besteht, verletzt er damit seine vertraglich bestehende Pflicht zur sorgfältigen Behandlung.

---

[98] Zu den Voraussetzungen der pVV siehe oben, Viertes Kapitel A. I.

[99] BGHZ 76, 249, 261; *Laufs/Uhlenbruck*, § 39 Rn. 10; *Giesen*, Rn. 7; *MüKo-Müller-Glöge*, § 611 BGB, Rn. 44, 53; *Palandt/Putzo*, § 611 BGB, Rn. 18.

[100] *Laufs/Uhlenbruck*, § 44, Rn. 1; *Derleder/Deppe*, JZ 1992, S. 116, 117.

[101] *Laufs/Uhlenbruck*, § 51, Rn. 2 ff.; *MüKo-Müller-Glöge*, § 611 BGB, Rn. 55.

(b) Aufklärungspflicht

Die Aufklärungspflicht des Arztes bezieht sich allgemein auf Diagnose, Verlauf der Behandlung, ihre Alternativen und die Risiken des weiteren Krankheitsverlaufs sowie die verschiedenen in Betracht kommenden Behandlungsformen[102]. Zu dieser gehört es auch, den Patienten über die verschriebenen oder verabreichten Medikamente, insbesondere über Dosis, Unverträglichkeit, Wirkung und Nebenfolgen zu informieren[103]. Unterläßt der Arzt eine Aufklärung des Sportlers über den Inhalt und die gesundheitlichen Folgen der verabreichten Mittel, verstößt er gegen die bestehende Aufklärungspflicht.

Problematisch ist dagegen der Umfang der Aufklärungspflicht des Arztes, wenn – wie regelmäßig – für das verschriebene oder verabreichte Mittel zugleich eine medizinische Indikation besteht. Soweit der Sportler wegen einer Verletzung oder anderer gesundheitlicher Beschwerden den Arzt aufsucht, kann für die ärztliche Heilbehandlung die Verwendung von Medikamenten in Betracht kommen, die Substanzen enthalten, welche auf der Dopingliste des betreffenden Verbandes stehen. Klärt der Arzt den Sportler nur über die medizinisch indizierte Wirkung des Medikamentes, nicht aber über die zugleich bestehende Eigenschaft als Doping-Mittel auf, stellt sich die Frage, ob er damit seine Aufklärungspflicht verletzt.

Handelt es sich bei dem Arzt um einen Sportmediziner[104], liegt der Schwerpunkt seiner beruflichen Tätigkeit in der Betreuung von Spitzensportlern oder ist er regelmäßig für einen Sportverein oder -verband tätig, indem er deren Athleten bei Wettkämpfen und/oder in der Wettkampfvorbereitung betreut, treffen ihn besondere Informations- und Aufklärungspflichten. Er hat sich darüber zu informieren, welche Substanzen als Dopingmittel angesehen werden und welche Medikamente der Sportler somit nicht einnehmen darf; zum anderen ist er verpflichtet, den

---

[102] *Derleder/Deppe*, JZ 1992, S. 116, 118; Deutsch, VersR 1981, S. 293; *Giesen*, Rn. 200 ff.; *Laufs*, Rn. 160 ff.; *Laufs/Uhlenbruck*, § 61 ff.; *MüKo-Mertens*, § 823 BGB, Rn. 423.

[103] *Laufs/Uhlenbruck*, § 63, Rn. 7 ff.; *Laufs*, Rn. 165 f.; *Giesen*, Rn. 264; *MüKo-Mertens*, § 823 BGB, Rn. 424.

[104] Ein Arzt, der zur Führung der Zusatzbezeichnung für „Sportmedizin" berechtigt ist, vgl. *Derleder/Deppe*, JZ 1992, S. 116.

Sportler über die Eigenschaft des verabreichten oder verschriebenen Medikamentes als Doping-Mittel aufzuklären[105].

Ein Arzt, der nicht als Sportmediziner o.ä. tätig ist und demgemäß selten oder nie Spitzensportler betreut, hat bereits typischerweise keine Kenntnis davon, welche Substanz auf der Dopingliste steht. Diese ergibt sich auch nicht aus der einschlägigen Fachliteratur oder dem Beipackzettel des Medikaments. Es besteht keine vertragliche Pflicht des Arztes gegenüber dem Sportler, sich über Dopinglisten oder verbotene Substanzen zu informieren. Einen Hausarzt, der beispielsweise einem Sportler ein handelsübliches und medizinisch unbedenkliches Schnupfenmittel verschreibt, welches die Dopingsubstanz „Ephidrin" beinhaltet, trifft lediglich die allgemeine Pflicht zur Aufklärung über die Wirkung des Mittels, aber nicht eine besondere Pflicht darüber aufzuklären, daß das Mittel Dopingsubstanzen enthält.

Eine Pflichtverletzung kann also nur angenommen werden, soweit eine konkrete, an der Qualifikation des Arztes als Sportmediziner o.ä. anknüpfende, Aufklärungspflicht besteht und er dieser nicht in vollem Umfang gerecht wird.

(2) Verschulden

Der Arzt muß zudem vorsätzlich oder fahrlässig i.S.d. § 276 Abs. 1 BGB eine bestehende Behandlung- oder Aufklärungspflicht verletzt haben.

Die Verabreichung medizinisch nicht indizierter Mittel wird regelmäßig zumindest fahrlässig erfolgen, weil anzunehmen ist, daß der Arzt dabei die im Verkehr erforderliche Sorgfalt außer Acht läßt.

Unterläßt der Sportarzt eine vollständige Aufklärung des Sportlers über die Medikamentation, kann ein vorsätzliches Handeln unterstellt werden, wenn der Arzt „im Auftrag" oder im Interesse des Vereins oder Verbandes dem Sportler die Mittel verabreicht, ohne ihn in Kenntnis über deren Wirkung zu setzen. Im übrigen wird zumindest ein fahrlässiges Handeln des Sportarztes anzunehmen sein. Demgemäß liegt § 276 Abs. 1 BGB ein objektiver und gruppenbezogener Maßstab zugrunde, durch den das Vertrauen - des Sportlers - in das Vorhandensein der erforderlichen Fähigkeiten und Kenntnisse einer bestimmten Berufsgruppe

---

[105] *Derleder/Deppe*, JZ 1992, S. 116, 117; *Giesen*, Rn. 8.

geschützt wird[106], die bei Ärzten mit der Einteilung in verschiedene Fachbereiche noch spezifiziert wird[107]. Der Sportarzt verletzt die im Verkehr erforderliche Sorgfalt, wenn er trotz einer ihm bekannten Einordnung eines Mittels als Dopingsubstanz eine Aufklärung des Athleten unterläßt. Gleiches gilt, wenn eine diesbezüglich fehlende positive Kenntnis darauf zurückzuführen ist, daß er es unterlassen hat, sich anhand der Dopinglisten über die verbotenen Substanzen zu informieren, ihn aber gleichwohl als Sportmediziner o.ä. eine diesbezügliche Pflicht traf[108]. Er kann sich insoweit nicht auf die fehlende Kenntnis berufen.

Dem unwissentlich gedopten Sportler steht damit unter den genannten Voraussetzungen ein Schadensersatzanspruch gegen den Arzt aus einer pVV zu.

(3) Umfang des Anspruches

Der Umfang des Schadensersatzanspruches wegen einer pVV richtet sich nach den §§ 249 ff. BGB[109]. Es sind grundsätzlich alle unmittelbaren und mittelbaren Nachteile zu ersetzen, die durch die schädigende Handlung entstanden sind[110].

Hiervon umfaßt werden damit alle mit dem Doping zusammenhängenden Gesundheitsschäden und die diesbezüglich notwendige Heilbehandlung sowie die weiteren finanziellen Aufwendungen, die auf die Gesundheitsschäden zurückzuführen sind.

Hinzu kommt der Ersatz derjenigen finanziellen Einbußen, die der Sportler infolge des Dopings erleidet. Hierbei ist insbesondere an die dopingbedingte Kündigung von Sponsoringverträgen zu denken sowie an die durch die Sperre des Sportlers entstehenden Schäden[111]. Der Verlust sogenannter Antritts- oder Startgelder ist demgemäß erstattungsfähig, wenn der Sportler bereits durch seine Meldung zum

---

[106] *Larenz*, SchuldR I, § 20 III; *Fikentscher*, Rn. 508; *Deutsch*, Haftungsrecht, Rn. 403 ff.; *MüKo-Hanau*, § 276 BGB, Rn. 78, 82; *Staudinger/Löwisch*, § 276 BGB, Rn. 23, 26; *Erman/Battes*, § 276 BGB, Rn. 20 f.

[107] BGH, VersR 1962, 250, 251; *Deutsch*, VersR 1983, S. 993 ff. für den Zahnarzt; *MüKo-Hanau*, § 276 BGB, RN. 82.

[108] Vgl. *Derleder/Deppe*, JZ 1992, S. 116, 117; vgl. allgemein zur Informations- und Fortbildungspflicht *Deutsch*, Arztrecht, S. 8, 14; *Giesen*, Rn. 76 ff.; *Laufs/Uhlenbruck*, § 11, Rn. 1 ff.

[109] Siehe oben, Viertes Kapitel A. I. 4.

[110] Vgl. zu den Kosten einer notwendigen Operation OLG Dresden, SpuRt 1997, S. 132 ff.

[111] Hierzu im einzelnen oben, Viertes Kapitel A. I. 4. a)- c).

Wettkampf einen diesbezüglichen Anspruch gegen den Veranstalter erworben hatte. Sollte dies nicht der Fall sein, sind diese Prämien unter dem Gesichtspunkt des entgangenen Gewinns gemäß § 249 S. 1 BGB ersatzfähig[112]. Entgangene Sieg- oder Punkteprämien sind dagegen nur in Ausnahmefällen erstattungsfähig[113].

bb) Anspruch gemäß § 823 Abs. 1 BGB

Der unwissentlich gedopte Sportler könnte zudem einen Schadensersatzanspruch gegen den Arzt aus § 823 Abs. 1 BGB haben.

(1) Sachverhalt

Dabei ist davon auszugehen, daß der Sportler aufgrund der fehlenden Aufklärung des Sportarztes keine Kenntnis davon hat, daß das verabreichte oder verschriebene Mittel - unabhängig vom Bestehen einer medizinischen Indikation - Doping-Substanzen beinhaltet. Hierzu können also diejenigen Fallgestaltungen gezählt werden, bei denen der Sportarzt dem Sportler bewußt solche Mittel verabreicht/verschreibt, um aufgrund der Dopingeigenschaft eine Leistungssteigerung o.ä. zu erreichen, beispielsweise im Auftrag oder Interesse des Vereins. Ebenso fällt hierunter der Sportarzt, der es bei bestehender medizinischer Indikation lediglich unterläßt den Sportler über die Dopingeigenschaft dieses Mittels aufzuklären.

(2) Tatbestandsvoraussetzungen

Soweit keine medizinische Indikation besteht, führt die Behandlung des Arztes regelmäßig zu einer Gesundheitsbeschädigung des Sportlers[114]. Im übrigen kann aber unabhängig von einer solchen an die fehlende Aufklärung des Sportlers angeknüpft werden. Für eine tatbestandliche Rechtsgutverletzung i.S.d. § 823 Abs. 1 BGB kommt es somit nicht darauf an, ob das verschriebene oder verab-

---

[112] Zu den Anforderungen und Ausnahmen oben, Viertes Kapitel A. I. 4. a), b).

[113] Ebenfalls hierzu oben, Viertes Kapitel A. I. 4. c).

[114] Umfassend hierzu unten, Viertes Kapitel B. I. 1. b) cc) (1).

reichte Mittel eine fehlerhafte oder der ärztlichen Kunst entsprechende Behandlung darstellt und ob es in concreto zu einer Gesundheitsbeschädigung führt. Mit der körperlichen Integrität schützt § 823 Abs. 1 BGB auch das Selbstbestimmungsrecht des Patienten, so daß der ärztliche Eingriff oder die ärztliche Behandlung ohne wirksame Einwilligung des Patienten grundsätzlich eine Körperverletzung resp. Gesundheitsbeschädigung darstellt[115].

An einer Einwilligung des Sportlers fehlt es aber gerade, da er nicht bzw. nicht ausreichend über die Behandlung und insbesondere über die Eigenschaft als Doping-Mittel aufgeklärt worden ist. Diese Behandlung verletzt den Sportler in seinem Selbstbestimmungsrecht und stellt damit zugleich einen Eingriff in seine körperliche Integrität dar.

Die haftungsbegründende Kausalität der fehlenden Aufklärung für die Rechtsgutverletzung ist damit ebenso gegeben, wie die Rechtswidrigkeit der Verletzung. Das Unterlassen der gebotenen Aufklärung geschieht darüber hinaus schuldhaft i.S.d. § 276 BGB, da der Arzt in diesen Fallkonstellationen regelmäßig zumindest fahrlässig handelt.

Der Arzt ist damit dem unwissentlich gedopten Sportler zum Schadensersatz gemäß § 823 Abs. 1 BGB verpflichtet.

(3) Art und Umfang des ersatzfähigen Schadens

Bei den nach §§ 249 ff. BGB zu ersetzenden Schäden ist jedoch zu differenzieren.

Der Sportler kann zunächst sämtliche mit der Körperverletzung kausal zusammenhängenden Folgen gegenüber dem Arzt geltend machen[116]. Hierzu zählen finanzielle Aufwendungen des Sportlers, die auf die Körperverletzung zu-

---

[115] St. Rspr., BGHZ 29, 176, 179 f.; 106, 391, 397 f.; *Deutsch*, Arztrecht, S. 78; *Soergel/Zeuner*, § 823 BGB, Rn. 18 *Staudinger/Schäfer*, § 823 BGB, Rn. 469; *Müko-Mertens*, § 823 BGB, Rn. 361; vgl. auch die Darstellung bei *Laufs/Uhlenbruck*, § 103, Rn. 6; *Giesen*, S. 104 f., sieht in der fehlenden Aufklärung eine Persönlichkeitsverletzung; ähnlich *Laufs*, Rn. 540, der aber bei einer lege artis ohne Einwilligung vorgenommener Behandlung dem Patienten lediglich einen Schmerzensgeldanspruch zubilligt.

[116] Ebenso *Turner*, NJW 1992, S.720, 721; *ders.* MDR 1991, S. 569, 575; vgl. *Derleder/ Deppe*, JZ 1992, S. 116, 119.

rückzuführen sind, wie beispielsweise eine notwendige ärztliche Behandlung oder Operation. Die finanziellen Schäden, die er in Folge des mit der Einnahme verbundenen Verstoßes gegen die Dopingbestimmungen des Verbandes erleidet, mithin finanzielle Einbußen, die auf dopingbedingte Kündigung von Sponsorenverträgen respektive entgangene Sieg- oder Antrittsprämien o.ä.[117] zurückzuführen sind, sind nicht nach § 823 Abs. 1 BGB ersatzfähig[118]. Denn es fehlt an der insofern erforderlichen haftungsausfüllenden Kausalität[119] zwischen der Rechtsgutverletzung - der Körperverletzung - und den genannten Schäden. Diese sind gerade nicht auf eine Körperverletzung zurückzuführen sondern haben ihre alleinige Ursache in der Handlung des Arztes, die ein Verstoß des Sportlers gegen die Doping-Bestimmungen des Sportverbandes zur Folge hat. Es handelt sich um reine Vermögensschäden, die von § 823 Abs. 1 BGB nicht umfaßt werden.

b) Anspruch des wissentlich gedopten Sportlers
Der Sportler, der im Zusammenwirken mit dem Sportarzt Doping-Mittel einnimmt, also Kenntnis von der Eigenschaft der eingenommenen oder verschriebenen Mittel als Dopingmittel hat, kann ebenfalls Schadensersatzansprüche gegen den behandelnden Arzt haben.

aa) Anspruch aus einer pVV
Bei dem Schadensersatzanspruch des Sportlers aufgrund einer pVV ist danach zu unterscheiden, ob eine medizinische Indikation zur Verabreichung der Medikamente bestand, die Doping-Substanzen enthielten, oder ob eine solche gerade nicht vorlag.

(1) Abgrenzung: medizinische Indikation
Die Abgrenzung zwischen einer fehlenden medizinischen Indikation eines Medikaments oder Behandlung einerseits und einer zulässigen Substitution bzw. einer

---
[117] Hierzu oben, Viertes Kapitel A. I. 4.
[118] So auch *Turner*, NJW 1992, S. 720, 721.
[119] Allgemein *Lange*, § 3 II.

gleichzeitig bestehenden medizinischen Notwendigkeit der Einnahme dieses Medikaments oder der Behandlung ist im Einzelfall nicht leicht zu vollziehen[120]. Bei einem gesunden Sportler kann zwar eindeutig das Fehlen einer solchen Indikation angenommen werden[121]. Problematisch ist es hingegen, wenn der Sportler nach extremen Leistungsanforderungen Substanzen zur Regeneration und Leistungssteigerung erhält. Diesbezüglich wird unter Substitution der Ersatz verlorener oder verbrauchter körpereigener Substanzen (z.B. Vitamine, Elektrolyte und Spurenelemente, Kohlenhydrate oder Eiweiße) verstanden, die vom Organismus selbst nicht synthetisiert werden und die physiologisch ohnehin Bestandteil der Nahrung sind; die Zufuhr von Substanzen, die von einem gesunden Organismus selbst synthetisiert werden (z.B. Hormone), fallen nicht hierunter[122]. Des weiteren können solche Belastungen auch zu Gesundheitsgefährdungen oder -schädigungen führen, die eine medizinische Behandlung rechtfertigen[123].

Im folgenden soll zur Abgrenzung davon ausgegangen werden, daß eine medizinische Indikation jedenfalls dann fehlt, wenn der Sportler an sich gesund und sich mit dem Arzt darüber einig ist, daß die Mittel nicht zu einer Heilbehandlung verabreicht werden sollen.

(2) Anspruch bei fehlender medizinischer Indikation

Besteht keine medizinische Indikation, hat die auf die Einnahme von Doping-Mitteln gerichtete Behandlung regelmäßig die Leistungssteigerung des Sportlers zum Ziel. Dabei stellt sich die Beratung des Athleten zum Zwecke des Dopings, die Verschreibung und Verabreichung von Doping-Mitteln, als „ärztliche" Tätigkeit i.S.d. ärztlichen Berufsordnung dar[124].

---

[120] Vgl. hierzu *Franz/Hartl*, NJW 1988, S. 2277, 2278; *Turner*, MDR 1991, S. 569, 572; *Linck*, NJW 1987, S. 2545, 2547.
[121] *Derleder/Deppe*, JZ 1992, S. 116, 119.
[122] *Sehling/Pollert/Hackfort*, S. 104; *A.Müller*, S. 44, Fn. 121.
[123] *Turner*, MDR 1991, S. 569, 572.
[124] *Derleder/Deppe*, JZ 1992, S. 116, 117; *Franz/Hartl*, NJW 1988, S. 2277, 2278 f.; *Turner*, MDR 1991, S. 570, 571 f.; *Laufs/Uhlenbruck*, § 44, Rn. 1; a.A. *Linck*, NJW 1987, S. 2545, 2547.

Der hierauf gerichtete Vertrag zwischen Arzt und Athlet ist jedoch sittenwidrig i.S.d. § 138 Abs. 1 BGB[125]. Bei der Einordnung eines Rechtsgeschäftes als sittenwidrig ist dessen Gesamtbeurteilung entscheidend, so daß auf den Inhalt, das Motiv und den Zweck des Rechtsgeschäftes in ihrer Gesamtheit abzustellen ist[126]. Die mit der Verabreichung medizinisch nicht indizierter Medikamente oder sonstiger Substanzen verfolgte Absicht, die Steigerung der sportlichen Leistung unter Verstoß gegen geltende Regeln der Sportverbände mit dem zusätzlichen Risiko gesundheitlicher Schäden, läßt den Zweck eines solchen Vertrages als sittenwidrig erscheinen. Aufgrund der Akzeptanz und Beachtung durch die Öffentlichkeit, die der Sport in den letzten Jahrzehnten stetig wachsend erhalten hat, erwartet diese einen Wettkampf, der frei ist von Manipulationen wie Doping. Die Teilnahme eines gedopten Sportlers an einem Wettkampf kann angesichts dieser Bedeutung des Sports und der öffentlichen Mißbilligung, die das Doping in den letzten Jahren zunehmend erfahren hat, als nicht mit dem „Anstandsgefühl aller billig und gerecht Denkenden"[127] zu vereinbaren angesehen werden. Dabei trifft sowohl den Arzt als auch den Sportler der subjektive Vorwurf der Sittenwidrigkeit, da beide in Kenntnis der die Sittenwidrigkeit begründenden Tatumstände handeln[128].

Rechtsfolge der Anwendung des § 138 Abs. 1 BGB ist die Nichtigkeit des zwischen Sportler und Sportarzt abgeschlossenen Dienstvertrages. Ein Schadensersatzanspruch des Athleten aus einer pVV, die einen bestehenden Vertrag oder Schuldverhältnis voraussetzt[129], besteht nicht.

---

[125] *D. Schwab*, Doping, S. 35, 42; *Turner*, NJW 1992, S. 720; *ders.* MDR 1991, S. 570, 574; *Friedrich*, SpuRt 1995, S. 8; *Kohlhaas*, S. 48 ff.; *Palandt/Heinrichs*, § 138 BGB, Rn. 98.
[126] *MüKo-Mayer-Maly*, § 138 BGB, Rn. 24; *Palandt/Heinrichs*, § 138 BGB, Rn. 7 f.
[127] Hierzu *Larenz/Wolf*, AT, § 41, Rn. 9 ff.; *MüKo-Mayer-Maly*, § 138 BGB, Rn. 12.
[128] Zum subjektiven Erfordernis bei der Sittenwidrigkeit *MüKo-Mayer-Maly*, § 138 BGB, Rn. 111 ff.
[129] Siehe oben, Viertes Kapitel A. I.

(3) Anspruch bei bestehender medizinischer Indikation

Ein Schadensersatzanspruch des Athleten aus einer pVV kann aber bestehen, wenn zugleich eine medizinische Indikation besteht. Hierbei ist insbesondere an die Fälle zu denken, bei denen der Sportler aufgrund einer Verletzung, bestimmter Beschwerden oder einer Krankheit die sportärztliche Behandlung wünscht und der Arzt mit Wissen des Sportlers Substanzen verschreibt oder verabreicht, die auf der Dopingliste stehen. Diesbezüglich wird auch der Begriff „therapeutisches Doping" verwendet[130].

Der eine solche Behandlung des Athleten umfassende Dienstvertrag ist nicht sittenwidrig i.S.d. § 138 Abs. 1 BGB. Der Zweck des Vertrages ist gerade nicht ausschließlich darauf gerichtet, entgegen den verbandsrechtlichen Doping-Bestimmungen eine Leistungssteigerung zu erzielen, sondern vornehmlich auf eine Heilbehandlung des Sportlers.

Dem Arzt stehen zur Heilbehandlung Methoden unterschiedlicher Art, nämlich mit und ohne Dopingwirkstoffen, zur Verfügung. Er ist dem Athleten als seinem Patienten zur umfassenden Aufklärung über die anerkannten Heilmethoden einschließlich derer verpflichtet, die Substanzen enthalten, welche auf der Dopingliste stehen.

Darüber hinaus ist er grundsätzlich zu einer Behandlung nach den Regeln der ärztlichen Kunst verpflichtet[131]. Soweit eine therapeutische Verwendung in Betracht kommt, d.h. die Verwendung eines Medikamentes aus medizinischer Sicht eine mit den Regeln der ärztlichen Kunst zu vereinbaren Heilbehandlung darstellt, hat der Arzt diese als mögliche Behandlung in Betracht zu ziehen und den Sportler über sie aufzuklären. Die Aufklärungspflicht des Arztes umfaßt nicht nur die Wirkung eines solchen Medikamentes oder einer Behandlung, sondern auch die Tatsache, daß es als Doping verbotene Substanzen enthält[132].

Kommt nach den Regeln ärztlicher Kunst keine vergleichbare Behandlung mit Mitteln ohne Doping-Substanzen in Betracht, hat der Sportarzt das Medikament

---

[130] Vgl. *A. Müller*, S. 43 ff.
[131] *Deutsch*, Arztrecht, S. 81 ff.; *Laufs*, Rn. 469 ff.; *Giesen*, S. 29 ff.; *MüKo-Mertens*, § 823 BGB, Rn. 356.
[132] Soweit es sich um einen Sportarzt o.ä. handelt, vgl. oben, Viertes Kapitel B. I. 1. a) aa) (1) (b).

ohne weiteres anzuwenden. Existieren dagegen gleichwertige Präparate, also Mittel, die von ihrer Heilwirkung, aber auch von der Schnelligkeit des Heilerfolges her einen vergleichbaren Erfolg versprechen, hat der Sportarzt grundsätzlich diese denjenigen Mitteln oder Behandlungsmethoden vorzuziehen, die Dopingsubstanzen enthalten.

Entscheidet sich der Sportler nach umfassender Aufklärung für die Verwendung des Medikamentes, welches Dopingwirkstoffe beinhaltet, ist ein dementsprechendes Verhalten des Arztes legitim[133]. Denn letztlich stellt die Verabreichung oder Verschreibung eines solchen Medikamentes ebenso wie bei einem Patienten, der nicht Sportler ist, eine mit den Regeln der ärztlichen Kunst zu vereinbarende Heilbehandlung dar.

Es bleibt damit festzuhalten, daß die medizinisch indizierte Verabreichung von Mitteln, die zugleich Doping-Substanzen enthalten, grundsätzlich keine Vertragsverletzung seitens des behandelnden Sportarztes darstellt, soweit ihr eine umfassende Aufklärung des Sportlers vorausgegangen ist.
Ein Anspruch aufgrund einer pVV besteht also nicht.

bb) Culpa in contrahendo
Ein Schadensersatzanspruch des wissentlich gedopten Sportlers gegen den Arzt kann sich nicht aus einer culpa in contrahendo (c.i.c.) ergeben[134].
Die c.i.c. ist heute als haftungsbegründendes Institut gewohnheitsrechtlich anerkannt[135]. Sie greift zwar grundsätzlich im vorvertraglichen Bereich im Rahmen von Vertragsverhandlungen ein, kann aber auch zur Anwendung gelangen, wenn ein bereits abgeschlossener Vertrag unwirksam ist[136]. Der Vertrag zwischen Arzt und Sportler ist dementsprechend dann unwirksam, wenn der Sportler wissentlich durch den Arzt gedopt wurde und keine medizinische Indikation bestand[137].

---

[133] Ähnlich *Derleder/Deppe*, JZ 1992, S. 116, 119.

[134] *D. Schwab*, Doping, S. 35, 43; a.A. *Derleder/Deppe*, JZ 1992, S. 116, 118.

[135] Statt aller *Larenz/Wolf* , AT, § 31, Rn. 5 f.; *Larenz*, SchR-AT, § 9 I; *Staudinger/Löwisch*, vor §§ 275 ff. BGB, Rn. 52; *Palandt/Heinrichs*, § 276 BGB, Rn. 65.

[136] *Palandt/Heinrichs*, § 276 BGB, Rn. 77.

[137] Siehe oben, Viertes Kapitel B. I. 1. b) aa) (2).

Für einen Anspruch des Sportlers fehlt es jedoch aufgrund seiner freiwilligen Mitwirkung an einem vertragsähnlichen Vertrauensverhältnis[138]. Haftungsgrundlage eines Anspruchs wegen einer c.i.c. ist aber gerade die „Gewährung von in Anspruch genommenen Vertrauen"[139]. So ist die Unwirksamkeit des Vertrages auch nicht allein der Sphäre des Arztes zuzurechnen[140], sondern beruht gerade auf dem Zusammenwirken zwischen Arzt und Sportler. Dem Sportler, der sich mit dem Arzt über eine Behandlung einig ist, die ausschließlich der Leistungssteigerung und nicht der Heilbehandlung dient, fehlt es daher an einem „enttäuschten Vertrauen".

cc) § 823 Abs. 1 BGB

Der wissentlich gedopte Sportler kann einen Schadensersatzanspruch gegen den Arzt auch gemäß § 823 Abs. 1 BGB haben.

(1) Körperverletzung/Gesundheitsbeschädigung

Da eine fehlende Aufklärungspflicht hier nicht in Betracht zu ziehen ist, kann sich der Anspruch aufgrund einer Körperverletzung respektive Gesundheitsbeschädigung des Athleten ergeben. Eine Körperverletzung umfaßt jeden äußeren Eingriff in die körperliche Unversehrtheit und die Gesundheitsbeschädigung jede zu einer nachteiligen Abweichung vom Normalzustand führenden Störung der inneren Lebensvorgänge[141]. Eine solche wird bei der Verwendung von Dopingmitteln regelmäßig angenommen[142].

---

[138] So auch *D. Schwab*, Doping, S. 35, 43.
[139] *Ballerstedt*, AcP 151 (1950/51), S. 501, 507; vgl. BGH, NJW 1981, S. 1035, 1036.
[140] Allgemein zur Unanwendbarkeit der c.i.c. bei unwirksamen Verträgen, die nicht ausschließlich dem Verantwortungsbereich einer Partei zuzuordnen sind, BGHZ 116, 251, 257.
[141] *Staudinger/Schäfer*, §823 BGB, Rn. 12; *Soergel/Zeuner*, § 823 BGB, Rn. 20.
[142] *Turner*, MDR 1991, S. 569, 573, 575; *ders.*, Festgabe Zivilrechtslehrer, S. 669, 671; *Linck*, NJW 1987, S. 2545, 2549; *D. Schwab*, Doping, S. 35, 36 f.; *Schneider-Grohe*, S. 136 ff.; *Friedrich*, SpuRt 1995, S. 8; differenzierend *A. Müller*, S. 38 ff.

(a) Keine medizinische Indikation

Dem ist ohne weiteres zuzustimmen, wenn keine medizinische Indikation vorliegt und damit das Doping-Mittel nicht zu Heilzwecken, sondern zur Leistungssteigerung eingesetzt wird.

Soweit die Verabreichung über Spritzen, wie beispielsweise bei der Verwendung von EPO (Erythropoietin), erfolgt[143], liegt hierin bereits ein Eingriff in die körperliche Integrität. Erfolgt das Doping über die Einnahme von Medikamenten, die Doping-Substanzen enthalten, ist auf deren Wirkung abzustellen. Ein Großteil der Doping-Substanzen führt zu Gesundheitsschädigungen wie die Schädigungen innerer Organe - Herz, Leber, Niere etc. - sowie die geschlechtsspezifischen Auswirkungen des Anabolikamißbrauches oder Bänder-, Sehnen- oder Muskelrisse, oder es kommt zu zumindest zeitweiligen Gesundheitsschädigungen, z.B. vorübergehende Erscheinungen wie Herzklopfen, Fieber, Muskelkrämpfe oder Übelkeit[144]. Dementsprechend wird allgemein der medizinisch nicht indizierte Heileingriff oder die nicht indizierte Medikation bereits als Körperverletzung resp. Gesundheitsbeschädigung i.S.d. § 823 Abs. 1 BGB angesehen [145].

(b) Bestehen einer medizinischen Indikation

Problematischer erscheint es allerdings, wenn eine medizinische Indikation besteht, der Arzt den Sportler lediglich mit Mitteln behandelt, deren Substanzen unter Umständen auf der Dopingliste stehen. Denn dann liegt ein ärztlicher Heileingriff vor, der von Teilen der Literatur nicht als tatbestandliche Körperverletzung oder Gesundheitsbeschädigung angesehen wird[146]. Demgegenüber sehen die Rechtsprechung und Teile des Schrifttums auch in einer lege artis vorgenommenen Behandlung oder einem Eingriff eine tatbestandliche Körperverletzung oder Gesundheitsbeschädigung, welche durch die Einwilligung des Patienten ge-

---

[143] Zur Einnahme des Hormons Erythropoietin (EPO) vgl. FAZ v. 14.02.1997, S. 34; FAZ v. 15.10.1997, S. 39.
[144] *Schneider-Grohe*, S. 45 ff., 136, *A. Müller*, S. 39 ff.
[145] Statt aller *MüKo-Mertens*, § 823 BGB, Rn. 358 ff.; zum Doping *Laufs*, Rn. 469.
[146] Vgl. *Laufs*, NJW 1976, 1121, 1122 f.; *ders.* Arztrecht, Rn. 540; *Esser/Weyers*, SchR II, § 55 I 1 b; *MüKo-Mertens*, § 823 BGB, Rn. 363.

rechtfertigt wird[147]. Hier soll mit der herrschenden Meinung eine Rechtsgutverletzung zumindest dann angenommen werden, wenn die Behandlung mit einem körperlichen Eingriff verbunden ist; denn auch ein ärztlicher Heileingriff berührt die körperliche Integrität des Sportlers und ist eine Beeinträchtigung im körperlichen Bereich, wie sich bereits aus damit verbundenen Schmerzen, Nebenwirkungen oder sonstigen Beeinträchtigungen des Befindens ergibt.

Dies ist jedoch nicht bei allen Substanzen der Fall, die auf der Dopingliste stehen. So verstößt die Verschreibung ephedrinhaltiger Nasentropfen oder eines codeinhaltigen Hustensaftes gegen die Dopingregeln der Sportverbände; bei normaler Dosierung, wie sie allgemein zur Bekämpfung von Erkältungen angewendet wird, haben diese Substanzen keine „negative" Auswirkung auf den Gesundheitszustand des Sportlers, die als Gesundheitsbeschädigung angesehen werden kann[148]. Das Vorliegen einer Körperverletzung bzw. Gesundheitsbeschädigung ist somit in concreto festzustellen und unabhängig von der Einordnung der jeweiligen Substanz als Doping-Mittel vorzunehmen.

(c) Zwischenergebnis

Der Arzt, der den Sportler mit dessen Wissen dopt, begeht daher bei Fehlen einer medizinischen Indikation ein Körperverletzung resp. eine Gesundheitsbeschädigung. Ist eine medizinische Indikation gegeben, ist bei einem körperlichen Heileingriff diese ebenso gegeben. Dagegen fehlt es an einer Gesundheitsbeschädigung oder Körperverletzung, wenn medizinisch indizierte Medikamente verschrieben werden, soweit diese keine schädigende Wirkung haben. Da bei den meisten Doping-Substanzen angenommen werden kann, daß sie (auch) eine schädigende Wirkung auf die Gesundheit des Sportlers haben können (z.B. Nebenwirkungen eines Medikamentes), kann eine Gesundheitsbeschädigung resp. Körperverletzung i.d.R. angenommen werden, wenn der Arzt dem Sportler Doping-Substanzen - egal auf welchem Weg - zuführt.

---

[147] BGHZ 29, 176, 179 f.; 106, 391, 394, 397; *Deutsch*, NJW 1965, S. 1985, 1988 f.; Staudinger/Schäfer, § 823 BGB, Rn. 21 ff.; Soergel/Zeuner, § 823 BGB, Rn. 18.

[148] *A. Müller*, S. 42.

(2) Einwilligung des Sportlers

Es ist jedoch zweifelhaft, ob das Handeln des Arztes als rechtswidrig erachtet werden kann; hat sich doch der Sportler mit einer solchen „Behandlung" einverstanden erklärt und damit möglicherweise eine wirksame Einwilligung abgegeben. Eine solche liegt vor, wenn eine umfassende Aufklärung des Sportlers durch den Arzt über die verabreichten Stoffe und die möglichen Folgen für die Gesundheit des Athleten stattgefunden hat[149]. Ist dies der Fall, bleibt trotzdem fragwürdig, ob die Einwilligung des Sportlers nicht sittenwidrig und damit nichtig i.S.d. § 138 BGB ist.

(a) Sittenwidrigkeit i.S.d. § 138 BGB

Während es im Strafrecht (§ 228 StGB) auf die Sittenwidrigkeit der Tat ankommt, ist für die zivilrechtliche Beurteilung die Sittenwidrigkeit der Einwilligung selbst entscheidend[150]. Diese wird im Bereich des Dopings von der herrschenden Meinung als sittenwidrig i.S.d. § 138 Abs. 1 BGB und damit als nichtig angesehen[151]. Dem kann bei fehlender medizinischer Indikation des verabreichten Mittels zugestimmt werden, da der Sportler dann mit dem Doping die Absicht verfolgt, die Wettkampfleistung entgegen dem sportlichen Regelwerk der Verbände zu seinen Gunsten zu verfälschen. Dem verfolgten Zweck kommt insofern entscheidende Bedeutung zu[152].

Soweit der Sportler sich mit dem Arzt darüber einig ist, daß die verwendeten Mittel nicht zur Heilbehandlung eingesetzt werden sollen, verfolgt der Sportler allein den Zweck, unter Umgehung der sportrechtlichen Dopingbestimmungen eine Leistungssteigerung bzw. einen Vorsprung vor seinen Mitkonkurrenten zu

---

[149] Vgl. *Palandt/Thomas*, § 823 BGB, Rn. 45 ff.

[150] *D Schwab*, Doping, S. 35, 38; allg. zur zivilrechtlichen Einwilligung: *MüKo-Mertens*, § 823 BGB, Rn. 40; *Soergel/Zeuner*, § 823 BGB, Rn. 225; zur strafrechtlichen Einwilligung *Schönke/Schröder/Lenckner*, Rn. 36 ff. vor §§ 32 ff. StGB; *Tröndle/Fischer*, § 228 StGB, Rn. 9 f.

[151] *D. Schwab*, Doping, S. 35, 38 ff.; *Turner*, NJW 1991, S. 2943, 2945; *ders.*, NJW 1992, S. 720; *ders.*, Festgabe Zivilrechtslehrer, S. 669, 672; *Derleder/Deppe*, JZ 1992, S. 116, 119. Ebenso für das Strafrecht *Linck*, NJW 1987, S. 2545, 2549; *Laufs/Uhlenbruck*, § 139, Rn. 41; differenzierend nach der Schwere der Körperverletzung *Otto*, SpuRt 1994, S. 10, 15; umfassend *A. Müller*, S. 109 ff.; a.A. *Kohlhaas*, S. 48, 54; *Schneider-Grohe*, S. 142 f.

[152] So auch *D. Schwab*, Doping, S. 35, 38; vgl. *Turner*, Festgabe Zivilrechtslehrer, S. 669, 672.

erreichen. Dies widerspricht den sport-ethischen Grundprinzipien und läßt das Gebot von Fairneß und Chancengleichheit im Wettkampf seine Bedeutung verlieren.

Die Teilnahme eines gedopten Sportlers unterliegt einem allgemeinen Unwerturteil[153]; die mit der Verwendung von Doping-Substanzen verfolgte Absicht und die ihr zugrundeliegende Einwilligung des Sportlers ist sittenwidrig. Damit geht auch der Vergleich fehl, daß manche der Doping-Substanzen ebenso frei verfügbar seien wie Alkohol und Koffein oder die Verabreichung von Aufputschmitteln an einen Nichtsportler im nicht-sportlichen Beruf selbst bei Einnahme zur Leistungssteigerung als nicht sittenwidrig angesehen wird[154]. Denn der hiermit verfolgte Zweck ist entgegen dem Doping nicht zu mißbilligen oder mit einem Unwerturteil der Öffentlichkeit belastet. Das Einverständnis des Sportlers mit dem Doping und damit die Einwilligung in die Körperverletzung resp. Gesundheitsbeschädigung ist unter diesen Umständen sittenwidrig und damit nichtig i.S.d. § 138 Abs. 1 BGB.

Dies gilt aber nicht, wenn zugleich eine medizinische Indikation besteht. Denn dann liegt der vornehmlich verfolgte Zweck in der Heilbehandlung, also in der Wiederherstellung der Gesundheit des Sportlers unter Inkaufnahme der Eigenschaft dieses Mittels als Dopingsubstanz. Diese tritt hinter das verfolgte Ziel der Heilbehandlung zurück.

(b) Zwischenergebnis

Soweit die Sittenwidrigkeit der Einwilligung angenommen werden kann, ist ein rechtswidriges Handeln des Arztes gegeben. Dem Sportler steht damit ein Schadensersatzanspruch gemäß § 823 Abs. 1 BGB dem Grunde nach zu.

(3) Schadensumfang

Der Umfang des Anspruches des Sportlers richtet sich nach §§ 249 ff. BGB und könnte demnach identisch sein mit demjenigen, der dem unwissentlich gedopten Sportler gemäß § 823 BGB zusteht.

---

[153] Vgl. oben, Zweites Kapitel B II 2.
[154] So aber *Kohlhaas*, S. 48 ff.

(a) Mitverschulden

Das Bestehen dieses Schadensersatzanspruches des Sportlers gegen den Arzt erscheint jedoch korrekturbedürftig, weil der Sportler mit dem Arzt zusammengewirkt hat und das Doping möglicherweise auf seine Initiative zurückzuführen ist. Dementsprechend wird dieser Anspruch einer Schadenskorrektur unterzogen, indem das Mitwirken des Sportlers bei der Entstehung des Schadens als Mitverschulden i.S.d. § 254 Abs. 1 BGB berücksichtigt wird[155]. Dieses soll entweder zu einem völligen Ausschluß der Haftung des Arztes führen oder diese zumindest stark einschränken[156].

Grundsätzlich führt das vorsätzliche Handeln des Geschädigten dazu, daß die Fahrlässigkeit des anderen Teils unerheblich ist und damit ein Schadenersatzanspruch ausscheidet[157]; bei beiderseitigem Vorsatz ist eine Abwägung vorzunehmen[158].

Der Sportler willigt in die Verabreichung/Einnahme von Dopingmitteln und damit zugleich in die damit verbundene Körperverletzung bzw. Gesundheitsbeschädigung ein. Die vorsätzliche Einwilligung wird aber bezüglich hieraus resultierender Schäden verneint, die erst später auftreten[159]. Allerdings ist zu beachten, daß der Sportler zuvor umfangreich und umfassend über die Wirkung der Doping-Substanzen durch den Arzt aufgeklärt worden ist. Entschließt er sich trotz des Hinweises auf später mögliche Gefahren für die Gesundheit oder auch schwerwiegende Gesundheitsbeschädigungen[160] zur Einnahme von derartigen Substanzen, nimmt er diese Schädigungen zumindest billigend in Kauf. Auch eine Abwägung führt zu keinem anderen Ergebnis. Denn im Rahmen seines Selbstbestimmungsrechts obliegt es allein dem Sportler, ob er eine Einwilligung zur Doping-Behandlung durch den Arzt erklärt.

---

[155] *D. Schwab*, Doping, S. 35, 40 f.; *Turner*, NJW 1991, S. 2943, 2945; *ders.* NJW 1992, S. 720; *ders.*, Festgabe Zivilrechtslehrer, S. 669, 672; *Derleder/Deppe*, JZ 1992, S. 116, 118.

[156] Gegen einen völligen Haftungsausschluß *D. Schwab*, Doping, S. 35, 41; *Turner*, NJW 1992, S. 720; aber *ders.* in NJW 1991, S. 2943, 2945 für eine Anspruchsreduzierung auf Null.

[157] BAG NJW 1998, S. 2923, 2924; *Lange*, § 10 XII 5 b), S. 617 f.; *MüKo-Grunsky*, § 254 BGB, Rn. 62; *Soergel/Mertens*, § 254 BGB, Rn. 116; *Palandt/Heinrichs*, § 254 BGB, Rn. 53.

[158] *Palandt/Heinrichs*, § 254 BGB, Rn. 53.

[159] *D. Schwab*, Doping, S. 35, 41.

[160] Vgl. zur Gesundheitsbeschädigung OLG Dresden, SpuRt 1997, S. 132 ff.

Soweit der Arzt jedoch den Sportler nicht umfassend über die möglichen Folgen des Dopings aufklärt, kann das Mitverschulden des Sportlers dessen Anspruch nicht völlig ausschließen. Sein Einverständnis mit dem Doping bezog sich dann gerade nicht auf sämtliche mögliche Schäden; diese hat er damit auch nicht sämtlich in Kauf genommen.

(b) Ergebnis

Ein Anspruch des wissentlich gedopten Sportlers gemäß § 823 Abs. 1 BGB besteht dem Grunde nach. In der Regel wird dieser Schadensersatzanspruch an der Einwilligung des Sportlers scheitern, die zu einem Mitverschulden nach § 254 Abs. 1 BGB führt, welches die Haftung des Arztes zumeist ausschließt.

c) Sonstige Ansprüche

Ein Schadensersatzanspruch des Sportlers kann sich zudem aus § 823 Abs. 2 BGB i.V.m. einem Schutzgesetz ergeben. Als Schutzgesetze kommen vornehmlich Vorschriften des StGB, BtMG und AMG in Betracht.

In der Verabreichung von Doping-Mitteln liegt regelmäßig eine vorsätzliche oder fahrlässige Körperverletzung i.S.d. §§ 223, 229 StGB[161], die Schutzgesetze i.S.d. § 823 Abs. 2 BGB sind[162].

Darüber hinaus verstößt der Arzt bei fehlender medizinischer Indikation mit Verschreibung oder Abgabe des Doping-Substanzen enthaltenden Mittels gegen § 6 a AMG[163]. Gleichfalls liegt ein Verstoß gegen das BtMG vor, wenn die jeweilige Substanz zu den Betäubungsmitteln i.S.d. § 1 BtMG zu zählen ist.

Bei diesen Bestimmungen des AMG und des BtMG handelt es sich um Strafnormen, mithin Ge- und Verbotsnormen, die damit als Schutzgesetze i.S.d. § 823 Abs. 2 BGB anzusehen sind[164].

---

[161] Zur Körperverletzung durch das Doping oben, Viertes Kapitel B. I. 1. b) cc) (1). Zur diesbezüglichen Strafbarkeit *Derleder/Deppe*, JZ 1992, S. 116, 119; *Otto*, SpuRt 1994, S. 10, 13 f., *A. Müller*, passim und insbes. S. 38 ff., 68 ff.

[162] *MüKo-Mertens*, § 823 BGB, Rn. 194.

[163] Zu den im weiteren relevanten Verstößen gegen das AMG, insbesondere gegen § 95 Abs. 1 Nr. 4 AMG, siehe *Turner*, MDR 1991, S. 569, 574; umfassend *Körner*, ZRP 1989, S. 418, 420 f. m.z.N. aus der untergerichtlichen Rechtsprechung.

[164] *D. Schwab*, Doping, S. 35, 36; *Palandt/Thomas*, § 823 BGB, Rn. 145.

Dem Sportler steht also auch ein Schadensersatzanspruch gemäß § 823 Abs. 2 BGB i.V.m. den genannten Schutzgesetzen zu.

Da durch diese Gesetze die körperliche Unversehrtheit und Gesundheit geschützt werden soll, kann der Sportler die gleichen Schäden ersetzt verlangen, die ihm über § 823 Abs. 1 BGB zustehen. Das Einverständnis des Sportlers ist dabei ebenfalls nach § 254 Abs. 1 BGB schadensmindernd zu berücksichtigen.

Darüber hinaus steht dem Sportler aufgrund der durch das Doping bedingten Körperverletzung resp. Gesundheitsbeschädigung - eine unerlaubte Handlung i.S.d. § 823 Abs. 1 BGB - ein Schmerzensgeldanspruch gemäß § 847 BGB zu.

2. Anspruch gegen den Trainer/Betreuer

Bei der Haftung des Trainers oder Betreuers ist davon auszugehen, daß diese dem Athleten die unerlaubten Mittel verschafft bzw. ohne dessen Kenntnis von deren Eigenschaft als verbotene Dopingsubstanz verabreicht haben. Die zivilrechtliche Haftung für die hierbei entstehenden Schäden kann sich aus Vertrag und Delikt ergeben.

a) Vertragliche Haftung

Im Rahmen der vertraglichen Haftung des Trainers/Betreuers ist zwischen einem privat beauftragten Trainer, z.B. Tennis-, Eiskunstlauf-, Leichtathletiktrainer o.ä., und einem Vereins- oder Verbandstrainer zu unterscheiden.

aa) Privat beauftragter Trainer oder Betreuer

Besteht ein Vertragsverhältnis zwischen Sportler und Trainer/Betreuer, kommt eine Schadensersatzpflicht wegen einer positiven Vertragsverletzung in Betracht. Der Sportler schließt regelmäßig mit dem privat beauftragten Trainer einen Dienstvertrag i.S.d. § 611 BGB ab[165]. Dieser ist darauf gerichtet, den Sportler in einer bestimmten Sportart auszubilden und seine sportliche Leistungsfähigkeit zu steigern, sowie auf die (psychologische) Betreuung des Sportlers im Training, in der Wettkampfvorbereretung und gegebenenfalls auch während des Wett-

---

[165] Dury, S. 9, 26; del Fabro, S. 41, 82 ff, 130; vgl. auch OLG München, SpuRt 1995, S. 55, 57 (Ski-Langlauf).

kampfes selbst[166]. Da der Trainer keinen (sportlichen) Erfolg schuldet, sondern dieser allein dem Bereich des Sportlers selbst zugerechnet werden muß, liegt kein Werkvertrag i.S.d. § 631 BGB vor.

(1) Der unwissentlich gedopte Sportler

Verabreicht der Trainer/Betreuer dem Sportler Mittel, ohne daß dieser Kenntnis von deren Eigenschaft als Doping-Substanzen hat, verletzt er seine vertraglichen Verpflichtungen[167]. Inhalt und Zweck des Vertrages ist es, daß der Sportler durch das Training bzw. die Betreuung eine Leistungssteigerung erreicht, die sich in einem späterem Wettkampf niederschlägt. Die Vergabe von Doping-Mitteln ist insofern gerade kontraproduktiv, da der Sportler mit deren Einnahme gegen die Bestimmungen der Sportverbände verstößt und dadurch von der Wettkampfteilnahme ausgeschlossen ist.

Der Trainer/Betreuer handelt dabei regelmäßig vorsätzlich oder zumindest fahrlässig i.S.d. § 276 Abs. 1 BGB, da ihn jedenfalls die Sorgfaltspflicht trifft, sich vor Verabreichung eines Mittels darüber zu informieren, ob dieses Substanzen enthält, die auf der Dopingliste stehen. Dem Sportler steht in diesem Fall ein Schadensersatzanspruch wegen einer pVV zu.

Seinem Umfang nach ist dieser Anspruch auf Ersatz der gleichen Schäden gerichtet, die der Sportler von dem Arzt wegen einer pVV ersetzt verlangen kann[168]. Dies sind zum einen der Ersatz sämtlicher Schäden und Folgeschäden, die auf eine durch das verabreichte Mittel verursachte Gesundheitsbeschädigung zurückzuführen sind und zum anderen diejenigen finanziellen Einbußen, die sich aufgrund einer Sanktion durch den Sportverband ergeben können, wie z.B. gekündigte Sponsorenverträge oder entgangene Startprämien[169].

---

[166] *Dury*, S. 9, 26; *Günther/Kern*, VersR 1993, S. 794, 797; *del Fabro*, S. 17 ff.
[167] *Turner*, NJW 1992, S: 720, 721; *ders.*, Festgabe Zivilrechtslehrer, S. 669, 673.
[168] Siehe oben, Viertes Kapitel B. I. 1. a) aa).
[169] Im einzelnen siehe oben, Viertes Kapitel A. I. 4.

(2) Der wissentlich gedopte Sportler

Hat der Sportler dagegen Kenntnis von der Eigenschaft der verabreichten Substanzen als Doping-Mittel, weil er diesbezüglich z.B. mit dem Trainer/Betreuer zusammengewirkt hat, ist der Vertrag sittenwidrig gemäß § 138 Abs. 1 BGB[170]. Der hiermit verfolgte Zweck, eine Leistungssteigerung und bessere Wettkampfleistung entgegen den Regelwerken der Sportverbände zu erlangen, um gegenüber den übrigen Wettkampfteilnehmern einen insofern nicht gerechtfertigten Leistungsvorsprung zu erreichen, ist nicht mit den „guten Sitten" zu vereinbaren[171]. Ein Anspruch des Sportlers wegen einer pVV gegen den Trainer/Betreuer scheidet unter diesen Umständen aus.

bb) Der Vereins- oder Verbandstrainer

Diejenigen Trainer/Betreuer, die keine vertraglichen Beziehungen zum Sportler aufweisen, sind regelmäßig beim jeweiligen Sportverband oder Verein des Sportlers angestellt. Diese sog. Vereins- oder Verbandstrainer existieren vornehmlich im Bereich der Mannschaftssportarten, wie beispielsweise die Trainer der Fußballbundesligamannschaften oder der Trainer der Fußballnationalmannschaft. Bei Einzelsportarten kommen sie eher auf Verbandsebene vor, insbesondere als Nationaltrainer.

Der Sportverein oder -verband schließt mit diesen Trainern/Betreuern einen Dienstvertrag i.S.d. § 611 BGB ab; ihre Stellung ist die eines angestellten Arbeitnehmers[172]. Demgemäß existiert kein Vertrag zwischen dem Trainer/Betreuer einerseits und dem jeweiligen Sportler andererseits, aus dem sich Ansprüche des Sportlers ergeben könnten.

(1) Vertrag mit Schutzwirkung zugunsten Dritter

Es könnte sich aber ein vertraglicher Schadensersatzanspruch des Athleten aus einem Vertrag mit Schutzwirkung zugunsten Dritter ergeben.

---

[170] So auch *Turner*, NJW 1992, S. 720, 721; *ders.*, Festgabe Zivilrechtslehrer, S. 669, 673.
[171] Vgl. oben, Viertes Kapitel, B. I. 1. b) cc) (2) (a).
[172] *Holzer*, S. 37 m.w.N.; *Kania*, SpuRt 1994, S.121, 124 f.

Der Vertrag mit Schutzwirkung zugunsten Dritter ist gesetzlich nicht geregelt; er ist jedoch allgemein anerkannt[173], wobei er entweder auf § 242 BGB[174] oder auf eine ergänzende Vertragsauslegung[175] gestützt wird. Bei einem solchen besteht ein unmittelbares Vertragsverhältnis allein zwischen dem Gläubiger (Sportverband) und dem Schuldner (Trainer), wobei der Dritte (Sportler) in der Weise in die vertraglichen Sorgfalts- und Obhutspflichten einbezogen ist, daß er bei deren Verletzung einen Schadensersatzanspruch geltend machen kann[176].

Ein Anspruch[177] des Sportlers besteht damit, wenn er in die vertraglichen Sorgfalts- und Obhutspflichten mit einbezogen ist, welche der Trainer/Betreuer schuldhaft verletzt.

(a) Einbeziehung des Sportlers in den Vertrag

Der Sportler müßte demnach zum geschützten Personenkreis des zwischen Verein/Verband und Trainer/Betreuer abgeschlossenen Vertrages gehören.

Die erforderliche Leistungsnähe[178] ist gegeben, wenn der Sportler bestimmungsgemäß mit der Leistung in Berührung kommt. Der Trainer/Betreuer ist zwar beim Verein/Verband angestellt, und wird damit für den Verband tätig. Seine vertraglich gegenüber dem Verband bestehende Hauptaufgabe liegt aber darin, den Sportler zu trainieren bzw. zu betreuen, so daß dieser unmittelbar mit der Leistung des Trainers/Betreuers in Berührung kommt und den Gefahren der Leistung ausgesetzt wird.

Die im weiteren erforderliche Gläubigernähe ist nicht nur dann gegeben, wenn der Gläubiger für das „Wohl und Wehe" des Dritten mitverantwortlich ist, sondern

---

[173] Grundlegend: *Larenz*, NJW 1956, S. 1193 f.; *ders.* NJW 1960, S. 78, 79 ff.; *ders.* SchR I; § 17 II; umfassend *Staudinger/Jagmann*, Vorbem. §§ 328 ff. BGB, Rn. 93 ff.

[174] *Larenz*, SchR I, § 17 II; *Fikentscher*, § 37 VII; *Bayer*, JuS 1996, S. 473, 475 f.; *MüKo-Gottwald*, § 328 BGB; Rn. 80 m.w.N.

[175] BGHZ 56, 269, 273; *Dahm*, JZ 1992, 1167, 1169; *Palandt/Heinrichs*, § 328 BGB, Rn. 14; *Staudinger/Jagmann*, Vorbem. §§ 328 ff. BGB, Rn. 102 m.w.N.

[176] BGHZ 49, 350, 353.

[177] Vgl. *Turner*, NJW 1992, S. 720, 721; *Friedrich*, SpuRt 1995, S. 8, 9; a.A. *Dury*, S. 9, 32; offengelassen von *D. Schwab*, Doping, S. 35, 43.

[178] Allgemein hierzu *Medicus*, BR, Rn. 844; *MüKo-Gottwald*, § 328 BGB, Rn. 87; *Staudinger/Jagmann*, Vorbem. §§ 328 ff. BGB, Rn. 104; *Palandt/Heinrichs*, § 328 BGB, Rn. 16; *Soergel/Hadding*, Anh. § 328 BGB, Rn. 15.

auch, wenn der Gläubiger an der Einbeziehung des Dritten ein besonderes Interesse hat[179].

Der Verein/Verband als Gläubiger hat regelmäßig ein schutzwürdiges Interesse an der Einbeziehung des Sportlers in den Schutzbereich des Vertrages mit dem Trainer/Betreuer. Der Sportler soll „quasi" für den Verein oder Verband seine sportliche Leistung erbringen, und diesem dadurch zu einem Sieg, Anerkennung und Ruhm verhelfen. Insofern besteht ein außerordentliches Interesse des Vereins/Verbandes daran, daß der Trainer/Betreuer seine Aufgaben ordnungsgemäß verrichtet und insbesondere alles unterläßt, was einer erfolgreichen sportlichen Leistung des Athleten entgegenstehen könnte.

Des weiteren ist dem Trainer/Betreuer die Einbeziehung des Sportlers in den Schutzbereich auch bereits bei Vertragsschluß erkennbar[180], so daß die Voraussetzungen für einen Vertrag mit Schutzwirkung zugunsten Dritter grundsätzlich vorliegen.

(b) Fehlende Schutzbedürftigkeit

Die notwendige Schutzbedürftigkeit des Dritten wird aber ausgeschlossen, wenn ihm ein inhaltsgleicher vertraglicher Anspruch gegen den Gläubiger zusteht (Subsidiarität)[181]. Demgemäß wird teilweise die Schutzbedürftigkeit des Sportlers verneint[182].

Besteht daher ein Vertragsverhältnis zwischen dem Sportler und dem Verein, wie beispielsweise bei den Lizenzspieler der Fußballbundesligavereine, hat der Sportler eine Schadensersatzanspruch gegen den Verein selbst, der sich das Verhalten des Trainers/Betreuers gemäß § 278 BGB zurechnen lassen muß[183]. In

---

[179] Allgemein zu diesem Kriterium: *Medicus*, BR, Rn. 845; *MüKo-Gottwald*, § 328 BGB, Rn. 88; *Staudinger/Jagmann*, Vorbem. §§ 328 ff. BGB, Rn. 105; *Palandt/Heinrichs*, § 328 BGB, Rn. 17; *Soergel/Hadding*, Anh. § 328 BGB, Rn. 16.

[180] Allgemein hierzu: *Medicus*, BR, Rn. 846; *MüKo-Gottwald*, § 328 BGB, Rn. 91; *Staudinger/Jagmann*, Vorbem. §§ 328 ff. BGB, Rn. 107; *Palandt/ Heinrichs*, § 328 BGB, Rn. 18; *Soergel/Hadding*, Anh. § 328 BGB, Rn. 17.

[181] BGHZ 70, 327, 329 f.; *MüKo-Gottwald*, § 328 BGB, Rn. 92; *Staudinger/Jagmann*, Vorbem. §§ 328 ff. BGB, Rn. 108; *Palandt/Heinrichs*, § 328 BGB, Rn. 18.

[182] *Dury*, S. 9, 32; a.A. ohne hierauf allerdings näher einzugehen, *Turner*, NJW 1992, S. 720, 721; *Friedrich*, SpuRt 1995, S. 8, 9.

[183] Siehe unten, Viertes Kapitel, B. I. 3. a).

diesem Fall ist ein Anspruch gegen den Trainer/Betreuer aus einem Vertrag mit Schutzwirkung zugunsten Dritter ausgeschlossen. Besteht dagegen keine vertragliche Beziehung des Sportlers zum Verein oder Verband, ist er also nicht bei diesem angestellt, scheidet ein Anspruch gegen den Trainer/Betreuer nicht wegen einer fehlenden Schutzbedürftigkeit des Sportlers aus.

(c) Pflichtverletzung des Trainers/Betreuers

Die vertraglichen Pflichten des Trainers/Betreuers bestehen in erster Linie im „Trainieren" oder in der „Betreuung" des Sportlers[184], also in der Vorbereitung des Sportlers auf einen Wettkampf oder ein Meisterschaftsspiel sowie im „Coaching" und seiner Betreuung bei diesen Veranstaltungen[185]. Neben diesen rein sportlichen Aspekten kommt dem Trainer/Betreuer außerdem die Aufgabe zu, den Sportler im Rahmen der Betreuung vor Gesundheitsgefährdungen zu schützen. Hierbei kann es keine Rolle spielen, ob eine Gefährdung beispielsweise durch ein „unsachgemäßes" Training entsteht oder durch die Einnahme von Doping-Mitteln. Darüber hinaus bringt er den Sportler und ggf. den Verein/Verband in die Gefahr, disqualifiziert und für einen längeren Zeitraum gesperrt zu werden. Die Weitergabe von Doping-Mitteln an den Sportler stellt damit eine Verletzung der bestehenden Sorgfalts- und Obhutspflichten dar, unabhängig davon, ob der Sportler hieran wissentlich mitgewirkt hat oder ob er keine Kenntnis von der Dopingeigenschaft der Substanzen hat.

(2) Schadensumfang

Dem Sportler steht damit grundsätzlich ein Schadensersatzanspruch gegen den Trainer/Betreuer aus einem Vertrag mit Schutzwirkung zugunsten Dritter zu. Hiervon werden sowohl die infolge des Dopings entstehenden Gesundheitsschäden und die diesbezüglichen finanziellen Schäden umfaßt als auch die sich aus einer Sperre o.ä. ergebenden finanziellen Einbußen[186].

---

[184] Siehe oben, Viertes Kapitel B. I. 2. a) aa).
[185] Vgl. *del Fabro*, S. 17 ff.
[186] Vgl. im einzelnen oben, Viertes Kapitel A. I. 4., B. I. 1. a) bb) (3).

(a) Anrechnung des eigenen Mitverschuldens

Es kann allerdings eine Minderung des Schadensersatzanspruches in Betracht zu ziehen sein.

Der Sportler, der in Kenntnis der Dopingeigenschaft der Mittel diese eingenommen hat oder den Trainer/Betreuer beauftragt hat, sie zu besorgen, muß sich sein Verhalten gemäß § 254 Abs. 1 BGB als Mitverschulden schadensmindernd anrechnen lassen[187].

(b) „Mitverschulden" des Vereines/Verbandes

Als problematisch stellt sich in diesem Zusammenhang auch die Kenntnis des Vereins/Verbandes oder dessen Vorstandes von der Verabreichung der Doping-Mittel durch den Trainer/Betreuer dar.

Da der Anspruch aus dem Vertrag mit Schutzwirkung zugunsten Dritter auf einer Vertragsverletzung des Schuldners (Trainer/Betreuer) beruht, ist fraglich, ob sich der Dritte (Sportler) ein Mitverschulden des Gläubigers (Verein/Verband) bei der Schadensentstehung anrechnen lassen muß.

Nach der insoweit zutreffenden herrschenden Meinung ist dem geschädigten Dritten eine Mitverursachung oder ein Mitverschulden des Gläubigers analog §§ 334, 846 BGB und damit gem. § 254 BGB zuzurechnen[188]. Dies erscheint interessengerecht, da der Sportler (Dritte) allein aufgrund seiner Beziehung zum Verein/Verband einen vertraglichen Anspruch erlangt und dieser im Ergebnis aus dem Hauptschuldverhältnis des Vereins/Verbandes zum Trainer/Betreuer abgeleitet wird, so daß er sich hinsichtlich seiner vertraglichen Ansprüche ein mitverursachendes Verschulden des Vereines/Verbandes entgegenhalten lassen muß.

Für eine Anrechnung als Mitverschulden müßte ein Handeln des Vereins/Verbandes für die Schadensentstehung mitursächlich werden. Voraussetzung hierfür ist, daß dieser zunächst die Möglichkeit hat, bei Kenntnis von der

---

[187] Vgl. oben, Viertes Kapitel, B. I. 1. b) cc) (3) (a).
[188] BGHZ 24, 325, 327; 33; 247, 250; *Lorenz*, JZ 1961, 170 f.; *Staudinger/Jagmann*, Vorbem. §§ 328 ff. BGB, Rn. 109; *Larenz*, SchR-I, § 17 II, Fn. 32; *Palandt/Heinrichs*, § 254 BGB, Rn. 69; *Erman/Westermann*, § 328 BGB, Rn. 16; *Soergel/Hadding*, Anh. § 328 BGB, Rn. 23; differenzierend *MüKo-Gottwald*, § 328 BGB, Rn. 101, 103; a.A. *Assmann*, JuS 1986, S. 885, 888.

Dopingpraxis durch den Trainer/Betreuer dagegen einzuschreiten. Als Arbeitgeber[189] des Trainers/Betreuers steht dem Verein/Verband im Rahmen seines Direktionsrechts die Möglichkeit zu, die notwendigen Maßnahmen zu ergreifen; der Trainer/Betreuer ist insofern weisungsgebunden[190]. Nimmt der Verein/Verband diese Maßnahmen nicht vor und duldet er damit die Dopingpraxis, ist sein Verhalten für die Schadensentstehung schuldhaft mitursächlich geworden.

Der Sportler hat sich demnach dieses Verhalten des Vereins/Verbands schadensmindernd als Mitverschulden anrechnen zu lassen.

Der Umfang der Schadensminderung ergibt sich im Einzelfall aus dem Grad des Verschuldens des Vereins/Verbandes und kann umso höher angesetzt werden, je stärker der Verein/Verband den Trainer/Betreuer in der Dopingpraxis unterstützt.

b) Deliktische Haftung
aa) § 823 Abs. 1 BGB

Die durch den Trainer/Betreuer veranlaßte Einnahme von Doping-Mitteln hat regelmäßig eine Gesundheitsbeschädigung bzw. Körperverletzung des Athleten zur Folge[191]. Diese Handlung ist auch rechtswidrig, da - soweit der Sportler Kenntnis von der Dopingeigenschaft hatte - seine Einwilligung aus den zur Arzthaftung genannten Gründen[192] sittenwidrig i.S.d. § 138 Abs. 1 BGB und damit nichtig ist.

Der Umfang des Schadensersatzanspruches nach § 823 Abs. 1 BGB erstreckt sich allein auf die Gesundheitsbeschädigung resp. Körperverletzung des Athleten und auf die sich hieraus ergebenden finanziellen Folgen, insbesondere Behandlungskosten. Die Freiwilligkeit des Athleten (Einwilligung) ist hierbei im erheblichen Umfang als Mitverschulden gemäß § 254 Abs. 1 BGB schadensmindernd zu berücksichtigen[193].

Die auf die Sperre des Athleten wegen des Dopings zurückzuführenden finanziellen Einbußen, wie u.a. die Kündigung von Sponsoringverträgen, sind jedoch

---

[189] Siehe oben, Viertes Kapitel, B. I. 2. a) bb).
[190] Vgl. *Holzer*, S. 37; *MüKo-Müller-Gloge*, § 611 BGB, Rn. 244 f., 417 ff.
[191] Vgl. oben, Viertes Kapitel, B. I. 1. b) cc) (1).
[192] Siehe oben, Viertes Kapitel, B. I. 1. b) cc) (2).
[193] Zum Umfang der Schadensminderung siehe oben, Viertes Kapitel, B. I. 1. b) cc) (3).

nicht erstattungsfähig, da es an der erforderlichen Kausalität zwischen der Gesundheitsbeschädigung und diesen Schäden fehlt[194].

bb) § 823 Abs. 2 BGB

Dem Sportler steht ebenso wie gegen den dopenden Arzt[195] auch gegen den Trainer/Betreuer, der ihn dopt, ein Schadensersatzanspruch gemäß § 823 Abs. 2 BGB i.V.m. einem Schutzgesetz zu.

Die Handlung des Trainers/Betreuers stellt sich dabei nicht nur als strafbare Gesundheitsbeschädigung i.S.d. §§ 223, 229 StGB dar. Dieser Personenkreis verstößt insbesondere mit der Abgabe der Dopingsubstanzen gegen die Vorschrift des § 6 a AMG sowie gegen § 95 Abs. 1 Nr. 4 AMG, soweit es sich um apotheken- oder rezeptpflichtige Medikamente handelt[196].

Da es sich bei den genannten Vorschriften um Schutzgesetze i.S.d. § 823 Abs. 2 BGB handelt, steht dem Sportler auch hieraus ein Schadensersatzanspruch gegen den Trainer/Betreuer zu. Dieser ist jedoch ebenfalls begrenzt auf den Ersatz der durch die Gesundheitsschäden bedingten Folgekosten.

Darüber hinaus hat der Sportler wegen dieser Schäden einen Schmerzensgeldanspruch gemäß § 847 BGB[197].

3. Anspruch gegen den Sportverein

Ein Schadensersatzanspruch des Sportlers gegen den Sportverein, für den er bei Wettkämpfen tätig ist, kann ebenfalls in Betracht zu ziehen sein. Ein derartiger Anspruch kommt dann in Betracht, wenn der Verein selbst oder durch einen in seinem Auftrag Handelnden das Doping des Sportlers (mit-) verursacht hat. Dabei kann zum einen auf das Bestehen eines Vertragsverhältnisses zwischen den Parteien abgestellt werden und zum anderen auf die Mitgliedschaft des Sportlers im Verein.

---

[194] Hierzu im einzelnen oben, Viertes Kapitel, B. I. 1. a) bb) (3).
[195] Siehe oben, Viertes Kapitel, B. I. 1. a) bb).
[196] Vgl. umfassend *Körner*, ZRP 1989, S. 418, 420.
[197] Siehe oben, Viertes Kapitel, B. I. 1. c).

a) Vertrag zwischen Sportler und Verein

Besteht zwischen Verein und Sportler ein Vertragsverhältnis[198], kommt eine Haftung aus einer positiven Vertragsverletzung in Betracht. Dabei soll davon ausgegangen werden, daß dem Sportler die Doping-Substanzen ohne sein Wissen verabreicht werden bzw. er diese zwar wissentlich einnimmt, aber hierzu seitens des Vereins unter Berufung auf das diesem zustehende Weisungsrecht[199] „genötigt" wird.

Der Verein verletzt durch ein solches Verhalten seine gegenüber dem Sportler bestehenden vertraglichen Pflichten. Das Vertragsverhältnis des Sportlers zum Verein hat gerade dessen Teilnahme an Wettkämpfen oder Spielbetrieben zum Inhalt, bei denen das Doping negative Zulassungsvoraussetzung ist. Darüber hinaus ist der Verein auch zum Schutz der Gesundheit des Athleten im Rahmen einer ordnungsgemäßen Sportausübung verpflichtet, wozu das Doping nicht zu zählen ist.

Dem Verein wird ein derartiges Verhalten seitens seines Vorstandes gemäß § 31 BGB als eigenes zugerechnet. Bei einer Förderung des Dopings oder bei Verabreichung von Doping-Mitteln durch den Vereinsarzt, Vereinstrainer oder -betreuer, mithin durch Personen, die für den und im Interesse des Vereines tätig werden, ist diesem deren schuldhaftes Verhalten gemäß § 278 BGB zuzurechnen.

Da in den genannten Fallkonstellationen zumindest ein fahrlässiges Handeln, wenn nicht sogar Vorsatz, angenommen werden kann, ist ein Verschulden regelmäßig gegeben.

Dem Sportler steht folglich unter den genannten Umständen ein Schadensersatzanspruch gegen seinen Verein aus einer pVV zu. Er kann hiernach sämtliche Kosten geltend machen, die infolge einer durch das Doping verursachten Ge-

---

[198] Vgl. zum Angestelltenverhältnis der Lizenzspieler des DFB: BAG NJW 1980, 480 f.; BAG, NJW 1996, S. 2388; *Reuter*, NJW 1983, 649, 653, 658; *Wertenbruch*, NJW 1993, 179 ff., *H.P. Westermann*, Sportler als Arbeitnehmer besonderer Art, S. 35 ff, *Arens/Jaques*, SpuRt 1997, S. 41.; *Hilpert*, RdA 1997, S. 92, 94 ff; *Palandt/Putzo*, Einf. § 611 BGB, Rn. 8. Für die Lizenzspieler im Bereich des Eishockey: BAG, SpuRt 1997, 94; BAG, DB 1990, 739; *Arens*, SpuRt 1997, 126, 127. Siehe auch zur Einordnung der Berufsfußballspieler als Arbeitnehmer i.S.d. Art. 48 EWGV: EuGH, EuZW 1996, 82 ff. - Bosman, hierzu: *Wertenbruch*, EuZW 1996, S. 91 f.; *Gramlich*, DöV 1996, S. 801 ff; *Hilf/Pache*, NJW 1996, S. 1169 ff; *Weber*, RdA 1996, S. 107 ff.; *Fischer*, SpuRt 1996, S. 34 f.

[199] Allgemein *Palandt/Putzo*, § 611 BGB, Rn. 45 ff.

sundheitsbeschädigung entstanden sind. Hinzu kommen diejenigen finanziellen Einbußen, die durch die mit dem Doping zusammenhängende Sperre entstehen, wie z.B. die Aufkündigung von Sponsoringverträgen[200]. Im Einzelfall kann der Anspruch aber gemäß § 254 BGB gemindert sein, insbesondere wenn der Sportler wissentlich und willentlich die Dopingmittel eingenommen und damit dem Druck des Vereins nachgegeben hat.

b) Vereinsmitgliedschaft als Haftungsgrundlage
Ein Schadensersatzanspruch des Sportlers gegen den Verein kommt auch unter dem Gesichtspunkt seiner Vereinsmitgliedschaft in Betracht. Diese könnte durch ein vom Verein veranlaßtes Doping beeinträchtigt oder verletzt sein, so daß dem Sportler hieraus Ersatzansprüche erwachsen können. Diese sind naturgemäß auf diejenigen Sportler beschränkt, die Mitglied in ihrem Verein sind, für den sie an Wettkämpfen oder Meisterschaftsspielen teilnehmen, so daß diejenigen Sportler nicht als Anspruchsinhaber in Betracht kommen, die - wie beispielsweise die Fußballbundesligaspieler - gerade keine Vereinsmitglieder sind[201]. Als anspruchsbegründendes Verhalten ist daran anzuknüpfen, daß der Sportler durch den Verein zum Doping verleitet wird, respektive dieser derartige Substanzen dem unwissenden Sportler verabreicht oder er es unterläßt, bei Kenntnis von Doping-Handlungen durch Personen, die im Verein angestellt sind (z.B. Trainer, Vereinsarzt), die geeigneten Maßnahmen dagegen zu ergreifen.
Der gedopte Sportler, der durch seinen Verein zum Doping veranlaßt wurde und der hierdurch von der weiteren Wettkampfteilnahme für seinen Verein bereits aufgrund des Regelwerkes der Sportverbände, aber auch aufgrund einer verhängten Sperre, ausgeschlossen ist, könnte in seinem Mitgliedschaftsrecht bzw. seiner Mitgliedschaft verletzt sein.

---

[200] Im einzelnen oben, Viertes Kapitel A. I. 4., auch zur Ersatzfähigkeit entgangener Start- oder Antrittsgelder und zur regelmäßig nicht gegebener Ersatzfähigkeit von Sieg- oder Punkteprämien.
[201] Vgl. oben, Zweites Kapitel A. I. 2.

aa) Begriff der Mitgliedschaft

Mit dem Begriff „Mitgliedschaft" wird zum einen ein subjektives Recht bezeichnet[202] und zum anderen ein Rechtsverhältnis, aus dem sich subjektive Rechte und Pflichten für den Verein und für das Mitglied ergeben[203]. Der Begriff der Mitgliedschaft umfaßt nach zutreffender Ansicht beides; sie ist zugleich subjektives Recht und Rechtsverhältnis[204].

Die Verletzung von Mitgliederrechten kann dabei gegebenenfalls eine Schadensersatzpflicht des Vereins wegen einer positiven Vertragsverletzung (analog) begründen, während die Mitgliedschaft als subjektives Recht als sonstiges Recht i.S.d. § 823 Abs. 1 BGB deliktsrechtlichen Schutz genießt.

bb) Positive Vertragsverletzung

Dem durch den Verein zum Doping gebrachten Sportler könnte eine Schadensersatzanspruch nach den Grundsätzen der positiven Vertragsverletzung[205] zustehen.

(1) Anwendung der pVV

Dem Vereinsmitglied wird bei schuldhafter Verletzung von Mitgliedschaftsrechten grundsätzlich eine Schadensersatzanspruch auf Grundlage der pVV[206] bzw. „ähnlich der positiven Vertragsverletzung"[207] zuerkannt. Aus der Vereinsmitgliedschaft ergeben sich Rechte und Pflichten, so daß ein - im übrigen rechtsgeschäftlich begründetes - Rechtsverhältnis besteht. Auf dieses können daher das Leistungsstörungsrecht des BGB und damit auch die Grundsätze der pVV angewendet werden. Darüber hinaus ist die Verletzung einzelner Mitgliedschaftsrechte, wie beispielsweise des Rechtes, „nicht entgegen den geltenden

---

[202] Vgl. nur *Wiedemann*, GesellR, § 2 I 1 b) bb); *Lutter*, AcP 180 (1980), S. 84, 101 f.

[203] Vgl. *v. Tuhr*, BGB Bd. I, § 38; *Soergel/Hadding*, § 38 BGB, Rn. 3 a.

[204] *Flume*, Die Juristische Person, § 8 I, S. 258; *K. Schmidt*, GesellR, § 19 I 3; *ders.* JZ 1991, S. 157, 158; *Lutter*, AcP 180 (1980), S.84, 101 f.; *Habersack*, S. 62 ff.; *MüKo-Reuter*, § 38 BGB, Rn. 6; *Reichert/van Look*, Rn. 470.

[205] Zu deren Voraussetzungen oben, Viertes Kapitel, A. I.

[206] *Hadding*, FS-Kellermann, S. 91, 94 ff.; *Lutter*, AcP 180 (1980), S. 84, 119; wohl auch *Beuthien/-Kießler*, WuB II L. § 31 BGB, 1/91; vgl. *K. Schmidt*, JZ 1991, S. 157, 160.

[207] BGHZ 90, 92, 95; 110, 323, 327.

vereinsrechtlichen Bestimmungen behandelt zu werden"[208], nicht als Eingriff in Rechte zu verstehen, sondern als die Verletzung von Pflichten[209], die seitens des Vereines gegenüber dem Mitglied existieren. Insofern bestehen wechselseitig Rechte und Pflichten, wonach sich die Rechte des Mitglieds (aus der Mitgliedschaft) zugleich als die Pflichten des Vereins diesem gegenüber begreifen lassen und ebenso in umgekehrter Richtung.

(2) Verletzung der Treupflichten durch den Verein
Die wechselseitig bestehende Treupflicht gebietet es dem Verein, zumindest die gesetzlichen und vereinsinternen Regelungen, soweit sie im Interesse des einzelnen Mitgliedes bestehen, zu beachten sowie die mitgliedschaftlichen Interessen auch gegenüber Dritten zu schützen und zu fördern[210].
Zweck und Aufgabe eines Sportvereins ist u.a. die Förderung der jeweiligen Sportart sowie die Teilnahme an Meisterschaften und Wettkämpfen, wobei der Sportler entweder von dem Verein hierzu entsendet wird oder als Mitglied der Vereinsmannschaft an diesen teilnimmt. Der Verein ordnet sich dazu dem Regelwerk des übergeordneten Sportverbandes unter, indem er dessen Spiel- und Wettkampfregeln anerkennt. Hierzu wird er bereits durch die Regelwerke der Sportverbände verpflichtet, soweit er im Geltungsbereich des Sportverbandes durch eigene Mannschaften oder durch Einzelsportler an den Wettkämpfen teilnehmen will. Die Anerkennung des Verbandsregelwerkes beinhaltet zudem in der Regel auch dessen Doping-Bestimmungen. Dementsprechend gehören das Doping-Verbot und die diese ausgestaltenden Regelungen zu den vereinsinternen Bestimmungen, soweit sie in die Vereinssatzung oder untergeordnete Ordnung aufgenommen werden. Aber auch bei fehlender Kodifizierung kann das Doping-Verbot als Inhalt einer Treupflicht des Vereins gegenüber seinen Mitgliedern verstanden werden.

---

[208] BGHZ 110, 323, 327.
[209] So auch *K. Schmidt*, JZ 1991, S. 157, 160.
[210] *Götz/Götz*, JuS 1995, S. 106, 107; *Reichert/van Look*, Rn. 615; *K. Schmidt*, JZ 1991, S. 157, 160; vgl. auch BGHZ 110, 323, 327; allgemein zu den Treupflichten *K. Schmidt*, GesellR, § 20 IV.

Der Verein selbst erwartet von den sportlichen Konkurrenten, d.h. anderen Vereinen oder Sportlern, die Beachtung des Doping-Verbots sowie die Verfolgung und Ahndung derartiger Verstöße durch den Sportverband. Ebenso verlangt er von dem Sportler als Vereinsmitglied die Beachtung des Doping-Verbotes, zu welcher dieser aufgrund der insofern bestehenden Loyalitätspflichten gegenüber dem Verein verpflichtet ist.

Des weiteren liegt der Zweck der Vereinsmitgliedschaft des Sportlers in dem Training, der Vorbereitung auf Wettkämpfe und Meisterschaftsspiele und der Teilnahme an diesen. Verstößt der Sportler nun auf Veranlassung des Vereins gegen das Doping-Verbot, und wird ein derartiger Verstoß durch Kontrollen aufgedeckt, wird der Sportler für einen bestimmten Zeitraum vom Verband für Wettkämpfe und Meisterschaften gesperrt. Der Sportler kann daher dem Zweck seiner Vereinsmitgliedschaft für den gesperrten Zeitraum nicht nachkommen. Der Verein verletzt damit gerade die hierauf zielenden mitgliedschaftlichen Interessen des Sportlers, insbesondere, diese auch gegenüber Dritten zu schützen und zu fördern. Mit dem Doping des Sportlers wird dessen Interesse an einer Wettkampfteilnahme weder gegenüber dem Sportverband noch gegenüber den sportlichen Konkurrenten geschützt oder gefördert, sondern umgekehrt verhindert. Dieses Interesse ist aber gerade Zweck der Mitgliedschaft des Sportlers im Verein, ohne die eine Wettkampfteilnahme in vielen Bereichen bereits nicht möglich ist.

Eine Verletzung des Mitgliedschaftsrechts kann somit angenommen werden.

(3) Verschulden des Vereins

Dem Verein wird insofern das schuldhafte Handeln seiner Organe oder anderer verfassungsmäßig berufener Vertreter gemäß § 31 BGB, der auch für die pVV zur Anwendung gelangt, als eigenes Handeln zugerechnet[211]. Dies gilt insbesondere, wenn der Vereinsvorstand oder ein anderer verfassungsmäßig berufener Vertreter dem Sportler selbst oder durch Dritte (z.B. Trainer, Betreuer) Doping-Substanzen verabreicht. Ebenso verletzen diese Personen schuldhaft das Mitgliedschaftsrecht

---

[211] Vgl. BGHZ 90, 92, 95; 110, 323, 327; *K. Schmidt*, JZ 1991, S. 157, 161.

des Sportlers, wenn sie trotz Kenntnis von der Tatsache, daß der Sportler durch Personen gedopt wird, die für den Verein tätig sind, wie beispielsweise Trainer, Betreuer oder auch Vereinsarzt, nicht hiergegen einschreiten und das Doping unterbinden. Ein schuldhaftes Verhalten i.S.d. § 276 Abs. 1 BGB kann insoweit regelmäßig angenommen werden.

(4) Umfang des Anspruches

Der Sportler kann die ihm durch eine Sperre entstehenden finanziellen Einbußen gemäß § 249 ff. BGB ersetzt verlangen[212]. Hat der Sportler Kenntnis vom Doping bzw. wirkt er an diesem in verantwortlicher Weise mit, ist dieses Verhalten nach § 254 BGB als Mitverschulden schadensmindernd zu berücksichtigen.

cc) Vereinsmitgliedschaft als sonstiges Recht i.S.d. § 823 Abs. 1 BGB

Weitere Anspruchsgrundlage im Hinblick auf die Mitgliedschaftsverletzung des Athleten gegen den Verein könnte § 823 Abs. 1 BGB i.V.m. § 31 BGB sein. Die Mitgliedschaft wird nach ganz herrschender Meinung als „sonstiges Recht" i.S.d .§ 823 Abs. 1 BGB angesehen[213]. Dies gilt grundsätzlich auch im Vereinsinnenrecht, d.h. für die Rechtsbeziehung des Mitgliedes zum Verein[214]. Es bedarf diesbezüglich - ähnlich dem Recht am Gewerbebetrieb, der einen unmittelbaren bzw. betriebsbezogenen Eingriff voraussetzt, um als „sonstiges Recht" geschützt zu werden - einer Abgrenzung der nicht als ein absolutes Recht geschützten bloßen mitgliedschaftlichen Interessen gegen die Mitgliedschaft als absolutes Recht; es müssen also Zuweisungsgehalt und Schutzbereich der Mitgliedschaft bestimmt werden.

---

[212] Zu den einzelnen Schadensposten siehe oben, Viertes Kapitel A. I. 3.

[213] BGHZ 110, 323, 327; *Habersack*, S. 117 ff.; *Lutter*, AcP 180 (1980), S. 84, 130; *K. Schmidt*, GesellR, § 21 V 4; *ders.*, JZ 1991, S. 157, 158; *Deutsch*, VersR 1991, S. 837, 839; *ders.*, Vereinsmitgliedschaft, S. 49, 57 ff.; *Beuthien/Kießler*, WuB II L., § 31 BGB 1/91; *Reuter*, FS-Lange, S. 707, 713 ff.; *Götz/Götz*, JuS 1995, S. 106, 108; vgl. auch *Reichert/van Look*, Rn. 473 f.; a.A. *Hadding*, FS-Kellermann, S. 91, 102 ff.

[214] BGHZ 110, 323, 327; *Habersack*, S. 175 ff., 209 ff.; *K. Schmidt*, JZ 1991, S. 158, 161; *Deutsch*, Vereinsmitgliedschaft, S. 49, 60; wohl auch *Beuthien/Kießler*, WuB II L., § 31 BGB 1/91; a.A. *Reuter*, FS-Lange, S. 707, 721 ff.; *Wiedemann*, § 8 IV 1, S. 464; *Zöllner*, ZGR 1988, S. 392, 430; differenzierend *MüKo-Mertens*, § 823 BGB, Rn. 152, der den deliktischen Schutz im Innenverhältnis bejaht, aber einen Übergang auf den Verein gem. § 31 BGB ablehnt.

(1) Zuweisungsgehalt und Schutzbereich der Mitgliedschaft

Als sonstiges Recht ist der Kernbereich der Mitgliedschaft geschützt, wozu insbesondere organschaftliche Rechte und die Mitgliedschaft selbst zu zählen sind[215]. Diese werden aber nicht betroffen, wenn dem gedopten Sportler die Teilnahme an Wettkämpfen, Meisterschaften o.ä. durch den Sportverband untersagt wird.

Unter den Schutzbereich fallen jedoch auch wesentliche Ausformungen des Mitgliedschaftsrechtes, die eine enge Beziehung zum Status als Vereinsmitglied haben[216]. Es muß dabei - ähnlich dem Kriterium der Betriebsbezogenheit beim Eingriff in den Gewerbebetrieb - ein mitgliedschaftsbezogener Eingriff vorliegen, der sich also gegen das Mitgliedschaftsrecht als solches richtet.

Die mit dem Doping verbundene Sperre hat jedoch auch keine engere Beziehung zum Status der Vereinsmitgliedschaft; sie greift nicht in bestehende Herrschafts- oder Teilhaberechte des Sportlers ein. Allein der Zweck der Vereinsmitgliedschaft wird betroffen. Dieser liegt darin, dem Sportler den Zugang zu Wettkämpfen zu ermöglichen, indem der Verein den Sportler zu solchen meldet oder dieser als Teil der Vereinsmannschaft an solchen teilnimmt. Der Verein verletzt damit durch das Dopen des Sportlers lediglich dessen mitgliedschaftlichen Interessen, aber weder die Mitgliedschaft selbst noch diese in ihrem Kern[217].

(2) Ergebnis

Der Verein, der für das Dopen eines Sportlers verantwortlich ist, verletzt damit nicht des Mitgliedschaftsrecht als „sonstiges Recht" i.S.d. § 823 Abs. 1 BGB.
Ein Anspruch des Sportlers aus § 823 Abs. 1 BGB scheidet daher aus.

---

[215] *Habersack*, S. 152; *Deutsch*, VersR 1991, S. 837, 840; *ders.*, Vereinsmitgliedschaft, S. 49, 57; *K. Schmidt*, JZ 1991, S. 157, 159; vgl. auch *MüKo-Mertens*, § 823 BGB, Rn. 152.

[216] *Deutsch*, VersR 1991, S. 837, 840; *ders.*, Vereinsmitgliedschaft, S. 49, 58; *K. Schmidt*, JZ 1991, S. 157, 159; vgl. *Mertens*, FS-Fischer, S. 461, 469.

[217] Vgl. zu ähnlicher Fallkonstellation („Schärenkreuzer"): *Habersack*, S. 162; *K. Schmidt*, JZ 1991, S. 157, 159; *Reuter*, FS-Lange, S. 707, 713 ff.; zur Verletzung der Mitgliedschaft in ihrem Kern BGHZ 110, 323, 334 f.; *Deutsch*, VersR 1991, S. 37, 841; *ders.* Vereinsmitgliedschaft, S. 49, 59.

II. Anspruch des Vereins

Dem Verein, für den der gedopte Sportler aktiv ist, können ebenfalls Schadensersatzansprüche gegen die am Doping beteiligten Personen zustehen. Zunächst ist die Haftung des gedopten Athleten in Betracht zu ziehen. Darüber hinaus kommt eine Haftung des Arztes, des Trainers und des Betreuers in Betracht, soweit diese für das Doping des Athleten verantwortlich sind.

1. Anspruch gegen den gedopten Sportler

Auszugehen ist von dem Sachverhalt, daß der Sportler ohne Einfluß oder Wissen des Vereins unerlaubte Doping-Mittel eingenommen hat und dem Verein hierdurch ein Schaden entstanden ist. Ein solcher Schaden kann u.a. aus dem Verlust von Werbe- und Sponsorenverträgen sowie aus der sich aus einem Punkteabzug ergebenden Nichtqualifizierung für einen bestimmten, finanziell lukrativen Wettbewerb ergeben.

a) Vertrag zwischen Verein und Sportler

Besteht ein Vertrag zwischen Sportler und Verein, wie beispielsweise im Bereich der Fußballbundesliga[218], kann sich die Schadensersatzpflicht des Sportlers aus einer positiven Vertragsverletzung[219] begründen.

aa) Vertragspflichtverletzung des dopenden Sportlers

Die Beachtung des Doping-Verbotes ist häufig ausdrücklicher Bestandteil der Verträge, die zwischen Sportler und Verein abgeschlossen werden. Ansonsten ergibt sich zumindest aus dem Vertrag konkludent die Pflicht des Sportlers, die Regeln des jeweiligen Sportverbandes zu beachten, und damit auch dessen

---

[218] Vgl. zum Angestelltenverhältnis der Lizenzspieler des DFB: BAG NJW 1980, 480 f.; BAG, NJW 1996, S. 2388; *Reuter,* NJW 1983, 649, 653, 658; *Wertenbruch,* NJW 1993, 179 ff., *H.P. Westermann,* Sportler als Arbeitnehmer besonderer Art, S. 35 ff, *Arens/Jaques,* SpuRt 1997, S. 41.; *Hilpert,* RdA 1997, S. 92, 94 ff; *Palandt/Putzo,* Einf. § 611 BGB, Rn. 8. Für die Lizenzspieler im Bereich des Eishockey: BAG, SpuRt 1997, 94; BAG, DB 1990, 739; *Arens,* SpuRt 1997, 126, 127; und zum Doping eines Lizenzfußballspielers das Urteil des DFB-Bundesgerichts, SpuRt 1995, S. 233 ff.

[219] Zu deren Voraussetzungen oben, Viertes Kapitel A. I.

Doping-Bestimmungen. Der Sportler verstößt demzufolge gegen seine vertraglich bestehenden Pflichten, wenn er sich dopt[220].

bb) Verschulden des Sportlers

Das diesbezügliche Verschulden des Sportlers kann häufig angenommen werden und erscheint nur fraglich, wenn er keine Kenntnis von der Eigenschaft des Mittels als Dopingsubstanz hat. An den im Rahmen des § 276 Abs. 1 BGB zu bestimmenden Sorgfaltsmaßstab sind allerdings hohe Anforderungen zu stellen[221]. Dem Sportler obliegt vor der Einnahme von Medikamenten, die ihm nicht von Vereinsseite verabreicht werden, die Verpflichtung, sich zu vergewissern, ob diese Doping-Substanzen enthalten, so z.B. durch Rückfrage beim Vereinsarzt.

Des weiteren ergibt sich aus dem bestehenden Sorgfaltsmaßstab, daß der Sportler - auch ohne ausdrückliche Anweisung des Vereins[222] - jede Einnahme von Medikamenten o.ä. dem Verein resp. dem Vereinsarzt anzuzeigen hat, damit dieser zumindest eine Wettkampfteilnahme des Sportlers unterbinden kann, sofern es sich um Doping-Substanzen handelt.

Die Einnahme von Doping-Substanzen durch den Sportler ist daher regelmäßig ein i.S.d. § 276 Abs. 1 BGB fahrlässiger Verstoß gegen die vertraglichen Pflichten, es sei denn, der Verein beziehungsweise Vereinsarzt haben die Einnahme dieses Medikamentes ausdrücklich gestattet.

cc) Schadensumfang

Im übrigen steht dem Verein somit ein Schadensersatzanspruch gegen den Sportler wegen einer positiven Vertragsverletzung zu.

Hiervon werden gemäß §§ 249 ff. BGB sämtliche Schäden umfaßt, die adäquat kausal[223] durch das Doping des Sportlers verursacht werden. Dazu zählen insbesondere finanzielle Einbußen, die darauf zurückzuführen sind, daß wegen des

---

[220] So auch *D. Schwab*, Doping, S. 35, 44; *Turner*, NJW 1992, S. 720, 722; *Friedrich*, SpuRt 1995, S. 8, 9.
[221] Vgl. oben, Zweites Kapitel B. II. 4. b) bb) (3) (b) (cc).
[222] Hierzu DFB-Bundesgericht, SpuRt 1995, S. 233, 234.
[223] Siehe oben, Viertes Kapitel A. I. 4.

Doping-Verstoßes Sponsorenverträge gekündigt oder nicht verlängert wurden bzw. wegen des Punkteabzuges[224] der Verein sich nicht für einen bestimmten Wettbewerb qualifizieren konnte, der - wie beispielsweise in der Champions League[225] - finanzielle Einnahmen garantiert hätte. Auch die Kosten des Trainings einschließlich eines Trainingslagers sind in Höhe des auf den gedopten Sportler anfallenden Anteiles erstattungsfähig.

b) Vereinsmitgliedschaft als Haftungsgrundlage (pVV)

Ist der Sportler Mitglied des Vereines, kommt aufgrund seines Doping-Verstoßes eine Verletzung seiner Pflichten als Mitglied in Betracht.

Verletzt das Mitglied eine ihm dem Verein gegenüber obliegende Pflicht, steht diesem einen Schadensersatzanspruch nach den Grundsätzen der positiven Vertragsverletzung zu[226].

aa) Schuldhafte Treupflichtverletzung

Dem Sportler als Vereinsmitglied obliegen dem Verein gegenüber sogenannte passive Förderpflichten (Loyalitätspflichten), die auch allgemein als Treupflichten bezeichnet werden[227]. Diese haben vornehmlich die Verpflichtung des Mitgliedes zum Inhalt, sich dem Verein gegenüber loyal zu verhalten und jedes Verhalten zu unterlassen, das den Vereinszweck schädigt; das Ausmaß der Loyalitätspflicht ist dabei zuvörderst unter Berücksichtigung des Vereinszwecks zu bestimmen, zu dessen Förderung sich das Mitglied mit dem Beitritt verpflichtet hat[228].

---

[224] Das Spielergebnis wird regelmäßig als verloren gewertet.

[225] Umfassend zur Champions League und der Verteilung der Gelder durch die UEFA auf die teilnehmenden Vereine *Klooz*, S. 17, 26 ff.

[226] *Lutter*, AcP 180 (1980), S. 84, 119 ff.; *K. Schmidt*, GesellR, § 19 III 1 a), S. 552; § 20 IV 4, S. 596; *Soergel/Hadding*, § 38 BGB, Rn. 24; *Palandt/Heinrichs*, § 38 BGB, Rn. 1; *MüKo-Reuter*, § 38 BGB, Rn. 26; ebenso der BGH, LM GG Art. 9, Nr. 6, Bl. 1260 f. ohne auf die pVV einzugehen. *D. Schwab*, Doping, S. 35, 44 ist für eine Beschränkung auf vorsätzliche und leichtfertige Verstöße; *Turner*, NJW 1992, S. 720, 722 lehnt einen Anspruch völlig ab mit dem Hinweis, es seien allein Disziplinarmaßnahmen des Vereins möglich.

[227] Vgl. nur *Reichert/van Look*, Rn. 608; *Lutter*, AcP 180 (1980), S. 84, 110 ff., 117; *Soergel/Hadding*, § 38 BGB, Rn. 23 f.

[228] BGH LM GG, Art. 9, Nr. 6, Bl. 1260; *Lutter*, AcP 180 (1980), S. 84, 111; *Reichert/van Look*, Rn. 614; *Soergel/Hadding*, § 38 BGB, Rn. 24.

Der Sportler verletzt durch das Doping seine Pflichten als Vereinsmitglied schwer[229]. Der Zweck eines Sportvereins ist insbesondere darauf gerichtet, mit seinen Sportlern (Mitgliedern) an Wettkämpfen und Meisterschaften teilzunehmen. Dies wird durch das Doping des Sportlers gerade verhindert, da dieser durch den Sportverband aufgrund einer Sperre von der weiteren Teilnahme für einen bestimmten Zeitraum ausgeschlossen wird. Hinzu kommt, daß seine Leistung in einem konkreten Wettbewerb bzw. das Spielergebnis, welches die Mannschaft erreicht hat, in der er mitgewirkt hat, aufgrund des Doping-Verstoßes annulliert bzw. als verloren gewertet wird.

Die passive Förderpflicht (Loyalitätspflicht) des Sportlers beinhaltet damit, alles zu unterlassen, wodurch eine Teilnahme des Sportvereins an Wettkämpfen oder Meisterschaftsspielen behindert oder sogar ausgeschlossen werden kann. Mit dem Doping verstößt er aber in eklatanter Weise gegen diese Pflichten. Dabei handelt er regelmäßig auch schuldhaft, d.h. vorsätzlich oder zumindest fahrlässig i.S.d. § 276 Abs. 1 BGB[230].

bb) Schadensumfang

Bei der Höhe des Schadensersatzanspruches ist zu berücksichtigen, daß den Verein allgemein die Pflicht zur Schadensverhinderung und -minderung trifft[231]. Der Verein hat hiernach insbesondere den Sportler darüber aufzuklären, welche Substanzen und Methoden vom jeweiligen Sportverband als verbotenes Doping eingestuft werden. Ihm obliegt eine umfassende Pflicht nicht nur zur reinen Information hierüber, sondern er muß darüber hinaus sicherstellen, daß dem Sportler die aktuellen Dopinglisten zugänglich gemacht werden und im Rahmen der typischerweise im Leistungssport bestehenden vereinsärztlichen Betreuung darauf hinwirken, daß dem Sportler auch im Krankheitsfall keine Mittel verabreicht oder verschrieben werden, die Doping-Substanzen enthalten. Soweit der Verein diese Verpflichtungen nicht ordnungsgemäß erfüllt, ist sein Verhalten entsprechend schadensmindernd zu berücksichtigen, § 254 Abs. 1 BGB.

---

[229] So auch *D. Schwab*, Doping, S. 35, 44.
[230] Vgl. oben, Zweites Kapitel B II. 4. b) bb) (3) (b) (cc).
[231] Vgl. *Lutter*, AcP 180 (1980), S. 84, 119 f.; *Soergel/Hadding*, § 38 BGB, Rn. 24.

Im übrigen erstreckt sich der Schadensersatzanspruch des Vereins gemäß §§ 249 ff. BGB auf den Ersatz der gleichen finanziellen Einbußen, die bei Bestehen einer Vertragsbeziehung der Sportler gemäß der pVV zu ersetzen hat[232].

2. Anspruch gegen Arzt, Trainer, Betreuer

Nur der Vollständigkeit halber ist zu erwähnen, daß dem Verein ein Schadensersatzanspruch gegen den Arzt, Trainer oder Betreuer aufgrund einer pVV zusteht, sofern ein Vertrag zwischen den Beteiligten besteht[233]. Das insofern bestehende Dienst- oder Auftragsverhältnis beinhaltet die Pflicht des Arztes, Trainers oder Betreuers, den Sportler den Doping-Regeln entsprechend auf den Wettkampf vorzubereiten. Der Arzt, Trainer oder Betreuer verletzt seine vertraglichen Pflichten daher nicht nur, wenn er „aktiv" durch Verabreichung, Verschreibung, Besorgung der Mittel auf dem Schwarzmarkt oder dergleichen am Doping-Vergehen des Sportlers mitwirkt. Er begeht eine vertragliche Pflichtverletzung bereits dann, wenn er Kenntnis vom Doping des Sportlers hat und es unterläßt, hiergegen einzuschreiten.

Dem Sportverein steht unter diesen Voraussetzungen ein Anspruch auf Ersatz derjenigen Schäden zu, die ihn infolge des Doping-Verstoßes treffen[234].

III. Anspruch des Konkurrenten

Ein Anspruch eines Konkurrenten des gedopten Sportlers kann ebenso in Betracht zu ziehen sein[235]. Der Konkurrent kann insbesondere im Bereich des Individualsportes dadurch einen finanziellen Schaden erleiden, daß der Nachweis und die Sanktionierung des Doping-Vergehens - die Annullierung der Wett-

---

[232] Siehe oben, Viertes Kapitel B. II. 1. a) cc).
[233] Ebenso *D. Schwab*, Doping, S. 35, 44; *Turner*, NJW 1992, S. 720, 722; *Friedrich*, SpuRt 1995, S. 8, 9.
[234] Siehe oben, Viertes Kapitel B. II. 1. a) cc).
[235] In der Literatur zur zivilrechtlichen Haftung beim Doping erstaunlicher Weise nicht erwähnt, vgl. *D. Schwab*, Doping, S. 35 ff.; *Turner*, NJW 1992, S. 720 ff.; *ders.*, Festgabe Zivilrechtslehrer, S. 669 ff.; *Friedrich*, SpuRt 1995, S. 8 ff.; siehe aber *Pfister*, SpuRt 1995, S. 250, 253, Fn. 43, der den Gedanken eines Anspruches zwischen den sportlichen Konkurrenten aufgreift; umfassend zum Thema „Doping als unlauterer Wettbewerb" unter Zugrundelegung des Schweizer Rechts *Faber*, S. 119 ff. und passim.

kampfleistung- z.T. erst einen gewissen Zeitraum nach dem Wettkampf vorgenommen wird. Ebenso denkbar ist es, daß es sich erst mehrere Wochen oder Monate nach Abschluß eines Wettkampfes herausstellt, daß der Sportler „gedopt" war, und daraufhin nachträglich seine Wettkampfleistung und -plazierung aufgehoben wird. Zu diesem Zeitpunkt befindet sich der konkrete Wettkampf jedoch nicht mehr im Lichte der Öffentlichkeit, womit ein „nachträglicher" Sieg oder bessere Plazierung und insbesondere ein „nachträglich" erlangter (Landes- oder Welt-) Rekord für den Konkurrenten des gedopten Sportlers nur schwer zu vermarkten ist.

1. § 1 UWG

Ein auf diesen Sachverhalt gestützter Schadensersatzanspruch kann sich aus § 1 UWG ergeben.

a) Sittenwidrigkeit i.S.d. § 1 UWG

Anknüpfungspunkt für einen Verstoß gegen die „guten Sitten" i.S.d. § 1 UWG ist die Wettkampfteilnahme eines „gedopten" Sportlers, der damit gegen die Doping-Regelungen des Sportverbandes und die Bestimmungen des Wettkampfveranstalters verstößt.

Der Begriff der „guten Sitten" ist im Rahmen des § 1 UWG durch eine umfangreiche Kasuistik geprägt. So ist anerkannt, daß ein Verstoß gegen Gesetze außerhalb des UWG eine Wettbewerbswidrigkeit und damit Sittenwidrigkeit i.S.d. § 1 UWG begründen kann[236]; ein solcher kann bei einem Verstoß gegen sogenannte wertbezogene Normen per se[237] und bei wertneutralen Normen dann angenommen werden, wenn der Verstoß bewußt und planmäßig zum Mittel des Wettbewerbes gemacht wird, um einen sachlich nicht gerechtfertigten Vorsprung

---

[236] Allgemein *Emmerich*, Unlauterer Wettbewerb, § 20, 1 ff.; *Mees*, FS- Traub, 1994, S. 275 ff.
[237] Vgl. BGHZ 110, 278, 290 - Werbung im Programm; 98, 330, 336 - Unternehmensberatungsgesellschaft I; *Köhler/Piper*, § 1 UWG, Rn. 323; *Baumbach/Hefermehl*, § 1 UWG, Rn. 613 ff.; *Gloy*, § 47, Rn. 4 ff.;

vor „normtreuen" Mitbewerbern zu erlangen[238]. Hierzu zählt nicht nur ein Verstoß gegen formelle Gesetze, sondern beispielsweise auch Verstöße gegen für allgemein verbindlich erklärte Tarifverträge[239] oder gegen Handelsbräuche[240].

Ein Vertragsbruch ist dagegen nicht ohne weiteres sittenwidrig; dies kann vielmehr im Einzelfall nur angenommen werden, wenn besondere unlauterkeitsbegründende Umstände hinzutreten, die den Verstoß nicht mehr als reine Vertragsverletzung erscheinen lassen[241]. Dies ist insbesondere gegeben, wenn planmäßig und gezielt gegen vertragliche Pflichten verstoßen wird, um gegenüber vertragstreuen Mitbewerbern einen Wettbewerbsvorsprung zu erzielen[242] und wird ebenso angenommen, wenn die vertragliche Regelung selbst eine wettbewerbliche Pflicht enthält[243].

Der durch die Wettkampfteilnahme des „gedopten" Sportlers erfolgte Verstoß gegen die Doping-Regelungen des Sportverbandes läßt sich keiner dieser beiden Fallgruppen eindeutig zuordnen. Er stellt zwar die Verletzung einer vertraglichen Pflicht dar. Denn durch die Vergabe von Lizenzen, Spielerpässen bzw. allein durch die Wettkampfteilnahme entstehen vertragliche Beziehungen des Sportlers zum Sportverband[244], mit denen dessen Doping-Bestimmungen rechtsgeschäftlich anerkannt werden. Das Doping selbst und spätestens die Wettkampfteilnahme des gedopten Sportlers begründen eine Vertragsverletzung. Diese allein auf den Geltungsgrund der Doping-Regelungen zurückzuführende Betrachtungsweise würde aber den besonderen Umständen der Geltung dieser Regelungen gegenüber sämtlichen Teilnehmern nicht gerecht. Bei diesen handelt es sich zwar nicht um eine Norm oder ähnliches, welche kraft Herrschaftsmacht des Sportverbandes

---

[238] Vgl. BGH, GRUR 1985, S. 886, 888 - Cocktail-Getränk, GRUR 1994, S. 222, 224 - Flaschenpfand; *Köhler/Piper*, § 1 UWG, Rn. 323; *Baumbach/Hefermehl*, § 1 UWG, Rn. 611, 630 ff., 646; *Gloy*, § 47, Rn. 13 ff.

[239] BGHZ 120, 320, 324 - Tariflohnunterschreitung; *Köhler/Piper*, § 1 UWG, Rn. 325.

[240] BGH GRUR 1969, S. 474, 476 - Bierbezug; *Köhler/Piper*, § 1 UWG, Rn. 325; *Gloy*, § 48, Rn. 17 ff.; a.A. *Nordemann*, Rn. 532.

[241] *Baumbach/Hefermehl*, § 1 UWG, Rn. 695; *Gloy*, § 48, Rn. 27.

[242] BGH GRUR 1969, S. 470, 474 - Bierbezug; GRUR 1975, S. 555, 557 - Speiseeis; *Gloy*, § 48, Rn. 27; *Rittner*, § 2, Rn. 97.

[243] *Gloy*, § 48, Rn. 27.

[244] Vgl. oben, Zweites Kapitel A. II.

Geltung beansprucht. Allerdings setzt jede Wettkampfteilnahme die rechtsgeschäftliche Anerkennung der Doping-Regelungen voraus. Insofern ließe sich durchaus von einer „Übung" im Bereich des Sportes sprechen, die einem Handelsbrauch ähnlich ist. Denn jeder Wettkampf innerhalb einer Sportart wird entsprechend den Bestimmungen und damit auch den Doping-Regelungen des jeweiligen Sportverbandes ausgetragen. Eine Wettkampfteilnahme ohne Anerkennung der Doping-Regelungen - unabhängig davon, ob sie über Lizenzen, Ausweise oder allein über die Teilnahme begründet wird - ist nicht möglich. Diese Regelungen beanspruchen damit regelmäßig Geltung gegenüber einer bestimmten Gruppe von Personen, nämlich denjenigen Sportlern, die generell am Sportbetrieb teilnehmen und bereits über Spielerpaß oder Lizenz gebunden werden bzw. die zumindest an Wettkämpfen innerhalb der jeweiligen Sportart teilnehmen.

Die Doping-Bestimmungen können insbesondere auch als wertbezogene Regelungen angesehen werden. Ihnen liegt gerade die sittlich-moralische Vorstellung eines sportlich fairen und dopingfreien Wettkampfes zugrunde. Durch sie sollen die Chancengleichheit im Wettkampf und die Gesundheit der Athleten geschützt werden.

Der durch die Wettkampfteilnahme des „gedopten" Sportlers erfolgte Verstoß gegen die Doping-Regelungen kann damit bereits für sich genommen als sittenwidrig i.S.d. § 1 UWG angesehen werden[245]. Hinzu kommt, daß der Sportler damit regelmäßig versucht, einen nicht gerechtfertigten Vorsprung vor denjenigen Sportlern zu erlangen, die die Doping-Bestimmungen einhalten. Denn Hintergrund des „Dopens" ist vornehmlich der Versuch der Leistungssteigerung zum Nachteil der Mitkonkurrenten, die auf die Einnahme von Doping-Substanzen verzichten.

Der am Wettkampf teilnehmende „gedopte" Sportler handelt damit sittenwidrig i.S.d. § 1 UWG, indem er gegen die Doping-Bestimmungen des Sportverbandes verstößt. Er handelt dabei auch zu Zwecken des Wettbewerbes[246], da sein Ver-

---

[245] So auch *Faber*, S. 120 f.
[246] Vgl. allgemein BGH, GRUR 1981, 658, 659 f. - Preisvergleich; GRUR 1993, 125, 126 - EWG-Baumusterprüfung; *Köhler/Piper*, UWG, Einf., Rn. 167; *Baumbach/Hefermehl*, Einl. UWG, Rn. 215 ff., 232 ff., jeweils m.w.N.; *v. Gamm*, § 1 UWG, Rn. 24; *Gloy*, § 11, Rn. 7 m.w.N.

halten objektiv dazu geeignet ist, seinen Wettbewerb zum Nachteil des anderen zu begünstigen und seine Absicht gegeben ist, den eigenen Wettbewerb zu fördern.

b) Verschulden

Der Anspruch nach § 1 UWG setzt zudem ein Verschulden voraus[247]. Ein vorsätzliches oder fahrlässiges, d.h. die erforderliche Sorgfalt außer Acht lassendes Handeln wird bei dem Sportler, der gegen das Doping-Verbot verstößt, häufig anzunehmen sein[248]. Insbesondere an die erforderliche Sorgfalt sind erhöhte Anforderungen zu stellen, so daß bei der Einnahme von Medikamenten, die Doping-Substanzen enthalten, regelmäßig den Sportler ein Verschuldensvorwurf trifft[249]. Dem Konkurrenten des „gedopten" Sportlers steht damit regelmäßig ein Schadensersatzanspruch aus § 1 UWG zu.

c) Schadensumfang

Der Konkurrent kann insbesondere diejenigen Schäden ersetzt verlangen, die ihm durch die Teilnahme des „gedopten" Sportlers am Wettkampf entstanden sind.
Für den erforderlichen Kausalzusammenhang ist nicht allein auf die Beziehung zwischen Doping und Schaden abzustellen und damit nicht entscheidend, daß der Konkurrent nachweisen müßte, der „gedopte" Sportler habe wegen des Dopings gewonnen und er wegen dessen Dopings eine schlechtere Plazierung erreicht[250].
Es ist vielmehr ausreichend, daß der „gedopte" Sportler eine bessere Plazierung als der Konkurrent erreicht hat, obwohl er bereits nicht hätte teilnehmen dürfen, seine Wettkampfleistung also nicht hätte gewertet werden dürfen. Werden nunmehr im nachhinein der Doping-Verstoß des Sportlers bekannt und seine Wettkampfleistung annulliert, kann der Konkurrent jeden ihm aus der schlechteren Plazierung erwachsenden Schaden ersetzt verlangen.

---

[247] St. Rspr. und allg.M., vgl. nur BGHZ 27, 264, 273 - Programmhefter; GRUR 1990, S. 1035, 1038 f. - Urselter II; *Köhler/Piper*, § 1 UWG, Rn. 4; *Baumbach/Hefermehl*, Einl. UWG, Rn. 339, 366 ff.
[248] Vgl. oben, Zweites Kapitel B. II. 4. b) bb) (3) (b).
[249] Siehe im einzelnen oben, Zweites Kapitel B. II. 4. b) bb) (3) (b) (cc).
[250] Vgl. aber *Faber*, S. 121.

Dieser kann beispielsweise darin liegen, daß er seinen „nachträglichen" Sieg nicht mehr gewinnbringend vermarkten kann, weil der Wettkampf nicht mehr im Licht der Öffentlichkeit steht, mit ihm also beispielsweise ein Sponsoringvertrag nicht abgeschlossen wurde. Dafür muß allerdings feststehen, daß dieser Vertrag tatsächlich abgeschlossen worden wäre. Ebenso ist es denkbar, daß zwischen Wettkampf einerseits und Entdeckung des Dopingverstoßes sowie Disqualifikation des Sportlers andererseits eine solche Zeitspanne liegt, daß er wegen seiner schlechteren Plazierung nicht zu einem anderen Wettkampf gemeldet oder zu diesem zugelassen wurde und ihm hierdurch z.B. Antrittsgelder entgangen sind.

d) Ergebnis

Ein Schadensersatzanspruch des Konkurrenten gegen den gedopten Sportler nach § 1 UWG ist daher unter den genannten Voraussetzungen immer dann gegeben, wenn er eine schlechtere Plazierung als der gedope Sportler erreicht hat. Gleiches gilt, wenn er oder eine Mannschaft ein Spiel verloren hat, obwohl auf der Gegenseite ein gedopter Sportler mitgewirkt hat. Denn nach den Regeln der Sportverbände ist dieses Spiel zugunsten des Konkurrenten bzw. der Konkurrenzmannschaft zu werten. Die dem Konkurrenten oder der Mannschaft im Einzelfall hierdurch entstehenden finanziellen Einbußen sind nach § 1 UWG ersatzfähig, sofern sie konkret zu berechnen sind.

2. Vertrag mit Schutzwirkung zugunsten Dritter

Dem Konkurrenten könnte zudem ein vertraglicher Schadensersatzanspruch aus einem Vertrag mit Schutzwirkung zugunsten Dritter zustehen.
Dafür muß der Konkurrent in die vertraglichen Sorgfalts- und Obhutspflichten aus dem Vertragsverhältnis zwischen (gedopten) Sportler und Sportverband bzw. Veranstalter einbezogen sein und der Sportler diese schuldhaft verletzen[251].

---

[251] Allgemein zum Vertrag mit Schutzwirkung zugunsten Dritter und dessen Voraussetzungen oben, Viertes Kapitel, B. I. 2. a) bb) (1).

a) Einbeziehung des Konkurrenten in den Vertrag und Pflichtverletzung

Der Vertrag des (gedopten) Sportlers mit dem Sportverband oder unmittelbar mit dem Wettkampfveranstalter könnte als Vertrag mit Schutzwirkung zugunsten der anderen Teilnehmer anzusehen sein.

Die erforderliche Leistungsnähe ist gegeben, da die übrigen Teilnehmer bestimmungsgemäß mit der Leistung des (gedopten) Sportlers in Berührung kommen. Denn sie treten gerade im Wettkampf gegeneinander an.

Auch die Gläubigernähe ist gegeben. Der Sportverband ist – zumindest bezüglich des Dopings – für das „Wohl und Wehe" sämtlicher Sportler und damit auch der Konkurrenten mitverantwortlich, indem er nicht nur umfangreich zum Schutz der Athleten ein Doping-Verbot statuiert, sondern auch dessen Einhaltung überwacht und Verstöße sanktioniert. Er hat damit auch ein schutzwürdiges Interesse an der Einbeziehung der Konkurrenten in den Schutzbereich des Vertrages mit dem (gedopten) Athleten. Diese Interesse ist auch auf Seiten des Wettkampfveranstalters gegeben. Das in dem Vertrag mit dem einzelnen Sportler u.a. festgelegte Doping-Verbot soll einen fairen Wettkampf zwischen den Athleten gewährleisten, so daß derjenige Teilnehmer gewinnen soll, der nicht gedopt ist.

Die Einbeziehung der Konkurrenten in den Schutzbereich seines Vertrages ist für den (gedopten) Sportler erkennbar. Indem der Sportler gegen das Doping-Verbot mit der Einnahme von Doping-Mitteln verstößt, verletzt er seine vertraglichen Pflichten gegenüber dem Sportverband und dem Wettkampfveranstalter.

b) Schadensumfang

Dem Konkurrenten steht damit ein Schadensersatzanspruch gegen den gedopten Sportler aus einem Vertrag mit Schutzwirkung zugunsten Dritter zu. Der Umfang erstreckt sich auf diejenigen Schäden, die ihm durch die Teilnahme des gedopten Sportlers an einem Wettkampf entstanden sind, wie z.B. entgangene Prämien aufgrund einer schlechteren Plazierung[252].

---

[252] Siehe im einzelnen oben, Viertes Kapitel, B. III. 1. c), d).

IV. Anspruch der Zuschauer

Zu erwägen ist ferner, ob die Zuschauer Ansprüche haben, weil sie einen Wettkampf verfolgt haben, der durch das Doping eines Sportlers beeinträchtigt und dessen Ergebnis dementsprechend im nachhinein korrigiert wurde. Insofern ist an einen Anspruch auf Rückzahlung des entrichteten Eintrittsgeldes ebenso zu denken, wie an einen Ersatz der diesbezüglich im weiteren gemachten finanziellen Aufwendungen, so z.B. für Anfahrt, Park- und Übernachtungsmöglichkeiten.

1. Anspruch gegen den Veranstalter

Als diesbezüglicher Anspruchsgegner kommt zunächst der Veranstalter in Betracht.

a) Rechtsnatur des Sportveranstaltungsvertrages

Für die Beantwortung dieser Frage ist die rechtliche Qualifizierung des zwischen Zuschauer und Veranstalter geschlossenen Vertrages von Bedeutung.

Vertragspartner des Zuschauers ist der Veranstalter des Wettkampfes. Dieser ist im vertragsrechtlichen Sinne derjenige, der die Sportveranstaltung tatsächlich durchführt, sie organisiert und dem Zuschauer die Möglichkeit des Zusehens gewährt[253].

Der „Sportveranstaltungsvertrag", den der Zuschauer mit dem Veranstalter abschließt, ist ein Werkvertrag i.S.d. § 631 BGB, der zudem mietvertragliche Elemente aufweist[254]. Der Veranstalter wird hieraus verpflichtet, das angekündigte Spiel beziehungsweise den Wettkampf zu veranstalten und den Besucher als Zuschauer daran teilnehmen zu lassen; die Bereitstellung des Zuschauerplatzes resp. einer Sitzgelegenheit stellt zwar ein typisches mietvertragliches Element dar, spielt jedoch nur eine untergeordnete Rolle.

---

[253] *Richtsfeld*, S. 31; *ders.* SpuRt 1995, S. 153; vgl. auch *Groda*, S. 46 ff.

[254] Ganz h.M., vgl. nur *Richtsfeld*, S. 77 ff.; *ders.* SpuRt 1995, S. 153; *Weisemann/Spiecker*, Rn. 182; *Müko-Soergel*, § 631 BGB, Rn. 73; *Soergel/Kummer*, vor § 535 BGB, Rn. 355; vgl. auch RGZ 127, 313, 314; 133, 388, 389; BGH VersR 1957, S. 228; AG Hannover, NJW 1981, S. 1219; dagegen nimmt *Koller*, RdA 1982, S. 46 ff., 51 einen atypischen Vertrag an, der sich keinem bestimmten Vertragstyp zuordnen läßt; vgl. zum Theaterbesuchsvertrag *Fessmann*, NJW 1983, S. 1164, 1165.

b) Unmöglichkeit

Ein Anspruch auf Rückzahlung des bereits entrichteten Eintrittsgeldes kommt gemäß §§ 323 Abs. 1, 3, 812 ff. BGB in Betracht.

Eine unmögliche Leistung gemäß § 275 Abs. 1 BGB könnte dann angenommen werden, wenn die Veranstaltung wegen nachträglich offenkundig gewordener Umstände nicht gewertet und daher neu angesetzt wird[255]. Insofern gehört die regelgerechte Durchführung der Veranstaltung zum Inhalt des Werkvertrages. Es ist in diesem Fall wegen des Fixschuldcharakters der Veranstaltung eine Nichtleistung des Veranstalters anzunehmen[256]. Der Veranstalter würde dementsprechend von seiner Leistungsverpflichtung gemäß § 275 Abs. 1 BGB frei, allerdings auch seinen Anspruch auf die Gegenleistung verlieren, § 323 Abs. 1 BGB. Dem Zuschauer stünde ein Anspruch auf Rückzahlung des bereits entrichteten Eintrittspreises nach §§ 323 Abs. 3, 812 ff. BGB zu.

Die Regelwerke der Sportverbände sehen im Fall des Dopings eines Sportlers oder Spielers jedoch nicht die Neuansetzung des Wettkampfes oder Meisterschaftsspieles vor[257]. Vielmehr wird bei den Spielsportarten bzw. Mannschaftssportarten (z.B. Fußball, Eishockey) das Spiel für die gesamte Mannschaft, bei der der gedopte Sportler mitgewirkt hat, als verloren gewertet. Bei den sogenannten Individualsportarten wird lediglich die Wettkampfleistung des gedopten Sportlers annulliert, die Leistung der anderen Teilnehmer wird gewertet. Der Zuschauer hat aus dem Werkvertrag allein einen Anspruch darauf, daß nach den Regeln durchgeführte Spiel beobachten zu können, aber nicht auf eine bestimmte Wertung des Spieles[258].

Das Mitwirken eines gedopten Sportlers an einem Wettkampf führt daher nicht zur Unmöglichkeit der Leistung, zu der der Veranstalter gegenüber dem Zuschauer verpflichtet ist.

---

[255] Siehe zu einer Spielwiederholung die Entscheidung des DFB-Sportgerichts, SpuRt 1994, S. 110 ff.; hierzu *Lenz/Imping*, SpuRt 1994, S. 225 ff.

[256] So auch *Richtsfeld*, SpuRt 1995, S. 153, 155; *D. Schwab*, Doping, S. 35, 46.

[257] U.a. **DFB**, § 25 V SpielO; vgl. **DTU**, § 3.2 DpO.

[258] Vgl. *D. Schwab*, Doping, S. 35, 46; *Richtsfeld*, S. 121 ff.; *ders.* SpuRt 1995, S. 153, 155; a.A. *Koller*, RdA 1982, S. 46, 49, der - unter bestimmten Differenzierungen - sogar die Pflicht des Veranstalters konstituiert, daß dieser dafür einzustehen hat, daß sich die Sportler „nach Kräften um sportliche Erfolge bemühen".

Ein Anspruch auf Rückerstattung des Eintrittsgeldes gemäß §§ 323 Abs. 1, 3 , 812 ff. BGB scheidet damit ebenso aus wie der Ersatz weiterer finanzieller Aufwendungen gemäß § 325 Abs. 1 BGB.

c) Mangelhaftigkeit

Die Leistung des Veranstalters könnte aber als mangelhaft i.S.d. § 633 BGB anzusehen sein, wenn ein gedopter Sportler teilnimmt und dessen Leistung nachträglich annulliert wird bzw. das Spiel seiner Mannschaft als verloren gewertet wird. Dem Zuschauer stünde unter diesen Voraussetzungen ein Rückzahlungsanspruch gegen den Veranstalter zu, da eine Nachbesserung ausscheidet, d.h. die Durchführung der Veranstaltung ohne den gedopten Sportler zu dem vereinbarten Termin unmöglich ist, so daß der Zuschauer ohne Fristsetzung, Wandelung oder Minderung gemäß § 634 Abs. 1 BGB verlangen kann[259].

Weiter käme ein Schadensersatzanspruch im Hinblick auf die weiteren finanziellen Aufwendungen gemäß § 635 BGB in Betracht, da der Sportler gemeinhin als Erfüllungsgehilfe des Veranstalters angesehen wird[260] und dieser sich somit dessen Verschulden gemäß § 278 BGB zurechnen lassen müßte.

aa) Mangel i.S.d. § 633 BGB

Diese Ansprüche des Zuschauers setzen jedoch sämtlich voraus, daß der Veranstalter eine mangelhafte Leistung erbracht hat.

Ein Mangel des herzustellenden Werkes wird allgemein dann angenommen, wenn die Ist-Beschaffenheit von der Soll-Beschaffenheit in beeinträchtigender Weise, also negativ, abweicht[261]. Die Soll-Beschaffenheit des Werkes wird vom Vertragswillen der Parteien mitbestimmt, so daß es entscheidend auf den Inhalt der geschuldeten Leistung des Veranstalters ankommt. Diese besteht darin, den

---

[259] Vgl. für eine „umfunktionierte" Theaterveranstaltung *Knothe*, NJW 1984, S. 1074, 1078; *MüKo-Soergel*, § 631 BGB, Rn. 73, a.A. insoweit *Fessmann*, NJW 1983, S. 1164, 1168.

[260] RGZ 127, 113, 114 ff.; *Richtsfeld*, S. 104 f; *ders.* SpuRt 1995, S. 153; vgl. *MüKo-Hanau*, § 278 BGB, Rn. 20; *Soergel/Wolf*, § 278 BGB, Rn. 54; *Staudinger/Löwisch*, § 278 BGB, Rn. 91.

[261] Sog. subjektiver Fehlerbegriff, vgl. nur *Soergel/Teichmann*, vor § 633 BGB, Rn. 17; *MüKo-Soergel*, § 633 BGB, Rn. 16.

Wettkampf oder das Spiel zu organisieren und insbesondere dem Zuschauer zu ermöglichen, ein nach den Regeln durchgeführtes Spiel beobachten zu können[262]. Der Zuschauer hat ohne weiteres das Spiel oder den Wettkampf und die dabei erbrachte Leistung beobachten können. Der Wettkampf oder das Spiel wird auch den Regeln entsprechend durchgeführt. Der hierauf gerichtete Anspruch des Zuschauers beinhaltet, daß der Wettkampf oder das Spiel gemäß den Regeln des Sportverbandes durchgeführt wird, damit die erzielten Ergebnisse „offiziell" gewertet werden, beispielsweise als Landesrekord anerkannt oder als Spielergebnis im Rahmen der Fußballbundesliga gezählt werden. So entspricht im Fall eines Doping-Verstoßes die nachträgliche Annullierung der Wettkampfleistung bzw. die Wertung eines Spieles als verloren gerade den Regeln der Sportverbände. Der Anspruch des Zuschauers beschränkt sich auf die Durchführung des Wettkampfes oder Spieles, die insofern als der äußere Rahmen angesehen werden kann. Er hat aber keinen Anspruch darauf, daß die einzelnen Sportler die geltenden Regeln im einzelnen beachten. Verstößt ein einzelner Sportler gegen die geltenden Regeln, sei es durch ein regelwidriges Foul, oder durch die Einnahme von Doping-Mitteln, beziehungsweise begeht der Verein einen solchen Verstoß, indem er einen nicht-spielberechtigten Spieler einwechselt[263], liegt dies nicht mehr in dem vom Veranstalter geschuldeten Rahmen. Der Veranstalter erbringt somit keine Schlechtleistung, wenn die während des sportlichen Wettkampfes erzielten Ergebnisse im nachhinein „am grünen Tisch" annulliert oder anders gewertet werden.

bb) Ergebnis

Eine „mangelhafte" Werkleistung des Veranstalters ist im Fall des Dopings eines Sportlers nicht gegeben[264].
Ansprüche des Zuschauers gegen Veranstalter scheiden damit aus.

---

[262] Siehe oben, Viertes Kapitel B. IV. 1. a)

[263] Siehe hierzu die Entscheidung des DFB-Sportgerichts, SpuRt 1995, S. 140, wonach der Einsatz eines nicht-spielberechtigten Spieler zur Wertung des Spieles als verloren führte.

[264] A.A. *Turner*, NJW 1992, S. 720, 722.

2. Anspruch gegen den Sportler

Zu überlegen ist auch, ob dem Zuschauer ein Anspruch gegen den gedopten Sportler zusteht. Vertragliche Beziehungen zwischen Sportler und Zuschauer sind weder herzuleiten noch zu begründen, womit lediglich das Bestehen eines deliktischen Anspruches in Betracht zu ziehen ist.

Ein Anspruch gemäß § 823 Abs. 1 BGB setzt jedoch eine Rechtsgutverletzung voraus, von der ein reiner Vermögensschaden wie das nutzlos aufgebrachte Eintrittsgeld, nicht umfaßt wird[265]. Dem Zuschauer stehen gegen den Sportler mithin keine Ansprüche zu[266].

V. Anspruch des Veranstalters

Dem Veranstalter des Wettkampfes könnte ein Ersatzanspruch gegen den teilnehmenden und zugleich gedopten Sportler zustehen.

1. Rechtsnatur und Inhalt des Vertrages

Der Teilnahme des Sportlers an der Veranstaltung liegt regelmäßig der Abschluß eines Vertrages zugrunde[267], der sogenannte Teilnahmevertrag. Dieser hat die Teilnahme des Sportlers am Wettkampf und häufig die Zahlung einer Antritts- und/oder Siegprämie zum Inhalt.

Der an der Veranstaltung teilnehmende Sportler wird aus dem Vertrag zur Erbringung einer Dienstleistung i.S.d. § 611 BGB verpflichtet[268]. Zwar läßt sich der Vertrag des Sportlers inhaltlich mit dem zwischen einem Künstler und einem Veranstalter abgeschlossenen Vertrag vergleichen, der überwiegend als Werkvertrag (§ 631 BGB) angesehen wird[269]. Der Unterschied liegt aber darin, daß der Wert

---

[265] Allgemein hierzu *MüKo-Mertens*, § 823 BGB, Rn. 466.

[266] So auch *Turner*, NJW 1992, S. 720, 722; *ders.*, Festgabe Zivilrechtslehrer, S. 669, 678.

[267] Siehe hierzu umfassend oben, Zweites Kapitel A. II. 5. c).

[268] *Koller*, RdA 1982, S. 46, 47; *Turner*, NJW 1992, S. 720, 723; vgl. *Eichenberger*, S. 99, 102; a.A. wohl *D. Schwab*, Doping, S. 35, 47 der ein werkvertragliches Element hervorhebt.

[269] Vgl. OLG Karlsruhe, VersR 1991, S. 193; *Soergel/Teichmann*, vor § 631 BGB, Rn. 70; *Staudinger/Peters* vor §§ 631 ff. BGB, Rn. 30; *MüKo-Müller-Glöge*, § 611 BGB, Rn. 103, § 631 BGB, Rn. 73; anders für den Filmschauspieler *G. Müller*, UFITA 28 (1959), S. 134, 138.

der Leistung, die der Sportler zu erbringen hat, sich im vorhinein nicht bestimmen läßt, da sie von unbestimmbaren Faktoren abhängig ist, wie beispielsweise der Leistung seiner Konkurrenten; demgegenüber ist die Leistung des Künstlers allein von diesem und seinen Fähigkeiten abhängig[270].

Der Sportler wird durch diesen Vertrag zur Teilnahme an der Wettkampfveranstaltung und damit zur Erbringung einer Dienstleistung verpflichtet. Als Entgelt erhält er hierfür - soweit vereinbart - ein sogenanntes Antrittsgeld; d.h. der Veranstalter wird allein aufgrund der Teilnahme des Sportlers zur Zahlung einer bestimmten Geldsumme verpflichtet. Darüber hinaus existieren noch sogenannte Plazierungs- oder Siegprämien. Hier erhalten die Sportler, gestaffelt nach der jeweiligen Plazierung im Wettkampf, einen bestimmten zuvor festgelegten Geldbetrag vom Veranstalter. Dies entspricht seinem Inhalt nach der Auslobung nach § 661 BGB, die jedoch in den Teilnahmevertrag mit einbezogen ist[271].

Diese Verträge enthalten in der Praxis regelmäßig einen Verweis auf die Geltung des jeweiligen Verbandsregelwerkes, welches zugleich die Doping-Bestimmungen beinhaltet[272]. Darüber hinaus ist es denkbar, daß das Doping-Verbot in diesen Vertrag selbst mit aufgenommen wird. Nach beiden Varianten wird damit das Doping-Verbot Vertragsbestandteil[273]. Dieses hat aber nicht nur das Verbot des Dopings zum Inhalt, sondern statuiert dessen Beachtung zugleich als Zulassungsvoraussetzung zu dem jeweiligen Wettkampf. Das Doping-Verbot ist damit nichts anderes als ein vertraglich vereinbartes Zulassungshindernis.

2. Unmöglichkeit: § 275 Abs. 1 oder 306 BGB

Ist der Sportler nun gedopt, kann er die vertraglich vereinbarte Leistung, die Wettkampfteilnahme unter Beachtung der Zulassungsvoraussetzungen, nicht erbringen. Er nimmt zwar tatsächlich an dem Wettkampf teil und erbringt auch eine sportliche Leistung. Vertraglich verpflichtet ist er aber, diese unter Beachtung

---

[270] Vgl. *Eichenberger*, S. 101.
[271] *D. Schwab*, Doping, S. 35, 47; vgl. BGH MDR 1966, 572 f.; *Palandt/Sprau*, § 661 BGB, RN. 1; Staudinger/Wittmann, § 661 BGB, Rn. 3.
[272] Siehe oben, Zweites Kapitel A. II. 5. c).
[273] Siehe oben, Zweites Kapitel A. II. 5. c).

der Zulassungsvoraussetzungen zu leisten. Indem er gedopt war, hat er damit die vertraglich geschuldete Leistung nicht erbracht. Diese ist ihm unmöglich geworden, da auch ein Nachholen der Leistung aufgrund des Zeitablaufes - der Wettkampf ist inzwischen beendet - nicht möglich ist. Insofern hat der Vertrag einen Fixschuldcharakter, da der Sportler seine vertraglich geschuldete Leistung an dem Tag des Wettkampfes zu erbringen hat und beide Parteien darüber einig sind, daß eine spätere Leistungserbringung weder gewollt noch von Interesse ist. Es liegt eine nachträgliche Unmöglichkeit i.S.d. § 275 Abs. 1 BGB vor, wenn der Sportler erst nach Vertragsschluß mit dem Veranstalter Doping-Mittel eingenommen hat.

Hat der Sportler bereits vor oder bei Vertragsschluß Doping-Substanzen verwandt, ist bereits eine anfängliche Unmöglichkeit i.S.d. § 306 BGB gegeben, da er sich dann zu einer unmöglichen Leistung verpflichtet hatte. Da der Zeitraum zwischen Abschluß des Vertrages mit dem Veranstalter und der Veranstaltung regelmäßig kürzer ist, als die vom Sportverband vorgesehene Sperre, meistens sogar die eingenommenen Doping-Mittel dergestalt fortwirken, daß der Sportler auch während des Wettkampfes bei einer Doping-Probe überführt werden kann, steht seine fehlende Startberechtigung bereits bei Vertragsschluß fest. Bei der vom Sportler zu erbringenden Leistung handelt es sich um eine höchstpersönliche Leistung, so daß das Unvermögen zugleich eine objektive Unmöglichkeit i.S.d. § 306 BGB begründet[274]. Denn er wird vom Veranstalter gerade wegen seiner Person bzw. seiner besonderen Leistungen verpflichtet.

Der Schadensersatzanspruch des Veranstalters richtet sich damit nach § 325 Abs. 1 BGB oder nach § 307 BGB, je nach dem, ob ein Fall der nachträglich oder anfänglichen Unmöglichkeit gegeben ist.

3. Schadensersatz nach § 325 Abs. 1 BGB

Dem Veranstalter steht unter der Voraussetzung, daß der Sportler bei Vertragsschluß noch nicht gedopt war, ein Schadensersatzanspruch gegen ihn gemäß § 325 Abs. 1 BGB zu, sofern diesen ein Verschulden trifft.

---

[274] Vgl. *D. Schwab*, Doping, S. 35, 48; allgemein zur objektiven Unmöglichkeit bei höchstpersönlichen Leistungen *MüKo-Thode*, § 306, Rn. 7; *Palandt/Heinrichs*, § 306 BGB, Rn. 4.

a) Verschulden

Dieses ist gemäß § 276 Abs. 1 BGB gegeben, wenn der Sportler wissentlich oder fahrlässig Doping-Substanzen eingenommen hat. Aber auch soweit ihm kein Verschuldensvorwurf gemacht werden kann, kann eine Schadensersatzverpflichtung in Betracht kommen. Erfolgt das Doping durch Personen, die den Sportler auf den Wettkampf vorbereiten oder ihn während des Wettkampfes betreuen, z.B. Arzt, Trainer oder Betreuer, haftet er für deren Verschulden gemäß § 278 BGB, auch wenn er selbst keine Kenntnis davon hat, daß er gedopt war[275].

b) Umfang des Anspruches

Der Schadensersatzanspruch umfaßt als sogenannter Mindestschaden den Ersatz der bereits erbrachten Vertragsleistungen[276]. Der Veranstalter kann daher insbesondere bereits entrichtete Antrittsgelder zurückverlangen. Darüber hinaus hat der gedopte Sportler eine ausgezahlte Sieges- oder Plazierungsprämie zurückzuzahlen. Denn die Wettkampfleistung des gedopten Sportlers wird nach den der Veranstaltung zugrunde liegenden Bestimmungen nicht gewertet, sondern ist zu annullieren. Der Veranstalter ist daher verpflichtet, diese Prämie an den hinter dem gedopten Sportler plazierten Athleten auszuzahlen, dessen Plazierung sich demgemäß um einen Rang verbessert. Der Veranstalter kann daher diesen Betrag von dem gedopten Sportler ersetzt verlangen[277].

Da gemäß § 325 Abs. 1 BGB das sog. positive Interesse zu ersetzen ist[278], ist der Veranstalter auch im übrigen so zu stellen, als wenn gehörig erfüllt worden wäre; d.h. wenn der Sport „dopingfrei" ausgeübt worden wäre. Als ersatzfähiger Schaden kommt dabei z.B. finanzielle Einbußen in Betracht, die ihm durch Kündigung von Sponsorenverträgen oder Rückgang von Zuschauern und den

---

[275] So auch *D. Schwab*, Doping, S. 35, 47.

[276] RGZ 127, 245 (248); *Huber*, S. 647 (714 f.); *Palandt/Heinrichs*, § 325 BGB, Rn. 13; *Staudinger/Otto*, § 325 BGB, Rn. 49.

[277] Dieser Anspruch ließe sich statt auf § 325 Abs. 1 BGB ebenso auf § 812 Abs. 1 BGB stützen, da der gedopte Sportler rechtsgrundlos diese Zahlung erhalten hat, weil seine Bewerbung nicht der Auslobung entsprach, § 661 Abs. 2 BGB, er also nicht die Bedingung der Auslobung - dopingfrei - erfüllte; hierzu *D. Schwab*, Doping, S. 35, 48.

[278] Allgemein zu den Rechtsfolgen des § 325 BGB *Emmerich*, Leistungsstörungen, §§ 10, 11; *MüKo-Emmerich*, § 325 BGB, Rn. 26 ff.; *Staudinger/Otto*, § 325 BGB, Rn. 35 ff.

damit verbundenen Einnahmen entstehen. Die hierfür erforderliche Kausalität zur Teilnahme des gedopten Sportlers ist jeweils im Einzelfall gesondert festzustellen.

4. Schadensersatz nach § 307 BGB

Der Schadensersatzanspruch des Veranstalters richtet sich nach § 307 Abs. 1 BGB, wenn der Sportler bereits bei Vertragsschluß gedopt war.

Der Sportler muß die Unmöglichkeit der Leistung gekannt oder fahrlässig nicht gekannt haben. Diese Umstand ist gegeben, wenn er bewußt oder fahrlässig Doping-Substanzen eingenommen hat. Der Sportler hat sich dabei das Verhalten seiner Erfüllungsgehilfen (Arzt, Trainer, Betreuer) zurechnen lassen[279].

§ 307 Abs. 1 BGB beschränkt die Ersatzpflicht des Sportlers auf den Ersatz des Vertrauensschadens, mithin die Nachteile, die durch das Vertrauen auf die Gültigkeit des Vertrages entstanden sind. Hiervon umfaßt sind sämtliche Zahlungen an den gedopten Sportler (z.B. Antritts- oder Siegprämien); diese stellen als Vertragsleistungen des Geschädigten den typischen Fall des Vertrauensschaden dar. Auch finanzielle Einbußen aufgrund einer Kündigung des Sponsoringvertrages durch den Sponsor sind ersatzfähig, da der Veranstalter im Vertrauen auf die vertragsgemäße Erfüllung (dopingfrei), den Sportler an der Veranstaltung teilnehmen ließ. Voraussetzung ist allerdings, daß sich im Einzelfall die erforderlich Kausalität feststellen läßt.

VI. Anspruch des Sponsors

Für den Sponsor[280] eines Athleten oder eines Sportvereines beziehungsweise Sportverbandes stellt sich die Frage, welche Ansprüche ihm zustehen, wenn der Sportler gegen das Doping-Verbot verstoßen hat.

---

[279] Vgl. oben, Viertes Kapitel, A. V. 3. a).
[280] Allgemein zur wirtschaftlichen Bedeutung des Sponsoring im Sport *Klooz*, S. 17 ff.; *Felten*, SpuRt 1997, S. 18 ff.; *Reichert*, S. 31, 32 f.; *Weiand*, Sponsoring, S. 48 ff.; *ders.* NJW 1994, S. 227 ff.; vgl. auch *Netzle*, Sponsoring, S. 18 ff.

1. Anspruch gegen den Athleten

Der Abschluß eines sog. Sponsoringvertrages kommt in der Rechtspraxis zunächst mit dem Athleten selbst vor. Für die Beantwortung der Frage nach etwaigen Ansprüchen ist die rechtliche Ausgestaltung und Qualifizierung des zwischen den Parteien abgeschlossenen Vertrages sowie dessen Funktion von grundlegender Bedeutung.

a) Rechtsnatur und Inhalt des Sponsoringvertrages

Der sogenannte Sponsoringvertrag ist zunächst vom Mäzenatentum abzugrenzen. Das Mäzenatentum ist zwar - insofern ähnlich dem Sponsorvertrag - auf die Zuwendung bestimmter Leistungen an den Sportler gerichtet. Er ist aber geprägt von altruistischen Motiven des Mäzens; diese sind gerade das Charakteristische des Mäzenatentums, wohingegen der Sponsor wirtschaftlich eigennützige Ziele verfolgt[281].

Der (Sport-) Sponsoringvertrag ist im allgemeinen auf das Bereitstellen von Geld, Sachmitteln oder Dienstleistungen zur Förderung einer Person oder eines Vereines bezogen, um damit gleichzeitig Ziele der eigenen Unternehmenskommunikation zu erreichen[282]. Die konkrete inhaltliche Ausgestaltung des Sponsoringvertrages mit dem einzelnen Sportler sieht dementsprechend folgendermaßen aus[283]:

aa) Pflichten des Sponsors

Es existieren reine Ausrüsterverträge (sog. Endorsement), die eine Sachleistung des Sponsors zum Inhalt haben[284]. Er ist hiernach zur Belieferung des Sportlers mit Ausrüstungsgegenständen verpflichtet, wie z.B. Sportkleidung und Sport-

---

[281] Umfassend *Weiand*, Sponsoring, S. 42 ff.; *Bruhn/Mehlinger*, S. 4, 54; *Reichert*, S. 31.

[282] *Bruhn/Mehlinger*, S. 4; *Mehlinger*, SpuRt 1996, S. 54, 55; *Weiand*, Sponsoring, S. 59; *ders.* NJW 1994, S: 227, 230; *Reichert*, S. 31; *Netzle*, Sponsoring, S. 13.

[283] Hierzu im einzelnen *Greffenius/Borchert*, S. 1, 2 ff.; *Mehlinger*, SpuRt 1996, S. 164, 165; *Weiand*, Sponsoring, S. 54 ff.; *Röhrborn*, S. 50 ff; siehe auch *Reichert*, S. 31, 33 ff., 45 f.; zur inhaltlichen Vertragsgestaltung *Weiand*, SpuRt 1997, S. 90, 91 f.; zur Einschränkung des Sponsoringvertrages des einzelnen Sportlers aufgrund verbands- oder vereinsrechtlicher Bestimmungen siehe *Reichert*, S. 31, 37 ff., 48 ff.; *Mehlinger*, SpuRt 1996, S. 197 f.; *Hoffmann*, SpuRt 1996, S. 73 ff.; vgl. auch *Grunsky*, S. 13 ff., zum Verhältnis des Vereins zum Verband.

geräte. Zum Teil erhält der Sportler neben diesen Sachleistungen noch zusätzlich einen bestimmten Geldbetrag ausgezahlt. Daneben sind Verträge vorhanden, in denen der Sponsor ausschließlich zur Zahlung von bestimmten Beträgen verpflichtet ist. Darüber hinaus gibt es noch solche Verträge, aufgrund derer der Sponsor ein bestimmtes Produkt unter dem Namen des gesponserten Sportlers auf den Markt bringt (z.B. einen Fußballschuh „ F. Beckenbauer" oder eine Tennisbekleidungskollektion „S. Graf") und diesem hierfür einen bestimmten Geldbetrag zu zahlen hat[285].

bb) Pflichten des gesponserten Athleten

Gegenstand dieser Sponsoringverträge ist im Gegenzug die Verpflichtung des Sportlers zu einem Tun und/oder Unterlassen.

Die vertraglich zu erbringende Leistung kann zum einen in der Vornahme bestimmter Handlungen liegen. So hat der Sportler - regelmäßig bei Sachleistungen - diese ausschließlich zu tragen und zu benutzen. Ebenso kann er verpflichtet sein, einen Werbeschriftzug oder ein Logo des Sponsors auf seiner Kleidung zu tragen (Trikotsponsoring). Häufig verpflichtet sich der Sportler zusätzlich zur Wahrnehmung bestimmter PR-Termine oder zur Mitwirkung an Werbeaufnahmen.

Der Sportler wird darüber hinaus regelmäßig zu einem Unterlassen verpflichtet. So liegt es wesentlich im Interesse des Sponsors, mit dem Bild oder dem Namen des gesponserten Sportlers zu werben oder dessen Namen als Bestandteil eines eigenen Produktes auf den Markt zu bringen. Hierdurch werden geschützte Rechte des Sportlers beeinträchtigt. So werden das Namensrecht in § 12 BGB ausdrücklich geschützt und das Recht am eigenen Bild durch § 22 KUrhG als besonderes Persönlichkeitsrecht anerkannt; beide genießen zudem den Schutz des § 823 Abs. 1 BGB als sonstiges Recht[286]. Diese Rechte verletzt der Sponsor grundsätzlich mit der Veröffentlichung von Photos oder der Nutzung des Namens des Sportlers. In dem Sponsoringvertrag findet sich demgemäß regelmäßig eine

---

[284] *Bruhn/Mehlinger*, S. 56.
[285] *Greffenius/Borchert*, S. 1, 3.
[286] Hierzu allgemein *Müko-Schwerdtner*, § 12 BGB, Rn. 19 ff. (Namensrecht), Rn. 162 ff. (Recht am eigenen Bild).

Regelung, durch die der Sportler auf die Geltendmachung dieser Rechte verzichtet, und dem Sponsor die Nutzung seines Bildes und/oder seines Namens gestattet. Der Sponsor erwirbt durch diese Abrede (Verzichts- oder Gestattungsvertrag), ähnlich einem Lizenzvertrag[287], den schuldrechtlichen Anspruch, daß der Sportler keine diesbezüglichen (Unterlassungs-) Ansprüche aus § 12 BGB, §§ 22 f. KUrhG oder § 823 Abs. 1 BGB stellt.

cc) Rechtliche Einordnung

Der Sponsoringvertrag basiert damit auf dem Prinzip von Leistung und Gegenleistung; er läßt sich nicht als einer der im BGB ausdrücklich geregelten Vertragstypen einordnen, sondern ist als Vertrag sui generis gemäß §§ 305, 241 BGB anzusehen[288].

b) Rechte des Sponsors beim Doping des Sportlers

Verstößt der Sportler gegen das Dopingverbot (des Sportverbandes), stellt sich für den Sponsor die Frage, welche Rechte ihm zustehen, d.h. ob er das Vertragsverhältnis gegebenenfalls sofort beenden und/oder darüber hinaus Schadensersatz verlangen kann.

aa) Vertragsauflösung

Beinhaltet der Vertrag eine Klausel, die im Fall des Dopings des gesponserten Sportlers zur Kündigung berechtigt[289], steht dem Sponsor ohne weiteres das Recht zur Vertragsauflösung zu.

---

[287] Vgl. § 30 MarkenG.

[288] Im Ergebnis ebenso: *Bruhn/Mehlinger*, S. 54 ff., 72; *Weiand*, NJW 1994, S. 227, 230; *ders.*, Spurt 1997, S. 90; *Reichert*, S. 31; *Palandt/Heinrichs*, Einf. 305 BGB, Rn. 14; vgl. auch BGH, NJW 1992, S. 2690. ebenso für das Schweizer Recht *Netzle*, Sponsoring, S. 27 ff.; a.A. für den Trikotvertrag *Turner*, NJW 1992, S. 720, 723 der insofern einen Werkvertrag annimmt; *Röhrborn*, S. 121 ff. und passim., qualifiziert den Sponsoringvertrag als eine atypische bürgerlich-rechtliche Innengesellschaft gem. den §§ 705 ff. BGB (analog).

[289] Vgl. FAZ v. 19.04.1994, S. 33, FAZ v. 28.02.1997, S. 36 und das Interview mit Lothar Heinrich, Mannschaftsarzt des Teams Deutsche Telekom, der darauf hinweist, daß Sponsoren seit der Tour de France 1998 Klauseln in die Sponsoringverträge aufgenommen haben, wonach dem gedopten Fahrer sofort gekündigt werden kann, vgl. FAZ v. 11.03.1999, S. 45.

Existiert keine explizite Kündigungsklausel, ist ein außerordentliches Kündigungsrecht aus wichtigem Grund wegen vertragswidrigen Verhaltens des Athleten in Betracht zu ziehen.

Die Sponsoringverträge werden grundsätzlich für eine bestimmte Zeitdauer geschlossen, nach deren Ablauf der Vertrag von selbst endet; eine ordentliche Kündigung wird regelmäßig ausgeschlossen[290]. Sie werden demgemäß als ein Dauerschuldverhältnis eingeordnet[291]. Für Dauerschuldverhältnisse ist das Recht zur außerordentlichen Kündigung anerkannt, soweit ein Festhalten an dem Vertrag nicht zumutbar ist[292], wie bei pflichtwidrigem Verhalten des anderen Teils[293].

Für den Sponsor soll der Vertrag mit dem Sportler insbesondere eine kommunikative Funktion erfüllen, indem er der Imageförderung und der Steigerung des Bekanntheitsgrades des Sponsors oder eines seiner Produkte dienen soll. Dementsprechend muß das Gesamtverhalten des Sportlers so angelegt sein, daß der beabsichtigte „Imagetransfer" eintreten kann. Ein solches Verhalten des gesponserten Athleten ist somit Vertragsbestandteil und darüber hinaus in den Sponsoringverträgen häufig generalklauselartig umschrieben[294].

Der Sponsor will daher regelmäßig nur einen „sauberen", dopingfreien Sportler fördern. Der gedopte Sportler kann zudem während der Dauer der Sperre nicht an Wettkämpfen teilnehmen, wodurch er bei einer Sperre von mehreren Monaten oder Jahren nicht mehr im „Rampenlicht" der Öffentlichkeit steht und sich der vom Sponsor gewünschte Werbeeffekt nicht einstellt. Insofern kann das Verbot des Dopings regelmäßig als Inhalt des mit dem Sportler abgeschlossenen Sponsoringvertrages angesehen werden. Soweit der gedopte Sportler hiergegen verstößt und sich damit pflichtwidrig verhält, kann dem Sponsor regelmäßig ein Festhalten an dem Vertrag nicht zugemutet werden.

Dies ist selbst dann anzunehmen, wenn aufgrund des besonderen öffentlichen Interesses die Bekanntheit und damit möglicherweise der Werbewert des

---

[290] *Röhrborn*, S. 54.
[291] Umfassend *Netzle*, Sponsoring, S. 33 ff.; *Röhrborn*, S. 75 ff.; *Bruhn/Mehlinger*, S. 79 ff.
[292] Statt vieler *Palandt/Heinrichs*, Einl. § 241 BGB, Rn. 18.
[293] Statt vieler *Palandt/Heinrichs*, Einl. § 241 BGB, Rn. 19.
[294] Vgl. *Bruhn/Mehlinger*, S. 81.

Sponsors oder seiner Produkte ausnahmsweise durch das Doping des Sportlers steigen[295]. Denn auch dann kann ihm nicht zugemutet werden, daß er oder seine Produkte mit dem sicherlich bestehenden negativen Image des Dopings behaftet werden. Ihm steht daher das außerordentliche Kündigungsrecht aus wichtigem Grund zu.

bb) Schadensersatz

Dem Sponsor kann auch ein Schadensersatzanspruch gegen den gedopten Sportler aufgrund einer positiven Vertragsverletzung[296] zustehen.

Der Sportler verletzt mit dem Doping seine vertraglich bestehenden (Neben-) Pflichten gegenüber dem Sponsor. Ein schuldhaftes Handeln des Sportlers i.S.d. § 276 Abs. 1 BGB ist hierbei zumindest immer dann zu bejahen, wenn er das Doping-Verbot des Sportverbandes vorsätzlich oder fahrlässig nicht beachtet hat[297].

Fraglich ist aber, ob dem Sponsor ein nach §§ 249 ff. BGB ersatzfähiger Schaden entsteht. Dieser setzt nach der Differenzhypothese eine Vermögensminderung durch das schädigende Ereignis voraus, welche grundsätzlich konkret zu berechnen ist[298].

(1) Folgen des negativen Imagetransfers

In Betracht kommen können dabei insbesondere Umsatzeinbußen infolge des Dopings. Diese müssen sich allerdings konkret auf das Doping des Athleten zurückführen lassen. So haftet dem gedopten Sportler häufig ein „Negativ-Image" an, da er mit nicht „erlaubten Mitteln" versucht hat, einen Sieg zu erringen. Kommt es daher zu einem Doping-Verstoß des gesponserten Athleten, wird der „positive Imagetransfer" des Sportlers auf das Unternehmen bzw. das Produkt des Sponsors gestört. Je nach Grad und Ausmaß des Doping-Vergehens ist

---

[295] Siehe unten, Viertes Kapitel B. VI. 1. b) bb) (2).
[296] Zu den Voraussetzungen siehe oben, Viertes Kapitel A. I.
[297] Hierzu oben, Zweites Kapitel B. II. 4. b) bb) (3) (b).
[298] *Lange*, § 6 XI 1, S. 353 f.; *Brox*, SchR-AT, RN. 342; *Fikentscher*, Rn. 526; *Palandt/Heinrichs*, Vorbem. 249, Rn. 8, 50.

sogar von einer negativen Auswirkung für den „Marktwert" des Sponsors auszugehen. Der Sponsor erleidet einen Imageverlust, und die beabsichtigte positive Ausstrahlung auf ihn verkehrt sich ins Gegenteil. Lassen sich damit eine Minderung des Werbewertes bzw. ein Umsatzrückgang konkret feststellen, die ursächlich auf den Doping-Verstoß zurückzuführen sind, kann der Sponsor den damit verbundenen Schaden ersetzt verlangen. Da eine Minderung des Werbewertes jedoch kaum zu beziffern ist, kommen diesbezüglich als ersatzfähiger Schaden vornehmlich diejenigen Aufwendungen in Betracht, die in Form von Werbekosten entstanden sind und zur Wiederherstellung des guten Rufes des Sponsors erforderlich waren[299].

(2) Konkreter Schaden

Für den Schadensersatzanspruch des Sponsors ist entscheidend, daß der durch das Doping tatsächlich entstandene und noch entstehende Schaden konkret festgestellt wird. Das mit dem Doping zusammenhängende negative Image führt allerdings nicht in jedem Fall zu einem ersatzfähigen Schaden. Denn als Folge des Dopings des Sportlers ist es jedenfalls denkbar, daß statt einer negativen Auswirkung auf den Marktwert des Sponsors oder seiner Produkte im Einzelfall eine positive Entwicklung festzustellen ist, die im Interesse des Sponsors liegt. So basiert beispielsweise auch die sogenannte „Schockwerbung", welche in den letzten Jahren insbesondere durch die Werbung des Unternehmens Benetton für ihre Produkte mit Werbemotiven wie eine ölverschmutzte Ente, schwer arbeitenden Kleinkindern, den Aufdruck „H.I.V.-Positive" auf verschiedenen menschlichen Körperteilen, genutzt wurde, darauf, daß hierdurch eine Steigerung der Verkehrsbekanntheit erlangt wird und die damit verbundene erhöhte Aufmerksamkeit der Verbraucher auf die Produkte eine Umsatzsteigerung hervorruft[300]. Diese Aufmerksamkeitswerbung führt zu einer Steigerung des Be-

---

[299] Vgl. hierzu BGH, GRUR 1978, S. 187, 189 - Alkoholtest; vgl. *Köhler/Piper*, vor § 13 UWG, Rn. 53; *Baumbach/Hefermehl*, Einl. UWG, Rn. 385.

[300] Vgl. BGH, NJW 1997, S. 3304, 3308 - Benetton-I; BGH, GRUR 1995, S. 598, 599 - Ölverschmutzte Ente; GRUR 1995, S. 600, 601 - H.I.V.Positive; vgl. auch BGH, GRUR 1995, S. 592, 594 - Busengrapscher; zum Ganzen *Henning-Bodewig*, GRUR 1997, S. 180 ff., *Hartwig*, WRP 1997, S. 825 ff.

kanntheitsgrades der jeweiligen Marke, welche durch eine intensive Medienberichterstattung noch verstärkt werden kann[301].

Einen ähnlichen Effekt kann aber auch ein bekanntgewordenes Doping des Sportlers nach sich ziehen. Dies wurde zuletzt besonders durch den Doping-Skandal bei der Tour de France 1998 deutlich, dem wohl bedeutsamsten Fahrradrennen der Welt, die kurz vor dem Abbruch stand und während derer mehrere Teams disqualifiziert wurden[302]. Die hiermit verbundene intensive Medienberichterstattung insbesondere über den Ausschluß des „Festina-Teams", in dem der Mitfavorit und Vorjahreszweite R. Virenque fuhr, führte zu einer immensen Steigerung des Bekanntheitsgrades der Marke „Festina" des Sponsors. Das vorrangige Ziel der Werbung und damit des Sponsoring nach dem AIDA-Modell (Attention - Interest - Desire - Action)[303] - die Aufmerksamkteitserregung für die jeweilige Marke - wurde durch den Dopingverdacht gegen das „Festina-Team" damit gerade erreicht und nicht etwa ins Gegenteil verkehrt.

Auch wenn eine geplante Werbekampagne und der mögliche Bekanntheitsgewinn einer Marke infolge eines Doping-Verstoßes nicht per se miteinander vergleichbar sind, kann die mit dem Doping-Verstoß zusammenhängende gesteigerte öffentliche Berichterstattung im Einzelfall den Eintritt eines konkreten Schadens für den Sponsor verhindern. Dies gilt aber nur dann, wenn der Bekanntheitsgrad und der Werbewert des Sponsors oder seiner Produkte gesteigert wird und zu einer Umsatzsteigerung führt; ein Schaden des Sponsors entsteht dann gerade nicht, er kann umgekehrt sogar finanziellen Gewinn aus dem Doping-Verstoß erzielen.

In diesem (Ausnahme-) Fall bestünde daher mangels Schadens kein Ersatzanspruch des Sponsors gegen den gedopten Athleten.

(3) Ergebnis

Ein Schadensersatzanspruch des Sponsors wegen eines Doping-Verstoßes des Athleten, der dem Grunde nach besteht, setzt somit jeweils voraus, daß ein

---

[301] *Henning-Bodewig*, GRUR 1997, S. 180, 183; vgl. auch *Hartwig*, WRP 1997, S. 825, 834, Fn. 94.

[302] Vgl. u.a. FAZ v. 17.07.1998, S. 32; FAZ v. 27.07.1998, S. 30; FAZ v. 01.08.1998, S. 27; FAZ v. 03.08.1998, S. 34.

[303] Hierzu *Henning-Bodewig*, GRUR 1997, S. 180, 183.

konkreter Schaden des Sponsors festgestellt werden kann. Ob diesbezüglich ein negativer Imagetransfer zu einem Schaden des Sponsors führt, ist jeweils gesondert festzustellen.

2. Anspruch gegen den Verein oder Sportverband

Das Rechtsverhältnis, welches durch einen Sponsoringvertrag mit einem Sportverein oder -verband begründet wird, ist regelmäßig in gleicher Weise ausgestaltet wie im Verhältnis des Sponsors zum Athleten.

a) Inhalt des Sponsoringvertrages

So existieren neben den bereits oben erwähnten Sponsoringverträgen insbesondere Trikotwerbung beinhaltende Verträge, in denen sich der Verein/Verband verpflichtet, den Namen des Sponsors als Werbeaufschrift auf dem Trikot zu tragen, und im Gegenzug hierfür eine bestimmte Geldsumme erhält[304]. Darüber hinaus existieren Sponsoringverträge in Form sogenannter Lizenzverträge, mit denen der Sponsor das Recht erwirbt, mit dem Namen des Vereins/Verbandes zu werben; dies geschieht bei den Sportverbänden in der Praxis häufig dergestalt, daß dem Sponsor die Verwendung einer Bezeichnung erlaubt wird, die auf das Sponsorenverhältnis hinweist, so z.B. „Offizieller Sponsor/Ausrüster/Lieferant des X-Verbandes, „Offizielles Getränk der Auswahlmannschaft des X-Verbandes" oder „Haupt- und Generalsponsor"[305]. In gleicher Weise kann der Sponsor das Recht erwerben, Verbandszeichen, Embleme oder Logos des Verbandes werblich zu nutzen[306].

---

[304] Zu den rechtstatsächlichen Konstruktionen der Werbung durch Verein und Verbände *J. Kühl*, S. 25 ff.

[305] Vgl. OLG Hamburg, GRUR 1986, S. 550 f.

[306] Hierbei handelt es sich um Schriftzüge oder graphische Zeichen, die dazu dienen ihren Inhaber- den Verband/Verein - zu symbolisieren und zu individualisieren, vgl. *Netzle*, Sponsoring, S.89. Da sie zur individuellen Unterscheidungskraft geeignet sind, kommen sie als Inhalt von Lizenzverträgen in Betracht, vgl. *Ingerl/Rohnke*, § 5 MarkenG, Rn. 15 ff; Nach § 15 MarkenG, Rn. 10; *Althammer/Ströbele/Klaka*, § 15 MarkenG, Rn. 4 ; zur Werbung mit dem DFB-Emblem OLG Hamburg, GRUR 1986, S. 550 ff.

b) Rechte des Sponsors beim Doping

Dem Sponsor stehen im Fall des Dopings eines Athleten des Vereins oder Verbandes, mithin des Vertragspartners, grundsätzlich die gleichen Rechte zu, wie beim Sponsoringvertrag mit dem gedopten Sportler, mithin ein außerordentliches Kündigungsrecht aus wichtigem Grund sowie ein Schadensersatzanspruch wegen einer positiven Vertragsverletzung, soweit durch das Doping ein konkreter Schaden entstanden ist. Bei diesen Ansprüchen sind aber folgende Besonderheiten zu beachten:

Der Verein/Verband ist ebenso wie der Sportler zu einer Werbetätigkeit verpflichtet, wie z.B. Mitwirkung bei einer Werbeaktion oder der Tragepflicht des gesponsorten Trikots. Diesbezüglich ist er auf die Mitwirkung des Athleten angewiesen. Der Verein/Verband haftet dem Sponsor gegenüber für die Erbringung der geschuldeten Leistung aus dem Vertrag und hat sich somit das Verschulden des Sportlers gemäß § 278 BGB als Erfüllungsgehilfen zurechnen zu lassen.

c) Auswirkung des Dopings auf den Imagetransfer

Liegt ein Doping-Verstoß des Athleten als Teil einer Mannschaft vor, werden die vertraglichen Pflichten gegenüber dem Sponsor verletzt[307]. Die hiervon ausgehende negative Wirkung ist aber grundsätzlich nicht von der gleichen Intensität wie im Falle des Sponsorings einzelner Athleten. Der Werbewert des gesponserten Vereins/Verbandes setzt sich aus der Qualität der gesamten Mannschaft bzw. mehrerer Athleten zusammen, so daß ein Doping-Verstoß eines einzelnen Athleten nicht so gravierend ins Gewicht fällt. Bei der Verbandsmannschaft wird dieser Unterschied noch deutlicher, da die personelle Besetzung einer Auswahlmannschaft einer viel höheren Fluktuation als die einer Vereinsmannschaft unterliegt und die personelle Besetzung demgemäß häufig wechselt und vielfach bei Vertragsschluß nicht einmal bekannt ist. Darüber hinaus ist zu beachten, daß der Verein/Verband anders als der einzelne Athlet im Wettbewerb verbleibt, d.h. regelmäßig nicht für einen bestimmten Zeitraum gesperrt wird.

---

[307] Vgl. oben, Viertes Kapitel B. VI. 1. b).

Unter diesen Gegebenheiten ist dem Sponsor ein Festhalten an dem geschlossenen Vertrag eher zuzumuten als bei einem Vertrag mit dem gedopten Sportler selbst. Ein außerordentliches Kündigungsrecht aus wichtigem Grund sowie ein Schadensersatzanspruch wegen einer positiven Vertragsverletzung werden also seltener in Betracht kommen.

Allgemeingültige Regelungen lassen sich diesbezüglich jedoch nur schwer aufstellen. Folgende Kriterien können allerdings eine bedeutsame Rolle spielen: Ist der Dopingverstoß des Athleten auf ein Handeln des Vereines/Verbandes zurückzuführen bzw. in Absprache mit diesem zustandegekommen, werden ein Kündigungsrecht oder ein Schadensersatzanspruch zu bejahen sein. Dies gilt umsomehr, als eine Mehrzahl der Athleten des Vereines/Verbandes hiervon betroffen sind.

Des weiteren kann darauf abgestellt werden, ob der gedopte Spieler eine herausragende Stellung einnimmt und daher möglicherweise Anlaß für den Abschluß des Sponsoringvertrages gewesen ist. Insofern kann eher die Unzumutbarkeit der Festhaltung an dem Vertrag begründet sein als bei einem Doping-Verstoß eines Ersatzspielers.

Dem Sponsor kann daher im Fall des Dopings eines Athleten unter den genannten Bedingungen ein außerordentliches Kündigungsrecht zustehen. Gleichfalls kommt ein Schadensersatzanspruch wegen einer positiven Vertragsverletzung in Betracht.

Im Ergebnis ist dies aber letztlich eine Einzelfallentscheidung; das Bestehen dieser Ansprüche kann nicht allgemein angenommen werden.

Fünftes Kapitel: Die Rechtsbeziehungen zum internationalen Sportverband

Der Sportler tritt im Rahmen seiner Sportausübung nicht nur in rechtlich relevante Beziehungen zum deutschen Sportverband, sondern auch zum entsprechenden internationalen Sportverband.

A. Einleitung

Die Regelwerke der internationalen Sportverbände enthalten ebenfalls Bestimmungen, die das Doping verbieten und für den Fall eines Verstoßes vergleichbare Sanktionen vorsehen.

Eine Sanktionierung eines Doping-Verstoßes durch den internationalen Sportverband kann dabei auf einer eigenen „originären" Entscheidung beruhen. Eine solche liegt insbesondere bei Ahndung eines Doping-Mißbrauches anläßlich einer Wettkampfveranstaltung vor, die vom internationalen Sportverband ausgerichtet und veranstaltet wird (z.B. Welt- und Europameisterschaften)[1]. Hierbei schließt der internationale Sportverband den Athleten in der Regel nicht nur von der weiteren Teilnahme an der jeweiligen Veranstaltung aus, sondern sperrt ihn für einen bestimmten Zeitraum für alle Wettkämpfe im Bereich des betreffenden internationalen Sportverbandes; d.h. dem Athleten wird für diesen Zeitraum die Ausübung des Sports in der jeweiligen Sportart verwehrt.

Zum anderen verhängen die internationalen Sportverbände aber auch Sanktionen, die nicht auf einer „originären" Entscheidung beruhen. Dies ist vornehmlich dann gegeben, wenn der Athlet bereits durch den nationalen Sportverband wegen Dopings sanktioniert wurde, beispielsweise anläßlich eines vom nationalen Sportverband veranstalteten Wettkampfes oder einer von ihm durchgeführten „Trainingskontrolle", und der internationale Sportverband die Entscheidung des nationalen Sportverbandes übernimmt[2]. Es handelt sich dabei um

---

[1] So die Sperre von Ben Johnson anläßlich der Olympischen Spiele in Seoul 1988 und von Diego Maradona anläßlich der Fußball-Weltmeisterschaft 1994 in den USA, der wegen Dopings von der FIFA ebenfalls gesperrt wurde.

[2] *Kurtze*, S. 115; vgl. auch LG München, SpuRt 1995, S. 162, 163.

eine internationale Umsetzung der nationalen Entscheidung; der internationale Sportverband erweitert damit faktisch den Geltungsbereich der Sanktion.

Die Doping-Bestimmungen des internationalen Sportverbandes werden damit für den Sportler nicht nur bei einer Teilnahme an einem Wettkampf des internationalen Sportverbandes virulent, sondern erlangen auch über die regelmäßig vorgenommene Ausweitung der nationalen Sperre auf das Gebiet des internationalen Sportverbandes Bedeutung.

Aus der Sicht des Sportlers stellt sich damit insbesondere die Frage, ob er vor einem deutschen Gericht die Doping-Entscheidungen und Regelwerke des internationalen Sportverbandes überprüfen lassen kann. Im folgenden wird daher zunächst die Zulässigkeit einer solchen Klage untersucht. Im Anschluß daran ist der Frage nachzugehen, anhand welcher nationalen Rechtsordnung das Gericht die Doping-Entscheidungen und -Regelwerke des internationalen Sportverbandes einer Kontrolle zu unterziehen hat und zu welchen Ergebnissen es hierbei kommt.

B. Klage gegen den internationalen Sportverband

Die Wirksamkeitsvoraussetzungen, die an die Entscheidungen eines internationalen Sportverbandes und deren Regelwerke zu stellen sind, ist danach zu bestimmen, inwieweit sie einer gerichtlichen Kontrolle des deutschen Gerichts standhalten.

Es ist folglich von Bedeutung, ob ein internationaler Sportverband vor einem inländischen Gericht verklagt werden kann, also ob die internationale Zuständigkeit des deutschen Gerichtes gegeben ist und ob der Zulässigkeit dieser Klage entgegenstehen kann, daß der internationale Sportverband die Entscheidung über mögliche Rechtsstreitigkeiten mit Sportlern auf ein Schiedsgericht übertragen hat.

I. Gerichtspraxis

Entgegen der Auffassung vieler internationaler Sportverbände, bereits nicht einer staatlichen Gerichtsbarkeit zu unterliegen[3], haben staatliche Gerichte bereits mehrfach ihre Zuständigkeit für Klagen gegen internationale Sportverbände bejaht. Der EuGH entschied sowohl in einem Rechtsstreit der beiden niederländischen Staatsangehörigen Walrave und Koch mit u.a. dem internationalen Radsportverband (UCI)[4] als auch im Rechtsstreit des belgischen Fußballspielers Bosman mit u.a. der UEFA[5]. Das Landgericht München I bejahte seine Zuständigkeit für eine Klage einer deutschen Leichtathletin gegen die IAAF ebenso wie das Oberlandesgericht München in der Berufungsinstanz[6]. Der DEB erwirkte anläßlich der Eishockeyweltmeisterschaft in Österreich eine einstweilige Verfügung gegen die IIHF, wonach die deutsche Mannschaft trotz Mitwirkung eines nichtspielberechtigten Spielers unter Anrechnung der bis dato erzielten tatsächlichen Ergebnisse weiter am Turnier teilnehmen durfte[7]. Ebenso hat ein Berner Gericht der für zwei Jahre wegen Dopings bei der Weltmeisterschaft in Rom gesperrten Athletin Sandra Gasser die provisorische Starterlaubnis im Wege der einstweiligen Verfügung im Verfahren gegen die IAAF zugesprochen[8].

---

[3] So beispielsweise die Aussage des Internationalen Radsportvereins (UCI) vor dem EuGH, wonach der Gerichtshof nicht über eine eventuelle Nichtigkeit einer Regelung entscheiden könne, die in über 100 Ländern gelte, vgl. EuGH, Urteil v. 12.12.1974, Walrave, Koch ./. Union Cycliste Internationale u.a., Rs. 36/74, Slg. 1974, 1405, 1413, 1414.

[4] EuGH, Urteil v. 12.12.1974, Rs. 36/74, Walrave, Koch/Union Cycliste Internationale u.a., Slg. 1974, 1405 ff.

[5] EuGH, Urteil v. 15.12.1995, Rs. 415/93, UEFA u.a./Bosman, NJW 1996, S. 505 ff.

[6] LG München I, SpuRt 1995, S. 162, 164 f.; OLG München, SpuRt 1996, S. 133, 136 f.

[7] „Fall Sikora": LG für Zivilsachen Wien v. 24.4.1987, (Geschäftszahl 26 Cg 94/87), die einstweilige Verfügung wurde drei Tage später durch Beschluß bestätigt; hierzu näher *Will*, Sport und Recht in Europa, S. 7, Fn. 15 m.w.N.

[8] „Fall Gasser"; Richteramt III in Bern, Superprovisorium vom 15.12.1987, Verfahren gegen die IAAF; Richteramt III vom 22.12.1987, Verfahren gegen den SLV; vgl. *Will*, Sport und Recht in Europa, S. 7, Fn. 16 m.w.N.; Neue Züricher Zeitung, Fernausgabe Nr. 34 vom 12.02.1988, S. 36; ausführlich zum „Fall Gasser" *Summerer*, S. 3 ff.

Ob diese Gerichtspraxis mit dem geltenden Recht übereinstimmt, d.h. an welche Voraussetzungen die Zulässigkeit einer Klage eines Sportlers vor einem deutschen Gericht geknüpft ist, ist im folgenden im einzelnen zu bestimmen.

II. Gerichtsbarkeit

Die Zulässigkeit einer Klage des Athleten setzt zunächst voraus, daß die internationalen Sportverbände der deutschen Gerichtsbarkeit unterliegen.

Den deutschen Gerichten fehlt die Gerichtsbarkeit grundsätzlich für Verfahren, in denen Exterritoriale Parteien sind (vgl. §§ 18-20 GVG)[9]. Eine derartige Immunität wird als das Recht eines Staates oder einer internationalen Organisation verstanden, sich nicht der Zwangsgewalt anderer Staaten unterwerfen zu müssen[10]. Internationale Organisationen genießen das Vorrecht der Immunität vor der innerstaatlichen Gerichtsbarkeit[11]. Der Umfang der Immunität bestimmt sich entweder bereits nach § 20 GVG oder jedenfalls gemäß Art. 25 S. 1 GG, wonach die Normen des allgemeinen Völkergewohnheitsrechts über die Befreiung von der Gerichtsbarkeit in das innerstaatliche Recht transformiert werden[12].

Die internationalen Sportverbände sind sog. „International Non-Governmental Organizations" (NGOs)[13]. Sie sind demnach keine internationale Organisationen i.S.d. Völkerrechts mit eigener Völkerrechtsfähigkeit und damit keine Völkerrechtssubjekte und haben keine Völkerrechtssubjektivität. Es existieren auch keine zwischenstaatlichen Abkommen, die den internationalen Sportverbänden Immunität zusichern würden. Die internationalen Sportverbände unterliegen demzufolge der deutschen staatlichen Gerichtsbarkeit.

III. Internationale Zuständigkeit des deutschen Gerichts

Für die Klage eines Sportlers gegen einen internationalen Sportverband muß das angerufene deutsche Gericht zuständig sein. Diese könnte insbesondere deshalb

---

[9] Statt aller *Soergel/Kronke*, Anh. Art. 38 EGBGB, Rn. 3.
[10] *Seidl-Hohenveldern*, Völkerrecht, Rn. 1462; vgl. *Seidl-Hohenveldern*, FS-Beitzke, S. 1081 ff.
[11] *Seidl-Hohenveldern/Loibl*, Rn. 1910.
[12] *v. Schönfeld*, NJW 1986, S. 2980; *Geimer*, IZPR, Rn. 495.
[13] Ausführlich hierzu unten, Fünftes Kapitel C. II. 3.

zweifelhaft sein, weil es sich um internationale Verbände handelt, die vornehmlich ihren Sitz im Ausland haben[14]. Hinsichtlich der (internationalen) Zuständigkeit des deutschen Gerichts ist daher im folgenden danach zu differenzieren, ob der internationale Sportverband seinen Sitz im Ausland oder in Deutschland hat.

1. Sitz des internationalen Sportverbandes im Ausland

Das angerufene Gericht wendet grundsätzlich im Prozeßrecht die lex fori an[15], mithin deutsches Verfahrensrecht. Dementsprechend richtet sich die internationale Zuständigkeit des deutschen Gerichts grundsätzlich nach den §§ 12 ff. ZPO, denen insoweit eine Doppelfunktionalität zukommt. Allerdings ist das EuGVÜ[16] als staatsvertragliche Regelung als vorrangig zu beachten und verbietet in seinem Anwendungsbereich die Heranziehung sämtlicher deutscher Regeln über die Begründung der internationalen Zuständigkeit[17]. Das Gericht hat demnach zunächst zu ermitteln, ob die Zuständigkeitsregeln des EuGVÜ anzuwenden sind.

a) Anwendung des EuGVÜ

Voraussetzung für die Anwendung der Zuständigkeitsregeln des EuGVÜ im Rahmen eines Prozesses des Sportlers gegen einen internationalen Sportverband ist, daß die Klage in seinen sachlichen (Art. 1 EuGVÜ) und zeitlichen (Art. 54 EuGVÜ) Anwendungsbereich fällt; d.h. es müssen grundsätzlich die Klage nach Inkrafttreten des EuGVÜ im Gerichtsstaat erhoben worden sein und der Beklagte seinen Wohnsitz in einem Vertragsstaat haben (Art. 2-4 EuGVÜ)[18].

---

[14] Lediglich drei internationale Sportverbände haben ihren Sitz in Deutschland, FIBA, UIT, UIPMB, vgl. *Vieweg*, Normsetzung, S. 55.

[15] Statt aller: *Zöller/Geimer*, IZPR, Einl. Rn. 1; *Baumbach/Lauterbach/Albers/Hartmann*, Einl. III, Rn. 74. umfassend *Geimer*, IZPR, Rn. 319.

[16] Brüsseler Übereinkommen über die gerichtliche Zuständigkeit und die Vollstreckung gerichtlicher Entscheidungen in Zivil- und Handelssachen (EuGVÜ); Vertragsstaaten sind Deutschland, Belgien, Frankreich, Italien, Luxemburg, Niederlande, Dänemark, Irland, Großbritannien, Griechenland, Spanien, Portugal, vgl. *Kropholler*, Einl. RN. 1-8.

[17] EuGH, Urteil v. 15.11.1983, Rs. 288/82 - Duijnstee/Goderbauer, Slg. 1983, 3663, 3674 f.; BGH NJW 1982, S. 1226, 1227; OLG München, NJW-RR 1994, S. 190; *MüKo-Gottwald*, IZPR, Art. 2 EuGVÜ, Rn. 7; *Kropholler*, vor Art. 2 EuGVÜ, Rn. 16 ff.

[18] *Kropholler*, vor Art. 2 EuGVÜ, Rn. 5; *MüKo-Gottwald*, IZPR, Art. 2 EuGVÜ, Rn. 22 f.

aa) Sitz des Sportverbandes in einem Vertragsstaat

Der sachliche Anwendungsbereich des Art. 1 Abs. 1 EuGVÜ für Zivil- und Handelssachen ist für Klagen des Athleten gegen den internationalen Sportverband gegeben, da es bei den in Betracht kommenden Klagebegehren ausschließlich um zivilrechtliche Streitigkeiten handelt.

Des weiteren muß der internationale Sportverband grundsätzlich seinen Sitz in einem Vertragsstaat haben, Art. 53 Abs. 1 S. 1 EuGVÜ. Der hierin verwendete Begriff „Gesellschaft und juristische Person" ist weit auszulegen und hat den Zweck, alle an einem Verfahren beteiligte Prozeßsubjekte zu erfassen, die nicht schon als natürliche Personen unter die Anwendung fallen[19]. Ausreichend ist demnach die nach dem jeweiligen Vertragsstaat, mithin nach der lex fori des Gerichtsstaates, vorliegende Anerkennung der Parteifähigkeit[20]. Nach deutschem Recht ist daher die Rechtsfähigkeit der internationalen Verbände gemäß § 50 ZPO ohne Bedeutung, so daß Art. 53 EuGVÜ auf die internationalen Sportverbände anzuwenden ist, da es sich bei ihnen um Vereine oder vereinsähnliche Gebilde handelt[21] und es auf deren Rechtsfähigkeit nicht ankommt.

Der Sitzbegriff wird jedoch im EuGVÜ nicht definiert. Dieser bestimmt sich vielmehr gemäß Art. 53 Abs. 1 S. 2 EuGVÜ nach dem IPR des Gerichtsstaates. Das deutsche Kollisionsrecht stellt hinsichtlich des Sitzes auf den Ort des effektiven Verwaltungssitzes ab[22].

Der effektive Verwaltungssitz der internationalen Sportverbände ist in der Regel der Ort seines (General-)Sekretariates[23]. Denn die (General-) Sekretariate der internationalen Sportverbände regeln die laufenden und wirtschaftlichen Ver-

---

[19] *Kropholler*, Art. 53 EuGVÜ, Rn. 1; *Geimer/Schütze*, Art. 53 EuGVÜ, Rn. 1.

[20] *Kropholler*, Art. 53 EuGVÜ, Rn. 1; *Geimer*, IZPR, Rn. 2204; vgl. auch zur passiven Parteifähigkeit internationaler (nicht-rechtsfähiger) Verbände *van Hecke*, FS-Seidl-Hohenveldern, S. 629, 633 f.

[21] Siehe unten, Fünftes Kapitel C. III. 1. a).

[22] § 17 ZPO, der auf den satzungsmäßigen Sitz abstellt, kommt nicht zur Anwendung, da Art. 53 Abs. 1 S. 2 EuGVÜ auf das IPR und nicht das Verfahrensrecht verweist, *Geimer/Schütze*, Art. 53 EuGVÜ, Rn. 3; *Kropholler*, Art. 53 EuGVÜ, Rn. 2; *MüKo-Gottwald*, IZPR, Art. 53 EuGVÜ, Rn. 6; vgl. BGH DB 1986, S. 2018, 2019; *v.Bar*, IPR II, Rn. 621; *Staudinger/Großfeld*, IntGesR, Rn. 26; *Kegel*, IPR, S. 416.

[23] *Reichert/Reichert*, Rn. 3047; *Kurtze*; S. 77 ff.; nach *Vieweg*, Normsetzung, S. 55 verteilen sich diese im wesentlichen auf 5 Staaten: Schweiz (9), Großbritannien (4); Italien (4), Frankreich (3) und Deutschland (3: die FIBA;, die UIT und die UIPMB); je ein Generalsekretariat befindet sich in Belgien, Kanada, Österreich, Ungarn und Schweden.

waltungsgeschäfte, und auch die meisten sonstigen Aktivitäten werden von ihnen abgewickelt. Darüber hinaus sind sie in der Regel die einzigen Institutionen der internationalen Sportverbände, durch die sie ständig erreichbar sind und die den Kontakt nach außen hin herstellen. Soweit sich dieser in einem Vertragsstaat befindet, kommt daher das EuGVÜ zur Anwendung.

Die internationale Zuständigkeit des deutschen Gerichts für eine Klage gegen den internationalen Sportverband kann dann aufgrund des Bestehens eines besonderen Gerichtstandes gemäß Art. 3 i.V.m. Art. 5 ff. EuGVÜ in Betracht kommen. Diesbezüglich ist insbesondere an Art. 6 Ziff. 1 EuGVÜ (Gerichtstand der Streitgenossenschaft), Art 5 Ziff. 3 EuGVÜ (Gerichtstand der unerlaubte Handlung) und an Art. 5 Ziff. 5 EuGVÜ (Gerichtstand der Niederlassung) zu denken.

bb) Lugano-Übereinkommen

Viele internationale Sportverbände haben allerdings ihren Sitz in der Schweiz[24], die nicht Vertragsstaat des EuGVÜ ist. Diesbezüglich kommt das Lugano-Übereinkommen[25] zur Anwendung. Denn gemäß Art. 54 b Abs. 2 a Lugano-Übereinkommen bestimmt sich die internationale Zuständigkeit nach dem Lugano-Abkommen und nicht nach dem EuGVÜ, wenn der Beklagte seinen (Wohn-)Sitz in einem EFTA-Vertragsstaat hat. Dieses Abkommen wird allerdings als „Parallel-Übereinkommen" bezeichnet, da sowohl der Wortlaut als auch die Bezifferung der Artikel weitgehend übereinstimmen und zudem eine möglichst einheitliche Auslegung gewährleistet sein soll[26]. Die folgende Darstellung beschränkt sich daher auf die internationale Zuständigkeit nach dem EuGVÜ, wobei die Voraus-

---

[24] Siehe vorherige Fn.

[25] Mit den EFTA-Staaten (Finnland, Island, Norwegen, Österreich, Schweden, Schweiz) haben die Mitgliedsstaaten der EU 1988 das **Lugano-Abkommen** abgeschlossen, welches inhaltsgleich zum EuGVÜ ist, und daher auch als Parallelabkommen bezeichnet wird, vgl. *Zöller/Geimer*, Anh., Art. 1 GVÜ, Rn. 2; *Wieczorek/ Schütze/Hausmann*, Anh. II § 40 ZPO, Einl., Rn. 5 ff.; *Kropholler*, Einl., Rn .46 ff.; abgedruckt ebenda, Anhang VII. Das Lugano-Abkommen ist am 1.3.1995 in Deutschland in Kraft getreten, BGBl 1995 II 221.

[26] Vgl. Protokoll Nr. 2 über die einheitliche Auslegung des Übereinkommens, BGBl 1994 II 2647 ff; hierzu umfassend *Wieczorek/Schütze/Hausmann*, Anh. II § 40 ZPO, Einl. Rn. 5, 25 f.

setzungen und gefundenen Ergebnisse sich in der Regel auf das Lugano-Übereinkommen übertragen lassen.

b) Keine ausschließliche Zuständigkeit gemäß Art. 16 Nr. 2 EuGVÜ[27]
Die internationale Zuständigkeit eines deutschen Gerichts gemäß Art. 5, 6 EuGVÜ setzt voraus, daß für die Klage eines Athleten gegen den internationalen Sportverband nicht eine ausschließliche Zuständigkeit am Ort dessen Sitzes gemäß Art. 16 Nr. 2 EuGVÜ begründet ist.
Art. 16 Nr. 2 EuGVÜ begründet einen ausschließlichen Gerichtsstand für Klagen, die die Gültigkeit oder Nichtigkeit von Organbeschlüssen von Gesellschaften oder juristischen Personen betreffen. Da dies grundsätzlich für jedwede Beschlüsse der Organe der Gesellschaft gilt[28], und damit auch für Entscheidungen der Organe des internationalen Sportverbandes, könnte eine Anwendung des Art. 16 Nr. 2 EuGVÜ auch für die von dem Spruchkörper des Verbandes verhängte Sanktion gegen den Sportler in Betracht zu ziehen sein.
Normzweck des Art. 16 Nr. 2 EuGVÜ ist es aber vornehmlich, eine Konzentrierung aller den Status der Gesellschaft betreffenden Streitigkeiten im Sitzstaat zu erreichen, wodurch die Rechtssicherheit gewahrt werden soll[29]. Art. 16 Nr. 2 EuGVÜ bezieht sich damit auf Entscheidungen, die den Status des internationalen Sportverbandes als solchen betreffen und deren Konzentrierung im Interesse eines Entscheidungseinklangs bei Art. 16 Nr. 2 EuGVÜ im Vordergrund steht[30]. Die Klage des Sportlers gegen den internationalen Sportverband, mit der er sich gegen eine Sanktion wendet und z.B. die Feststellung der Unwirksamkeit einer Sperre begehrt, betrifft aber lediglich das Rechtsverhältnis des Verbandes zu einem außenstehenden Dritten, der nicht einmal Mitglied des Verbandes ist. Die Frage der Rechtmäßigkeit der verhängten Sanktion betrifft nicht den Status

---

[27] Identischer Wortlaut mit Art. 16 Nr. 2 Lugano-Übereinkommen.
[28] *Geimer/Schütze*, Art. 16 EuGVÜ, Rn. 185.
[29] *Wieczorek/Schütze/Hausmann*, Anh. II § 40 ZPO, Art. 16 EuGVÜ, Rn. 37; *Geimer/ Schütze*, Art. 16 EuGVÜ, Rn. 139; *Kropholler*, Art. 16 EuGVÜ, Rn. 33; umfassend *Geimer*, FS-Schippel, S. 869 ff.
[30] Vgl. zur Beschränkung auf aller den Status der Gesellschaft betreffenden Fragen *Geimer*, FS-Schippel, S. 869, 871.

der internationalen Sportverbände und fällt demnach nicht unter den Anwendungsbereich des Art. 16 Nr. 2 EuGVÜ[31]. Ein ausschließlicher Gerichtsstand am Sitz des internationalen Sportverbandes für eine Klage des Sportlers, mit der dieser sich gegen eine Sanktion wendet, ist nicht gemäß Art. 16 Nr. 2 EuGVÜ gegeben. Die Anwendung der Art. 5, 6 EuGVÜ ist damit nicht ausgeschlossen.

c) Internationale Zuständigkeit gemäß Art. 6 Nr. 1 EuGVÜ[32] (Streitgenossenschaft)

Die internationale Zuständigkeit des deutschen Gerichts für eine Klage gegen den internationalen Sportverband ist insbesondere im Hinblick auf den Gerichtsstand der Streitgenossenschaft gemäß Art. 6 Ziff. 1 EuGVÜ in Betracht zu ziehen.

Nach Art. 6 Ziff. 1 EuGVÜ wird, wenn mehrere Personen zusammen verklagt werden, die Zuständigkeit des Gerichts begründet, in dessen Bezirk einer der Beklagten seinen Wohnsitz hat.

aa) Klage gegen deutschen Sportverband

Der Athlet müßte daher neben dem internationalen Sportverband den deutschen Sportverband verklagen, wobei die diesbezügliche Zuständigkeit des deutschen Gerichts sich ohne weiteres aus §§ 12, 17 ZPO ergibt, da die deutschen Sportverbände als eingetragene Vereine sämtlich ihren Sitz im Inland haben. Der deutsche Sportverband hat damit zugleich seinen Sitz im Hoheitsgebiet eines Vertragsstaates gemäß Art. 6, 53 EuGVÜ.

bb) Konnexität

Art. 6 Ziff. 1 EuGVÜ regelt die internationale und örtliche Zuständigkeit und bezieht sich auf alle Klagearten[33]. Es besteht allerdings Einigkeit, daß zwischen den Klagen eine Konnexität bestehen muß, obwohl der Wortlaut einen Zusammen-

---

[31] A.A. *Summerer*, S. 82, 84.
[32] Identischer Wortlaut mit Art. 6 Nr. 1 Lugano-Übereinkommen.
[33] *Kropholler*, Art. 6 EuGVÜ, Rn. 5.

hang nicht voraussetzt[34]. Der Begriff der Konnexität ist vertragsautonom, also von den nationalen Rechtsordnungen losgelöst, zu bestimmen; der EuGH greift insoweit auf Art. 20 Abs. 3 EuGVÜ zurück, so daß der erforderliche Zusammenhang gegeben ist, „wenn eine gemeinsame Verhandlung und Entscheidung geboten erscheint, um zu vermeiden, daß in getrennten Verfahren einander widersprechende Entscheidungen ergehen können"[35]. Eine nähere Konkretisierung ist bislang durch den EuGH nicht erfolgt; allerdings können als Anhaltspunkt die zu § 60 ZPO entwickelten Kriterien herangezogen werden, wonach die Klagen im wesentlichen denselben tatsächlichen und rechtlichen Grund haben müssen[36].

Der Athlet wird sich mit einer Klage gegen einen Sportverband in der Regel gegen eine Sanktion wenden und deren Unwirksamkeit oder Nichtbeachtung sowie im Fall der Sperre die Zulassung zum Wettkampf beantragen; soweit er deswegen Schadensersatz begehrt, liegt diesem Anspruch inzidenter die Unrechtmäßigkeit der Sanktion zugrunde. Als Sanktion, die ein Sportverband gegen einen Athleten wegen eines Dopingverstoßes verhängt, kommt in erster Linie eine zeitlich befristete Sperre in Betracht. Diese wird, wenn der deutsche Sportverband sie ausspricht, vom internationalen Sportverband ebenso übernommen wie die vom internationalen Sportverband verhängte Sperre durch den deutschen Sportverband umgesetzt wird. Eine Gleichartigkeit in dem genannten Sinn ist damit gegeben. Die Klagen des Athleten sowohl gegen den deutschen als auch gegen den internationalen Sportverband betreffen den gleichen Sachverhalt; ihnen liegt regelmäßig das gleiche Ereignis - die Sanktion - zugrunde.

Die materiellen Voraussetzungen des Art. 6 Ziff. 1 EuGVÜ liegen demnach in der Regel vor, wenn der Athlet sich mit einer Klage gegen den deutschen Sportverband sowie den internationalen Sportverband wendet.

---

[34] Statt aller *Geimer/Schütze*, Art. 6 EuGVÜ, Rn. 16; *Kropholler*, Art. 6 EuGVÜ, Rn. 6 *Albicker*, S.116 f.; bestätigt durch den EuGH, Urteil v. 27.9.1988, Rs. 189/87 - Kalfelis/Schröder, Slg. 1988, 5565, 5583 f.; vgl. hierzu *Rohner*, S. 82 ff.; *Schlosser*, RIW 1988, S. 987; *Geimer*, NJW 1988, S. 3089 .

[35] EuGH, Urteil v. 27.9.1988, Rs. 189/87 - Kalfelis/Schröder, Slg. 1988, 5565, 5583 f.; so bereits schon *Geimer*, WM 1979, S. 350, 358 f; umfassend *Albicker*, S. 132 ff.

[36] *Wieczorek/Schütze/Hausmann*, Art. 6 EuGVÜ, Rn. 9; *Gottwald*, IPRax 1989, 272 ff.; im Ergebnis ebenso *Geimer*, WM 1979, S. 350, 359; *Geimer/Schütze*, Art. 6 EuGVÜ, Rn. 20 f.

Hinsichtlich des persönlichen Anwendungsbereichs ist jedoch danach zu unterscheiden, in welchem ausländischen Staat der internationale Sportverband seinen Sitz hat.

cc) Sitz des internationalen Sportverbandes

Liegt der Sitz in einem Vertragsstaat des EuGVÜ, ist Art. 6 Ziff. 1 EuGVÜ ohne weiteres einschlägig. Hat der internationale Sportverband seinen Sitz jedoch in einem Nichtvertragsstaat, käme nach den dargestellten Grundsätzen das EuGVÜ nicht zur Anwendung[37]. Dies hätte zur Folge, daß allein durch die gleichzeitige Erhebung einer Klage gegen den deutschen und gegen den internationalen Sportverband die internationale Zuständigkeit nicht begründet würde, da das deutsche Recht (ZPO), welches gemäß Art. 4 Abs. 1 EuGVÜ zur Anwendung gelangen würde, - anders als die meisten anderen Vertragsstaaten[38] - den Gerichtsstand der Streitgenossenschaft nicht kennt.

(1) Analogie bei Sitz in einem Nichtvertragsstaat

Allerdings wird im Schrifttum vornehmlich die Auffassung der (analogen) Anwendung des Art. 6 EuGVÜ auf Personen mit (Wohn-) Sitz in einem Nichtvertragsstaat vertreten[39]. Denn es sei nicht ersichtlich, warum ein Beklagter mit Wohnsitz in einem Vertragsstaat in höherem Maße gerichtspflichtig sein soll als einer mit Sitz in einem Nichtvertragsstaat[40]. Zudem soll das Übereinkommen diejenigen Personen, die innerhalb der Vertragsstaaten ihren (Wohn-) Sitz haben, schonen und nicht benachteiligen; insbesondere soll ihre internationale Gerichtspflichtigkeit nicht weiter reichen als die von Personen, die in einem Nichtvertragsstaat ihren (Wohn-) Sitz haben. Eine höchstrichterliche Rechtsprechung diesbezüglich liegt - soweit ersichtlich - noch nicht vor.

---

[37] Siehe oben, Fünftes Kapitel B. III. 1. a) aa).

[38] Einen Überblick gibt *Allbicker*, S. 34 ff.

[39] *MüKo-Gottwald*, Art. 6 EuGVÜ, Rn. 3; *Geimer/Schütze*, Art. 6 EuGVÜ, Rn. 4 ff.; *Geimer*, WM 1979, S. 350, 357 *Kropholler*, Art. 6 EuGVÜ, Rn. 5, *Zöller/Geimer*, Anh. I, Art. 2 EuGVÜ, Rn. 10; *Schack*, ZZP 107, S.279, 294.

[40] So auch *MüKo-Gottwald*, Art. 6 EuGVÜ, Rn. 3.

(2) Kritik

Einer analogen Anwendung steht jedoch der insoweit eindeutige Wortlaut des Art. 4 EuGVÜ entgegen. Ebenso stellt Art. 6 EuGVÜ allein darauf ab, daß der Beklagte seinen Wohnsitz in einem Vertragsstaat hat. Darüber hinaus wollte das EuGVÜ keine europäische Zuständigkeitsordnung mit universeller Bedeutung schaffen, sondern lediglich Zuständigkeitskonflikte zwischen den Vertragsstaaten beseitigen[41], so daß auch nicht von einer planwidrigen Gesetzeslücke gesprochen werden kann. Eine (analoge) Anwendung des Art. 6 Nr. 1 EuGVÜ auf Beklagte, die ihren Sitz in einem Nichtvertragsstaat haben, scheidet damit aus[42].

(3) Ergebnis

Die internationale Zuständigkeit des deutschen Gerichts für eine Klage des Athleten gegen den internationalen Sportverband ist demnach gemäß Art. 6 Ziff. 1 EuGVÜ nur dann gegeben, wenn dieser seinen Sitz in einem Vertragsstaat hat.

d) Internationale Zuständigkeit gemäß Art. 5 Nr. 3 EuGVÜ[43]
(unerlaubte Handlung)

Die internationale Zuständigkeit des deutschen Gerichts für eine Klage des Sportlers gegen den internationalen Sportverband kann sich darüber hinaus aus Art. 5 Nr. 3 EuGVÜ ergeben, der den Gerichtsstand der „unerlaubten Handlung" statuiert.

aa) Unerlaubte Handlung

Der Anwendungsbereich des Art. 5 Nr. 3 EuGVÜ ist autonom zu bestimmen, so daß ein Rückgriff auf die lex fori des Gerichtsstaates oder die lex causae, welche

---

[41] *Samtleben*, NJW 1974, S. 1590 f.; *Piltz*, NJW 1979, S.1071, 1072; *Wieczorek/ Schütze/Hausmann*, Anh. I § 40 ZPO, vor Art. 2 EuGVÜ Rn. 10, Art. 6 EuGVÜ, Rn. 4.

[42] So auch *Wieczorek/Schütze/Hausmann*, Anh. I § 40 ZPO, Art. 6 EuGVÜ, Rn. 4. *Albicker*, S. 125 ff. befürwortet demgemäß eine entsprechende Gesetzesänderung. Das OLG München, SpuRt 1996, S. 133, 136, lehnte in der Klage gegen den DLV und die IAAF mit Sitz in Monaco die Anwendung des Art. 6 EuGVÜ ab, ohne auf eine Analogie einzugehen.

[43] Identischer Wortlaut mit Art. 5 Nr. 3 des Lugano-Übereinkommens.

vom IPR des Gerichtsstaates bestimmt wird, ausgeschlossen ist[44]. Unter Art. 5 Nr. 3 EuGVÜ fallen demnach unerlaubte Handlungen und solchen gleichstehende Handlungen. Er erfaßt alle Deliktstypen einschließlich der Kartelldelikte[45] sowie die Verletzungen des allgemeinen Persönlichkeitsrecht[46]; die Verursachung eines bloßen Vermögensschadens (z.B. i.S.d. § 826 BGB[47]) kann ebenfalls genügen. Der Sportler, der sich mit seiner Klage gegen eine Sanktion des internationalen Sportverbandes wendet, wird dessen Unrechtmäßigkeit geltend machen. Insbesondere die Sperre kann eine unangemessene Behinderung des Sportlers darstellen, die der internationale Sportverband als marktbeherrschendes Unternehmen zu verantworten hat. Darin liegt zugleich ein Kartellverstoß, wenn die Sperre nicht den Tatbestandsanforderungen des Verbandsregelwerks entspricht oder dieses selbst nicht mit höherangigem Recht zu vereinbaren ist[48]. Darüber hinaus begründet eine solche „unrechtmäßige" Sperre zugleich einen Eingriff in den eingerichteten und ausgeübten Gewerbetrieb und stellt sich als eine sittenwidrige Schädigung dar[49].

Die Sanktion des internationalen Sportverbandes als Gegenstand der Klage stellt damit regelmäßig eine „unerlaubte Handlung" i.S.d. Art. 5 Nr. 3 EuGVÜ dar.

bb) Inländischer Erfolgsort

Der Ort des schädigenden Ereignisses ist sowohl der Handlungsort, also der Ort des ursächlichen Geschehens, als auch der Erfolgsort, mithin der Ort, an dem der

---

[44] EuGH; Urteil v. 7.3.1995, Rs. 68/93 - Fiona Shevill, u.a. / Press Aliance SA, NJW 1995, S. 1881, 1882; EuGH, Urteil v. 27.9.1988, Rs 189/87 - Kalfelis/Schröder, Slg. 1988, 5565, 5584 f., Nr. 15 ff.; EuGH, Urteil v. 26.3.1992, Rs 261/90 - Reichert/Dresdner Bank, Slg. 1992 I, 2175, 2180, Nr. 15; *MüKo-Gottwald*, IZPR, Art. 5 EuGVÜ, Rn. 26; *Kiethe*, NJW 1994, S. 222, 223; *Kropholler*, Art. 5 EuGVÜ, Rn. 56.

[45] *Immenga/Mestmäcker/Rehbinder*, § 98 Abs. 2 GWB, Rn. 264; *Wieczorek/Schütze/ Hausmann*, Anh. I § 40 ZPO, Art. 5 EuGVÜ, Rn. 51; *Langen/Bunte*, § 98 GWB, Rn. 198; *Geimer/Schütze*, Art. 5 EuGVÜ, Rn. 153; *Kropholler*, Art. 5 EuGVÜ, Rn. 57.

[46] OLG München, RIW 1988, 647; AG Hamburg, RIW 1990. S. 319 f.; *Wieczorek/ Schütze/Hausmann*, Anh. I § 40 ZPO, Art. 5 EuGVÜ, Rn. 51; *Kropholler*, Art. 5 EuGVÜ, Rn. 57; *Schütze/Geimer*, Art. 5 EuGVÜ, Rn. 154.

[47] *Wieczorek/Schütze/Hausmann*, Anh. I § 40 ZPO, Art. 5 EuGVÜ, Rn. 51; *Kropholler*, Art. 5 EuGVÜ, Rn. 57; *Kiethe*, NJW 1994, S. 222, 223.

[48] Ausführlich zum Anspruch des Sportlers aus §§ 33, 20 Abs. 1 GWB n.F. oben, Viertes Kapitel A. II.

[49] Vgl. oben, Viertes Kapitel A. IV., V.

Schaden eingetreten ist[50]. Die vom internationalen Sportverband gegen den Athleten ausgesprochene Sanktion, insbesondere die Sperre, wirken sich im Inland unmittelbar aus, weil sie jeder Teilnahme des Athleten an Wettkämpfen im Gebiet der Bundesrepublik Deutschland entgegenstehen. Für die Kartelldelikte ergibt sich daher ein inländischer Erfolgsort; die Handlung des internationalen Sportverbandes bezieht sich unmittelbar auf den deutschen Markt[51]. Für die übrigen deliktischen Handlungen kann ebenfalls ein inländischer Erfolgsort bejaht werden, weil die Sperre die Ausübung des Gewerbebetriebes beeinträchtigt und zudem eine sittenwidrige Schädigung i.S.d. § 826 BGB darstellen kann[52]. Da für die Beurteilung des schädigenden Charakters der Sperre auf die lex causae zurückgegriffen werden kann[53], gilt dies zumindest, wenn das Deliktsstatut deutsches Recht als lex causae bestimmt[54].

Der inländische Erfolgsort gemäß Art. 5 Nr. 3 EuGVÜ ist somit regelmäßig für Klagen des Athleten gegen den internationalen Sportverband gegeben.

Die internationale Zuständigkeit des deutschen Gericht folgt somit auch aus Art. 5 Nr. 3 EuGVÜ. Dies gilt allerdings nur, soweit über einen deliktischen Anspruch entschieden wird. Denn das nach Art. 5 Ziff. 3 EuGVÜ international zuständige Gericht darf zutreffend nicht über Klagen unter einem anderen, nichtdeliktischen Gesichtspunkt (Vertrag) entscheiden[55].

---

[50] EuGH, Urteil v. 30.11.1976, Rs 21/76 - Bier/Mines de Postasse d'Alsace, Slg. 1976, 1735, 1746; *Wieczorek/Schütze/Hausmann*, Anh. I § 40 ZPO, Art. 5 EuGVÜ, Rn. 59; *Immenga/Mestmäcker/ Rehbinder*, § 98 Abs. 2 GWB, Rn. 264; *Langen/Bunte*, § 98 GWB, Rn. 198; *Kropholler*, Art. 5 EuGVÜ, Rn. 62 ff. m.w.N.

[51] Vgl. allgemein *Immenga/Mestmäcker/Rehbinder*, § 98 Abs. 2 GWB, Rn. 258.

[52] Siehe oben, Viertes Kapitel A. IV, V.

[53] EuGH, Urteil v. 7.3.1995, Rs. 68/93 - Fiona Shevill, u.a. / Press Aliance SA, NJW 1995, S. 1881, 1882.

[54] Hierzu unten, Fünftes Kapitel C. III. 1. c).

[55] EuGH, Urteil v. 27.9.1988, Rs 189/87 - Kalfelis/Schröder, Slg. 1988, 5565, 5585; *Kropholler*, Art. 5 EuGVÜ, Rn. 60; *MüKo-Gottwald*, IZPR, Art. 5 EuGVÜ, Rn. 30; für eine Annexzuständigkeit kraft Sachzusammenhangs für die vertraglichen Ansprüche dagegen *Geimer/Schütze*, Art. 5 EuGVÜ, Rn. 163, *Mansel*, ZVglRWiss 86 (1987), S. 1, 22; *ders.* IPRax, 1989, 84, 85 a. Für eine gespaltene Zuständigkeit auch das autonome deutsche Recht, BGHZ 132, 105, 111 ff.; *Baumbach/Lauterbach/Albers/Hartmann*, § 32 ZPO, Rn. 14; a.A. nunmehr *Zöller/Vollkommer*, § 12 ZPO, Rn. 20 f.

e) Internationale Zuständigkeit gemäß Art. 5 Nr. 5 EuGVÜ[56] (Niederlassung)

Als weitere, die internationale Zuständigkeit des deutschen Gerichts begründende Norm für eine Klage des Sportlers gegen den internationalen Sportverband kann Art. 5 Nr. 5 EuGVÜ in Betracht kommen.

Art. 5 Nr. 5 EuGVÜ kommt nur zur Anwendung, wenn der Beklagte seinen Hauptsitz im geographischen Anwendungsbereich des Übereinkommens hat[57], mithin der internationale Sportverband seinen effektiven Verwaltungssitz. Ist dies nicht der Fall, kommt gemäß Art. 4 Abs. 1 EuGVÜ das nationale Recht, die ZPO, zur Anwendung.

aa) Deutscher Sportverband als Niederlassung

Des weiteren müßte der deutsche Sportverband als Niederlassung des jeweiligen internationalen Sportverbandes zu qualifizieren sein. Dies wird für den vergleichbaren § 21 ZPO teilweise befürwortet[58].

Der Begriff der Niederlassung i.S.d. Art. 5 Nr. 5 EuGVÜ, der vertragsautonom auszulegen ist, wird dadurch bestimmt, daß für eine Niederlassung charakteristisch ist, daß sie der Aufsicht und Leitung des Stammhauses unterliegt[59].

Zwar bestehen die meisten internationalen Sportverbände auf Übernahme ihrer Regeln sowie insbesondere darauf, daß der deutsche Sportverband seine Entscheidungen und Sanktionen, u.a. die Dopingsperren, übernimmt, sie also im nationalen Bereich durchsetzt[60]. Dies geschieht bei den verhängten Sperren dadurch, daß dem Sportler die Zulassung zu Veranstaltungen im nationalen Bereich, d.h. solchen, die vom deutschen Sportverband veranstaltet oder organisiert werden, versagt wird. Dies dient aber in erster Linie nicht der wirtschaftlichen Betätigung des internationalen Sportverbandes, also dessen geschäftlicher Be-

---

[56] Identischer Wortlaut mit Art. 5 Nr. 5 Lugano-Übereinkommen.
[57] *Geimer/Schütze*, Art. 5 EuGVÜ, Rn. 225.
[58] *Pfister*, SpuRt 1995, S. 201, 202 ff.; LG München I, SpuRt 1995, S. 162, 164; dagegen aber die Berufungsinstanz, OLG München, SpuRt 1996, S. 133, 136 f.
[59] EuGH, Urteil v. 6.10.1976, Rs. 14/76 - Bloos/Bayer, Slg. 1976, 1497, 1509 f.; *Wieczorek/Schütze/Hausmann*, Anh. I § 40 ZPO, Art. 5 EuGVÜ, Rn. 76; *Kropholler*, Art. 5 EuGVÜ, Rn. 75 ff. ; *Geimer/Schütze*, Art. 5 EuGVÜ, Rn. 232 ff.
[60] Vgl. oben, Erstes Kapitel E. II. 2. b).

tätigung[61], sondern ist Voraussetzung für ein reibungsloses Funktionieren der Sportausübung[62]. Darüber hinaus obliegt dem nationalen Sportverband grundsätzlich ohne Einflußmöglichkeit des internationalen Sportverbandes die Organisation von (nationalen) Wettkämpfen oder Veranstaltungen, die nähere Bestimmung der diesbezüglichen Qualifikationskriterien und die Festlegung der Anzahl der Teilnehmer. Weiterhin liegen die Vermarktung und z.B. der Verkauf der Senderechte im Verantwortungsbereich der deutschen Sportverbände[63]. Die deutschen Sportverbände unterliegen insbesondere im Rahmen ihrer wirtschaftlichen Betätigung nicht der Aufsicht oder Leitung des internationalen Sportverbandes. Es wird demgemäß gegenüber dem Sportler auch nicht der Rechtsschein erweckt, sie würden als Mittelpunkt geschäftlicher Tätigkeit des internationalen Sportverbandes tätig[64].

Darüber hinaus ist der deutsche Sportverband als eingetragener Verein i.S.d. § 21 BGB rechtlich selbständig. Eine Niederlassung könnte insofern zwar unter dem Gesichtspunkt des beherrschenden Einflusses des internationalen Sportverbandes ähnlich einer konzernrechtlichen Abhängigkeit in Betracht kommen[65]. Selbst bei Annahme einer Abhängigkeit des deutschen Sportverbandes vom internationalen Sportverband kann aber kein Gerichtsstand gemäß Art. 5 Nr. 5 EuGVÜ begründet werden, da der deutsche Sportverband seine Geschäfte, insbesondere die Verträge mit den Sportlern, im eigenen Namen abschließt und in seinen täglichen Geschäften nicht der Aufsicht und Leitung durch den internationalen Sportverband unterliegt[66].

---

[61] Zum Kriterium der geschäftlichen Tätigkeit: EuGH, Urteil v. 22.11.1978, Rs. 33/78 - Somafer/Saar-Ferngas, Slg. 1978, 2183, 2193.

[62] Vgl. OLG München, SpuRt 1996, S. 133, 136.

[63] Allerdings nur, soweit sie „Veranstalter" des Wettbewerbes sind; vgl. zur fehlenden Inhaberschaft des DFB an den Vermarktungsrechten für die Fernsehübertragung von Euopapokalspielen, die damit bei den Vereinen selbst liegen, BGH, NJW 1998, S. 756, 758 - „Europapokalheimspiele".

[64] Zum Kriterium des erweckten Anscheins: EuGH, Urteil v. 9.12.1987, Rs. 218/86 - SAR Schotte/Rothschild, Slg. 1987, 4905, 4920.

[65] Zur Niederlassungseigenschaft einer selbständigen juristischen Person (GmbH) vgl. EuGH, Urteil v. 9.12.1987, Rs 218/86, RIW 1988, 136 f.

[66] Vgl. zu diesen Kriterien *Wieczorek/Schütze/Hausmann*, Anh. I. § 40 ZPO, Art. 5 EuGVÜ, Rn. 80; *MüKo-Gottwald*, IZPR, Art. 5 EuGVÜ, Rn. 42; OLG Düsseldorf, WM 1995, S. 1349, 1350.

bb) Ergebnis

Die internationale Zuständigkeit des deutschen Gerichts für eine Klage des Sportlers gegen den internationalen Sportverband läßt sich damit nicht nach Art. 5 Nr. 5 EuGVÜ begründen.

f) Internationale Zuständigkeit nach der ZPO

Die internationale Zuständigkeit des deutschen Gerichts bestimmt sich nach den Normen der ZPO, wenn der internationale Sportverband seinen Sitz weder in einem Vertragsstaat des EuGVÜ noch in einem des Lugano-Abkommens hat. Insoweit sind die Vorschriften der §§ 12 ff. ZPO doppelfunktional; sie regeln neben der örtlichen Zuständigkeit die internationale Zuständigkeit des deutschen Gerichts[67].

aa) § 32 ZPO

In Betracht zu ziehen ist insbesondere eine Zuständigkeit nach § 32 ZPO. Es kann insoweit auf die zu Art. 5 Nr. 3 EuGVÜ gefundenen Ergebnisse verwiesen werden, wonach es sich bei der Streitigkeit des Sportlers mit dem internationalen Sportverband um Auswirkungen einer „unerlaubten Handlung" handelt. § 32 ZPO umfaßt Verletzungen des eingerichteten und ausgeübten Gewerbetriebes[68] und Kartellrechtsverstöße, die Klagen nach § 33 GWB begründen können[69].

Die Entscheidung - Sperre - des internationalen Sportverbandes wirkt sich auch im Inland aus, da der Sportler hierdurch gehindert ist, während der Dauer der Sperre an Wettkämpfen in Deutschland teilzunehmen. Eine Inlandsauswirkung[70] liegt damit vor, da der Ort der Rechtsverletzung, mithin der Erfolgsort, in Deutschland liegt.

---

[67] Statt vieler: *Geimer*, IZPR, Rn. 943 ff.; *Zöller/Geimer*, IZPR, Rn. 37.
[68] OLG Karlsruhe, GRUR 1984, 143; *Wieczorek/Schütze/Hausmann*, § 32 ZPO, Rn. 7, 43 m.w.N.
[69] *Wieczorek/Schütze/Hausmann*, § 32 ZPO, Rn. 12.
[70] Vgl. näher zur Maßgeblichkeit der Inlandsauswirkung nach § 98 Abs. 2 GWB *Wieczorek/Schütze/Hausmann*, § 32 ZPO, Rn. 71; *Immenga/Mestmäcker/Rehbinder*, § 98 Abs. 2 GWB, Rn. 254 ff.

Die internationale Zuständigkeit gemäß § 32 ZPO bezieht sich aber grundsätzlich nur auf deliktische Ansprüche[71]. Geht die internationale Zuständigkeit des deutschen Gerichts gemäß § 32 ZPO allerdings auf Verstöße gegen das Kartellrecht zurück[72], ist das Gericht gemäß §§ 87, 88 GWB auch für darüber hinaus geltend gemachte Ansprüche zuständig, die nicht deliktischer Art sind[73].

bb) § 21 ZPO

Die internationale Zuständigkeit des deutschen Gerichts kann sich darüber hinaus nicht aus § 21 ZPO ergeben. Der deutsche Sportverband ist nicht als „Niederlassung" des internationalen Sportverbandes anzusehen[74]. Die vorstehend[75] zu Art. 5 Nr. 5 EuGVÜ gemachten Ausführungen gelten insofern entsprechend; § 21 ZPO ist enger als Art. 5 Nr. 5 EuGVÜ gefaßt[76]. Der deutsche Sportverband kann insbesondere nicht als „gewerbliche" Niederlassung angesehen werden, da er gerade nicht wirtschaftlich für den internationalen Sportverband tätig wird. Ebenso reicht allein eine hinsichtlich der Übernahme von Regelungen und Entscheidungen des internationalen Sportverbandes bestehende Abhängigkeit des deutschen Sportverbandes nicht aus, da letztgenannter dann zumindest im Verhältnis zum Sportler Verträge für den internationalen Sportverband abschließen müßte[77], was nicht der Fall ist.

Die Anwendung des § 21 ZPO zur Begründung der internationalen Zuständigkeit scheidet somit aus.

---

[71] Vgl. zur sog. gespaltenen Zuständigkeit BGHZ 132, 105, 111 ff.; *Baumbach/Lauterbach/Albers/Hartmann*, § 32 ZPO, Rn. 14; a.A. *Wieczorek/Schütze/Hausmann*, § 32 ZPO, Rn. 28; *Zöller/Vollkommer*, § 12 ZPO, Rn. 21.

[72] Hierzu oben, Viertes Kapitel A. II.

[73] OLG München, SpuRt 1996 S. 133, 137. §§ 87, 88 GWB regeln nicht sondern setzen insofern die internationale Zuständigkeit des deutschen Gerichts, z.B. nach § 32 ZPO, voraus, vgl. *Immenga/Mestmäcker/Rehbinder*, § 87 GWB, Rn. 29 ff.

[74] Anders *Pfister*, SpuRt 1995, S. 201, 202 ff. unter Bezugnahme auf LG München I, SpuRt 1995, S. 161, 164; dagegen allerdings die Berufungsinstanz OLG München, SpuRt 1996, S. 133, 136 f.

[75] Siehe oben, Fünftes Kapitel B. III. 1. e).

[76] Vgl. *Kropholler*, Art. 5 EuGVÜ, Rn. 90; *Wieczorek/Schütze/Hausmann*, § 21 ZPO, Rn. 9; Anh. I § 40 ZPO, Art. 5 EuGVÜ, Rn. 76.

[77] Vgl. OLG München, NJW-RR 1993, S. 701, 704; *Wieczorek/Schütze/Hausmann*, § 21 ZPO, Rn. 13.

g) Zusammenfassung

Hat der internationale Sportverband seinen Sitz nicht in der Bundesrepublik Deutschland, ist das deutsche Gericht für Klagen des Sportlers i.d.R. international zuständig. Diese ergibt sich im Anwendungsbereich des EuGVÜ[78] über Art. 5 Nr. 3 (unerlaubte Handlung) und Art. 6 Nr. 1 (Streitgenossenschaft), wenn der internationale Sportverband seinen Sitz in einem Vertragsstaat des Übereinkommens hat, und ansonsten über § 32 ZPO.

2. Sitz des internationalen Sportverbandes in Deutschland

Liegt der Sitz des internationalen Sportverbandes in Deutschland[79], ist die Zuständigkeit des deutschen Gerichts für eine Klage des Sportlers gemäß §§ 12, 17 Abs. 1 ZPO gegeben. Zuständig ist das Gericht am Ort des Sitzes des internationalen Sportverbandes, wobei auf den satzungsmäßigen Sitz abzustellen ist[80]. Das EuGVÜ kommt nicht zur Anwendung, da es insoweit an dem erforderlichen Auslandsbezug[81] fehlt, wenn der Sportler seinen Wohnsitz in Deutschland hat. Liegt dieser dagegen im Ausland, besteht ein Auslandsbezug so daß die internationale Zuständigkeit des deutschen Gerichts gemäß Art. 2 Abs. 1 EuGVÜ gegeben ist. Zuständig ist das Gericht am Ort des - tatsächlichen - Sitzes der Hauptverwaltung und nicht des in der Satzung bestimmten Sitzes[82].

---

[78] Bzw. des Lugano-Übereinkommens

[79] FIBA, UIT, UIPMB, vgl. *Vieweg*, Normsetzung, S. 55.

[80] *Thomas/Putzo*, § 17 ZPO, Rn. 3.

[81] Ungeschriebenes Merkmal des EuGVÜ ist ein „internationale Sachverhalt", mithin ein Auslandsbezug des Sachverhaltes, h.M. *Piltz*, NJW 1979,S. 1071 f.; *Wieczorek/Schütze/ Hausmann*, Anh. I § 40 ZPO, vor Art. 2 EuGVÜ, Rn. 9; kritisch *Geimer/ Schütze*, Art. 2 EuGVÜ, Rn. 65 und *Kropholler*, vor Art. 2 EuGVÜ, Rn. 6.

[82] Art. 53 Ab. 1 S. 2 EuGVÜ verweist hinsichtlich der Bestimmung des Sitzes auf die Vorschriften des internationalen Privatrechts und nicht auf das internationale Verfahrensrecht des angerufenen Gerichts, der nach deutschen Kollisionsrecht - abweichend von § 17 ZPO - sich nach den Sitz der Hauptverwaltung richtet, vgl. *Wieczorek/Schütze/Hausmann*, Anh. I § 40 ZPO, Art. 2 EuGVÜ, Rn. 19.

IV. Schiedsvereinbarung zwischen internationalem Sportverband und Sportler

Das deutsche Gericht wird sich, soweit es seine Zuständigkeit bejaht hat, insbesondere mit der Frage auseinanderzusetzen haben, ob der Zulässigkeit der Klage des Sportlers gegen den internationalen Sportverband ein möglicherweise zwischen den Parteien abgeschlossener Schiedsvertrag entgegensteht.

1. Einleitung

Eine Schiedsvereinbarung setzt zunächst den Abschluß einer solchen zwischen internationalem Sportverband und Sportler voraus. Im Anschluß hieran stellt sich die Frage, ob das Gericht den Einwand des Schiedsvertrages zu berücksichtigen hat. Diesbezüglich sind zunächst die Nationalität der Vereinbarung zu bestimmen und im weiteren deren prozessuale Wirkung. Letzter Prüfungsgegenstand ist die Wirksamkeit einer derartigen Vereinbarung, wobei sich die Untersuchung auf die Frage des diesbezüglich anzuwendenden nationalen Rechts sowie in diesem Rahmen auf die gleichen Probleme beschränkt, die bereits im Verhältnis des Athleten zum nationalen Sportverband virulent wurden. Zu nennen sind das Zustandekommen der Schiedsvereinbarung, die objektive Schiedsfähigkeit, die Form der Schiedsvereinbarung und die Frage des Machtmißbrauches.

2. Rechtstatsachen

Der Abschluß einer Schiedsvereinbarung zwischen Sportler und internationalem Sportverband kann - ebenso wie auf nationaler Ebene - auf zwei verschiedenen Wegen erfolgen.

a) Ausdrückliche Schiedsvereinbarung

Eine ausdrückliche, gesonderte Vereinbarung, die die Zuständigkeit eines Schiedsgerichts für Rechtsstreitigkeiten zwischen Sportler und internationalem Sportverband begründen kann, wird nur selten abgeschlossen. Soweit ersichtlich existiert eine derartige Vereinbarung lediglich für die sportlichen Wettbewerbe während der Olympischen Spiele im Verhältnis zum IOC. Das Einschreibeformular für die Sportler enthielt anläßlich der Spiele in Atlanta 1996 den Wortlaut der

Zulassungsbedingungen und eine vom Athleten zu unterzeichnende Erklärung, mit der die Zuständigkeit zur Überprüfung sportgerichtlicher Maßnahmen ausschließlich auf das Internationale Sportschiedsgericht in Lausanne (Tribunal Arbitral du Sport [TAS] oder Court of Arbitration for Sport [CAS]) übertragen werden sollte[83].

b) Das Tribunal Arbitral du Sport (TAS)

Das TAS[84] ist ein ständiges Schiedsgericht mit Sitz in Lausanne. Es wurde 1983 gegründet und war ursprünglich in das IOC eingegliedert. Aufgrund der Vorbehalte, die das Schweizerische Bundesgericht[85] hinsichtlich Verfahren mit Beteiligung des IOC machte, wurde es 1993/1994 umstrukturiert. Es wurde einem selbständigen Internationalen Rat für Sportschiedsgerichtsbarkeit (International Council of Arbitration for Sport [ICAS][86]) unterstellt, der sich aus zwanzig Mitgliedern (Juristen) zusammensetzt, von denen jeweils vier von den internationalen Sportfachverbänden, den NOK´s und dem IOC benannt werden; vier weitere Mitglieder sollen die Interessen der Athleten wahren und weitere vier von Sportorganisationen unabhängige Persönlichkeiten sein[87]. Neben organisatorischen Aufgaben ernennt der Rat insbesondere die Mitglieder, die in die 150 Personen umfassende und insoweit geschlossene Liste der Schiedsrichter des TAS aufgenommen werden[88].

---

[83] *Wyler*, S. 43, 47 und Fn. 20 mit dem Wortlaut der Erklärung; *Haas/Prokop*, SpuRt 1996, S. 187; *Netzle*, Internationales Sportschiedsgericht, S. 9, 17.

[84] Umfassend zum TAS: *Simma*, FS-Seidl-Hohenveldern, S. 573 ff; *Schlosser*, FS-Zeuner, S. 467 ff.; *Netzle*, SpuRt 1995, S. 89 ff.; *ders.* Internationales Sportschiedsgericht, S. 9 ff.

[85] Das Schweizerische Bundesgericht nahm 1993 erstmalig Stellung zur Frage, ob das TAS als Verbandsgericht oder unabhängiges Schiedsgericht i.S.d. UNÜ gelte und stellte für eine Verfahren der deutschen Reiterin Gundel gegen die FEI (Internationaler Pferdesportverband) fest, es genüge den Anforderungen an ein unabhängiges Schiedsgericht, BGE 119 II, 271 ff.

[86] Eine Stiftung nach Schweizerischem Recht, Art. 80 ff. ZGB.

[87] Hierzu *Netzle*, Internationales Sportschiedsgericht, S. 9, 11 mit dem kritischen Hinweis, daß nicht die Athleten „ihre" Vertreter bestimmen, sondern der Rat sie durch Konsultationen ermitteln soll.

[88] Im einzelnen hierzu *Netzle*, Internationales Sport-Schiedsgericht, S. 9, 11 f.

c) Verweis auf ein Schiedsgericht

Als zweite Möglichkeit des Bestehens einer Schiedsvereinbarung zwischen Sportler und internationalem Sportverband ist in Betracht zu ziehen, daß in den Regelwerken der Sportverbände selbst ein Schiedsgericht statuiert ist oder auf ein Schiedsgericht verwiesen wird.

Ein Großteil der internationalen Sportverbände sieht die Überprüfung von Strafen und Entscheidungen, die von ihren Organen verhängt wurden, durch u.a. als Appeal Committees, Juries of Appeal, Arbitration Panel bezeichnete Rechtsschutzorgane vor[89]. Dabei handelt es sich aber in der Regel um reine Verbandsorgane. Nur die wenigsten internationalen Sportverbände sehen in ihren Regelwerken die Einsetzung von Schiedsgerichten vor, die durch die sich über eine Entscheidung des internationalen Sportverbandes streitenden Parteien eingesetzt werden[90]. Daneben sieht eine wachsende Anzahl internationaler Sportverbände die Weiterleitung der Entscheidungen ihrer Verbandsgerichte an das TAS vor[91].

3. Auswirkung einer Schiedsvereinbarung auf die Klage des Sportlers

Besteht eine ausdrückliche Schiedsvereinbarung zwischen dem internationalen Sportverband und dem Sportler oder statuiert der internationale Sportverband ein Schiedsgericht in seinem Regelwerk bzw. verweist in diesem auf ein externes Schiedsgericht, stellt sich die Frage, ob dies der Zulässigkeit der Klage des Athleten gegen den internationalen Sportverband entgegenstehen kann[92].

a) Nationalität der Schiedsvereinbarung

Die Frage der prozessualen Wirkung und Wirksamkeit einer Schiedsvereinbarung wird durch die Nationalität der Vereinbarung präjudiziert, da die Vorschriften für inländische und ausländische Schiedsverträge unterschiedlich ausgestaltet sind.

---

[89] *Vieweg*, Normsetzung, S. 119.

[90] *Vieweg*, Normsetzung, S. 119 f. mit Verweis auf die FIFA.

[91] Beispielsweise der Internationale Schwimmverband, Internationale Ruderverband, vgl. *Netzle*, SpuRt 1995, S. 89, 90.

[92] Die Fallgestaltung, daß der Sportler die Aufhebung eines ausländischen Schiedsspruches begehrt, soll hier außer Betracht bleiben.

Die Neufassung der §§ 1025 ff. ZPO folgt nunmehr - wie in der überwiegenden Anzahl ausländischer Staaten - dem Territorialprinzip[93]. Nach § 1025 ZPO liegt damit ein(e) ausländische(r) Schiedsspruch bzw. Schiedsvereinbarung vor, wenn der Ort des Schiedsgerichtes nicht in Deutschland liegt. Entscheidend ist dabei der Sitzort des Schiedsgerichtes, der vom Verhandlungsort zu unterscheiden ist[94]; bei dem Sitzort handelt es sich um einen rein formellen Anknüpfungspunkt, dem das anwendbare (nationale) Schiedsgerichtsrecht folgt[95].

Liegt der Sitzort des Schiedsgerichtes, welches für Streitigkeiten zwischen Sportler und internationalem Sportverband zuständig sein soll, in Deutschland, kommen gemäß § 1025 Abs. 1 ZPO die Vorschriften des 10. Buches der ZPO zur Anwendung. Diesbezüglich kann hinsichtlich der Begründetheit der Einrede der Schiedsvereinbarung (§ 1032 Abs. 1 ZPO) auf die oben gefundenen Ergebnisse verwiesen werden[96]. In der Regel wird der Sitzort des Schiedsgerichts aber im Ausland liegen. Dies gilt vornehmlich, wenn der internationale Sportverband und der Sportler die Zuständigkeit des TAS vereinbaren, dessen Sitzort in der Schweiz liegt. Soweit die internationalen Sportverbände in ihren Regelwerken ein Schiedsgericht statuiert haben, kann angenommen werden, daß dieses in der Regel ebenfalls im Ausland liegt, da der Sitz der meisten internationalen Sportverbände sich ebenfalls im Ausland befindet[97].

b) Anwendung des UNÜ auf ausländische Schiedsvereinbarungen

Haben internationaler Sportverband und Sportler somit die Entscheidung für die zwischen ihnen bestehenden Rechtsstreitigkeiten auf ein ausländisches

---

[93] Vgl. *Berger*, Internationale Wirtschaftsschiedsgerichtsbarkeit, S. 67 ff.; *Schwab/ Walter*, Kap. 30, Rn. 5 f.; *Schumacher*, FS-Glossner, S. 341, 346 ff.; anders die früher h.M. in Deutschland, die auf das Verfahrensstatut abstellte, wonach sich die Nationalität des Schiedsspruches nach dem zugrundeliegenden Verfahren richtete (sog. Verfahrensrechtliche Theorie), so u.a. BGHZ 21, 365, 367; *Zöller/Geimer*, § 1044, Rn. 4; *Müko-Maier*, ZPO, § 1044 ZPO, Rn. 2; *Stein/Jonas/Schlosser*, § 1044, Rn. 10, dagegen bereits damals *Schwab/Walter*, Kap. 30, Rn. 5 ff.; *Mann*, FS-Flume, S. 593, 601 ff.

[94] Insbesondere bei ständigen Schiedsgerichten können die Parteien einen anderen Verhandlungsort (Tagungsort) vereinbaren.

[95] *Berger*, Internationale Wirtschaftsschiedsgerichtsbarkeit S. 76 ff. m.z.N.; *Schwab/ Walter*, Kap. 30, Rn. 6; *Netzle*, Internationales Sportschiedsgericht, S. 9, 16, Fn. 25.

[96] Siehe oben, Drittes Kapitel C. III.

[97] Ihren Sitz in Deutschland haben nur die FIBA, UIT und UIPMB, vgl. *Vieweg*, Normsetzung, S. 55.

Schiedsgericht verlagert, richten sich die Wirksamkeit der Schiedsvereinbarung sowie deren prozessuale Wirkung nach dem jeweils anzuwendenden (nationalen) Recht.

Als diesbezügliche staatsvertragliche Regelungen kommt das UN-Übereinkommen über die Anerkennung und Vollstreckung ausländischer Schiedssprüche vom 10. Juni 1958 (UNÜ) in Betracht. Zudem bestimmt die Neufassung des 10. Buches der ZPO in § 1061 ZPO, daß sich die Anerkennung und Vollstreckung ausländischer Schiedssprüche nach dem UNÜ richtet. Das UNÜ gilt damit für ausländische Schiedssprüche im Verhältnis zu Vertragsstaaten und zu Nicht-Vertragsstaaten[98].

Dem Wortlaut des § 1061 ZPO sowie des Art. 1 Abs. 1, S. 1 UNÜ zufolge kommt das UNÜ aber grundsätzlich nur im Anerkennungs- und Vollstreckungsverfahren vor dem Exequaturrichter zur Anwendung[99]. Für den Zeitpunkt des Einredestadiums enthält das UNÜ keine explizite Regelung. Allerdings enthält Art. 2 UNÜ die Verpflichtung zur Anerkennung von Schiedsvereinbarungen und bestimmt in Abs. 3, daß das staatliche Gericht im Fall des Bestehens einer Schiedsvereinbarung die Parteien auf das schiedsgerichtliche Verfahren verweisen soll, so daß Art. 2 UNÜ bereits im Einredestadium zu Geltung gelangen kann[100]. Darüber hinaus ist die Anwendung des Art. 2 UNÜ insbesondere im Interesse einer einheitlichen Bestimmung des Anwendungsbereichs für Schiedsvereinbarungen und Schiedssprüche bereits im Einredestadium zu berücksichtigen.

Dies gilt aber nur dann, wenn eine Schiedsvereinbarung - aus Sicht des staatlichen Richters - zu einem Schiedsspruch führen kann, der seinerseits nach dem UNÜ im Gerichtsstaat anerkennungspflichtig sein würde[101].

Dies ist zu bejahen, soweit der Schiedsort der zwischen Sportler und internationalem Sportverband getroffenen Schiedsabrede im Ausland[102] liegt. Dies gilt vor-

---

[98] *Thomas/Putzo*, § 1061 ZPO, Rn. 5; *Schütze*, Rn. 257.
[99] *Schwab/Walter*, Kap. 42, Rn. 1.
[100] *Schwab*, FS-Luther, S. 163, 165.
[101] *Stein/Jonas/Schlosser*, vor § 1044 ZPO, Rn. 24; *MüKo-Gottwald*, IZPR, Art. 2 UNÜ, Rn. 4; *Wackenhuth*, ZZP 99 (1986), S. 445, 448; *Reithmann/Martiny/Hausmann*, Rn. 2329 ff; *Schwab/Walter*, Kap. 42, Rn. 8; a.A. *van den Berg*, S. 61 ff., 70, der Art. 2 UNÜ dann anwendet, wenn eine Partei Ausländer ist oder wenn eine wirtschaftliche Transaktion Auslandsbezug aufweist.

nehmlich, soweit das TAS als Schiedsgericht vereinbart ist, da dessen Sitzort in der Schweiz liegt. Aber auch in den übrigen Fällen wird der Schiedsort regelmäßig im Ausland liegen.

c) Prozessuale Folgen der Schiedsvereinbarung

Es stellt sich für das angerufene deutsche Gericht die Frage, welche Rechtsfolgen eine Schiedsvereinbarung zwischen Sportler und internationalem Sportverband im Hinblick auf eine Klage nach sich zieht.

Das Gericht, welches mit der Klage eines Sportlers gegen den internationalen Sportverband befaßt ist, hat eine Schiedsvereinbarung nach Art. 2 UNÜ zu behandeln. Die grundsätzliche Anwendung des Art. 2 UNÜ führt zu nachstehenden Rechtsfolgen:

Das Gericht ist, soweit eine wirksame Schiedsvereinbarung i.S.d. UNÜ vorliegt, gemäß Art. 2 Abs. 3 UNÜ an einer Sachentscheidung gehindert. Die staatliche Rechtsordnung kann den Begriff der „Verweisung" des Abs. 3 näher ausfüllen[103]. Insofern besteht nahezu Einigkeit darüber, daß sich die prozessuale Wirkung des Schiedsvertrages im Einredestadium allein nach der lex fori des angerufen staatlichen Gerichts beurteilt[104]. Damit steht der Zulässigkeit der Klage des Athleten gegen den internationalen Sportverband grundsätzlich die von diesem zu erhebende Einrede der Schiedsvereinbarung gemäß § 1032 Abs. 1 ZPO entgegen, die nach § 1025 Abs. 2 ZPO auch für ausländische Schiedsverfahren zur Anwendung gelangt.

d) Voraussetzungen der Einrede der Schiedsvereinbarung i.S.d. UNÜ

Voraussetzung der Einrede der Schiedsvereinbarung ist, daß die Vereinbarung des internationalen Sportverbandes mit dem Sportler eine wirksame Schiedsvereinbarung i.S.d. Art. 2 UNÜ darstellt. Dies richtet sich nach dem jeweils anzu-

---

[102] Das UNÜ gilt im Verhältnis zu den Vertragsstaaten staatsvertraglich und zu den Nicht-Vertragsstaaten als nationales Recht, vgl. *Thomas/Putzo*, § 1061 ZPO, Rn. 5.
[103] *Stein/Jonas/Schlosser*, Anh. § 1044 ZPO, Rn. 13.
[104] *Schütze*, Rn. 125; *Schütze/Tschernig/Weis*, Rn. 558; *Hausmann* FS-Lorenz, S. 359, 362; *Stein/Jonas/Schlosser*, Anh. § 1044 ZPO, Rn. 23; vgl. *Schwab/Walter*, Kap. 45, Rn. 1; *Zöller/Geimer*, § 1027 a ZPO, Rn. 10.

wenden Recht. Soweit Art. 2 UNÜ keine abschließende Regelung enthält, kann demnach auf das autonome deutsche Kollisionsrecht zurückgegriffen werden.

aa) Zustandekommen

Die Einrede der Schiedsvereinbarung setzt voraus, daß der internationale Sportverband mit dem Sportler einen Schiedsvertrag wirksam abgeschlossen hat. Für die Frage des Zustandekommens und Wirksambleibens des Schiedsvertrages ist im Rahmen des Art. 2 UNÜ der Art. 5 Abs. 1 lit. a UNÜ heranzuziehen, der die im Einredestaat geltenden nationalen Kollisionsregeln überlagert[105].

(1) Anwendbares Recht

Das auf die Schiedsvereinbarung anzuwendende Recht richtet sich danach zunächst nach der Parteivereinbarung. Die Rechtswahl kann dabei ausdrücklich oder konkludent erfolgen, sie muß insbesondere weder dem auf das Schiedsverfahren noch dem auf die materielle Streitsache anwendbaren Recht entsprechen[106].

Die von den Athleten anläßlich der Olympischen Spiele zu unterschreibende Schiedsvereinbarung enthält keine ausdrückliche Rechtswahlklausel. Gleiches wird gelten, wenn die Schiedsvereinbarung über die Geltung des Verbandsregelwerkes zustandekommt, mithin durch die Meldung zum Wettkampf. Es kann nicht angenommen werden, daß hierbei eine Rechtswahlklausel verwendet wird. Für eine stillschweigende Rechtswahl sind in der Regel ebenso keine Anhaltspunkte ersichtlich.

Bei Fehlen einer Rechtswahl kommt das Recht des Schiedsortes zur Anwendung und nicht das Recht des Hauptvertrages[107]. Haben der internationale Sportver-

---

[105] *Stein/Jonas/Schlosser*, Anh. § 1044 ZPO, Rn. 23; *Schlosser*, RipS, Rn 246 f.; *van den Berg*, S. 126; *Schwab/Walter*, Kap. 43, Rn. 2 m.w.N.; vgl. *Berger*, Internationale Wirtschaftsschiedsgerichtsbarkeit, S. 116; *von Hülsen*, S. 99 ff.; *Reithmann/Martiny/Hausmann*, Rn. 2367 ff.; *MüKo-Gottwald*, IZPR, Art. 5 UNÜ, Rn. 8; a.A. wohl *Schütze*, Rn. 93, der die Art. 27 ff. EGBGB anwenden will.

[106] *Stein/Jonas/Schlosser*, Anh. § 1044 ZPO, Rn. 59; *MüKo-Gottwald*, IZPR, Art. 5 UNÜ, Rn. 9; *Reithmann/Martiny/Hausmann*, Rn. 2368 f.

[107] *Van den Berg*, S. 293; *Hausmann*, FS-Lorenz, S. 359; *Schwab/Walter*, Kap. 43, Rn. 1; *Stein/Jonas/Schlosser*, Anh. § 1044 ZPO, Rn. 23 f; *Schlosser*, RipS, Rn. 254; *Zöller/Geimer*, § 1025 ZPO, Rn. 63, 77; *von Hoffmann*, FS-Glossner, S. 143, 151.

band und der Sportler somit keine solche Vereinbarung getroffen, kommt subsidiär das Recht des Staates zur Anwendung, in dem der Schiedsspruch ergehen soll. Dies entspricht meistens zudem dem Recht, dem das Schiedsverfahren unterstellt ist[108].

Damit gilt, soweit als Schiedsgericht das TAS vereinbart wird, für den Schiedsvertrag in der Regel Schweizer Recht. Denn der Schiedsort liegt, soweit zwischen den Parteien nicht ausdrücklich etwas anderes vereinbart wurde, in Lausanne, also in der Schweiz, und das TAS wendet bei fehlender Parteivereinbarung Schweizer Recht an[109].

Da die Zuständigkeit des TAS nicht nur im Rahmen der olympischen Spiele als Schiedsgericht vereinbart wird, sondern auch eine zunehmende Anzahl der internationalen Sportverbände auf dieses in ihren Regelwerken verweisen, richtet sich in den meisten Fällen die Wirksamkeit des Abschlusses der Schiedsvereinbarung nach Schweizer Recht.

(2) Inhaltliche Voraussetzungen

Ohne an dieser Stelle im einzelnen auf die Vorschriften des Schweizer Rechtes einzugehen, läßt sich zumindest festhalten, daß die Schiedsvereinbarung sich als Ergebnis einer Willensübereinkunft mit dem Inhalt darstellt, die Rechtsstreitigkeiten einem verbindlichen Schiedsspruch zu unterstellen[110]. Die Parteien müssen sich daher in diesem Sinn geeinigt haben, damit eine wirksame Schiedsabrede zwischen internationalem Sportverband und Sportler zustandegekommen ist.

Sehen dagegen die Verbandsregelwerke die Zuständigkeit eines anderen Schiedsgerichts vor, kommt das Recht des Staates zur Anwendung, welches an seinem jeweiligen Sitz gilt. Anhand der dann einschlägigen nationalen Rechtsordnung ist jeweils zu bestimmen, ob eine Schiedsabrede zwischen internationalem Sportverband und Sportler zustandegekommen ist. Auf eine nähere

---

[108] *Schwab/Walter*, Kap. 43, Rn. 1; *Stein/Jonas/Schlosser*, Anh. § 1044 ZPO, Rn. 23; näher dazu *Schlosser*, RipS, Rn. 244, 253.

[109] Vgl. *Netzle*, Internationales Sport-Schiedsgericht, S. 7, 14.

[110] Vgl. diesbezüglich zum Schweizer Recht *Wyler*, S. 43 ff., 50, 51, der allerdings primär auf die Formvorschriften des IPRG eingeht.

Darstellung wird an dieser Stelle verzichtet. Im Ergebnis dürften aber ebenfalls zumindest übereinstimmende Willenserklärungen in dem genannten Sinne als Voraussetzung des Zustandekommens einer Schiedsvereinbarung vorliegen müssen.

bb) Objektive Schiedsfähigkeit

Des weiteren liegt eine wirksame Schiedsvereinbarung nur dann vor, wenn der Inhalt der Schiedsvereinbarung objektiv schiedsfähig ist.

Der neueren Auffassung folgend, ist in Art. 5 Abs. 2, lit. a UNÜ eine abschließende kollisionsrechtliche Regelung der objektiven Schiedsfähigkeit zu sehen, die analog auch im Einredestadium zur Anwendung gelangt[111]. Denn sonst würde die Schiedsvereinbarung möglicherweise zwei verschiedenen Rechtsordnungen unterstellt, was im einzelnen zu kaum lösbaren Schwierigkeiten führen kann[112]. Die objektive Schiedsfähigkeit bestimmt sich folglich allein nach der lex fori, mithin nach deutschem Recht.

Inhalt der Schiedsvereinbarung zwischen internationalem Sportverband und Sportler sind regelmäßig die sich aus der Teilnahme am Wettkampf ergebenden Rechtsstreitigkeiten. Es kann insoweit auf die zur Schiedsfähigkeit der Schiedsvereinbarungen zwischen deutschem Sportverband und Sportler gefundenen Ergebnisse verwiesen werden[113], wonach eine Schiedsfähigkeit nach deutschem Recht gegeben ist. Es handelt sich insbesondere weder um eine arbeitsrechtliche Streitigkeit, die die Schiedsfähigkeit ausschließen könnte (§§ 4, 101 ArbGG), noch ist diese dadurch ausgeschlossen, daß es sich um kartellrechtliche Streitigkeiten i.S.d. GWB handeln kann, da § 91 GWB a.F. durch das Schiedsverfahrensgesetz vom 22.12.1997 gestrichen worden ist.

---

[111] *Schlosser*, RipS, Rn. 299; *Stein/Jonas/Schlosser*, Anh. § 1044 ZPO, Rn 29 *Schwab/Walter*, Kap. 44, Rn. 1; *van den Berg*, S. 152 f., 288 f, 369; *Hausmann*, FS-Lorenz, S. 359, 371; *Barber*, S. 31; *Reithmann/Martiny/Hausmann*, Rn. 2380 f.; vgl. *Zöller/Geimer*, § 1025 ZPO, Rn. 40. *MüKo-Gottwald*, Art. 2 UNÜ, Rn. 8 stellt auf die lex fori und kumulativ auf die lex causae ab; andere stellen allein auf die lex causae ab: *Schütze*, Rn. 97; *Schütze/Tschernig/Wais*, Rn. 562; *von Hülsen*, S. 146.

[112] Vgl. dazu näher *Schlosser*, RipS, Rn. 299; *Barber*, S. 30

[113] Siehe oben, Drittes Kapitel C. III. 3.

cc) Schriftform der Schiedsvereinbarung

Die notwendige Form der Schiedsvereinbarung bestimmt Art. 2 Abs. 1, 2 UNÜ. Er regelt diese in Form international vereinheitlichten Sachrechts und ist autonom unter Beachtung von Sinn und Zweck des UNÜ auszulegen[114].

(1) Voraussetzung des Art. 2 UNÜ

Danach kann die Schiedsvereinbarung als selbständiger Vertrag (Schiedsabrede) geschlossen werden oder als Klausel in einen Vertrag (Schiedsklausel) aufgenommen werden. Die Schiedsvereinbarung muß demnach schriftlich abgefaßt sein[115]. Darüber hinaus muß diese Vereinbarung von den Parteien unterzeichnet oder in gewechselten Schriftstücken (Briefe, Telegramme[116]) enthalten sein. Das Schriftformerfordernis soll damit die Möglichkeit eines mündlich oder stillschweigend abgeschlossenen Schiedsvertrages ausschließen[117].

(2) Gesonderte Schiedsvereinbarung

Soweit der internationale Sportverband mit dem Sportler eine gesonderte Schiedsvereinbarung abschließt, wird sie in der Regel auch unterzeichnet sein und dem Formerfordernis dem Art. 2 Abs. 2 UNÜ entsprechen. Dies gilt beispielsweise für die vom IOC den Athleten zwecks Zulassung zu den Olympischen Spielen vorgelegte und von diesen zu unterschreibende Erklärung, die eine Schiedsvereinbarung enthält[118].

(3) Verweis auf ein Schiedsgericht

Haben dagegen die internationalen Sportverbände ein Schiedsgericht lediglich in ihrem Regelwerk statuiert oder verweisen in diesem auf ein anderweitig be-

---

[114] *Van den Berg*, S. 173 ff.; *Reithmann/Martiny/Hausmann*, Rn. 2337; *Schwab/Walter*, Ka. 44, Rn. 7; *Schlosser*, RipS, Rn. 370; *Schütze/Tschernig/Wais*, Rn. 566; *Berger*, Internationale Wirtschaftsschiedsgerichtsbarkeit, S. 98; *Wackenhuth*, ZZP 99 (1986), S. 445, 452; *MüKo-Gottwald*, IZPR, Art. 2 UNÜ, Rn. 2; *Stein/Jonas/Schlosser*, Anh. § 1044 ZPO, Rn. 16.

[115] *Schwab/Walter*, Kap. 44, Rn. 7.

[116] Vgl. *Schlosser*, RipS, Rn. 373 zur analogen Anwendung des UNÜ auf andere Formen elektronischer Kommunikation mit schriftlicher Fixierung.

[117] *Schwab/Walter*, Kap. 44, Rn. 8

[118] Als Schiedsgericht wird das TAS vereinbart, vgl. *Wyler*, S. 43, 47.

stehendes Schiedsgericht - z.B. das TAS -, kann eine Schiedsvereinbarung mangels gesonderten Vertrages allein durch die Teilnahme des Athleten am Wettkampf zustandekommen. Denn mit der Teilnahme wird zudem die Geltung (von Teilen) des Regelwerkes des internationalen Sportverbandes vertraglich vereinbart und damit auch die Schiedsklausel zum Vertragsbestandteil gemacht[119].

Allerdings muß der so geschlossene Teilnahmevertrag zwei Voraussetzungen genügen, damit er dem Schriftformerfordernis des Art. 2 Abs. 2 UNÜ entspricht.

(a) Teilnahmevertrag in Form des Art. 2 Abs. 2 UNÜ

Zum einen muß das die Teilnahme begründende Rechtsgeschäft die Form des Art. 2 Abs. 2 UNÜ aufweisen. Es bedarf demnach einer schriftlichen Vereinbarung über die Teilnahme, entweder durch einen konkret abgeschlossenen Vertrag oder dergestalt, daß der internationale Sportverband beispielsweise die Veranstaltung schriftlich ausschreibt und der Sportler eine ebenfalls schriftliche Meldung abgibt; insofern liegen zwei gewechselte Schriftstücke vor.

(b) Schiedsvereinbarung vergleichbar mit AGB

Als zweite Voraussetzung muß hierdurch zugleich eine Schiedsvereinbarung getroffen worden sein. Dies kann nur durch Bezugnahme auf das Regelwerk geschehen, welches seinerseits ein Schiedsgericht statuiert oder auf eine solches verweist. Da es sich hierbei um vornormierte Vertragsbedingungen handelt, liegt eine vergleichbare Situation zu der Geltung von Schiedsklauseln vor, welche in Allgemeinen Geschäftsbedingungen geregelt werden.

Das Schriftformerfordernis ist nur dann gewahrt, wenn die Allgemeinen Geschäftsbedingungen entweder dem Geschäftspartner zur Kenntnis gebracht, d.h. übergeben, werden und sich in dem Vertrag ein deutlicher Bezug auf die Geltung der Allgemeinen Geschäftsbedingungen befindet[120]. Ist der Text der Allgemeinen

---

[119] Vgl. *Wyler*, S. 43, 47.
[120] *Schlosser*, RipS, Rn. 379; *Wackenhuth*, ZZP 99 (1986), S. 445, 458 f.; *Schwab/Walter*, Kap. 44, Rn. 9; *Stein/Jonas/Schlosser*, Anh. § 1044 ZPO, Rn. 41; vgl. BGH, RIW, 1984, 644, 647; enger *Lindacher*, FS-Habscheid, S. 167, 172 f., der im Grundsatz zudem einen besonderen Hinweis auf die Schiedsklausel verlangt.

Geschäftsbedingungen jedoch nicht beigefügt, wird er also nicht dem Geschäftspartner zugänglich gemacht, ist auf die in diesen enthaltene Schiedsklausel deutlich und ausdrücklich hinzuweisen[121].

Eine Übertragung dieser Grundsätze hat zur Folge, daß der internationale Sportverband entweder dem Sportler sein Regelwerk inklusive der Schiedsklausel im Rahmen der schriftlichen Vereinbarung und/oder Meldung übergeben und auf deren Geltung hinweisen muß oder im Rahmen der schriftlichen Vereinbarung und/oder Meldung deutlich auf die Schiedsklausel hinzuweisen hat.

Allein durch den mit der Teilnahme am Wettkampf konkludent geschlossenen (Anerkennungs- oder Teilnahme-) Vertrag wird das Formerfordenis daher nicht gewahrt. Rechtsfolge der Nichteinhaltung der Formvoraussetzung des Art. 2 Abs. 2 UNÜ ist die Unwirksamkeit der Schiedsvereinbarung[122].

(c) Meistbegünstigungsklausel

Ist allerdings im Einzelfall die Formanforderung des deutschen Rechtes (§ 1031 ZPO) weniger streng und entspricht die Schiedsvereinbarung zwischen internationalem Sportverband und Sportler den Anforderungen des § 1031 ZPO[123], kann dessen ungeachtet eine formwirksame Schiedsvereinbarung vorliegen. Die Meistbegünstigungsklausel des Art. 7 UNÜ bezieht sich ihrem Wortlaut nach nur auf die Anerkennung von Schiedssprüchen, kann jedoch bereits im Einredestadium hinsichtlich der Frage der Anerkennung der Schiedsvereinbarung angewendet werden[124]. Dies gilt aber nur, soweit das deutsche Recht[125] die Anforderungen des Art. 2 Abs. 2 UNÜ unterschreitet; andernfalls verbleibt es bei der Anwendung des UNÜ.

---

[121] *Van den Berg*, 218 ff.; *Wackenhuth*, ZZP 99 (1986), S . 445, 459, 466 f.; *Lindacher*, FS-Habscheid, S. 167, 173; *Berger*, Internationale Wirtschaftsschiedsgerichtsbarkeit, S. 111; *Schlosser*, RipS, Rn. 379.

[122] Statt vieler *Stein/Jonas/Schlosser*, Anh. § 1044 ZPO, Rn. 17, 38; *Schwab/Walter*, Kap. 44, Rn. 7; *van den Berg*, S. 178 ff.

[123] Siehe hierzu oben, Drittes Kapitel C III. 5.

[124] *Schlosser*, RipS, Rn. 160, 369; *Reithmann/Martiny/Hausmann*, Rn. 2359; *Schwab/Walter*, Kap. 44, Rn. 13; *Stein/Jonas/Schlosser*, Anh. § 1044 ZPO, Rn. 91; *MüKo-Gottwald*, IZPR, Art. 2 UNÜ, Rn. 11; a.A. *Wackenhuth*, ZZP 99 (1986), S. 445, 452.

[125] Zu den Formanforderungen des § 1031 ZPO siehe oben, Drittes Kapitel C. III. 5.

(4) Ergebnis

Die Einrede der Schiedsvereinbarung (§ 1032 ZPO) ist daher vom Gericht nur zu berücksichtigen, wenn diese der Form des Art. 2 Abs. 2 UNÜ bzw. des § 1032 ZPO entspricht. Andernfalls liegt keine gültige Schiedsvereinbarung vor, die der Zulässigkeit der Klage des Sportlers gegen den internationalen Sportverband entgegenstehen könnte.

dd) Fragen des Machtmißbrauches

Für den Abschluß eines Schiedsvertrages mit dem nationalen Sportverband existiert das Problem der Besetzung des Schiedsgerichts durch Verbandsorgane bzw. durch dessen Mitglieder sowie das Problem des durch den Sportverband ausgeübten Zwangs zum Abschluß der Schiedsvereinbarung[126].
Es stellt sich damit die Frage, inwieweit der staatliche Richter im Rahmen des Einredestadiums entsprechende Bestimmungen des mit dem internationalen Sportverband abgeschlossenen Schiedsvertrages zu berücksichtigen hat.

(1) Geltung des „ordre public" im Einredestadium

Die Anerkennung einer Schiedsvereinbarung kann auch im Einredestadium am ordre public (international) scheitern[127]. Da Art. 2 UNÜ im Einklang mit Art. 5 UNÜ auszulegen ist, erscheint es konsequent, eine Schiedsvereinbarung als unwirksam einzuordnen, wenn sie entsprechend Art. 5 Abs. 2 lit. b UNÜ dem ordre public des mit der Sache befaßten Gerichtes widerspricht[128]. In Betracht kommt insbesondere eine Unvereinbarkeit mit dem sog. verfahrensrechtlichen ordre public.

---

[126] Siehe oben, Drittes Kapitel, C. III. 3. b), 4.

[127] OLG Hamburg, RIW 1989, S. 573, 576; *Hausmann*, FS-Lorenz, S. 359, 372; *Reithmann/Martiny/Hausmann*, Rn. 2489; vgl. *Schwab/Walter*, Kap. 44, Rn. 1; ähnlich *Schlosser*, RipS, Rn. 389; zur Differenzierung zwischen dem ordre public interne und dem ordre public international: *MüKo-Gottwald*, IZPR, Art. 5 UNÜ, Rn. 49; *Kornblum*, FS-Nagel, S. 140 ff.; umfassend hierzu *Wunderer*, S. 68 ff. und passim.

[128] So auch *MüKo-Gottwald*, IZPR, Art. 2 UNÜ, Rn. 22;

Dieser soll die unverzichtbaren Erfordernisse der verfahrensrechtlichen Gerechtigkeit wahren, wozu all dasjenige gehört, was als Grundlage jedes geordneten rechtsstaatlichen Verfahrens angesehen wird[129].

(2) Besetzung des Schiedsgerichts

Zum (verfahrensrechtlichen) ordre public zählt das Gebot der überparteilichen Rechtspflege[130], wonach die schiedsrichterliche Tätigkeit ausschließlich von einem nicht beteiligten Dritten ausgeübt werden darf.

Demgemäß ist bereits oben[131] dargelegt worden, daß das Gebot der überparteilichen Rechtspflege ein allgemein gültiges Gebot darstellt, zu den wesentlichen Grundsätzen des deutschen Rechts gehört und seinen Ausdruck in der Verfassung (Art. 97 Abs. 1 GG) und den jeweiligen Verfahrensordnungen findet. Danach ist es jeder richterlichen Tätigkeit, auch der schiedsrichterlichen, wesentlich, daß sie von einem nichtbeteiligten Dritten ausgeübt wird[132].

Ein Verstoß gegen das Gebot überparteilicher Rechtspflege und damit gegen den ordre public-Vorbehalt kann danach immer dann bejaht werden, wenn die Schiedsvereinbarung, insbesondere die Schiedsklausel in den Regelwerken der internationalen Sportverbände, die Besetzung des Schiedsgerichts ausschließlich mit Organen des internationalen Sportverbandes bzw. Mitgliedern dieser Organe oder mit Mitgliedern des internationalen Sportverbandes vorsieht. Sieht die Schiedsvereinbarung demgegenüber lediglich ein einseitiges Schiedsrichternennungsrecht des internationalen Sportverbandes vor, liegt grundsätzlich kein Verstoß gegen den ordre public-Vorbehalt vor[133]. Dies kann aber nur gelten, wenn die Möglichkeit einer nachträglichen gerichtlichen Kontrolle - z.B. die Aufhebungsklage wegen Parteilichkeit des Schiedsrichters - besteht[134].

---

[129] *Marx*, S. 14; *Schwab/Walter*, Kap. 30, Rn. 21; Kap. 50, Rn. 5; *Reithmann/Martiny/Hausmann*, Rn. 2388.

[130] BGHZ 98, 70,72; OLG Köln, ZZP 91 (1978), S. 318, 321; *Schwab/Walter*, Kap. 30, Rn. 21; *Reithmann/Martiny/Hausmann*, Rn. 2388; 2941; *Stein/Jonas/Schlosser*, § 1044 ZPO, Rn. 39 ff.

[131] Siehe oben, Drittes Kapitel C. III. 4. b) bb).

[132] BGHZ 98, 70, 72. und oben, Drittes Kapitel C. III. 4. b) bb).

[133] Vgl. *Stein/Jonas/Schlosser*, § 1044 ZPO, Rn. 40.

[134] Vgl. BGHZ 98, 70, 76; *Reithmann/Martiny/Hausmann*, Rn. 2492.

Sieht die Schiedsvereinbarung - wie das TAS - die Wahl der Schiedsrichter durch die Parteien aus einer abschließenden Liste vor, ist hierin ebenfalls kein Verstoß gegen den ordre public-Vorbehalt zu sehen. Selbst wenn Zweifel an der rechtlichen Zulässigkeit einer derartigen geschlossenen Liste bestehen[135], insbesondere wenn eine Partei auf deren Zusammensetzung keinen Einfuß hat[136], kann hierin kein Verstoß gegen die Grundlagen eines rechtsstaatlichen Verfahrens gesehen werden. Die hierin liegende Gefahr der Parteilichkeit reicht nicht aus[137]. Dieser Umstand kann allenfalls zur Aufhebung oder Nichtanerkennung des darauf beruhenden Schiedsspruches führen (vgl. Art. 5 Abs. 1 lit. d UNÜ).

(3) Zwang zum Abschluß der Schiedsvereinbarung

Des weiteren stellt sich die Frage, ob es mit dem ordre public zu vereinbaren ist, wenn der internationale Sportverband auf den Abschluß einer Schiedsvereinbarung besteht, insbesondere wenn er ohne einen solchen dem Sportler die Teilnahme an einem Wettkampf verweigert[138].

Vor der Änderung des 10. Buches der ZPO wurde das Verbot der Ausnutzung der wirtschaftlichen oder sozialen Überlegenheit i.S.d. § 1025 Abs. 2 a.F. ZPO als Ausdruck des ordre public angesehen[139]. Aber auch nach der Gesetzesänderung kann möglicherweise ein Verstoß gegen den ordre public angenommen werden. Denn der mit dem Abschluß einer Schiedsvereinbarung verbundene Ausschluß der staatlichen Gerichtsbarkeit, welche durch das Grundgesetz geschützt ist, kann nur zulässig sein, wenn er freiwillig erfolgt[140]. Es gehört zu den wesentlichen Elementen der deutschen Verfassung, daß dem Bürger auch im Bereich der Pri-

---

[135] Für das TAS *Netzle*, Internationales Sport-Schiedsgericht, S. 7, 12; *Schlosser*, FS-Zeuner, S. 467, 478; allgemein *Stein/Jonas/Schlosser*, § 1032 ZPO, 18.

[136] So wird die 150 Schiedsrichter umfassende Liste des TAS ohne Mitwirkung des einzelnen Sportlers oder einer Vereinigung der Sportler erstellt, siehe hierzu oben, Fünftes Kapitel B. IV. 2. b).

[137] Vgl. *MüKo-Gottwald*, IZPR, Art. 5 UNÜ, Rn. 54

[138] So ausdrücklich das IOC vor den Olympischen Spielen 1996, vgl. hierzu *Wyler*, S. 43, 47 f. m.w.N. aus der Praxis anderer internationaler Sportverbände.

[139] OLG Hamburg, RIW 1989, S. 573, 576; *Hausmann*, FS-Lorenz, S. 359, 372; *Reithmann/Martiny/Hausmann*, Rn. 2490; ähnlich *Schlosser*, RipS, Rn. 221; *von Hülsen*, S. 96, Fn. 44.

[140] Siehe oben, Drittes Kapitel C. III. 3. b).

vatautonomie ein umfassender Schutz durch die staatlichen Gerichte zuteil wird. Ein freiwilliger Ausschluß der staatlichen Gerichtsbarkeit zugunsten der Schiedsgerichtsbarkeit kann aber dann nicht angenommen werden, wenn die Teilnahme des Sportlers am Wettkampf vom Abschluß einer Schiedsvereinbarung abhängig gemacht wird[141]. Dies gilt beispielsweise für die vom IOC gewählte Praxis, die Teilnahme an den Olympischen Spielen vom Abschluß eines Schiedsvertrages abhängig zu machen. In einem solchen Fall verstößt die Schiedsvereinbarung gegen den ordre public-Vorbehalt.

Eine insoweit geltend gemachte Einrede der Schiedsvereinbarung durch den internationalen Sportverband hat das deutsche Gericht entsprechend Art. 5 Abs. 2 lit. b UNÜ nicht zu berücksichtigen.

4. Ergebnis

Eine Schiedsvereinbarung zwischen Sportler und internationalem Sportverband, die den genannten Anforderungen entspricht, steht einer Sachentscheidung des angerufenen staatlichen Gerichts entgegen. Die Klage des Sportlers ist in diesem Fall gemäß §§ 1032 Abs. 1, 1025 ZPO als unzulässig abzuweisen.

V. Zusammenfassung

Zusammenfassend bleibt festzustellen, daß die internationale Zuständigkeit des deutschen Gerichtes für eine Klage des Sportlers gegen den internationalen Sportverband, die die Unwirksamkeit einer Sanktion direkt oder inzidenter bzw. das Verbandsregelwerk zum Inhalt hat, regelmäßig über das EuGVÜ bzw. das Lugano-Abkommen gegeben ist. Liegt der Sitz der Sportverbandes ausnahmsweise nicht in einem Vertragsstaat dieser beiden Abkommen, folgt die internationale Zuständigkeit des deutschen Gerichts aus § 32 ZPO. Der Zulässigkeit der Klage kann damit allenfalls eine wirksame Schiedsvereinbarung zwischen internationalem Sportverband und Sportler entgegenstehen. Aus rechtstatsächlicher Sicht wird eine solche jedoch häufig unwirksam sein, da entweder das Formerfor-

---

[141] Siehe oben, Drittes Kapitel C. III. 3. b) bb) (3).

dernis nicht gewahrt ist und/oder ein unzulässiger Schiedszwang durch den Verband ausgeübt wird.

C. Wirksamkeit der Doping-Entscheidungen und Bestimmungen internationaler Sportverbände

Die rechtliche Wirksamkeit der Doping-Bestimmungen sowie einer hierauf fußenden Sanktionierung des Athleten durch den internationalen Sportverband ist wie in dessen Rechtsbeziehungen zum deutschen Sportverband danach zu beurteilen, ob sie einer gerichtlichen Kontrolle standhält.

I. Einleitung

Die notwendige Inhaltskontrolle kann aber nicht wie im Verhältnis zum deutschen Sportverband ohne weiteres auf deutsches Recht (§ 242 BGB) gestützt werden. Bei der Beurteilung der rechtlichen Wirksamkeit der Regelwerke und Entscheidungen der internationalen Sportverbände geht es um das Verhältnis des internationalen Verbandsrechts zum staatlichen Recht. Dies wird vornehmlich dadurch bestimmt, daß die internationalen Sportverbände für sich eine Supranationalität beanspruchen und die meisten eine Bindung an eine staatliche Rechtsordnung vermeiden sowie generell jegliche Beziehung zu staatlichen Rechtsordnungen verneinen[142].

In der folgenden Untersuchung ist damit zunächst zu klären, inwieweit ein originäres, internationales Sportverbandsrecht, welches von einer nationalen Rechtsordnung losgelöst ist, existieren kann. Im Anschluß daran ist der Frage nachzugehen, welche nationale Rechtsordnung das deutsche Gericht hinsichtlich der gerichtlichen Kontrolle der Entscheidung des internationalen Sportverbandes anzuwenden hat. Im weiteren wird der Umfang der gerichtlichen Kontrolle danach zu unterscheiden sein, ob diese sich nach deutschen Recht richtet oder ob sie anhand einer ausländischen Rechtsordnung vorzunehmen ist, wobei dann insbesondere der Gesichtspunkt des ordre public-Vorbehaltes zu untersuchen sein wird.

---

[142] *Vieweg*, Normsetzung, S. 51 ff., 128; vgl. *Tröger/Vedder*, S. 1, 14.

II. Existenz eines originären internationalen Verbandsrechts

Der erste Abschnitt hat die Frage zum Inhalt, ob die Regelwerke der internationalen Sportverbände sich als ein sogenanntes „originäres internationales Sportverbandsrecht" verstehen lassen, welches von einer nationalen Rechtsordnung völlig losgelöst ist; mithin, ob zur gerichtlichen Überprüfung einer Entscheidung des internationalen Sportverbandes auf Normen einer nationalen Rechtsordnung zurückgegriffen werden kann.

1. Gerichtliche Praxis

Die gerichtliche Praxis behandelt diesbezüglich die Entscheidungen und Regelwerke der internationalen Sportverbände unterschiedlich.

Der EuGH hatte in dem Fall Walrave das Reglement des UCI beurteilt und festgestellt, daß das Gemeinschaftsrecht auf den Berufssport Anwendung finde[143]. Das OLG München hat in einem gerichtlichen Verfahren gegen die IAAF die Rechtswidrigkeit einer von dieser verhängten Dopingsperre ausgesprochen, weil Bestimmungen ihres Regelwerkes einer Inhaltskontrolle gemäß § 242 BGB nicht standhielten, da sie die Grundrechte des Athleten (Art. 12 Abs. 1 GG) nicht genügend berücksichtigten[144]. Das LG Münster hatte sich im Jahr 1979 mit einer lebenslangen Sperre einer Athletin auseinanderzusetzen, die vom internationalen Volleyball-Verband ausgesprochen und vom DVV in Deutschland umgesetzt wurde, weil sie entgegen den Bestimmungen der FIVB vier Monate in einer US-Profimannschaft tätig war[145]. Das Urteil führte aus, daß der DVV die Entscheidung des internationalen Verbandes zu ignorieren habe und die Sperre im nationalen Bereich nicht vollziehen dürfe, da sie wegen eines Verstoßes gegen zwingendes deutsches Recht - Art. 30 EGBGB[146] - nichtig sei. Das LG Münster stellte damit das Regelwerk des internationalen Sportverbandes einer ausländischen Rechtsnorm gleich, indem es die auf diesem beruhende Entscheidung dem ordre public-

---

[143] EuGH, Urteil vom 12.12.1974; Walrave, Koch ./. Union Cycliste Internationale, Koninklijke Nederlandsche Wielren Unie, Federation Española Ciclismo, Rs 36/74; Slg. 1974, 1405, 1419 ff.; so auch EuGH, Urteil v. 15.12.1995, Rs. 415/93, UEFA u.a./Bosman, NJW 1996, S. 505, 508.

[144] OLG München, SpuRt 1996, S. 133, 138

[145] Landgericht Münster, Urteil von 5.2.1979, in:*Reschke*, SportR, Dok.-Nr. 13-49-3.

[146] Heute: Art. 6 EGBGB.

Vorbehalt des damaligen Art. 30 EGBGB unterstellte. Auch ausländische nationale Gerichte hatten mehrfach über Entscheidungen internationaler Sportverbände zu entscheiden und dabei regelmäßig das jeweilige nationale Recht angewandt[147].

Diese Beispiele zeigen, daß die gerichtliche Praxis Entscheidungen internationaler Sportverbände und deren Regelwerke durchaus einer gerichtlichen Kontrolle, wenn auch unterschiedlichen Umfanges, unterziehen.

2. Originäres internationales Sportverbandsrecht

Die meisten internationalen Sportverbände gehen dagegen von der Annahme aus, ihr Regelwerk müsse sich nicht an einer staatlichen Rechtsordnung messen lassen.

Bestätigt wird diese Einschätzung durch die Aussagen des Internationalen Radsportvereins (UCI) vor dem Europäischen Gerichtshof, sein Reglement sei nicht Bestandteil einer staatlichen, sondern einer internationalen privatrechtlichen Regelung, das Gemeinschaftsrecht könne nicht dem internationalen Reglement im Rang vorgehen sowie der Gerichtshof könne nicht über eine eventuelle Nichtigkeit einer Regelung entscheiden, die in über 100 Ländern gelte[148].

Unterstützung erhält diese Einschätzung von Teilen der Rechtswissenschaft, die den Regeln der internationalen Sportverbände, vornehmlich auf die Regeln des IOC bezogen, eine Internationalität in dem Sinne zugestehen, daß sie staatlichem Recht vorgehen[149]. Dementsprechend werden die von den internationalen

---

[147] Vgl. *Will*, Bindung nationaler Verbände, S. 29, 46 zu „Cooke vs .Football Association Ltd. (England); *Deutsch*, VersR 1990, S. 2, 8, *Tröger/Vedder*, S. 1, 26 f.: beide zu Verfahren vor US-Gerichten, die sich auf die Teilnahme an den Olympischen Winterspielen in Lake Placid 1980 und den Olympischen Spielen in Los Angeles 1984 bezogen und bei denen zum Teil die Gerichte ohne kollisionsrechtliche Vorfragen die Regeln des IOC auf ihre Vereinbarkeit mit amerikanischem Bundes- und Staatenrecht geprüft haben.

[148] EuGH, Urteil vom 12.12.1974; Walrave, Koch ./. Union Cycliste Internationale, Koninklijke Nederlandsche Wielren Unie, Federation Española Ciclismo, Rs 36/74; Slg. 1974, 1405, 1413, 1414, Nr. 3, zweiter bis vierter Beistrich.

[149] Vgl. *Tröger/Vedder*, S. 1, 12 m.w.N.; *Vedder*, GYIL vol. 27 (1984), S. 233, 242.

Sportverbänden festgelegten Regeln als „transnational"[150] bezeichnet. Die Regeln der internationalen Sportverbände sollen *echtes internationales Recht* darstellen und sich vom nationalen Privatrecht im wesentlichen dadurch unterscheiden, daß sie nicht staatliches Recht, sondern autonom gesetztes Recht des jeweiligen internationalen Sportverbandes seien[151]. Das Verbandsregelwerk wird dementsprechend als disnational bezeichnet, soweit es vollständig und ausschließlich ist, mit der Folge, daß Streitigkeiten auf Grund keiner anderen positiven Rechtsordnung entschieden werden könnten[152].

Andere Autoren ordnen zwar die internationalen Sportverbände nicht als internationale Organisationen im Sinne des Völkerrechts mit eigener Völkerrechtsfähigkeit ein, sehen jedoch in deren Regelwerk, hier der Olympic Charter[153], eine vertragliche oder vereinbarte Rechtsordnung, die eine von den nationalen Rechtsordnungen und dem Völkerrecht vollkommen unabhängige Regelung darstellt, mithin als eine „lex contractus" zu verstehen sei[154]. Die Regelwerke der internationalen Sportverbände stünden demnach unterhalb der Ebene des Völkerrechts, seien aber vom nationalen Recht vollkommen unabhängig.

Die Unabhängigkeit der internationalen Sportverbände und ihrer Regelwerke vom staatlichen Recht wird zudem unter einem anderen Ansatzpunkt für gegeben erachtet. Diese vornehmlich in Italien vertretene Ansicht[155] stützt sich auf die Vorstellung des Pluralismus verschiedener originärer Rechtsordnungen. Die Sport-

---

[150] *Simma*, FS-Seidl-Hohenveldern; S. 573, 574 f.: „.. the law of the Olympic Movement, a transnational body of rules created in full autonomy by the IOC, neither subjected to nor part of any domestic legal order"; vgl. zu den weiteren verwendeten Begriffen wie z.B. „independent international legal order", „olympic federativ law", „a-national" oder „disnational" *Tröger/Vedder*, S. 1, 12 m.w.N.; *Vedder*, GYIL vol. 27 (1984), S. 233, 242.

[151] *Zemanek*, FS-Verdross, S. 321, 329.

[152] *Zemanek*, FS-Verdross, S. 321, 330.

[153] Regelwerk des IOC.

[154] *Tröger/Vedder*, S. 1, 12 ff. und Fn. 35: die Rechtsfigur der „lex contractus sei eine eigene, durch Vertrag auf internationaler Ebene, unterhalb des Völkerrechts, jedoch den Rahmen eines staatlichen Rechtes sprengend, geschaffene eigenständige Rechtsordnung, die auf auch auf Rechtsregime Anwendung finden kann, die wie die OCh durch eine Art internationalen Gesellschaftsvertrag konstituiert wird; zur Rechtsfigur der „lex contractus" als „quasi-völkerrechtlicher Vertrag" vgl *P. Fischer*, FS-Verdross, S. 379, 389; *Verdross/Simma*, §§ 4, 1220.

[155] Ausführlich hierzu *Malatos*, S. 12 ff.; sowie *Will*, Bindung nationaler Verbände, S. 29, 38 ff., jeweils m.z.N. aus dem italienischen Schrifttum und Verweisen auf die Gegenmeinung; vgl. auch *Summerer*, S. 96 ff.; *Reuter*, DZWiR 1996, S. 1, 2.

verbände erfüllten mit ihren Regelwerken sowohl national als auch international die drei typischen Merkmale einer Rechtsordnung (Personengefüge, Organisationsgefüge und Normengefüge), so daß der Sportrechtsordnung der internationalen Sportverbände supranationale Qualität beizumessen sei. Allerdings behalte der Staat auf innerstaatlicher Ebene die „Kompetenz-Kompetenz", wonach er die Sportrechtsordnung beschränken könne, aber Konflikte nach dem Prinzip der gegenseitigen Duldung bzw. Respektierung zu vermeiden habe.

3. Kritik

Die gerichtlichen Praxis geht auf diese Vorstellungen der Supranationalität eines „internationalen Sportverbandsrechts" nicht ein, sondern wendet das jeweilige nationale Recht an[156]. So schreibt der EuGH[157] die Anwendung des europäischen Rechts bei der Prüfung der Gültigkeit oder der Wirkung einer in der Satzung eines internationalen Sportverbandes enthaltenen Bestimmung vor, ohne auf etwaige kollisionsrechtliche Erwägungen einzugehen oder eine eventuelle Supranationalität zu berücksichtigen. In gleicher Weise wandte das OLG München[158] nationales Recht bei der Beurteilung der Wirksamkeit einer von der IAAF verhängten Sperre ohne nähere Diskussion an.

Die Beantwortung der Frage, ob ein originäres internationales Sportverbandsrecht existiert, also ob den internationalen Sportverbänden originäre Rechtsetzungs- und Rechtsanwendungsbefugnis zuerkannt werden kann, hängt von dem völkerrechtlichen Status ab, der den internationalen Sportverbänden zuzusprechen ist.

Diese internationalen Sportverbände werden als nichtstaatliche internationale Organisationen angesehen, mithin als sogenannte „International Non-

---

[156] Vgl. bereits oben, Fünftes Kapitel, C.II.1.
[157] EuGH, Urteil vom 12.12.1974; Walrave, Koch ./. Union Cycliste Internationale, Koninklijke Nederlandsche Wielren Unie, Federation Española Ciclismo, Rs 36/74; Slg. 1974, 1405, 1419 ff.; so auch EuGH, Urteil v. 15.12.1995, Rs. 415/93, UEFA u.a./Bosman, NJW 1996, S. 505, 508.
[158] SpuRt 1996, S. 133, 138.

Governmental Organizations" (NGO)[159]. Die International Non-Governmental Organizations finden erstmals Erwähnung in Art. 71 UN-Charta, und nach einer inzwischen weitgehend anerkannten Begriffsbestimmung des Wirtschafts- und Sozialrates der Vereinten Nationen fällt unter diesen Begriff jede internationale Organisation, die nicht auf der Grundlage eines zwischenstaatlichen Abkommens entstanden ist[160].

Die internationalen Sportverbände sind nicht durch Hoheitsträger gegründet, sondern Zusammenschlüsse privatrechtlicher Natur, deren Entstehung auf einem privatrechtlichen Gründungsakt fußt. Sie sind somit weder aufgrund eines völkerrechtlichen Vertrages entstanden, noch gehören ihnen Staaten als Mitglieder an. Sie sind daher mangels zwischenstaatlicher Gründungsakte in Form völkerrechtlicher Verträge keine internationalen Organisationen i.S.d. Völkerrechts mit eigener Völkerrechtsfähigkeit, mithin keine Völkerrechtssubjekte, und haben auch keine Völkerrechtssubjektivität[161]. Soweit also, wie bisher, keine entsprechenden zwischenstaatlichen Abkommen existieren, fehlt es den internationalen Sportverbänden an Supranationalität. Das Fehlen der Völkerrechtsfähigkeit schließt daher die internationalen Sportverbände aus dem Geltungsbereich des Völkerrechts aus.

Die damit verbundene Anbindung der internationalen Sportverbände an nationales Recht ist auch nicht unter anderen Gesichtspunkten obsolet. Die Einordnung ihrer Regelwerke als sogenannte „lex contractus" im Sinne eines quasi-völkerrechtlichen Vertrages kommt nicht in Betracht. Denn diese Rechtsfigur, die von

---

[159] *Reichert/Reichert*, Rn. 3045; *Kurtze*, S. 10 ff., 31; *Vieweg*, Normsetzung, S. 27, 139 m.w.N.; *Tröger/Vedder*, S. 1, 9 ff. für das IOC, S. 19 für die Ifs; *Krumpholz*, S. 142 f.; *Eckert*, S. 7 für das IOC; *v. Münch*, Völkerrecht, S. 251 für das IOC; *Vedder*, GYIL 27 (1984), S. 233, 246 f.; so auch ausdrücklich Rule 19.1 Olympic Charter des IOC; vgl. auch *Ignarsky*, S. 359, 360 ff.

[160] *Eckert*, S. 7: „any organisation which is not established by intergovernmental agreement", unter Hinweis auf Document E/INF/23, 30 April 1948, Arrangements of the Economic and social Council für consultation with non governmental organisations, Guide for consultants, S. 16; *Seidl-Hohenveldern/Loibl*, Rn. 0103 f.; *Verdross/Simma*, Völkerrecht, § 416.

[161] *Tröger/Vedder*, S. 1, 6, 9; vgl. *Seidl-Hohenveldern/Loibl*, Rn. 0103; allgemein ganz herrschende Meinung für NGO, vgl. *Seidl-Hohenveldern*, Völkerrecht, Rn. 805; *v. Münch*, Völkerrecht, S. 26 f.; a.A. *Dahm/Delbrück/Wolfrum*, S. 25 f. Eine Ausnahme stellt das Internationale Komitee vom Roten Kreuz (IKRK) dar, hierzu *Seidl-Hohenveldern*, Völkerrecht, Rn. 920 ff.

jedweder Verankerung in einem staatlichen Recht losgelöst sein soll[162], ist, soweit ihr Anerkennung zugesprochen werden kann, lediglich für Rechtsbeziehungen zwischen einem Staat und einer ausländischen Privatperson geschaffen worden. Durch sie sollte ausgeschlossen werden, daß der Staat, soweit ein Kontrakt seinem Recht unterliegen würde, durch spätere Änderung der Rechtsordnung versuchen könnte, diesen aufzuheben. Da aber gerade die internationalen Sportverbände Zusammenschlüsse privater Natur ohne Beteiligung eines Staates sind, kann ihr Regelwerk auch nicht als „quasi-völkerrechtlicher Vertrag" verstanden werden.

Ebensowenig kommt eine originäre Rechtsetzungsmacht eines internationalen Sportverbandes aufgrund der Annahme vom Pluralismus der Rechtsordnungen - jedenfalls in Deutschland - in Betracht[163]. Diese von *Otto von Gierke* zur Erklärung der juristischen Person entwickelte Ansicht[164] gilt heute als überwunden und nicht mehr vertretbar, da eine originäre, nicht vom Staat abgeleitete Rechtsetzungsmacht der Verbände nicht mit dem Grundgesetz vereinbar ist[165].

Ein originäres internationales Sportverbandsrecht ist damit nicht existent. Die Regelwerke der internationalen Sportverbände sind nicht anational, sondern unterliegen vielmehr einer nationalen, d.h. staatlichen Rechtsordnung. Ein originäres, internationales Sportverbandsrecht existiert nicht.

III. Das anzuwendende (nationale) Recht

Das für eine Klage des Athleten international zuständige deutsche Gericht hat das anzuwendende nationale Recht zu ermitteln, anhand dessen die Entscheidung und das dieser zugrundeliegende Regelwerk des internationalen Sportverbandes zu überprüfen ist.

---

[162] Vgl. zur Lehre vom „quasi-völkerrechtlichen Vertrag" und zur Kritik *P. Fischer*, FS-Verdross, S. 379 ff.

[163] So auch *Reuter*, DZWiR 1996, S.1, 2f. Anders wohl das LG Münster, Urteil von 5.2.1979, in: *Reschke*, SportR, Dok.-Nr. 13-49-3, welches Art. 30 EGBGB a.F. anwandte und damit die Anwendung der Verbandsregeln mit der Anwendung ausländischen Rechts gleichstellte.

[164] *v. Gierke*, Privatrecht I, S. 142 ff.; vgl. zur Entwicklung der These v. Gierkes: *van Look*, Vereinsstrafe, S. 40 ff.; siehe auch *Teubner*, S. 17 ff.

[165] Statt aller: *Staudinger/Weick*, vor §§ 21 ff., Rn. 30; *Vieweg*, Normsetzung, S. 319, Fn. 9; *van Look*, Vereinsstrafen, S. 45 f.; *Kirchhof*, S. 133 ff. und passim.

1. Deutsches Kollisionsrecht

Bei Sachverhalten mit Auslandsberührung bestimmt das Internationale Privatrecht die maßgebliche Privatrechtsordnung[166]. Bei der Frage der Auslandsberührung ist kein strenger Maßstab anzulegen; sie wird u.a. durch räumliche und persönliche Kriterien bestimmt, wozu beispielsweise die Niederlassung der Parteien oder deren Staatsangehörigkeit zu zählen sind[167]. Die Rechtsbeziehung des Athleten zum internationalen Sportverband weist daher eine solche Auslandsberührung zumindest dann auf, wenn dieser seinen Sitz im Ausland hat.

Die Rechtswahlnorm ergibt sich aus dem nationalen Internationalen Privatrecht des forum-Staates, mithin des inländischen Gerichtsstaates[168], und bestimmt sich demnach anhand des deutschen IPR. Dabei ist zunächst zu bestimmen, welchem Rechtsverhältnis (schuldrechtlich, sachenrechtlich etc.) der Sachverhalt unterfällt[169], da jeweils unterschiedliche Kollisionsnormen bestehen. Im Anschluß hieran ist anhand der jeweils einschlägigen Kollisionsnorm zu ermitteln, welche nationale Rechtsordnung auf den konkreten Sachverhalt zur Anwendung gelangt.

Da die Klage des Sportlers in der Regel seine Sanktion durch den internationalen Sportverband zum Gegenstand hat, ist dasjenige Rechtsverhältnis für die Bestimmung der Rechtswahlnorm entscheidend, welches dieser Sanktion zugrundeliegt und zwischen Sportler und internationalem Sportverband besteht.

a) Gesellschaftsstatut

Die einer Sanktion zugrundeliegende Rechtsbeziehung des Sportlers zum internationalen Sportverband könnte sich als Frage des Gesellschaftsstatuts darstellen.

Das Heimatrecht einer Gesellschaft, welches als Gesellschaftsstatut bezeichnet wird[170], regelt grundsätzlich die Fragen der Rechtsfähigkeit, des Namens, der

---

[166] *Palandt/Heldrich*, Einl. v. Art. 3 EGBGB, Rn. 1; *MüKo-Martiny*, Art. 27 EGBGB, Rn. 17; zum Begriff der Auslandsberührung: *Staudinger/Hausmann*, Art. 3 EGBGB, Rn. 4 ff.; vgl. Art. 3 Abs. 1 EGBGB.

[167] *MüKo-Martiny*, Art. 27 EGBGB, Rn. 19; vgl. auch *E. Lorenz*, FS-Kegel, S. 303, 311 f.

[168] Vgl. *Staudinger/Firsching*, 12. Aufl., Vorbem. zu Art. 27-37 nF, Rn. 6.

[169] *Staudinger/Firsching*, 12. Aufl., Vorbem. zu Art. 27-37 nF, Rn. 4; vgl. *Sandberger*, S. 71, 78.

[170] *Staudinger/Großfeld*, Intern. GesellschaftsR, Rn. 13 f.

körperschaftlichen Verfassung, der Form und Rechtswirksamkeit der Satzung sowie der Mitgliedschaft.

aa) Anzuwendendes Recht

Das für das Gesellschaftsstatut anzuwendende Recht richtet sich entgegen der Gründungstheorie[171] in Deutschland nach der (noch) herrschenden Sitztheorie[172] nach dem Gesellschaftsrecht desjenigen Staates, in welchem die Gesellschaft ihren Sitz hat. Der Sitz der Gesellschaft wird durch den „effektiven Verwaltungssitz" bestimmt[173].

Soweit der internationale Sportverband demnach seinen Sitz in Deutschland hat, ist deutsches Recht anzuwenden. Hat er dagegen seinen Sitz im Ausland, ist grundsätzlich das Recht des ausländischen Sitzstaates anzuwenden. Danach

---

[171] *Mann*, FS-Barz, S. 219, 221 f.; *Beitzke*, FS-Luther, S. 1, 18 f.; *Knobbe-Keuk*, ZHR 154 (1990), 325 ff., mit weiteren Nachweisen in Fn. 8; die Gründungstheorie gilt heute insbesondere noch in Großbritannien und den USA, sowie in einigen weiteren europäischen Staaten, vgl. *Staudinger/Großfeld*, IntGesR, Rn. 27 f. 149 ff m.w.N.; vgl. *Großfeld*, FS-Westermann, S. 199 ff; für die USA *Buxbaum*, FS-Kegel, S. 75, 87; Einen Überblick über die „Sitztheorie-Staaten" und die „Gründungstheorie-Staaten" gibt *Neumayer*, ZVglRWiss 1984, 129, 133 ff., 137 ff.; *Soergel/Lüderitz*, Anh. Art. 10 EGBGB, Rn. 4 f., Fn. 4, 9-13.

[172] In Deutschland std. Rspr., vgl. BGH ZIP 1991, 1582; BGHZ 97, 269, 271; und h.L., statt aller: *Staudinger/Großfeld*, IntGesR, Rn. 33 ff; *Kegel*, IPR, S. 414 ff.; *Palandt/Heldrich*, Anh. zu Art. 12 EGBGB, Rn. 2, *v. Bar*, IPR II, Rn. 619 ff., jeweils m.w.N. Im Hinblick auf den Geltungsbereich der EU ist die Auffassung im Vordringen, eine Abkehr von der Sitztheorie sei angezeigt, da diese der Niederlassungsfreiheit, die der EGV allen von Art. 58 erfaßten Gesellschaften einräumt, entgegenstünde: *Knobbe-Keuk*, ZHR 154 (1990), 325 ff; *Niessen*, NJW 1986, S. 1408; *Behrens*, RabelZ 52 (1988), S. 498 ff., 517 ff.; dagegen die bisher h.M.: *Roth*, RabelZ 55 (1991), S. 621, 650 f.; *ders.*, ZEuP 1994, S. 5, 19 ff.; *Sack*, JuS 1990, 352, 356; *Ebenroth* JZ 1988, S.18, 24; *MüKo-Sonnenberger*, Einl. IPR, Rn. 149 ff.; *Kegel*, IPR, § 17 II 1, S. 416; *Staudinger/ Großfeld*, Int.GesR, Rn. 113 ff.; BayObLG, WM 1992, 1371. Der EuGH, „Daily Mail", NJW 1989, 2186 hat indirekt die Sitztheorie als zur Zeit europarechtskonform bestätigt. Näher dazu BayObLG, WM 1992, S. 1371; *Großfeld/Luttermann*, JZ 1989, S. 386, 387; *Staudinger/Großfeld*, IntGesR, Rn. 113 ff.; *Drobnig*, S. 185 ff.; *Lutter/Hommelhoff*, Einl. Rn. 23, § 3 GmbHG, Rn. 5 f.

[173] Siehe oben, Fünftes Kapitel III. 1. a) aa).

handelt es sich bei den meisten internationalen Sportverbänden um Idealvereine oder um vergleichbare Institutionen[174]. Die Monopolstellung der Sportverbände und die damit bestehende Abhängigkeit des Sportlers vom internationalen Sportverband kann jedoch eine entsprechende Anwendung der zum deutschen Konzernkollisionsrecht entwickelten Grundsätze begründen[175], wonach sich das Gesellschaftsstatut nach deutschem materiellen Recht richten würde. Insofern wird hinsichtlich des Gesellschaftsstatuts auf die abhängige Gesellschaft abgestellt; d.h. es findet nicht das Konzernrecht am Sitz des ausländischen, sondern dasjenige am Sitz des inländischen abhängigen Unternehmens Anwendung[176]. Der Grund hierfür liegt darin, daß das Konzernrecht primär den Schutz der (Minderheits-) Gesellschafter bezweckt und das Schutzbedürfnis der abhängigen Gesellschaft so groß ist, daß ihr Gesellschaftsstatut anwendbar sein muß.

Dies setzt aber voraus, daß das Rechtsverhältnis zwischen Sportler und internationalem Sportverband tatsächlich vom Gesellschaftsstatut mitumfaßt wird.

bb) Anwendbarkeit des Gesellschaftsstatutes?

Das Gesellschaftsstatut regelt die inneren Verhältnisse einer Gesellschaft. Für die Rechtsbeziehung des Sportlers zum internationalen Sportverband kommen insofern die hiervon umfaßten Regeln über die Mitglieder einer Gesellschaft und ihre Rechten und Pflichten in Betracht[177].

---

[174] Vgl. *Kurtze*, S. 84 f.; *Reichert/Reichert*, Rn. 3047. Eine Teil der internationalen Sportverbände besitzt allerdings keine Rechtsfähigkeit, weil viele Rechtsordnungen wie die Deutsche (§§ 21, 60 BGB) zur Erlangung der Rechtsfähigkeit ein bestimmtes staatliches Anerkennungsverfahren vorsehen; vgl. *Kurtze*, S. 85 f.; *Vieweg*, Normsetzung, S. 51 ff. Dies erklärt die Vorliebe für die Wahl des Sitzes in der Schweiz, da das „liberale" Schweizer Vereinsrecht nach Art. 60 Abs. 1 ZGB Rechtspersönlichkeit auch ohne besonderes Registrierungs- oder Anerkennungsverfahren verleiht. Das Gesellschaftsstatut gilt aber auch für nichtrechtsfähige Personenvereinigungen, vgl. *Soergel/Lüderitz*, Anh. Art. 10 EGBGB, Rn. 64; *Pfister*, SpuRt 1995, S. 250; *Palandt/Heldrich*, Anh. zu Art. 12 EGBGB, Rn. 20; *Staudinger/Großfeld*, IntGesR, Rn. 663 ff.; *v. Hecke*, FS-Seidl-Hohenveldern, S. 629, 631 f.

[175] Vgl. *Sandberger*, S. 70, 79; *Vieweg*, Normsetzung, S. 132.

[176] *Kübler*, S. 445; *Staudinger/Großfeld*, IntGesR, Rn. 501 ff, 526; differenzierend *Soergel/Lüderitz*, Anh. Art. 10 EGBGB, Rn. 58, nach dem das Recht der hauptbetroffenen Gesellschaft gilt; dies ist im (meist gegebenen faktischen) Unterordnungskonzern i.d.R. das Statut der abhängigen Gesellschaft.

[177] *Kegel*, IPR, S. 419.

Der Sportler ist jedoch kein Mitglied im internationalen Sportverband. Selbst als sogenanntes „mittelbares Mitglied" ergibt sich in den meisten Fällen keine Bindung an das Regelwerk des internationalen Sportverbandes, da es an einer wirksamen „Doppelverankerung" der erforderlichen satzungsmäßigen Regelungen in den Regelwerken der internationalen und nationalen Sportverbände und insbesondere der einzelnen Vereine, bei denen der Sportler Mitglied ist, fehlt[178]. Allein aus der Vereinsmitgliedschaft des Sportlers lassen sich aber keine Entscheidungs- und Sanktionsbefugnisse des internationalen Sportverbandes begründen. Hinzu kommt, daß bei den nicht vereinsangehörigen Sportlern[179] eine mittelbare Mitgliedschaft im internationalen Sportverband bereits von vorneherein ausscheidet. Ebensowenig existieren unmittelbare oder mittelbare mitgliedschaftliche Beziehungen des Sportlers zum IOC.

Der internationale Sportverband kann eine Sanktions- und Regelungsbefugnis gegenüber dem Sportler als Nichtmitglied damit regelmäßig nicht über mitgliedschaftliche und damit vereinsrechtliche Beziehungen begründen, sondern allein über vertragliche Beziehungen[180].

Das einer Entscheidung (Sanktion) des internationalen Sportverbandes gegenüber dem Sportler zugrundeliegende Rechtsverhältnis unterfällt damit nicht dem Gesellschaftsstatut[181].

b) Vertragsstatut

In Betracht kommt das Bestehen vertraglicher Beziehungen zwischen dem internationalen Sportverband und dem Athleten zur Bestimmung der einschlägigen Kollisionsnorm. Die Sanktionierung des Athleten könnte sich als eine Vertragsverletzung darstellen, wenn die Voraussetzungen des Vertrages nicht eingehalten werden. Dies hätte grundsätzlich die Anwendung der Art. 27, 28 EGBGB zur

---

[178] Siehe oben, Zweites Kapitel A. I. 3.
[179] Z.B. die Lizenzspieler der Fußballbundesliga.
[180] Ebenso *Reuter*, DZWiR 1996, S. 1, 5.
[181] Kommt ausnahmsweise eine Bindung über die „Satzungsrechtliche Lösung" (hierzu oben, Zweites Kapitel A. I.) zustande, richtet sich die Beziehung des Sportlers als mittelbares Mitglied zum internationalen Sportverband nach dem Gesellschaftsstatut; gleiches gilt für die deutschen Sportverbände, die Mitglieder im internationalen Sportverband sind; vgl. hierzu *Sandberger*, S. 70, 79; *Vieweg*, Normsetzung, S. 132.

Folge, nach denen das Vertragsstatut, mithin die auf diesen Vertrag anzuwendenden nationale Rechtsordnung, zu bestimmen wäre.

aa) Rechtsgeschäftliche Beziehung zum internationalen Sportverband
Vertragliche Beziehungen zwischen dem Athleten und dem Internationalen Sportverband können im Grundsatz in gleicher Weise entstehen, wie in der Beziehung zum nationalen Fachverband.

Das Entstehen rechtsgeschäftlicher Beziehungen zwischen internationalem Sportverband und Athleten anhand eines gesondert abgeschlossen Vertrages oder aufgrund der Ausgabe eines Spielerpasses bzw. einer Lizenz für einen bestimmten Zeitraum wird in der Regel daran scheitern, daß dies auf internationaler Ebene - soweit ersichtlich - nicht praktiziert wird.

Rechtsgeschäftliche Beziehungen bestehen aber aufgrund der Teilnahme eines Athleten an einer Wettkampfveranstaltung des internationalen Sportverbandes, da mit der Teilnahme zumindest konkludent ein Teilnahmevertrag abgeschlossen wird, der die Geltung der Doping-Bestimmungen des internationalen Sportverbandes zum Inhalt haben soll[182]. Teilweise wird auch bei einem solchen Wettkampf die Geltung dieser Regeln ausdrücklich vereinbart[183]. Der Entscheidung (Sanktion) des internationalen Sportverbandes liegt damit eine rechtsgeschäftliche Beziehung des Sportlers zum Verband zugrunde.

bb) Anwendungsbereich der Art. 27 ff. EGBGB
Der mit dem internationalen Sportverband abgeschlossene Teilnahmevertrag müßte dem Anwendungsbereich der Art. 27 ff. EGBGB unterfallen.

Da es sich hierbei um einen rechtsgeschäftlichen Vertrag handelt, ist grundsätzlich der Anwendungsbereich eröffnet[184].

Allerdings findet nach *Reuter* kein Leistungsaustausch zwischen internationalem Sportverband und Sportler statt, sondern eine Eingliederung des Sportlers in eine

---
[182] Vgl. zum Teilnahmevertrag oben, Zweites Kapitel A. II. 5. c).
[183] So das IOC, vgl. oben Fünftes Kapitel B. III. 2. a).
[184] Für die Anwendung des Vertragsstatutes auf die Beziehung des Athleten zum internationalen Sportverband auch *Sandberger*, S. 70, 78; vgl. auch *Vieweg*, Normsetzung, S. 133.

fremdbestimmte Organisation, so daß im Ergebnis kein Vertrag i.S.d. Art. 27 EGBGB, sondern eine mitgliedschaftsähnliche Beziehung besteht[185]. Diese soll wegen der Ähnlichkeit grundsätzlich analog der Mitgliedschaft gewertet werden mit der Folge, daß als Kollisionregeln nicht Art. 27 ff. EGBGB in Betracht kommen, sondern entsprechend dem Gesellschaftsstatut, welches die mitgliedschaftlichen Beziehungen regelt, die nationalen Rechtsordnung zur Anwendung gelangt, die am Sitz des internationalen Sportverbandes gilt[186].

Aus den oben genannten Gründen[187] stellt der zwecks Teilnahme an einem Wettkampf abgeschlossene Teilnahmevertrag, der u.a. die Anerkennung eines Teils des Regelwerkes des Sportverbandes zum Inhalt hat, nicht die Begründung mitgliedschaftsähnlicher Beziehungen dar. Der Sportler wird nicht in den Verband eingegliedert und erhält auch keine einem Mitglied vergleichbare Position. Der internationale Sportverband organisiert vielmehr den Wettkampf und stellt dem Sportler (und nicht seinen Mitgliedern) diesen zur Verfügung. Der Sportler verpflichtet sich zur Beachtung des Regelwerkes des internationalen Sportverbandes, und im Gegenzug wird ihm die Teilnahme an der Veranstaltung gestattet. Nach Meldung besteht bei den meisten Sportverbänden auch die Pflicht des Sportlers zur Teilnahme am Wettkampf[188]. Darüber hinaus ermächtigt der Sportler häufig mit Abschluß des Vertrages zugleich den Veranstalter resp. internationalen Sportverband, für die Veranstaltung mit dem Namen des Sportlers oder dessen Bild zu werben.

Der zwischen internationalem Sportverband und Sportler abgeschlossene Vertrag läßt sich daher als Vertrag i.S.d. Art. 27 ff. EGBGB einordnen. Das Vertragsstatut ist demnach gemäß Art. 27 ff. EGBGB maßgeblich für die Bestimmung der anzuwendenden nationalen Rechtsordnung.

---

[185] *Reuter*, DZWiR 1996, S. 1, 5; *ders.*, Verbindlichkeit internationalen Sportrechts, S. 53 ff., 58 ff.

[186] *Reuter*, DZWiR 1996, S. 1, 5; *ders.*, Verbindlichkeit internationalen Sportrechts, S. 53 ff., 58 ff.

[187] Vgl. oben, Zweites Kapitel A. I. 2. a. dd), A. II. 2.

[188] So kann z.B. im Bereich des Tennis der zum Turnier gemeldete Spieler seine Nennung nur aufgrund Vorlage einer ärztlichen Bescheinigung zurückziehen, andernfalls droht ihm eine Bestrafung, vgl. § 24 TurnierO des **DTB**.

cc) Konkretes Vertragsstatut

Das Vertragsstatut ist daher gemäß Art. 27 ff. EGBGB zu bestimmen.

(1) Art. 27 Abs. 1 EGBGB

Das Vertragsstatut ergibt sich zunächst gemäß Art. 27 Abs. 1 EGBGB aus der Parteivereinbarung. Eine ausdrückliche Bestimmung enthalten in der Regel weder der Teilnahmevertrag, soweit er ausdrücklich abgeschlossen wird, noch die Regelwerke der Internationalen Sportverbände, auf die Bezug genommen wird. Dies gilt insbesondere, soweit die meisten internationalen Sportverbände jegliche Bindung an eine staatliche Regelung ablehnen[189], so daß es regelmäßig an einer ausdrücklichen Vereinbarung eines Vertragsstatuts fehlt.

Fehlt eine derartige Bestimmung, kommt gemäß Art. 27 Abs. 1 S. 2 EGBGB eine stillschweigende Rechtswahl in Betracht. Diese muß sich mit hinreichender Sicherheit ergeben, da ein Rückgriff auf einen zu bestimmenden hypothetischen Parteiwillen ausgeschlossen ist[190].

Da die meisten Verbände jedoch eine Bindung an eine staatliche Regelung ablehnen[191], kann auch nicht von einer stillschweigenden Rechtswahl ausgegangen werden. Das Vertragsstatut wird sich daher i.d.R. nicht nach Art. 27 Abs. 1 EGBGB bestimmen lassen.

(2) Art. 28 Abs. 1 EGBGB

Der Vertrag zwischen Sportler und Internationalem Sportverband unterliegt demnach gemäß Art. 28 Abs. 1 S. 1 EGBGB dem Recht des Staates, mit dem er die engsten Verbindungen aufweist.

Diesbezüglich greift die Vermutung des Art. 28 Abs. 2 EGBGB, soweit sich eine charakteristische Leistung des Vertrages bestimmen läßt. Als charakteristische

---

[189] Vgl. *Vieweg*, Normsetzung, S. 133.
[190] *MüKo-Martiny*, Art. 27 EGBGB, Rn. 42; *Soergel/von Hoffmann*, Art. 27 EGBGB, Rn. 40 ff.; *Kegel*, IPR, S. 487; vgl. umfassend *Steinle*, ZvglRW 1993, S. 300, 304 ff., 307 ff.; zur alten Rechtslage (hypothetischer Parteiwillen): *v. Bar*, IPR II, Rn. 468 f.
[191] Vgl. *Vieweg*, Normsetzung, S. 133.

Leistung[192] eines gegenseitigen Vertrages wird diejenige verstanden, die dem Vertrag sein Gepräge gibt und ihn von anderen unterscheiden läßt[193]. Als charakteristische Leistung ist die Veranstaltung von Wettkämpfen und nicht die Teilnahme daran anzusehen[194]. Der sportliche Wettkampf, dem sich die Athleten stellen, wird im wesentlichen durch die jeweilige Veranstaltung geprägt. Die Veranstaltung eines Wettkampfes bzw. die Durchführung eines Spielbetriebes können daher als die vertragstypische Leistung angesehen werden. Nach Art. 28 Abs. 2 S. 1 EGBGB findet somit dasjenige Recht Anwendung, welches in dem Staat gilt, in dem der internationale Sportverband seine Hauptverwaltung hat.

Befindet sich dieses in Deutschland, kommt folglich auch deutsches Recht zur Anwendung. Andernfalls gelangt die jeweilige ausländische Rechtsordnung zur Anwendung.

(3) Ergebnis

Zusammenfassend bleibt damit festzustellen, daß auf die sich aus der Teilnahme eines Athleten an einem Wettkampf des internationalen Sportverbands ergebende vertragliche Beziehung, das Recht desjenigen Staates zur Anwendung gelangt, in dem der internationale Sportverband sein (General-)Sekretariat hat, mithin seine Hauptverwaltung, da es i.d.R. an einer Rechtswahlbestimmung fehlt.

c) Deliktsstatut

Die gerichtliche Überprüfung einer Doping-Sanktion einschließlich des ihr zugrundeliegenden Regelwerks des internationalen Sportverbandes kann zudem zur Anwendung des Deliktsstatutes führen.

---

[192] Zum Begriff der „charakteristischen Leistung" grundlegend: *Schnitzer*, RabelsZ 33 (1969), S. 17 ff.; *ders.*, RabelZ 38 (1974), 317, 324 ff.;

[193] *Soergel/von Hoffmann*, Art. 28 EGBGB, Rn. 23; *Palandt/Heldrich*, Art. 28 EGBGB, Rn. 3; *MüKo-Martiny*, Art. 28 EGBGB, Rn. 30.

[194] So auch *Vieweg*, Normsetzung, S. 133; *Reuter*, Verbindlichkeit internationalen Sportrechts, S. 53, 55.

aa) Unerlaubte Handlung

Die Einordnung einer Handlung als „deliktisch" ist anhand einer Auslegung der am Gerichtsort geltenden einschlägigen Kollisionsnormen zu vollziehen[195], mithin nach deutschem Kollisionsrecht. Das Deliktsstatut gilt dabei nicht nur für die im BGB geregelten, sondern für alle außervertraglichen Schadensausgleichtatbestände des Privatrechts[196]. Die Sperre des Sportlers als relevante Handlung des internationalen Sportverbandes kann damit als deliktische Handlung angesehen werden. Insoweit stellt sie sich zumindest als Eingriff in den deliktisch geschützten Gewerbebetrieb dar und kann im Einzelfall auch als sittenwidrige Schädigung (i.S.d. § 826 BGB) aufgefaßt werden[197].

bb) Recht des Tatortes

Die deliktische Haftung des internationalen Sportverbandes für Sanktionen des Sportlers richtet sich nach dem Recht des Tatortes, dem sowohl der Handlungsort als auch der Erfolgsort entspricht[198].

Handlungsort ist der Ort, wo die schadensursächliche Handlung ausgeführt wurde[199], mithin, auf die Doping-Sperre des Sportlers bezogen, der Ort, an dem diese durch das Verbandsorgan ausgesprochen wird. Dies wird regelmäßig am Sitz des internationalen Sportverbandes sein. Erfolgsort ist der Ort des Eintritts der Rechtsgutverletzung[200], also jeder Ort, an dem der Sportler aufgrund seiner Sperre nicht an Wettkämpfen teilnehmen darf. Dieser wird aufgrund der regelmäßig weltweiten Geltung der Sperre damit auch in Deutschland liegen.

---

[195] BGH, FamRZ 1996, S. 601, 604; *MüKo-Kreuzer*, Art. 38 EGBGB, Rn. 21.

[196] *MüKo-Kreuzer*, Art. 38 EGBGB, Rn. 1, 21 m.w.N.

[197] Vgl. oben, Viertes Kapitel A. IV. V.

[198] *Kegel*, IPR, S. 533 ff.; *Palandt/Heldrich*, Art. 38 EGBGB, Rn. 2; *MüKo-Kreuzer*, Art. 38 EGBGB, Rn. 12 ff.; *Soergel/Lüderitz*, Art. 38 EGBGB, Rn. 3; vgl. zur Geltung des Tatortprinzips, st. Rspr. BGHZ 108, 200, 202; 119, 137, 139.

[199] Statt vieler *Kegel*, IPR, S. 537 ff.; *Palandt/Heldrich*, Art. 38 EGBGB, Rn. 4; *Soergel/ Lüderitz*, Art. 38 EGBGB, Rn. 4 ff.

[200] Statt vieler *Kegel*, IPR, S. 540 f.; *Palandt/Heldrich*, Art. 38 EGBGB, Rn. 5; *Soergel/ Lüderitz*, Art. 38 EGBGB, Rn. 11 ff.

Da damit der Handlungs- und Erfolgsort in unterschiedlichen Staaten liegt, kommt das dem Verletzten - dem Sportler - günstigere Recht zur Anwendung[201]. Ebenso kann der Sportler selbst ein Wahl treffen, beispielsweise die Anwendung des deutschen Rechtes bestimmen.

cc) Ergebnis

Im Ergebnis ist die gerichtliche Kontrolle einer Sperre des Sportlers nach der für den Sportler günstigsten nationalen Rechtsordnung zu vollziehen, soweit dieser keine eigene Rechtswahl getroffen hat.

d) Kartellstatut

Die gerichtliche Kontrolle einer Doping-Sperre des Sportlers kann aber auch das Kartellstatut begründen.

Nach § 130 Abs. 2 GWB[202] findet das GWB auf Wettbewerbsbeschränkungen Anwendung, die sich im Geltungsbereich des GWB auswirken. § 130 Abs. 2 GWB bestimmt als räumliche und einseitige Kollisionsnorm die zwingende Anwendung deutschen Rechts[203]. Voraussetzung dafür ist eine spürbare Auswirkung im Inland[204].

Entscheidungen des internationalen Sportverbandes, wie eine Sperre des Athleten, wirken sich unmittelbar und spürbar auf dem Inlandsmarkt aus, da dem Sportler hierdurch die Teilnahme an Wettkämpfen auch in Deutschland für die Zukunft untersagt wird[205]. Der internationale Sportverband unterbindet durch eine Sperre die Betätigung des Sportlers auf dem Markt der Sportveranstaltungen, indem er ihm die Teilnahme an jeglichen Wettkämpfen im Geltungsbereich seiner

---

[201] Sog. Ubiquitätsgrundsatz, h.M., vgl. *Kegel*, IPR, S. 535 ff.; *Palandt/Heldrich*, Art. 38 EGBGB, Rn. 3; *Soergel/Lüderitz*, Art. 38 EGBGB, Rn. 16; *MüKo-Kreuzer*, Art. 38 EGBGB, Rn. 42.

[202] Entspricht § 98 Abs. 2, S. 1 GWB a.F.

[203] *Immenga/Mestmäcker/Rehbinder*, § 98 Abs. 2 GWB, Rn. 220 ff.; *Langen/Bunte*, § 98 Abs. 2 GWB, Rn. 99.

[204] BGHZ 74, 322, 324, 327; *Kegel*, IPR, S. 891; *MüKo-Immenga*, Nach Art. 37 EGBGB, Rn. 41; vgl. *Immenga/Mestmäcker/Rehbinder*, § 98 Abs. 2 GWB, Rn. 68.

[205] So auch *Sandberger*, S. 70, 79 f.

Sportart verbietet. Der Sportler wird damit von einer Betätigung auf diesem inländischen Markt gänzlich ausgeschlossen.

Das GWB kommt damit gemäß § 130 Abs. 2 GWB unabhängig vom Sitz des internationalen Sportverbandes für die Beurteilung der Rechtmäßigkeit einer Sperre einschließlich des zugrundeliegenden Regelwerkes des internationalen Sportverbandes zur Anwendung.

2. Zusammenfassung/Konkurrenzen

Die Beurteilung der Rechtmäßigkeit einer Sperre und des dieser zugrundeliegenden Regelwerkes des internationalen Sportverbandes richtet sich nach dem GWB, soweit eine Inlandsauswirkung vorliegt. Das Gericht hat das GWB allerdings nur insoweit anzuwenden, als sich die Sperre im Inland auswirkt, und kann sie demgemäß gegebenenfalls nur für das Gebiet der Bundesrepublik Deutschland für ungültig erklären. Diese Beschränkung beruht auf dem Sinn und Zweck des § 130 Abs. 2 GWB, der Wettbewerbsbeschränkungen nur insoweit dem deutschen Recht unterwerfen will, als der Schutzzweck der jeweiligen Sachnorm in Bezug auf das Inland berührt ist[206]. Für seinen Anwendungsbereich ist § 130 Abs. 2 GWB zwingend und verdrängt die allgemeinen Regeln des internationalen Vertrags- und Deliktsrechts[207]. Insoweit kommen also ausschließlich das GWB, und nicht das über das Vertrags- bzw. Deliktsstatut anzuwendende nationale Recht, zur Anwendung.

Im übrigen, d.h. soweit die Sanktion des internationalen Sportverbandes sich nicht im Inland auswirkt, sondern nur Geltung im Ausland beansprucht, bestimmt sich ihre Wirksamkeit nach dem Recht, das aufgrund des allgemeinen Kollisionsrechts heranzuziehen ist; § 130 Abs. 2 GWB findet insoweit keine Anwendung[208].

Dies führt dazu, daß für die Beurteilung der Rechtswirksamkeit einer Sanktion (Sperre) sowohl das Vertragsstatut als auch das Deliktsstatut zur Bestimmung des

---

[206] *Immenga/Mestmäcker/Rehbinder*, § 98 Abs. 2 GWB, Rn. 223; *MüKo-Immenga*, Nach Art. 37 EGBGB, Rn. 46.

[207] *Immenga/Mestmäcker/Rehbinder*, § 98 Abs. 2 GWB, Rn. 227; *Kegel*, IPR, S. 889; *MüKo-Immenga*, Nach Art. 37 EGBGB, Rn. 22.

[208] Vgl. *MüKo-Immenga*, Nach Art. 37 EGBGB, Rn. 47; *Immenga/Mestmäcker/ Rehbinder*, § 98 Abs. 2 GWB, Rn. 224.

anzuwendenden Rechts einschlägig ist. Dabei führt das Vertragsstatut gemäß Art. 28 EGBGB in den meisten Fällen zur Anwendung ausländischen Rechts, nämlich desjenigen Staates, welches am Sitz des internationalen Sportverbandes gilt, insbesondere also des Schweizer Rechts[209]. Demgegenüber ist aufgrund des Deliktsstatuts das deutsche Recht anwendbar, soweit der Sportler keine Rechtswahl trifft oder eine ausländische Rechtsordnung keine für ihn günstigere Beurteilung bietet.

Eine vertiefte Auseinandersetzung mit der Frage, ob eine akzessorische Anknüpfung des Deliktsstatut an das Vertragsstatut geboten ist, um eine einheitliche Beurteilung sämtlicher Ansprüche aus demselben Sachverhalt zu erreichen[210], soll hier unterbleiben. Da es für die Klage des Sportlers letztlich darauf ankommt, welches Statut das Gericht anwendet, ist der Rechtsprechung zu folgen, die eine derartige Anknüpfung bisher nicht anerkennt[211]. Es kann daher für die Klage des Sportlers getrennt an das Vertragsstatut oder an das Deliktsstatut angeknüpft werden, so daß unter Umständen auch verschiedene Rechtsordnungen zur Anwendung gelangen können.

Das Gericht hat demnach für die Überprüfung einer Entscheidung des internationalen Sportverbandes einschließlich des Regelwerkes das anzuwendende Recht anhand der dargestellten Grundsätze zu bestimmen.

IV. Die gerichtliche Kontrolle von Entscheidungen internationaler Sportverbände

Das deutsche Gericht, welches für eine Klage gegen den internationalen Sportverband zuständig ist, überprüft dessen Entscheidungen und/oder Regelungen anhand derjenigen nationalen Rechtsordnung, die aufgrund der dargestellten Kollisionsregeln einschlägig sind.

---

[209] Nur drei internationale Sportverbände haben ihren Sitz in Deutschland, die meisten hingegen in der Schweiz, hierzu oben, Fünftes Kapitel B. III. 1. a) bb).

[210] So die herrschende Lehre, vgl. nur *Firsching*, FS-Zajtay, S. 143 ff.; *Kropholler*, IPR, § 53 V 3, S. 465 ff.; *Staudinger/v.Hoffmann*, Art. 38 EGBGB, Rn. 137 f.; *Palandt/ Heldrich*, Art. 38 EGBGB, Rn. 14; umfassend *P.M. Fischer*, S. 148 ff., 178 ff., 187 ff. und passim.; differenzierend *MüKo-Kreuzer*, Art. 38 EGBGB, Rn. 66 ff.

[211] BGH, VersR 1961, S. 518; JR 1977, S. 19, 20 f.; OLG Düsseldorf, NJW-RR 1991, S. 55.

1. Gang der Darstellung

Die diesbezügliche nachfolgende Untersuchung unterteilt sich in zwei Abschnitte. Im ersten Abschnitt wird der gerichtliche Kontrollumfang der Doping-Entscheidungen bestimmt, der sich nach der deutschen Rechtsordnung beurteilt. Im zweiten Abschnitt wird der gerichtliche Kontrollumfang untersucht, der anzuwenden ist, wenn auf die Rechtsbeziehung des Sportlers zum internationalen Sportverband eine ausländische Rechtsordnung anzuwenden ist. Dabei soll allerdings eine Ermittlung der jeweils einschlägigen ausländischen Rechtsordnung und deren Bestimmungen, die die gerichtliche Kontrolle der Entscheidung eines Sportverbandes regeln, unterbleiben[212]. Es wird daher lediglich dargestellt, inwieweit das deutsche Gericht, soweit es die Doping-Entscheidung eines internationalen Sportverbandes anhand der ausländischen Rechtsordnung einer Kontrolle unterzogen hat, das dabei gefundene Ergebnis uneingeschränkt zu berücksichtigen hat oder ob es einer Einschränkung, insbesondere aufgrund einer ordre public-Prüfung nach Art 6 EGBGB, bedarf.

2. Gerichtliche Kontrolle nach deutschem Recht

Die rechtlichen Beziehungen zwischen dem internationalen Sportverband und dem Athleten beurteilen sich unter den genannten Voraussetzungen[213] nach deutschem Recht. Die hinsichtlich der deutschen Sportverbände entwickelten Voraussetzungen und daraus hergeleiteten Konsequenzen können auf die internationalen Sportverbände übertragen werden. Die Doping-Entscheidungen eines internationalen Sportverbandes sowie das dieser zugrundeliegende Regelwerk sind daher ebenfalls einer gerichtlichen Inhaltskontrolle gemäß § 242 BGB sowie einer Tatsachen- und Subsumtionskontrolle zu unterziehen. Nur soweit sie dieser standhalten, kann rechtswirksam eine Sanktion des Athleten begründet werden.

---

[212] Vgl. zum ausländischen Sportrecht: *Will*, Bindung nationaler Verbände, S. 29, 37 ff.; *Autexier*, Sportrecht in Frankreich, S. 11 ff.; *Evans*, Sportrecht in England, S. 31 ff; ; *De Cristofaro*, Sportrecht in Italien, S. 55 ff.; *Hörster*, Sportrecht in Portugal, S. 77 ff.; *Vera*, Sportrecht in Italien, S. 107 ff.; *Malatos*, Sportrecht in Griechenland, S. 135 ff.; ders., SpuRt 1997, S. 148; *Erecinski*, Sportrecht in Polen, S. 157 ff.

[213] Siehe oben, Fünftes Kapitel C. III.

Die im Rahmen der gerichtlichen Nachprüfung gemäß § 242 BGB vorzunehmende Interessenabwägung kann im Einzelfall zu anderen Ergebnissen führen; denn es können sich die auf Seiten des internationalen Sportverbandes zu berücksichtigenden Interessen möglicherweise von denen des deutschen Sportverbandes unterscheiden, insbesondere wegen deren spezifischen internationalen Ausrichtung und unter dem Gesichtspunkt der Welteinheitlichkeit ihrer Regelungen[214].

Allerdings bleiben die existierenden drei Wertentscheidungen, die dem Doping zugrundeliegen[215] und die die Interessenabwägung auf Seiten des Sportverbandes im wesentlichen beeinflussen, in gleicher Weise zu berücksichtigen. Die Dopingentscheidungen und -bestimmungen des internationalen Sportverbandes sind demnach grundsätzlich an die gleichen Voraussetzungen gebunden, wie die eines deutschen Sportverbandes, damit sie eine Sanktion des Athleten rechtswirksam begründen können. Es kann insoweit auf die oben[216] gefundenen Ergebnisse verwiesen werden.

3. Gerichtliche Kontrolle nach ausländischem Recht

Die Beziehung des internationalen Sportverbandes zum Athleten kann ebenfalls einer ausländischen Rechtsordnung unterliegen. Die Anwendung ausländischen Rechts hinsichtlich der gerichtlichen Kontrolle von Regelungen und/oder Entscheidungen eines internationalen Sportverbandes geschieht jedoch nicht vorbehaltlos.

a) Ordre public-Vorbehalt

Der ordre public-Vorbehalt, der nach Art. 6 EGBGB die Anwendung ausländischen Rechts ausschließt, soweit sie wesentlichen Grundsätzen des deut-

---

[214] Ausführlich hierzu *Vieweg*, Normsetzung, S. 287 ff., 290 ff.; siehe auch unten, Fünftes Kapitel, D. II.

[215] Chancengleichheit zwischen den Athleten, Schutz der Gesundheit der Athleten und Ansehen der Sportart in der Öffentlichkeit, vgl. im einzelnen oben, Zweites Kapitel B. II. 2.

[216] Zweites Kapitel, B. II., III.

schen Rechts widerspricht, kann zu einer Einschränkung der Anwendung des ausländischen Rechts führen.

Dabei sind die Entscheidungen und Regelungen internationaler Sportverbände nicht einer unmittelbaren ordre public-Prüfung anhand des Art. 6 EGBGB zu unterziehen[217]. Bei ihnen handelt es sich, jedenfalls soweit keine staatliche Geltungsanordnung existiert, nicht um ausländische Rechtsnormen[218]. Prüfungsgegenstand im Rahmen des Art. 6 EGBGB ist dabei das Ergebnis der Anwendung der ausländischen Rechtsnorm im konkreten Fall[219].

aa) Geltung der Grundrechte

Im Rahmen des ordre public-Vorbehaltes steht der Geltungsanspruch der Grundrechte als besonders hervorgehobene Wertentscheidung der Verfassung auch für die Anwendung des berufenen ausländischen Rechts seit dem Spanier-Beschluß des BVerfG vom 04.05.1971[220] außer Zweifel und ist in Art. 6 S. 2 EGBGB kodifiziert worden. Die Anwendung und Reichweite der Grundrechte ist dabei aus diesen selbst heraus zu ermitteln[221].

bb) Konkrete Anwendung des ordre public-Vorbehaltes

Das deutsche Gericht hat die Entscheidungen und Regelungen anhand dieser Grundsätze einer ordre public-Prüfung zu unterziehen. Diese sind daher anhand der jeweils einschlägigen ausländischen Rechtsnorm des Staates einer gerichtlichen Kontrolle zu unterziehen, dessen Recht auf die Beziehung zwischen Athlet und internationalem Sportverband zur Anwendung gelangt.

---

[217] *Vieweg*, Normsetzung, S. 311; *Will*, Bindung nationaler Verbände, S. 29, 36 f.; a.A. LG Münster. Urt. v. 05.09.1979, in Reschke, Dok.-Nr. 13-49-3; unklar *Reuter*, Verbindlichkeit internationalen Sportrechts, S. 53, 62; das OLG München SpuRt 1996, S. 133, 138, hat die Überprüfung der Entscheidung des Internationalen Sportverbandes, der IAAF, anhand der einschlägigen staatlichen Rechtsordnung offengelassen, da sie zumindest nicht mit wesentlichen Grundsätzen des deutschen Rechts, insbesondere den Grundrechten, zu vereinbaren war und diese sich gegebenenfalls gegen abweichendes englisches Recht durchsetzen.

[218] Vgl. *Vieweg*, Normsetzung, S.311, 352 ff

[219] Ganz h.M.; BGHZ 48, 327, 333; 118, 312, 331; 120, 29, 34; *Staudinger/Blumenwitz*, Art. 6 EGBGB, Rn. 86; *MüKo-Sonnenberger*, Art. 6 EGBGB, Rn. 47; *v.Bar*, IPR I, Rn. 634; *Soergel/Kegel*, Art. 6 EGBGB, Rn. 9; *Palandt/Heldrich*, Art. 6 EGBGB, Rn. 5.

[220] BVerfGE 31, 58 ff.

[221] *V.Bar*, IPR I, Rn. 633; *MüKo-Sonnenberger*, Art. 6 EGBGB, Rn. 54.

Sieht diese ausländische Rechtsnorm eine Inhaltskontrolle, die der des § 242 BGB im Geltungsbereich des deutschen Rechts entspricht, sowie eine Tatsachen- und Subsumtionskontrolle vor[222], steht eine Sanktion des internationalen Sportverbandes unter dem Vorbehalt der gleichen Rechtmäßigkeitsanforderungen. Problematisch erscheint es hingegen, wenn das ausländische Recht keine annähernd gleiche Inhaltskontrolle des Regelwerkes sowie keine Tatsachen- und Subsumtionskontrolle der Entscheidung des internationalen Sportverbandes vorsieht.

Insoweit erfordert Art. 6 EGBGB die Ausübung einer gerichtlichen Kontrolle der Doping-Entscheidung des internationalen Sportverbandes einschließlich des ihr zugrundeliegenden Regelwerkes, die insbesondere eine Inhaltskontrolle nach § 242 BGB sowie eine Tatsachen- und Subsumtionskontrolle umfaßt[223]. Die Kontrollen sind insbesondere bei Vereinen, die eine Monopolstellung innehaben, erforderlich, um die bestehende Monopolmacht abzuwehren und den Grundrechten des unterlegenen Teils Geltung zu verschaffen. Nur durch sie können die Grundrechte des Athleten, wie die allgemeine Handlungsfreiheit (Art. 2 Abs. 1 GG) und gegebenenfalls die Berufsfreiheit (Art. 12 GG), gegen einen Mißbrauch durch den internationalen Sportverband, der aufgrund seiner Monopolstellung über ein starkes Machtpotential verfügt, gesichert werden.

cc) Ergebnis

Eine Doping-Entscheidung eines internationalen Sportverbandes sowie dessen Regelwerk können damit nur dann rechtswirksam eine Sanktion des Athleten begründen, wenn sie einer Inhalts-, Tatsachen- und Subsumtionskontrolle standhalten. Diesbezüglich kommen die hinsichtlich der deutschen Sportverbände entwickelten Grundsätze und abgeleiteten Konsequenzen zur Anwendung[224], entweder unmittelbar über die jeweils einschlägige ausländische Rechtsnorm oder mit-

---

[222] Siehe oben zur Inhalts-, Tatsachen- und Subsumtionskontrolle, Zweites Kapitel B. II., III.

[223] *Reuter*, DZWiR 1996, S. 1, 6; vgl. auch *ders.*, Verbindlichkeit internationalen Sportrechts, S. 53, 62; *Vieweg*, Normsetzung, S. 310 ff.; *Reichert/Reichert*, Rn. 3051.

[224] Siehe oben, Zweites Kapitel B. II., III.

telbar über Art. 6 EGBGB, da sie zu den wesentlichen Grundsätzen des deutschen Rechts zu zählen sind.

b) Zusammenfassung

Die Entscheidungen (Sanktionen) des internationalen Sportverbandes einschließlich des diesen zugrundeliegenden Regelwerks halten einer gerichtlichen Kontrolle nur stand, wenn sie den Anforderungen entsprechen, die mit denjenigen vergleichbar sind, die das deutsche Recht für die Rechtswirksamkeit der Entscheidungen und Regelungen deutscher Sportverbände aufstellt. Dies gilt im Ergebnis sowohl, soweit das IPR die Anwendung deutschen Rechts vorschreibt, als auch, wenn eine ausländische Rechtsordnung zur Anwendung gelangt, da insoweit über den ordre public-Vorbehalt des Art. 6 EGBGB den Grundrechten des Athleten insbesondere im Hinblick auf die Monopolstellung der internationalen Sportverbände Geltung zu verschaffen ist.

D. Einwirkung der internationalen Sportverbände auf Entscheidungen und Regelwerke der deutschen Sportverbände

Die Entscheidungen und Regelwerke eines internationalen Sportverbandes kommen nicht allein in der unmittelbaren Rechtsbeziehung zum Athleten, die insbesondere durch dessen Teilnahme an einem Wettkampf des internationalen Sportverbandes begründet werden, zum Ausdruck. Sie entfalten ihre Wirkung auch mittelbar über die „Vermittlung" des deutschen Sportverbandes gegenüber dem Athleten. Es geht dabei um Entscheidungen eines deutschen Sportverbandes, die im wesentlichen durch Entscheidungen oder das Regelwerk des internationalen Sportverbandes geprägt sind. Hintergrund dabei ist, daß der deutsche Sportverband (Vereins-) Mitglied im internationalen Sportverband ist und dessen Regelwerke ihre Übernahme in die Regelwerke der nationalen Sportverbände und/oder die Rezeption der Entscheidungen des internationalen Sportverbandes vorsehen[225]. Es sind demnach zwei Situationen zu unterscheiden.

---

[225] Siehe oben, Erstes Kapitel E. II. 2. b).

I. Rechtstatsachen

Bei der ersten trifft der deutsche Sportverband eine Entscheidung auf der Grundlage einer Bestimmung seines eigenen Regelwerkes, welche inhaltsgleich mit der des internationalen Sportverbandes ist. In der zweiten Fallkonstellation übernimmt der deutsche Sportverband eine Entscheidung des internationalen Sportverbandes. Der internationale Sportverband verhängt beispielsweise eine Sperre gegen einen Athleten wegen eines Dopingverstoßes. Deren Folge ist nicht nur, daß der Athlet nicht an Wettkämpfen des internationalen Sportverbandes teilnehmen kann. Vielmehr sehen die Regelwerke der internationalen Sportverbände in der Regel die Übernahme dieser Entscheidung durch ihre Mitglieder, die nationalen Sportverbände, vor, mit der Folge, daß der Athlet auch nicht an Wettkämpfen des deutschen Sportverbandes teilnehmen kann bzw. an Wettkämpfen, die im Bereich des deutschen Sportverbandes veranstaltet werden.

Die internationalen Sportverbände sehen diesbezüglich verschiedene Sanktionen, bis hin zum Ausschluß aus ihrem Verband, gegen die nationalen Sportverbände vor, sollten sie die Regeln und/oder Entscheidungen nicht übernehmen[226]. Nicht zuletzt deswegen erfolgt die Übernahme durch deutsche Sportverbände zum Teil in der Kenntnis, daß dies einer gerichtlichen Inhaltskontrolle nicht standhalten wird[227].

II. Berücksichtigung bei der gerichtlichen Kontrolle

Zu klären ist damit, wie die Übernahme der Regelwerke und/oder Entscheidungen ausländischer internationaler Sportverbände durch die deutschen Sportverbände im Rahmen der gerichtlichen Nachprüfung zu berücksichtigen ist.

Grundsätzlich unterliegen die Entscheidungen und Regelwerke des deutschen Sportverbandes einer Inhaltskontrolle gemäß § 242 BGB. Bei der diesbezüglich vorzunehmenden Angemessenheitsprüfung können im Rahmen der Interessenabwägung auf Seiten des deutschen Sportverbandes auch seine Beziehungen zum internationalen Sportverband mit eingestellt werden. Ob die Berücksichtigung

---

[226] Siehe oben, Erstes Kapitel E. II. 2. b).
[227] *Prokop*, Probleme bei der Durchsetzung von Sanktionen, S. 28, 33 f.

dieses Interesses eines Rückgriffes auf den ordre public-Vorbehalt bedarf[228], oder ob sie bereits aus § 242 BGB herzuleiten ist[229], da es sich insofern um die gerichtliche Beurteilung der Rechtsbeziehung des Athleten zum deutschen Sportverband handelt, bedarf an dieser Stelle keiner Entscheidung.

Als zu berücksichtigen kommt das Interesse in Betracht, Sanktionen des ausländischen internationalen Sportverbandes zu vermeiden, sowie das Interesse an welteinheitlichen Dopingbestimmungen bzw. Regelwerken. Insofern ist dem deutschen Sportverband auch im Interesse der übrigen deutschen Vereine und Sportler daran gelegen, Sanktionen des internationalen Sportverbandes zu vermeiden, um diesen weiterhin die Teilnahme an Veranstaltungen des internationalen Sportverbandes zu vermitteln. Dieses schützenswerte Interesse ist in Relation zu setzen zum Schutzbedürfnis des einzelnen Sportlers. Die Angemessenheitsprüfung muß im Ergebnis insbesondere dessen Grundrechten Rechnung tragen.

Sofern eine bestimmte Doping-Regel des internationalen Sportverbandes dieser Inhaltskontrolle nicht standhält, sind eine hierauf gestützte Entscheidung des deutschen Sportverbandes bzw. eine von diesem übernommene Entscheidung des ausländischen internationalen Sportverbandes, z.B. eine Sperre des Athleten, unwirksam. Etwaige Repressalien des internationalen Sportverbandes muß der deutsche Sportverband unter diesen Gegebenheiten hinnehmen[230]. Allerdings kann sich ergeben, daß der Schutz des Athleten hinter dem Interesse des deutschen Sportverbandes am ungestörten Zugang, insbesondere der übrigen Sportler, zum internationalen Sportverkehr zurücktreten muß[231]. Dabei kann es

---

[228] *Vieweg*, Normsetzung, S. 313 f., 317; *Reichert/ Reichert*, Rn. 3051.

[229] *Reuter*, DZWiR 1996, S. 1, 8.

[230] LG Münster, Urt. v. 05.02.1979, in *Reschke*, Dok.-Nr. 13-49-3; hierzu *Will*, Bindung nationaler Verbände, S. 29, 36 f und S. 30 ff. zum Fall des Sportlers Nehemiah.

[231] LG Neubrandenburg, Urt. v. 13.04.1994, in *Reschke*, Dok.-Nr. 13-24-17, das die Nichtzulassung einer deutschen Athletin, die von der IAAF (unrechtmäßig) gesperrt worden war, u.a. mit dem Hinweis auf Art. 53 der IAAF Regel begründete, wonach ein Sportler automatisch für jeden internationalen Wettkampf gesperrt wird, wenn er zusammen mit einem international gesperrten Sportler an einem Wettkampf teilnimmt und somit den übrigen Sportler eben eine solche Sperre drohte; das Urteil erging allerdings in einer einstweiligen Verfügungssache; ebenso *Reuter*, DZWiR 1996, S. 1, 8.

sich jedoch nur um einen Ausnahmefall handeln, da grundsätzlich das Interesse des Sportlers, und insbesondere seine grundrechtlich geschützten Rechtspositionen, höher zu bewerten sind, so daß das Risiko einer Sanktion des ausländischen internationalen Sportverbandes der deutsche Sportverband zu tragen hat.

Sechstes Kapitel: Gesamtergebnis

Die gefundenen Ergebnisse lassen sich wie folgt zusammenfassen:

I.1. Die Sportverbände können eine Verbindlichkeit ihrer Regelwerke und damit auch ihrer Doping-Bestimmungen i.d.R. nicht über die Vereinsmitgliedschaft des Sportlers erreichen, da dem Sportverband keine unmittelbare Regelungsbefugnis zukommt und es darüber hinaus an korrespondierenden Satzungsbestimmungen fehlt.

Eine Bindung an das Verbandsregelwerk kommt aber durch den Abschluß eines Vertrages zustande, der sich in dem Abschluß von Lizenzverträgen („Athletenvereinbarungen"), der Ausgabe von Spielerpässen oder der Wettkampfteilnahme konkretisiert. Für die wirksame Einbeziehung des Verbandsregelwerkes in den Vertrag muß dem Sportler zumutbar die Kenntnisnahme ermöglicht werden; gleiches gilt bei nach Vertragsschluß erfolgten Änderungen des Regelwerkes.

2. Die Doping-Bestimmungen und Entscheidungen der Sportverbände unterliegen einer uneingeschränkten Tatsachen-, Subsumtions- und Inhaltskontrolle. Letztere ist anhand von § 242 BGB zu messen und hat im Rahmen einer Angemessenheitsprüfung insbesondere die Grundrechte der Athleten zu berücksichtigen. Regelungen, die dieser nicht standhalten, sind unwirksam und können nicht rechtswirksam eine Sanktion des Athleten begründen.

3. Das Verbot des Dopings und die zu seiner Durchsetzung durchgeführten Doping-Kontrollen sind grundsätzlich wirksam.

Die Doping-Regelungen müssen so detailliert formuliert sein, daß der Sportler von vorneherein erkennen kann, welches Verhalten als Doping verboten ist. Die Praxis der Sportverbände, abschließend die verbotenen Wirkstoffgruppen aufzuzählen, ist ausreichend, soweit einer Person mit der entsprechenden Fachkenntnis die Zuordnung eines einzelnen Mittels hierzu zweifelsfrei möglich ist; einer enumerativen Liste der einzelnen verbotenen Substanzen bedarf es nicht.

Für jede Sanktion des Sportlers wegen eines Doping-Verstoßes ist dessen Verschulden i.S.d. § 276 BGB zwingend erforderlich. Den Sportler trifft aber die volle Darlegungs- und Beweislast dafür, daß ihn kein Verschulden trifft.

Die Sperre des Sportlers wirkt insbesondere in das durch Art. 12 GG geschützte Recht der Berufsfreiheit, und muß bei der Bemessung der Höhe jeweils das inkriminierende Verhalten des Sportlers, insbesondere sein Verschulden, berücksichtigen; eine starre Regelung ist unwirksam.

4. In formeller Hinsicht sind bei der Bestrafung des Athleten die allgemeinen Verfahrensgrundsätze (Beistand eines Rechtsanwaltes, Verbot der mehrfachen Bestrafung, Rückwirkungsverbot) zu berücksichtigen.

II.1. Die gerichtliche Geltendmachung der möglichen Unwirksamkeit einer Sanktion durch den Sportler setzt grundsätzlich die Ausschöpfung des verbandsinternen Rechtsweges voraus.

2. Der Zulässigkeit der Klage kann zudem eine wirksame Schiedsgerichtsvereinbarung mit dem Sportverband entgegenstehen.

a) Die Streitigkeiten zwischen Sportverband und Sportler sind schiedsfähig.

b) Die Schiedsvereinbarung ist nichtig, wenn der Sportverband die Zulassung des Athleten zum Wettkampf von dem Abschluß einer Schiedsvereinbarung abhängig macht, § 138 BGB.

Eine Übergewicht des Sportverbandes bei der Besetzung führt nicht zur Unwirksamkeit der Vereinbarung, § 1034 Abs. 2 ZPO.

c) Die erforderliche Form der Schiedsvereinbarung richtet sich nach § 1031 Abs. 1 - 4 ZPO und ist bei einer Schiedsabrede (gesonderter Vertrag) regelmäßig eingehalten. Die Schiedsklausel, bei der durch die rechtsgeschäftliche Anerkennung des Verbandsregelwerkes das in der Satzung statuierte Schiedsgericht zur Anwendung gelangen soll, entspricht nur dann dem Formerfordernis, wenn die Bezugnahme, also die vertragliche Anerkennung, selbst dem Schriftformerfordernis des § 1031 Abs. 3 ZPO entspricht.

d) Darüber hinaus darf die Schiedsvereinbarung keine überraschende Regelung darstellen, so daß auf deren Existenz deutlich hingewiesen werden muß.

III.1. Dem Sportler steht ein Schadensersatzanspruch gegen den betreffenden Sportverband wegen einer pVV bzw. gemäß § 280 BGB sowie gemäß §§ 20 Abs. 1, 33 GWB zu, wenn dieser ihn „unrechtmäßig" sperrt, mithin die Sanktion des Sportverbandes einer Inhalts-, Tatsachen- oder Subsumtionskontrolle nicht standhält. Der Sportler kann insbesondere den Ersatz finanzieller Einbußen verlangen, die ihm durch die Aufkündigung von Sponsorenverträgen o.ä. entstanden sind; der Ersatz von entgangenen Start- oder Auflaufprämien steht ihm nur zu, wenn er bereits verbindlich zum Wettkampf gemeldet war beziehungsweise wenn aufgrund seiner fachlichen Qualifikation mit der Teilnahme zu rechnen war. Entgangene Sieg- oder Punkteprämien sind dagegen nur in Ausnahmefällen erstattungsfähig.

2. Bei einem tatsächlich erfolgten Doping kann in verschiedenen Fallkonstellationen ein Schadensersatzanspruch bestehen.

a) Dem unwissentlich gedopten Sportler steht ein Schadensersatzanspruch gegen den das Doping verursachenden Arzt, Trainer/Betreuer oder Sportverein zu, der bei bestehenden vertraglichen Beziehungen und gegenüber dem Verein darüber hinaus auch bei mitgliedschaftlichen Beziehungen den Ersatz der durch das Doping verursachten Schäden - einerseits der durch die Gesundheitsbeschädigung bedingten, andererseits finanzielle Einbußen durch die Aufkündigung von Sponsoringverträgen o.ä. - umfaßt, und ansonsten auf den Ersatz der mit der Gesundheitsbeschädigung zusammenhängenden Schäden beschränkt ist. Der wissentlich gedopte Sportler kann lediglich den zuletzt genannten Schadensposten ersetzt verlangen, wobei seine Einwilligung schadensmindernd zu berücksichtigen ist.

b) Der Verein hat gegen den dopenden Sportler ebenfalls einen Ersatzanspruch bei bestehender vertraglicher Beziehung sowie bei einer Mitgliedschaft des Sportlers im Verein und kann sämtliche kausal mit dem Doping des Sportlers zusammenhängenden Schäden ersetzt verlangen. Der Verein hat einen solchen Anspruch ferner gegen den am Doping beteiligten Arzt, Trainer oder Betreuer, soweit vertragliche Beziehungen zu diesen bestehen.

c) Dem sportlichen Konkurrenten des gedopten Sportlers steht ein Schadensersatzanspruch gemäß § 1 UWG und aus einem Vertrag mit Schutzwirkung zugunsten Dritter zu, soweit der gedopte Sportler eine bessere Plazierung im Wettkampf als der Konkurrent erreicht, und kann die hierdurch entstandenen finanziellen Einbußen ersetzt verlangen.

d) Der Zuschauer eines Wettkampfes, an dem ein gedopter Sportler teilgenommen hat, hat weder einen Schadensersatzanspruch gegen den Veranstalter noch gegen den gedopten Sportler.

e) Der Veranstalter kann von dem gedopten Sportler seinen durch das Doping verursachten Schaden ersetzt verlangen, und insbesondere die bereits erbrachten Vertragsleistungen (z.B. Antrittsprämien) zurückverlangen.

e) Dem Sponsor eines gedopten Sportlers steht ein Schadensersatzanspruch sowohl bei Vertragsbeziehungen zum Sportler selbst als auch bei solchen zum Verein des Sportlers dem Grunde nach zu. Die Feststellung des ersatzfähigen Schadens bereitet im Einzelfall jedoch häufig Schwierigkeiten.

IV.1. Die internationale Zuständigkeit des deutschen Gerichts für eine Klage des Sportlers gegen den internationalen Sportverband ist bei dessen Sitz in Deutschland gegeben. Im übrigen ergibt sie sich regelmäßig anhand des EuGVÜ bzw. Lugano-Übereinkommens über den Gerichtsstand der Streitgenossenschaft (Art. 6 Nr. 1) bei gleichzeitiger Klage gegen den deutschen Sportverband, oder über den der unerlaubten Handlung (Art. 5 Nr. 3). Nur soweit der internationale Sportverband seinen Sitz in keinem Vertragsstaat hat, folgt die internationale Zuständigkeit aus § 32 ZPO.

2. Der Zulässigkeit der Klage kann jedoch eine Schiedsvereinbarung zwischen den Parteien entgegenstehen, deren Wirksamkeit sich nach dem UNÜ richtet.

a) Die Schiedsvereinbarung muß insbesondere dem (Schrift-) Formerfordernis des Art. 2 Abs. 2 UNÜ entsprechen; bei einem satzungsmäßig statuierten Schiedsgericht oder einem Verweis in der Satzung auf ein Schiedsgericht hat zudem der Vertrag, der der Teilnahme des Sportlers am Wettkampf zugrundeliegt und die Anerkennung des Verbandsregelwerkes zum Inhalt hat, diesem Formerfordernis zu entsprechen. Des weiteren bedarf es der Übergabe des die Schiedsklausel enthaltenden Verbandsregelwerkes bzw. eines deutlichen und ausdrücklichen Hinweises auf die Schiedsvereinbarung.

b) Das Gebot der überparteilichen Rechtspflege entfaltet seine Geltung über den ordre public-Vorbehalt (Art. 5 Abs. 2 lit. b UNÜ) und führt zur Nichtbeachtung der Einrede der Schiedsvereinbarung durch das deutsche Gericht, wenn das Schiedsgericht ausschließlich mit Verbandsmitgliedern besetzt ist; ein Übergewicht bei der Benennung der Schiedsrichter reicht hingegen nicht aus.

Der Zwang zum Abschluß der Schiedsvereinbarung als Zulassungsvoraussetzung zum Wettkampf hält ebenfalls dem ordre public-Vorbehalt nicht stand.

3. Ein orginäres internationales Sportverbandsrecht existiert nicht; die Entscheidungen und Regelwerke der internationalen Sportverbände sind vielmehr an einer staatlichen Rechtsordnung zu messen.

a) Das deutsche Gericht bestimmt das anzuwendende nationale Recht anhand des Vertragsstatuts und des Delikts- bzw. Kartellstatuts.

b) Soweit deutsches Recht anwendbar ist, müssen die Entscheidungen und Regelwerke der internationalen Sportverbände einer umfassenden Inhalts-, Subsumtions- und Tatsachenkontrolle standhalten, wobei die diesbezüglich hinsichtlich der deutschen Sportverbände entwickelten Grundsätze und Konsequenzen zur Anwendung gelangen.

c) Bei der Anwendung ausländischen Rechts führt der ordre public-Vorbehalt des Art. 6 EGBGB dazu, daß die gerichtliche Kontrolle den gleichen Anforderungen entsprechen muß.

4. Der Einfluß der internationalen Sportverbände auf die deutschen Sportverbände kann zwar bei der gerichtlichen Kontrolle von deren Entscheidungen und Regelwerke berücksichtigt werden; das Interesse des Sportlers muß aber gewahrt werden, so daß der deutsche Sportverband das Risiko einer Sanktion durch den internationalen Sportverband grundsätzlich zu tragen hat.

LITERATURVERZEICHNIS

Acker, Helmut
Im Sog der Chemie
in: Rekorde aus der Retorte. Leistungssteigerung im modernen Hochleistungssport; Hrsg. v. Helmut Acker; Stuttgart 1972; S. 7

Albers, Hans-W.
Öffentliches Recht: Der bestechliche Fußballspieler
JuS 1972, S. 590

Albicker, Steffen
Der Gerichtsstand der Streitgenossenschaft
Konstanz 1996

Althammer, Werner/
Ströbele, Paul/
Klaka, Rainer
Markengesetz ;Kommentar
5. Auflage, Köln, Berlin, Bonn, München 1997

Amelung, Knuth
Die Einwilligung des Unfreien; das Problem der Freiwilligkeit bei der Einwilligung eingesperrter Personen
ZStW 95 (1983), S. 1

Arens, Wolfgang
„Der deutsche Bosman"; Anmerkung zum Kienas-Urteil des Bundesarbeitsgericht vom 20.11.1996
SpuRt 1997, S. 126

Arens, Wolfgang
Jaques, Chris
Rechtliche Überlegungen zu § 11 der Spielerverträge im Berufsfußball
SpuRt 1997, S. 41

Arndt, Hans-Wolfgang/
Immel, Cornelia
Zur Gemeinnützigkeit des organisierten Sports
BB 1987, S. 1153

Arzt, Gunther
Willensmängel bei der Einwilligung; Frankfurt a.M. 1970

Assmann, Heinz-Dieter
Grundfälle zum Vertrag mit Schutzwirkung für Dritte
JuS 1986, S. 885

Autexier, Christian
Sportrecht in Frankreich
in: Michael R. Will (Hrsg.), Sportrecht in Europa
(Recht und Sport Band 11); Heidelberg 1993; S. 11

Bach, Thomas
Der Dopingfall Harry „Butch" Reynolds . Plädoyer für internationale Sportgerichtsbarkeit
SpuRt 1995, S. 142

Baecker, Wolfgang	Grenzen der Vereinsautonomie im deutschen Sportverbandswesen; Dissertation, Münster 1985 (zit.: Vereinsautonomie)
ders.	Zur Nachprüfung von Vereinsstrafen NJW 1984, S. 906
Ballerstedt, Kurt	Zur Haftung für culpa in contrahendo bei Geschäftsabschluß durch Stellvertreter AcP 151 (1950/51), S. 501
Bar, Christian von	Internationales Privatrecht; Erster Band, Allgemeine Lehren München 1987 (zit.: IPR I)
ders.	Internationales Privatrecht; Zweiter Band, Besonderer Teil München 1991 (zit.: IPR II)
Barber, Host	Objektive Schiedsfähigkeit und *ordre public* in der internationalen Schiedsgerichtsbarkeit Frankfurt a.M., Berlin, Bern, New York, Paris, Wien 1994
Baumann, Wolfgang	Die Vereinsstrafgewalt des Deutschen Fußball-Bundes über Bundesligavereine, Lizenzspieler und Fußball-Lehrer Diss. Bonn, 1971
Baumbach, Adolf/ **Hefermehl**, Wolfgang	Wettbewerbsrecht ; Gesetz gegen den unlauteren Wettbewerb Zugabeverordnung, Rabattgesetz und Nebengesetze 20. Auflage, München 1998
Baumbach, Adolf/ **Lauterbach**, Wolfgang/ **Albers**, Jan/ **Hartmann**, Peter	Zivilprozeßordnung mit Gerichtsverfassungsgesetz und anderen Nebengesetzen 56. Auflage, München 1998
Bayer, Walter	Vertraglicher Drittschutz JuS 1996, S. 473
Bechthold, Rainer	Kartellgesetz, Gesetz gegen Wettbewerbsbeschränkungen München 1993

Behrens, Peter	Niederlassungsfreiheit und Internationales Gesellschaftsrecht RabelZ 52 (1988), S. 498
Berg, Albert Jan van den	The New York Arbitration Convention of 1958 Deventer, Boston 1994
Berger, Klaus Peter	Internationale Wirtschaftsschiedsgerichtsbarkeit Berlin New York 1992 (zit.: Internationale Wirtschaftsschiedsgerichtsbarkeit)
ders.	Das neue Recht der Schiedsgerichtsbarkeit - The New German Arbitration Law Köln 1998 (zit.: Das neue Recht der Schiedsgerichtsbarkeit)
Bethge, Herbert	Die verfassungsrechtliche Problematik einer Zulassungsberufung im Zivilprozeß NJW 1991, S. 2391
Beuthien, Volker	Zweitmitgliedschaft wider Willen? - Mitgliedschaftsvermittlungsklauseln im Vereinsrecht - ZGR 1989, S. 255
Beuthien, Volker **Hüsken**, Ulrich	Die aufgenötigte Zweitmitgliedschaft Jura 1989, S. 96
Beuthien, Volker **Kießler**, Eberhard	Anmerkung zu BGHZ 110, 323 WuB II L, § 31 BGB, 1/91
Bleckmann, Albert	Neue Aspekte der Drittwirkung der Grundrechte DVBl 1988, S. 938
ders.	Staatsrecht II - Die Grundrechte 4. Auflage, Köln, Berlin, Bonn, München 1997 (zit.: Staatsrecht II)
Blickensdörfer, Hans	Der Tag, an dem Tom Simpson starb in: Rekorde aus der Retorte. Leistungssteigerung im modernen Hochleistungssport; Hrsg.: Helmut Acker; Stuttgart 1972; S. 101
Bötticher, Eduard	Wesen und Arten der Vertragsstrafe sowie deren Kontrolle ZfA 1970, S. 3

Brox, Hans	Allgemeines Schuldrecht 25. Auflage, München 1998
Bruder, Rudolf	Keine Vereinsstrafgewalt des Deutschen Fußballbundes über Lizenzspieler (Bundesligaspieler)? MDR 1973, S. 897
Bruhn, Manfred/ **Mehlinger**, Rudolf	Rechtliche Gestaltung des Sponsoring 2. Auflage, München 1995
Buchner, Herbert	Die Bedeutung des Rechts am eingerichteten und ausgeübten Gewerbebetrieb für den deliktsrechtlichen Unternehmensschutz München 1971
ders.	Die Rechtsstellung des Lizenzspielers NJW 1976, S. 2242
ders.	Die Rechtsverhältnisse im deutschen Lizenzfußball RdA 1982, S. 1
Bunte, Hermann-Josef	Richterliche Inhaltskontrolle von Verbandsnormen - Besprechung der Entscheidung BGH ZIP 1989, 14 - ZGR 1991, S. 316
Burkhardt, Jürgen	Kartellrecht München 1995
Burmeister, Joachim	Sportverbandswesen und Verfassungsrecht DÖV 1978, S. 1
Busse, Peter	Rechtliche Grundsatzfragen des Sports Sgb 1989, S. 537
Buxbaum, Richard M.	The Origins of the American „Internal Affairs" Rule in the Corporate Conflict of Laws in: Festschrift für Gerhard Kegel, Hrsg. v. Hans-Joachim Musielak, Klaus Schurig; Stuttgart, Berlin, Köln, Mainz 1987; S. 75
Cherkeh, Rainer T.	Betrug (§ 263 StGB), verübt durch Doping im Sport Frankfurt am Main 2000
Calavros, Constantin	Das UNCITRAL-Modellgesetz über die internationale Handelschiedsgerichtsbarkeit Bielefeld 1988

Coing, Helmut	Das Privatrecht und die Probleme der Ordnung des Verbandswesens in: Festschrift für Werner Flume; Hrsg. von Horst Heinrich Jakobs, Brigitte Knobbe-Keuk, Eduard Picker, Jan Wilhelm; Köln 1978; S. 429
Cristofaro, Marcello De	Sportrecht in Italien in: Michael R. Will (Hrsg.), Sportrecht in Europa (Recht und Sport Band 11); Heidelberg 1993 S. 55
Dahm, Henning	Vertraglicher Drittschutz JZ 1992, 1167
Dahm, Georg/ **Delbrück**, Jost/ **Wolfrum**, Rüdiger	Völkerrecht Band I/1 Die Grundlagen. Die Völkerrechtssubjekte Berlin, New York 1989
Derleder, Peter / **Deppe**, Ulrike	Die Verantwortung des Sportarztes gegenüber Doping JZ 1992, S. 116
Detterbeck, Steffen	Streitgegenstand, Justizgewährungsanspruch und Rechtsschutzanspruch AcP 192 (1992), S. 325
Deutsch, Erwin	Schutzbereich und Tatbestand des unerlaubten Heileingriffs im Zivilrecht NJW 1965, S. 1985
ders.	Die Haftung des Zahnarztes bei der zahnärztlichen Behandlung VersR 1983, S. 993
ders.	Sport und Recht VersR 1989, S. 219
ders.	Sondergerichtsbarkeit im Sport ? VersR 1990, S. 2
ders.	Das „sonstige Recht" des Sportlers aus der Vereinsmitgliedschaft VersR 1991, S. 837
ders.	Arztrecht und Arzneimittelrecht 2. Auflage, Berlin Heidelberg New York 1991 (zit.: Arztrecht)

ders.	Das „sonstige Recht" des Sportlers aus der Vereinsmitgliedschaft in: Deutsch, Erwin (Hrsg.), Teilnahme am Sport als Rechtsproblem (Recht und Sport, Band 16), Heidelberg 1993; S. 49 (zit.: Vereinsmitgliedschaft)
ders.	Fahrlässigkeit und erforderliche Sorgfalt 2. Auflage, Köln, Berlin, Bonn, München 1995 (zit.: Fahrlässigkeit)
ders.	Allgemeines Haftungsrecht 2. Auflage, Köln Berlin, Bonn, München 1996 (zit.: Haftungsrecht)
Donike, Manfred	Gutachten zur Frage des Nachweises von Dopingmitteln im Blut in: Blut und/oder Urin zur Dopingkontrolle; Schorndorf, 1996; S. 127 (zit.: Gutachten zur Frage des Nachweises von Dopingmitteln im Blut)
ders.	Doping in: Eberspächer, H. (Hrsg.), Handlexikon der Sportwissenschaft, 1987; S. 81 (zit.: Handlexikon der Sportwissenschaft)
Donike, Manfred/ **Rauth**, Susanne	Dopingkontrollen 2. Auflage, Köln 1996 (zit.: Dopingkontrollen)
Dreier, Horst	Grundgesetz Kommentar; Herausgegeben von Horst Dreier Band I, Artikel 1- 19, Tübingen 1996 (zit.: Bearbeiter in Dreier)
Drobnig, Ulrich	Gemeinschaftsrecht und internationales Gesellschaftsrecht. „Daily Mail" und die Folgen in: Europäisches Gemeinschaftsrecht und Internationales Privatrecht, Hrsg. v. Christian von Bar; Köln, Berlin, Bonn, München 1991; S. 185
Dütz, Wilhelm	Rechtsstaatlicher Gerichtsschutz im Privatrecht Bad Homburg v.d.H., Berlin, Zürich 1970

Dury, Walter	Haftung des Trainers, Straf- und zivilrechtliche Verantwortlichkeit in: Dury, Walter (Hrsg.), Der Trainer und das Recht, Stuttgart 1997 (Recht und Sport; Bd. 21); S. 9
Ebenroth, Carsten Thomas	Neuere Entwicklungen im deutschen internationalen Gesellschaftsrecht - Teil 1 JZ 1988, S. 18
Eckert, Gertrud	Das Internationale Olympische Komitee und das Völkerrecht Dissertation, Bonn 1955
Edenfeld, Stefan	Die Rechtsbeziehung des bürgerlich-rechtlichen Verein zu Nichtmitgliedern Dissertation, Münster 1996
Eichenberger, Richard	Zivilrechtliche Haftung des Veranstalters sportlicher Wettkämpfe Dissertation, Zürich 1973
Emmerich, Volker	Das Recht der Leistungsstörungen 4. Auflage, München 1997 (zit.: Leistungsstörungen)
ders.	Das Recht des unlauteren Wettbewerbs 5. Auflage, München 1998 (zit.: Unlauterer Wettbewerb)
ders.	Kartellrecht 8. Auflage, München 1999 (zit.: KartellR)
Ennecerus, Ludwig/ **Nipperdey**, Hans Karl	Allgemeiner Teil des Bürgerlichen Rechts 15. Auflage, Tübingen 1959
Erecinski, Tadeusz	Sportrecht in Polen in: Michael R. Will (Hrsg.), Sportrecht in Europa (Recht und Sport Band 11); Heidelberg 1993; S. 157
Erman, Walter	Handkommentar zum Bürgerlichen Gesetzbuch 1. Band, §§ 1- 853 BGB, MHG, ProdHaftG, VerbrKrG, HausTWG, AGBG; 9. Auflage, Münster 1993 (zit.: Erman/Bearbeiter)

Ernst, Rolf	Die Ausübung der Vereinsgewalt Dissertation, Köln 1969
Esser, Josef **Schmidt**, Eike	Schuldrecht; Band I, Allgemeiner Teil, Teilband 2 7. Auflage, Heidelberg 1993 (zit.: SchR I 2)
Esser, Josef/ **Weyers**, Hans-Leo	Schuldrecht; Band II, Besonderer Teil 7. Auflage, Heidelberg 1991 (zit.:SchR II)
Evans, Andrew	Sportrecht in England in:Michael R. Will (Hrsg.), Sportrecht in Europa (Recht und Sport Band 11); Heidelberg 1993; S. 31
Faber, Alexander	Doping als unlauterer Wettbewerb und Spielbetrug Dissertation, Zürich 1972
Fabro, Marco Del	Der Trainervertrag - Untersuchung über die rechtliche Einordnung des Trainervertrages und ihre Auswirkungen auf das Vertragsverhältnis und die -beendigung Dissertation, St. Gallen 1992
Fastrich, Lorenz	Richterliche Inhaltskontrolle im Privatrecht München 1992
Felten, Jean-Baptiste	Medienpräsenz als zentrales Element im Sportsponsoring SpuRt 1997, S. 18
Fenn, Herbert	Zur Abgrenzung von Verbandsgerichtsbarkeit und statutarischer Schiedsgerichtsbarkeit in: Festschrift für Wolfram Henckel; Hrsg. von Walter Gerhard, Uwe Diederichsen, Bruno Rimmelspacher und Jürgen Costede Berlin, New York 1995; S. 173 (zit.: FS-Henckel)
ders.	Erfassung der Sportler durch die Disziplinargewalt der Sportverbände SpuRt 1997, S. 77

ders.	Verbandsrechtliche Wettkampf- und Disziplinarregeln und das AGBG In:Festgabe Zivilrechtslehrer 1934/1935; Hrsg. von Walther Hadding Berlin New York 1999; S. 103 (zit.: Festgabe Zivilrechtslehrer)
Fessmann, Ingo	Theaterbesuchsvertrag oder wann krieg ich als Zuschauer mein Geld zurück? NJW 1983, S. 1164
Fezer, Karl-Heinz	Markenrecht Kommentar zum Markengesetz, zur Pariser Verbandsübereinkunft und zum Madrider Markenabkommen; Dokumentation des nationalen, europäischen und internationalen Kennzeichenrechts München 1997
Fikentscher, Wolfgang	Schuldrecht 9. Auflage, Berlin New York 1997
Firsching, Karl	Das Prinzip der Akzessorietät im deutschen internationalen Recht der unerlaubten Handlung - deutsche IPR-Reform in: Festschrift für Imre Zajtay; Hrsg. von Ronald H. Graveson, Karl Kreuzer, André Tunc, Konrad Zweigert; Tübingen 1982; S. 143
Fischer, Detlev	Rechtsnatur und Funktion der Vertragsstrafe im Wettbewerbsrecht unter besonderer Berücksichtigung der höchstrichterlichen Rechtsprechung in: Festschrift für Henning Piper; Hrsg. von Willi Erdmann, Wolfgang Gloy, Rolf Herber; München 1996; S. 205 (zit.: FS-Piper)
Fischer, Hans Georg	EG-Freizügigkeit und bezahlter Sport, Inhalt und Auswirkungen des Bosman-Urteils des EuGH SpuRt 1996, S. 34

Fischer, Peter	Bemerkung zur Lehre von Alfred Verdross über den „quasi-völkerrechtlichen" Vertrag im Lichte der neuesten Entwicklung in: IUS HUMANITATIS, Festschrift zum 90.Geburtstag von Alfred Verdross; Herausgegeben von Herbert Miehsler, Erhard Mock, Bruno Simma, Ilmar Tammelo; Berlin 1980; S. 379 (zit.: FS-Verdross)
Fischer, Peter Michael	Die akzessorische Anknüpfung des Deliktsstatuts Dissertation, Berlin 1989
Flume, Werner	Die Vereinsstrafe in: Festschrift für Eduard Bötticher; Hrsg. von Karl August Bettermann und Albrecht Zeuner; Berlin 1969; S. 101 (zit.: FS-Bötticher)
ders.	Allgemeiner Teil der Bürgerlichen Rechts Zweiter Band, Das Rechtsgeschäft 3. Auflage, Heidelberg, New York 1979 (zit.: Das Rechtsgeschäft)
ders.	Allgemeiner Teil des Bürgerlichen Rechts Erster Band, Zweiter Teil: Die juristische Person Berlin Heidelberg New York Tokyo 1983 (zit.: Die juristische Person)
Frankfurter Kommentar	Frankfurter Kommentar zum Gesetz gegen Wettbewerbsbeschränkungen Band 2, §§ 1 - 19 GWB Band 3, §§ 20 - 27 GWB Band 4, §§ 28 - 109 GWB, Sachregister 3. Auflage, Köln 1997 (zit.: FK/Bearbeiter)
Franz, Kurt **Hartl**, Monika	„Doping" durch den Arzt als „ärztliche Tätigkeit" NJW 1988, S. 2277
Friedrich, Walther J.	Doping und zivilrechtliche Haftung SpuRt 1995, S. 8
Füllgraf, Lutz	Der Lizenzfußball; Eine vertragliche Dreierbeziehung im Arbeitsrecht Berlin 1981

Fuhrmann, Claas	Idealverein oder Kapitalgesellschaft im bezahlten Fußball? SpuRt 1995, S. 12
Gamm, Otto Friedrich Frhr. von	Kartellrecht Kommentar zum Gesetz gegen Wettbewerbsbeschränkungen und zu Art. 85, 86 EWGV 2. Auflage, Köln, Berlin, Bonn, München 1990
Gamm, Otto Friedrich Frhr. von	Gesetz gegen den unlauteren Wettbewerb 3. Auflage, Köln Berlin Bonn München 1993
Geimer, Reinhold	Fora Connexitatis - Der Sachzusammenhang als Grundlage der internationalen Zuständigkeit WM 1979, S. 350
ders.	Anmerkung zu EuGH, Urt. v. 27.9.1988, Rs 189/87 - Kalfelis/Schröder, Slg. 1988, 5565 ff. NJW 1988, S. 3089
ders.	Schiedsgerichtsbarkeit und Verfassung (aus deutscher Sicht) in: Schlosser, Peter (Hrsg.), Integrationsprobleme im Umfeld der Justiz; Bielefeld 1994; S. 113 (zit.: Schiedsgerichtsbarkeit und Verfassung)
ders.	Das Fehlen eines Gerichtsstandes der Mitgliedschaft als gravierender Mangel im Kompetenzsystem der Brüsseler und der Luganer Konvention in: Festschrift für Helmut Schippel, Hrsg. von der Bundesnotarkammer; München 1996; S. 869 (zit.: FS-Schippel)
ders.	Internationales Zivilprozeßrecht 3. Auflage, Köln 1997 (zit.: IZPR)
Geimer, Reinhold/ **Schütze**, Rolf A.	Europäisches Zivilverfahrensrecht Kommentar zum EuGVÜ und zum Lugano-Übereinkommen München 1997
Gierke, Otto von	Deutsches Privatrecht Erster Band, Allgemeiner Teil und Personenrecht Unveränderter Neudruck der ersten Auflage, Leipzig 1895 München und Leipzig 1936

Giesen, Dieter	Arzthaftungsrecht 4. Auflage, Tübingen 1995
Gloy, Wolfgang	Handbuch des Wettbewerbsrechts 2. Auflage, München 1997
Götz, Heinrich/ **Götz**, Jürgen	Die Haftung des Vereins gegenüber dem Mitglied - BGHZ 110, 323 JuS 1995, S. 106
Gottwald, Peter	Europäische Gerichtspflichtigkeit kraft Sachzusammenhangs IPRax 1989, S. 272
Gramlich, Ludwig	Grundfreiheiten contra Grundrechte im Gemeinschaftsrecht? - Überlegungen aus Anlaß der EuGH-Entscheidung „Bosman" - DöV 1996, S. 801
Greffenius, Gunter/ **Borcherdt**, Winfried	Vertragsrechtliche Praxis der Werbung durch Spitzensportler in: Grunsky, Wolfgang (Hrsg.), Werbetätigkeit und Sportvermarktung (Sport und Recht, Band 3); Heidelberg 1985; S. 1
Groda, Anselm	Die Verkehrssicherungspflichten gegenüber Zuschauern einer Sportveranstaltung Dissertation, Regensburg 1995
Großfeld, Bernhard	Die Entwicklung der Anerkennungstheorien im Internationalen Gesellschaftsrecht in: Festschrift für Harry Westermann; Hrsg. v. Wolfgang Hefermehl, Rudolf Gmür, Hans Brox; Karlsruhe 1974; S. 199
Großfeld, Bernhard/ **Luttermann**, Claus	Anmerkung zu EuGH, „Daily Mail", JZ 1989, S. 384 JZ 1989, S. 386
Grün, Beate	Die Generalklauseln als Schutzinstrumente der Privatautonomie am Beispiel der Kreditmithaftung von vermögenslosen nahen Angehörigen - zugleich eine Besprechung von BVerfG WM 1993, 2199 sowie BGH WM 1994, 676 und 680 - WM 1994, S. 713

Grunewald, Barbara	Vereinsordnungen - Praktische Bedeutung und Kontrolle ZHR 152 (1988), S. 242
dies.	Die in § 23 AGBG vorgesehene Bereichsausnahme für Gesellschaftsrecht Festschrift für Johannes Semler; Hrsg. von Marcus Bierich, Peter Hommelhoff, Bruno Kropff; Berlin, New York 1993; S. 175 (zit.: FS-Semler)
Grunsky, Wolfgang	Die Befugnis der Sportverbände zur Regelung der Werbetätigkeit durch die Mitgliedsvereine in: Grunsky, Wolfgang (Hrsg.), Werbetätigkeit und Sportvermarktung, (Recht und Sport, Band 3); Heidelberg 1985; S. 13
Günther, Jörg Michael/ **Kern**, Martina	Die zivilrechtliche Haftung im Tennissport VersR 1993, S. 794
Haas, Ulrich **Adolphsen**, Jens	Verbandsmaßnahmen gegenüber Sportlern NJW 1995, S. 2146
Haas, Ulrich **Prokop**, Clemens	Die Athletenvereinbarung - Der Athlet als stilles Mitglied des Verbandes - 1. Teil SpuRt 1996, S. 109
dies.	Die Athletenvereinbarung - Neue Wege der Konfliktlösung - 2. Teil SpuRt 1996, S. 187
dies.	Zu den formellen Grenzen der vereinsrechtlichen Disziplinargewalt im Rahmen von Unterwerfungsvereinbarungen SpuRt 1998, S. 15
Haas, Ulrich **Prokop**, Clemens **Niese**, Holger	Muster einer Athletenvereinbarung - Erarbeitet am Beispiel des DLV SpuRt 1996, S. 189
Habersack, Mathias	Die Mitgliedschaft - subjektives und „sonstiges" Recht Tübingen 1996

Habscheid, Walther J.	Vereinsautonomie, Vereinsgerichtsbarkeit und ordentliche Gerichtsbarkeit in: Friedrich-Christian Schroeder/Hans Kauffmann (Hrsg.), Sport und Recht; Berlin New York 1972; S. 158
Hadding, Walther	Korporationsrechtliche oder rechtsgeschäftliche Grundlagen des Vereinsrecht? in: Festschrift für Robert Fischer ;Hrsg. von Marcus Lutter, Walter Stimpel, Herbert Wiedemann; Berlin New York 1979; S. 165 (zit.: FS-Fischer)
ders.	Ergibt die Vereinsmitgliedschaft „quasi-vertragliche" Ansprüche, erhöhte Treue- und Förderpflichten" sowie ein „sonstiges Recht" im Sinne des § 823 Abs. 1 BGB ? in: Festschrift für Alfred Kellermann, Hrsg. von Reinhold Goerdeler, Peter Hommelhoff, Marcus Lutter, Walter Odersky, Herbert Wiedemann; Berlin New York 1991; S. 91 (zit.: FS-Kellermann)
Hadding, Walter/ **van Look**, Frank	Zur Ausschließung aus Vereinen des bürgerlichen Rechts - Besprechung der Entscheidung BGH WM 1987, 1422 ZGR 1988, S. 270
Hager, Johannes	Grundrechte im Privatrecht JZ 1994, S. 373
Hartwig, Henning	Über das Verhältnis von informativer und suggestiver Werbung - Anmerkung zur „Benetton-Werbung" WRP 1997, S. 825
Hausmann, Rainer	Einheitliche Anknüpfung internationaler Gerichtsstands- und Schiedsvereinbarungen? in: Festschrift für Werner Lorenz; Hrsg. von Bernhard Pfister, Michael R. Will; Tübingen 1991; S. 359
Hecke, Georges van	Rechtspersönlichkeit für internationale Idealvereine? in: Festschrift für Ignaz Seidl-Hohenveldern; Hrsg. von Karl-Heinz Böckstiegel, Hans-Ernst Folz, Jörg Manfred Mössner, Karl Zemanek; Köln Berlin Bonn München 1988; S. 629

Heermann, Peter	Der Deutsche Fußballbund (DFB) im Spannungsfeld von Kartell- und Konzernrecht ZHR 161 (1997), S. 665
Henn, Günter	Schiedsverfahrensrecht 2. Auflage, Heidelberg 1991
Henning-Bodewig, Frauke	Neue Aufgaben für die Generalklausel des UWG? - Von „Benetton" zu „Busengrapscher" - GRUR 1997, S. 180
Herrmann, Harald	Die Erteilung von Bundesliga-Vereinslizenzen und Diskriminierungsverbot WuW 1979, S. 149
Hesse, Konrad	Grundzüge des Verfassungsrecht der Bundesrepublik Deutschland 20. Auflage, Heidelberg 1995
Hilf, Meinhard **Pache**, Eckhard	Das Bosman-Urteil des EuGH Zur Geltung der EG-Grundfreiheiten für den Berufsfußball NJW 1996, S. 1169
Hilpert, Horst	Organisation und Tätigkeit von Verbandsgerichten BayVBl 1988, S. 161
ders.	Sport und Arbeitsrecht RdA 1997, S. 92
Hörster, Heinrich Ewald	Sportrecht in Portugal in: Michael R. Will (Hrsg.), Sportrecht in Europa (Recht und Sport Band 11); Heidelberg 1993; S. 77
Hoffmann, Bernd von	Der internationale Schiedsrichtervertrag - eine kollisionsrechtliche Skizze in: Festschrift für Ottoarndt Glossner; Hrsg. von Alain Plantey, Karl-Heinz Böckstiegel und Jens Bredow; Heidelberg 1994; S. 143 (zit.: FS-Glossner)
Hoffmann, Jürgen	Sponsoring zwischen Verbandsrecht und Berufsfreiheit SpuRt 1996, S. 73

Hoffmann, Mathias	Sportgesellschaft - Patentrezept für alle Ligen ? Zur Neuorganisation der Deutschen Eishockey-Liga SpuRt 1994, S. 24
Hohl, Michael	Rechtliche Probleme der Nominierung von Leistungssportlern Dissertation, Bayreuth 1992
Holzer, Wolfgang	Die Rechtsstellung von Trainern aus arbeitsrechtlicher Sicht nach österreichischer und deutscher Rechtslage in: Dury, Walter (Hrsg.), Der Trainer und das Recht, Stuttgart 1997 (Recht und Sport, Bd. 21); S. 37
Huber, Ulrich	Leistungsstörungen Empfiehlt sich die Einführung eines Leistungsstörungsrechts nach dem Vorbild des Einheitlichen Kaufgesetzes? Welche Änderungen im Gesetzestext und welche praktischen Auswirkungen im Schuldrecht würden sich dabei ergeben? in: Gutachten und Vorschläge zur Überarbeitung des Schuldrechts, Band I, herausgegeben vom Bundesministerium der Justiz, 1981; S. 647
Hülsen, Hans-Viggo von	Die Gültigkeit von internationalen Schiedsvereinbarungen Berlin 1973
Hußlein-Stich, Gabriele	Das UNCITRAL-Modellgesetz über die internationale Handelsschiedsgerichtsbarkeit Köln, Berlin, Bonn, München 1990
Ignarski, Jonathan S.	Sport, International Legal Aspects in: Bernhard, Rudolf (Hrsg.), Encyclopedia of Public International Law, Vol. 9; Amsterdam, New York, Oxford, Tokyo 1986; S. 359
Immenga, Ulrich/ **Mestmäcker**, Ernst-Joachim	GWB, Gesetz gegen Wettbewerbsbeschränkungen; Kommentar 2. Auflage, München 1992 (zit.: Immenga/Mestmäcker/Bearbeiter)
Ingerl, Reinhard/ **Rohnke**, Christian	Markengesetz - Kommentar München 1998

Isensee, Josef/ **Kirchhof**, Paul	Handbuch des Staatsrechts der Bundesrepublik Deutschland Band III, Das Handeln des Staates Heidelberg, 1988 Band VI, Freiheitsrechte Heidelberg, 1989 (zit.: Bearbeiter in Isensee/Kirchhof, Band)
Jarass, Hans D. **Pieroth**, Bodo	Grundgesetz für die Bundesrepublik Deutschland; Kommentar 4. Auflage, München 1997
Jescheck, Hans-Heinrich/ **Weigend**, Thomas	Lehrbuch des Strafrechts Allgemeiner Teil 5. Auflage, Berlin 1996
Kania, Thomas	Betriebsräte in Lizenzfußballvereinen SpuRt 1994, S. 121
Karlsruher Kommentar	Karlsruher Kommentar zur Strafprozeßordnung und zum Gerichtsverfassungsgesetz mit Einführungsgesetz 4. Auflage, München 1999 (KK-Bearbeiter)
Kebekus, Frank	Alternativen zur Rechtsform des Idealvereins im Bundesdeutschen Lizenzfußball Dissertation, Berlin 1991
Kegel, Gerhard	Internationales Privatrecht 7. Auflage, München 1995 (zit.: IPR)
Kiethe, Kurt	Internationale Tatortzuständigkeit bei unerlaubter Handlung - die Problematik des Vermögensschadens NJW 1994, S. 222
Kirberger, Wolfgang/ **Kirberger**, Petra	Hinzuziehung eines fachkundigen Beistands in der OHG- und KG-Gesellschafterversammlung, in der Mitgliederversammlung sowie im Vereinsausschluß-Verfahren BB 1978, S. 1390
Kirchhof, Ferdinand	Private Rechtsetzung Berlin 1987

Kleinknecht, Theodor **Meyer-Goßner**, Lutz	Strafprozeßordnung Gerichtsverfassungsgesetz, Nebengesetze und ergänzende Bestimmungen 43. Auflage, München 1997
Klooz, Thomas	Sportsponsoring - ein etabliertes Instrument der Unternehmenskommunikation in: Vieweg, Klaus (Hrsg.), Sponsoring im Sport (Recht und Sport Band 20), Stuttgart 1996; S. 17
Knobbe-Keuk, Brigitte	Umzug von Gesellschaften in Europa ZHR 154.(1990), S. 325
Knothe, Hans-Georg	„Umfunktionierte" Klassiker-Aufführungen ohne Hinweis - vertragsgemäße Theaterleistung? NJW 1984, S. 1074
Köhler, Helmut/ **Piper**, Henning	Gesetz gegen den unlauteren Wettbewerb München 1995
Körner, Harald Hans	Doping: Der Drogenmißbrauch im Sport und im Stall ZRP 1989, S. 418
Körner, Harald Hans	Betäubungsmittelgesetz, Arzneimittelgesetz; Kommentar 4. Auflage, München 1994
Kötz, Hein	Deliktsrecht 8. Auflage, Neuwied, Kriftel 1998
Kolhaas, Max	Das Doping aus rechtlicher Sicht in: F.-C. Schröder - H. Kauffmann (Hrsg.), Sport und Recht , 1972; S. 48
Koller, Ingo	Die Rechtsbeziehungen zwischen Sportveranstaltern und Zuschauern RdA 1982, S. 46
Kornblum, Udo	Probleme der schiedsrichterlichen Unabhängigkeit München 1968 (zit.: Schiedsrichterliche Unabhängigkeit)

ders.	„Ordre public transnational", „ordre public international" und „ordre public interne" im Recht der privaten Schiedsgerichtsbarkeit in: Festschrift für Heinrich Nagel; Hrsg. von Walther J. Habscheid und Karl Heinz Schwab; Münster 1987; S. 140 (zit.: FS-Nagel)
Krogmann, Mario	Zur Dopinggesetzgebung im Ausland - Teil 1 SpuRt 1999, S. 19
ders.	Zur Dopinggesetzgebung im Ausland - Teil 2 SpuRt 1999, S. 61
Kropholler, Jan	Internationales Privatrecht 3. Auflage Tübingen 1997 (zit.: IPR)
ders.	Europäisches Zivilprozeßrecht Kommentar zu EuGVÜ und Lugano-Übereinkommen 6. Auflage Heidelberg 1998
Krumpholz, Andreas	Apartheid und Sport: Rassentrennung und Rassendiskriminierung im südafrikanischen Sport sowie der Sportboykott Südafrikas München 1991
Kübler, Friedrich	Gesellschaftsrecht 5. Auflage, Heidelberg 1998
Kühl, Jochen	Rechtstatsächliche Konstruktionen der Werbung durch Verbände und Vereine in: Grunsky, Wolfgang (Hrsg.), Werbetätigkeit und Sportvermarktung, (Recht und Sport, Band 3); Heidelberg 1985; S. 25
Kühl, Kristian	Zur Zulässigkeit von Blut-/Urin-Dopingtests in: Blut und, oder Urin zur Dopingkontrolle, Schorndorf 1996; S. 31
Kurtze, Klaus	Das Recht der internationalen Sportverbände Dissertation Augsburg 1975
Labes, Hubertus W. / **Lörscher**, Torsten	Das neue deutsche Recht der Schiedsgerichtsbarkeit MDR 1997, S. 420

Lachmann, Jens-Peter	Handbuch für die Schiedsgerichtspraxis Köln 1998
Lange, Hermann	Schadensersatz 2. Auflage, Tübingen 1990
Langen, Eugen **Bunte**, Hermann-Josef	Kommentar zum deutschen und europäischen Kartellrecht Band 1 8. Auflage, Neuwied, Kriftel, Berlin 1998
Larenz, Karl	Anmerkung zu BGH, Urteil v. 25.4.1956, NJW 1956, 1193 NJW 1956, S. 1193
ders	Zur Schutzwirkung eines Schuldvertrages gegenüber dritte Personen NJW 1960, S. 78
ders.	Zur Rechtmäßigkeit einer „Vereinsstrafe" in: Gedächnisschrift für Rolf Dietz; Hrsg. von Götz Hueck und Reinhard Richardi; München 1973; S. 45 (zit.: Gdschr-Dietz)
ders.	Lehrbuch des Schuldrechts Erster Band, Allgemeiner Teil 14. Auflage, München 1987 (zit.: SchuldR I)
Larenz, Karl/ **Canaris**, Claus Wilhelm	Lehrbuch des Schuldrechs Zweiter Band, Besonderer Teil, 2. Halbband 13. Auflage, München 1994 (zit.: SchuldR II/2)
Larenz, Karl/ **Wolf**, Manfred	Allgemeiner Teil des Bürgerlichen Rechts 8. Auflage, München 1997 (zit.: AT)
Laufs, Adolf	Fortschritte und Scheidewege im Arztrecht NJW 1976, S. 1121
ders.	Arztrecht 5. Auflage, München 1993
Laufs, Adolf/ **Uhlenbruck**, Wilhelm	Handbuch des Arztrechts München 1992

Leipold, Dieter
Richterliche Kontrolle vereinsrechtlicher
Disziplinarmaßnahmen - Besprechung der
Entscheidung BGHZ 78, 337
ZGR 1985, S. 113

Leipziger Kommentar
Leipziger Kommentar, Großkommentar
Hrsg. von Burkhard Jähnke, Heinrich Wilhelm
Laufhütte, Walter Odersky
16. Lieferung, §§ 28 - Vor § 32
11. Auflage, Berlin New York 1994
(zit.: LK-Bearbeiter)

Lenz, Tobias
Imping, Andreas
Tatsachenentscheidung: Bindung und Ausnahmen
Zugleich Anmerkung zum Urteil des DFB-
Sportgerichts vom 26.04.1994 (Bundesligaspiel
Bayern München gegen 1.FC Nürnberg)
SpuRt 1994, 225

Linck, Joachim
Doping und staatliches Recht
NJW 1987, S. 2545

Lindacher, Walter F.
Schiedsklauseln und Allgemeine
Geschäftsbedingungen im internationalen
Handelsverkehr
in: Festschrift für Walther J. Habscheid; Hrsg. von
Walter F. Lindacher, Dieter Pfaff, Günter H. Roth,
Peter Schlosser und Eberhard Wieser; Bielefeld 1989;
S. .167

Lindemann, Hannsjörg
Sportgerichtsbarkeit - Aufbau, Zugang, Verfahren
SpuRt 1994, S. 17

Locher, Horst
Begriffsbestimmung und Schutzzweck nach dem
AGB-Gesetz
JuS 1997, S. 389

Lörcher, Gino
Schiedsgerichtsbarkeit: Übernahme des UNCITRAL-
Modellgesetzes?
ZRP 1987, S. 230

Look, Frank van
Vereinsstrafe als Vertragsstrafen
Berlin 1990
(zit.: Vereinsstrafe)

Look, Frank van	Individualschutz im Vereinsrecht Aufnahmepflicht - Inhaltskontrolle - Vereinsstrafen in: WM-Festgabe für Thorwald Hellner zum 65. Geburtstag am 9. Mai 1994; Sonderheft 1994; S. 46 (zit.: WM-Festgabe Hellner)
Look, Frank van	Kurzkommentar zu BGH NJW 1995, S. 583 EWiR § 25 BGB 1/95, S. 221
Lorenz, Egon	Zum neuen internationalen Vertragsrecht aus versicherungsvertraglicher Sicht in: Festschrift für Gerhard Kegel; Hrsg. von Hans-Joachim Muisielak, Klaus Schurig; Stuttgart, Bonn, Köln, Mainz 1987; S. 303 (zit.: FS-Kegel)
Lorenz, Werner	Anmerkung zu BGH, Urteil v. 7.11.1960, JZ 1961, 169 JZ 1961, S. 170
Lukes, Rudolf	Erstreckung der Vereinsgewalt auf Nichtmitglieder durch Rechtsgeschäft in: Festschrift für Harry Westermann, Hrsg. von Wolfgang Hefermehl, Rudolf Gmür, Hans Brox; Karlsruhe 1974; S. 325 (zit.: FS-Lukes)
Lutter, Marcus	Theorie der Mitgliedschaft AcP 180 (1980), S. 84
Lutter, Marcus/ **Hommelhoff**, Peter	GmbH-Gesetz Kommentar 14. Auflage, Köln 1995
Maier, Frank	Rechtsfragen der Organisation und Autonomie im Verbands- und Berufssport - Dargestellt am Beispiel des Deutschen Fußball-Bundes und der National Football League in den USA - Dissertation, Bayreuth 1995
Malatos, Andreas	Berufsfußball im europäischen Vergleich Dissertation, Saarbrücken 1988
Malatos, Andreas	Sportrecht in Griechenland in: Michael R. Will (Hrsg.), Sportrecht in Europa (Recht und Sport Band 11); Heidelberg 1993; S. 135 (zit.: Sportrecht in Griechenland)

Malatos, Andreas	Problematik der sog. „Sportgerichtsbarkeit" des griechischen Fußballverbandes SpuRt 1997, S. 148
Mann, Frederick Alexander	Schiedsrichter und Recht in: Festschrift für Werner Flume, Hrsg. von Horst Heinrich Jakobs, Brigitte Knobbe-Keuk, Eduard Picker, Jan Wilhelm; Köln 1978; S. 593
ders.	Bemerkungen zum Internationalen Privatrecht der Aktiengesellschaft und des Konzerns in: Festschrift für Carl Hans Barz; Hrsg. von Robert Fischer, Philipp Möhring und Harry Westermann; Berlin New York 1974; S. 219 (zit.: FS-Barz)
Mansel, Heinz-Peter	Kollisions- und zuständigkeitsrechtlicher Gleichlauf der vertraglichen und deliktischen Haftung ZVglRWiss 86 (1987), S. 1
ders.	Gerichtliche Prüfungsbefugnis im forum delicti IPRax 1989, S. 84
Marx, Ludger	Der verfahrensrechtliche ordre public bei der Anerkennung und Vollstreckung ausländischer Schiedssprüche in Deutschland Frankfurt a.M.; Berlin; Bern; New York; Paris ; Wien 1994
Maunz, Theodor/ **Dürig,** Günter/ **Herzog,** Roman/ **Scholz,** Rupert	Grundgesetz Kommentar Band I, Art. 1 - 10 Band II, Art. 11 -19 Band V, Art. 92 - 104 München, Stand 1998 (zit.: Bearbeiter in Maunz/Dürig)
Mayer, Jörg	Der Rechtsirrtum und seine Folgen im bürgerlichen Recht Bielefeld 1989
Mayer-Maly, Theo	Rechtsirrtum und Rechtsunkenntnis als Problem des Privatrechts AcP 170 (1970), S. 133
Medicus, Dieter	Bürgerliches Recht 17. Auflage, Köln Berlin Bonn München 1996 (zit.: BR)

ders.	Allgemeiner Teil des BGB 7. Auflage, Heidelberg 1997 (zit.: AT)
Mees, Hans-Kurt	Wettbewerbsverletzung durch vorangegangen Normenverstoß in: Festschrift für Fritz Traub; Hrsg. von Ulrich Lowenheim und Thomas Raiser; Frankfurt 1994 S. 275 (zit.: FS-Traub)
Mehlinger, Rudolf	Sportsponsoring - einführende rechtliche Aspekte SpuRt 1996, S. 54
ders.	Sportsponsoring - Erscheinungsformen und Grenzen SpuRt 1996, S. 164
ders.	Sportsponsoring - Erscheinungsformen und Grenzen - 2. Teil SpuRt 1996, S. 197
Meinberg, Martin/ **Olzen**, Dirk/ **Neumann**, Steffen	Gutachten über die rechtliche Möglichkeit zur Verhinderung des Doping-Mißbrauchs in: Wolfgang Schild (Hrsg.), Rechtliche Fragen des Dopings, Heidelberg 1986; S. 63
Mertens, Hans-Joachim	Die Geschäftsführungshaftung in der GmbH und das ITT-Urteil in: Festschrift für Robert Fischer, Hrsg. von Marcus Lutter, Walter Stimpel, Herbert Wiedemann; Berlin, New York 1979; S. 461
Meyer-Cording, Ulrich	Die Vereinsstrafe Tübingen 1957 (zit.: Vereinsstrafe)
ders.	Betriebsstrafe und Vereinsstrafe im Rechtsstaat NJW 1966, S. 225
ders.	Die Rechtsnormen Tübingen 1971 (zit.: Rechtsnormen)
ders.	Die Arbeitsverträge der Berufsfußballspieler RdA 1982, S. 13

Mezger, Ernest	Anmerkung zu BGH, Urteil v. 10.5.1984, RIW 1984, S. 644 RIW 1984, S. 647
Möschel, Wernhard	Monopolverband und Satzungskontrolle Tübingen 1978 (zit.: Monopolverband)
ders.	Recht der Wettbewerbsbeschränkungen Köln, Berlin, Bonn, München 1983 (zit.: Wettbewerbsbeschränkungen)
Mommsen, Friedrich	Zur Lehre vom Interesse (Beiträge zum Obligationenrecht II) Braunschweig 1855
Müller, Anja	Doping im Sport als strafbare Gesundheitsbeschädigung (§§ 223 Abs. 1, 230) ? Baden-Baden 1993
Müller, Gerhard	Zur arbeitsrechtlichen Problematik der Rechtsbeziehungen des Spitzenfilmdarstellers UFITA 28 (1959), S. 134
Müller, R. Klaus	Eignung von Blut und/oder Urin zum Doping-Nachweis in: Blut und/oder Urin zur Dopingkontrolle, Schorndorf, 1996; S. 165 (zit.: Eignung von Blut und/oder Urin zum Doping-Nachweis)
v. Münch, Ingo	Völkerrecht 2. Auflage, Berlin New York 1982
v. Münch, Ingo **Kunig**, Philip	Grundgesetz-Kommentar Band 1 (Präambel bis Art. 20) 4. Auflage, München 1992 Band 3 (Art. 70 - Art. 146 und Gesamtregister) 3. Auflage, München 1996 (zit.: Bearbeiter in v.Münch/Kunig)
Münchener Handbuch	Münchener Handbuch zum Arbeitsrecht Band 2, Individualarbeitsrecht II München 1993 (zit. MünchArbR/Berarbeiter)

Münchener Kommentar	Münchener Kommentar zum Bürgerlichen Gesetzbuch 3. Auflage, München Band 1, Allgemeiner Teil (§§1 - 240), AGB-Gesetz; (1993) Band 2, Schuldrecht, Allgemeiner Teil (§§ 241 - 432); (1994) Band 4, Schuldrecht, Besonderer Teil II (§§ 607 - 704); (1997) Band 5, Schuldrecht, Besonderer Teil III (§§ 705 - 853); (1997) Band 10, Einführungsgesetz zum Bürgerlichen Gesetzbuche (Art. 1 - 38) Internationales Privatrecht; 1998) (zit.: MüKo-Bearbeiter)
Münchener Kommentar	Münchener Kommentar zur Zivilprozeßordnung mit Gerichtsverfassungsgesetz und Nebengesetzen Band 3, §§ 803-1048; EGZPO GVG, EGGVG, Internationales Zivilprozeßrecht München 1992 (zit.: MüKo-Bearbeiter)
Netzle, Stephan	Sponsoring von Sportverbänden Zürich 1988 (zit.: Sponsoring)
ders.	Das Internationale Sportschiedsgericht in Lausanne, Le Tribunal Arbitral du Sport (TAS) SpuRt 1995, S. 89
ders.	Das Internationale Sport-Schiedsgericht in Lausanne, Zusammensetzung, Zuständigkeit und Verfahren in: Röhricht, Volker (Hrsg.), Sportgerichtsbarkeit, (Recht und Sport Bd. 22); Stuttgart, München, Hannover, Berlin, Weimar, Dresden 1997; S. 9 (zit.: Internationales Sport-Schiedsgericht)
Neumayer, Karl H.	Betrachtungen zum internationalen Konzernrecht ZVglRWiss 83 (1984), S. 129
Nicklisch, Fritz	Schiedsgerichtsklauseln und Gerichtsstandsvereinbarungen in Verbandsatzungen und Allgemeinen Geschäftsbedingungen BB 1972, S. 1285
ders.	Inhaltskontrolle von Verbandsnormen Heidelberg 1982

ders.	Privatautonomie und Schiedsgerichtsbarkeit bei internationalen Bauverträgen RIW 1991, S. 89
Niessen, Hermann	Niederlassungsrecht von Gesellschaften nach den Regeln des europäischen Gemeinschaftsrecht NJW 1986, S. 1408
Nordemann, Wilhelm	Wettbewerbs- und Markenrecht Baden-Baden 1995
Otto, Harro	Zur Strafbarkeit des Doping - Sportler als Täter und Opfer SpuRt 1994, S. 10
Palandt, Otto	Kommentar zum Bürgerlichen Gesetzbuch 58. Auflage, München 1999 (zit.: Palandt/Bearbeiter)
Pfister, Bernhard	Autonomie des Sports, sport-typisches Verhalten und staatliches Recht in: Festschrift für Werner Lorenz; Hrsg. von Bernhard Pfister, Michael R. Will; Tübingen 1991; S. 171 (zit.: FS-Lorenz)
ders.	Anmerkung zu BGH JZ 1995, S. 461 JZ 1995, S. 464
ders.	Das „Krabbe-Urteil" - Urteilsanmerkung 1. Teil: Deutsche Sportverbände als Niederlassung der internationalen Sportverbände i.S.v. § 21 ZPO? SpuRt 1995, S. 201
ders.	Das „Krabbe-Urteil" - Urteilsanmerkung 2. Teil: Kollisions- und materiellrechtliche Probleme SpuRt 1995, S. 250
Pieroth, Bodo **Schlink**, Bernhard	Grundrechte, Staatsrecht II 14. Auflage, Heidelberg 1998
Piltz, Burghard	Die Zuständigkeitsordnung nach dem EWG-Gerichtsstand- und Vollstreckungsübereinkommen NJW 1979, S. 1071

Preis, Bernd	Die Sportgerichtsbarkeit des Deutschen Fußballbundes (DFB) und die „Bestechungsfälle" in der Bundesliga DB 1971, S. 1573
ders.	Schiedsverträge innerhalb von sozialen Gewaltverhältnissen DB 1972, S. 1723
Preis, Ulrich	Grundfragen der Vertragsgestaltung im Arbeitsrecht Neuwied; Kriftel; Berlin 1993 (zit.: Vertragsgestaltung im Arbeitsrecht)
Prokop, Clemens	Probleme des Deutschen Leichtathletik-Verbandes bei der Durchsetzung von Sanktionen nach Dopingverstößen in: Führungs- und Verwaltungsakademie Berlin des Deutschen Sportbundes (Hrsg.), Verbandsrecht und Zulassungssperren; Frankfurt a.M. 1994; S. 28 (zit.: Probleme bei der Durchsetzung von Sanktionen)
ders.	Vereinheitlichung der Anti-Doping-Regeln der IAAF als Ziel SpuRt 1996, S. 31
Prokop, Ludwig	Zur Geschichte des Dopings und seiner Bekämpfung Sportarzt und Sportmedizin 1970, S. 125
ders.	Zur Geschichte des Dopings in: Rekorde aus der Retorte. Leistungssteigerung im modernen Hochleistungssport; Hrsg. von Helmut Acker; Stuttgart 1972; S. 22 (zit.: Geschichte des Dopings)
Raiser, Ludwig	Vertragsfreiheit heute JZ 1958, S. 1
Raupach, Arndt	„Structure follows Strategy" Grundfragen der Organisation des Zivil- und Steuerrechts im Sport - dargestellt am Thema „Profigesellschaften" SpuRt 1995, 241
Reichert, Bernhard	Sponsoring und nationales Sportverbandsrecht in: Vieweg, Klaus (Hrsg.), Sponsoring im Sport (Recht und Sport, Band 20); Stuttgart 1996; S. 31

Reichert, Bernhard/ **van Look**, Frank	Handbuch des Vereins- und Verbandsrecht 6. Auflage, Neuwied, Kriftel, Berlin 1995
Reichsgerichts- rätekommentar	Das Bürgerliche Gesetzbuch, mit besonderer Berücksichtigung der Rechtsprechung des Reichsgerichts und des Bundesgerichtshofes 11. Auflage, Berlin 1959 I. Band, 1. Teil, Allgemeiner Teil, §§ 1 - 290 (zit.: RGRK/Bearbeiter, 11. Auflage) 12. Auflage, Berlin New York Band I (§§ 1 - 240) 1982 Band II, 1. Teil, §§ 241 - 413; 1976 (zit.: RGRK/Bearbeiter)
Reinicke, Dietrich	Die Zulassung von Rechtsanwälten im vereinsgerichtlichen Ausschlußverfahren NJW 1975, S. 2048
Reithmann, Christoph/ **Martiny**, Dieter	Internationales Vertragsrecht Das internationale Privatrecht der Schuldverträge 5. Auflage, Köln 1996 (zit.: Reithmann/Martiny/Bearbeiter)
Reschke, Eike	Handbuch des Sportrechts Dokumentation mit Erläuterung; Hrsg. von Eike Reschke; Neuwied Darmstadt 1986 (Loseblatt-Sammlung, Stand Januar 1996) (zit.SportR)
Reuter, Dieter	Grenzen der Verbandsstrafgewalt ZGR 1980, S. 101
ders.	Probleme der Transferentschädigung im Fußballsport NJW 1983, S. 649
ders.	Die Verfassung des Vereins gem. § 25 BGB Inhalt, Folgen mangelnder Satzungsförmigkeit, Besonderheiten im Fall des nichtrechtsfähigen Vereins ZHR 148 (1984), S. 523
ders.	100 Bände BGHZ: Vereins- und Genossenschaftsrecht ZHR 151 (1987), S. 355

ders.	Voraussetzungen und Grenzen der Verbindlichkeit internationalen Sportrechts für Sportvereine und Sportler in: Reuter, Dieter (Hrsg), Einbindung des nationalen Sportrechts in internationale Bezüge (Recht und Sport Bd. 7), Heidelberg 1987; S. 53 (zit.: Verbindlichkeit internationalen Sportrechts)
ders	Die Mitgliedschaft als sonstiges Recht im Sinne des § 823 Abs. 1 BGB in: Festschrift für Hermann Lange; Hrsg. von Dieter Medicus, Hans-Joachim Mertens, Knut Wolfgang Nörr, Wolfgang Zöllner, Stuttgart, Berlin, Köln 1992; S. 707 (zit.: FS-Lange)
ders.	Das selbstgeschaffene Recht des internationalen Sports im Konflikt mit dem Geltungsanspruch des nationalen Rechts DZWiR 1996, S. 1
Richtsfeld, Stefan	Das Rechtsverhältnis zwischen Sportveranstalter und Zuschauer Dissertation Regensburg 1992
ders.	Geld zurück oder gar Schadensersatz bei ausgefallener Sportveranstaltung ? SpuRt 1995, S. 153
Rittner, Fritz	Wettbewerbs- und Kartellrecht 5. Auflage, Heidelberg 1995
Röhrborn, Stefan	Der Sponsoringvertrag als Innengesellschaft Frankfurt a.M.; Berlin; Bern; New York; Paris; Wien 1997
Röhricht, Volker	Literaturbesprechung: Barbara Grunewald; Der Ausschluß aus Gesellschaft und Verein AcP 189 (1989), S. 386

ders.	Satzungsrechtliche und individualrechtliche Absicherung von Zulassungssperren als wesentlicher Bestandteil des DSB-Katalog in: Führungs- und Verwaltungsakademie Berlin des Deutschen Sportbundes (Hrsg.), Verbandsrecht und Zulassungssperren; Frankfurt a.M. 1994; S. 12 (zit.: Zulassungsperren)
Röthel, Anne	Neues Doping-Gesetz für Frankreich SpuRt 1999, S. 20
Rohner, Markus	Die örtliche und internationale Zuständigkeit des Sachzusammenhangs Dissertation, Bonn 1991
Roth, Fritz	Die Teilnahme am Sport aus der Sicht eines Sportverbandes. Dargestellt am Beispiel des DLV in: Erwin Deutsch (Hrsg.), Teilnahme am Sport als Rechtsproblem: verbands,- vereins- und deliktsrechtliche Probleme; (Recht und Sport; Bd. 16); Heidelberg 1993; S. 1
Roth, Wulf-Henning	Der Einfluß des Europäischen Gemeinschaftsrechts auf das Internationale Privatrecht RabelZ 55 (1991), S. 621
ders.	Die Freiheit des EG-Vertrages und das nationale Privatrecht ZEuP 1994, S. 5
Rudolphi, Hans-Joachim	Literaturbericht; Strafrecht - Allgemeiner Teil ZStW 86 (1974), S. 68
Rupp, Hans Heinrich	Das Grundrecht der Berufsfreiheit in der Rechtsprechung des Bundesverfassungsgericht AöR Bd. 92 (1967), S.212
Sack, Rolf	Auswirkung der Art. 52, 58 EWGV auf das internationale Gesellschaftsrecht - EuGH, NJW 1989, 2186 JuS 1990, S. 352
Säcker, Franz Jürgen/ Rancke, Friedbert	Verbandsgewalt, Vereinsautonomie und richterliche Inhaltskontrolle ArbuR 1981, S. 1

Samstag, Peter — Der Spielerwechsel im bezahlten Fußball
Dissertation, Gießen 1970

Samtleben, Jürgen — Internationale Gerichtsstandvereinbarungen nach dem EWG-Übereinkommen und nach der Gerichtsstandnovelle
NJW 1974, S. 1590

Sandberger, Georg — Berufsfreiheit, Freiheit der Sportausübung und Macht internationaler Verbände
in: Württembergischer Fußballverband e.V. (Hrsg.), Rechtsprobleme beim Vereinswechsel eines Fußballsspielers; Stuttgart 1983; S. 70

Sauter, Eugen/ **Schweyer**, Gerhard — Der eingetragene Verein
15 Auflage, München 1994

Schack, Haimo — Wechselwirkung zwischen europäischem und nationalem Zivilprozeßrecht
ZZP 107, S. 279

Schauhoff, Karl-Friedrich — Was ist eigentlich ein Schiedsgericht
SpuRt 1995, S. 24

Schemmer, Franz — Der *ordre public*-Vorbehalt unter der Geltung des Grundgesetzes
Frankfurt a.M., Berlin, Bern, New York, Paris, Wien 1995

Schiwy, P. — Arzneimittelgesetz
Gesetz über den Verkehr mit Arzneimitteln - Kommentar; sowie Sammlung des gesamten Arzneimittel- und Apothekenrechts des Bundes und der Länder
Band 1, Starnberg, Stand 1. Dezember 1998

Schlosser, Peter — Vereins- und Verbandsgerichtsbarkeit
München 1972
(zit.: Vereinsgerichtsbarkeit)

ders. — Anmerkung zu EuGH, Urt. v. 27.9.1988, Rs 189/87 - Kalfelis/Schröder, Slg. 1988, 5565 ff.
RIW 1988, S. 987

ders. — Kurzkommentar zu LG Frankfurt, ZIP 1989, S. 599
EWiR § 1025 ZPO, 1/89, S. 623

ders.	Das Recht der internationalen privaten Schiedsgerichtsbarkeit 2. Auflage, Tübingen 1989 (zit: RipS)
ders.	Die olympische Sportgerichtsbarkeit und das deutsche Recht in: Festschrift für Albrecht Zeuner; Hrsg. von Karl August Bettermann, Manfred Löwisch, Hansjörg Otto, Karsten Schmidt; Tübingen 1994; S. 467 (zit.: FS-Zeuner)
ders.	Bald ein neues Recht der Schiedsgerichtsbarkeit in Deutschland? RIW 1994, S. 723
Schmidt, Karsten	„Unternehmen" und „Abhängigkeit": Begriffseinheit und Begriffsvielfalt im Kartell- und Konzernrecht - Besprechung der Entscheidung BGHZ 74, 359 - ZGR 1980, S. 277
ders.	Schiedsfähigkeit von GmbH-Beschlüssen ZGR 1988, S. 523
ders.	Die Vereinsmitgliedschaft als Grundlage von Schadensersatzansprüchen JZ 1991, S. 157
ders.	Integritätsschutz von Unternehmen nach § 823 BGB - Zum „Recht am eingerichteten und ausgeübten Gewerbebetrieb" JuS 1993, S. 985
ders.	Gesellschaftsrecht 3. Aufl., Köln Berlin Bonn München 1997 (zit.: GesellR)
Schmidt-Bleibtreu, Bruno/ Klein, Franz	Kommentar zum Grundgesetz 9. Auflage, Neuwied, Kriftel 1999
Schmidt-Syassen, Inga	Zur Wechselwirkung von Wirtschaftsrecht und bürgerlichen Recht bei der Konkretisierung von freiheitsbeschränkenden Generalklauseln, dargestellt an Hand der Entwicklung und Dogmatik des § 826 BGB und § 26 Abs. 2 GWB Dissertation Bonn 1973

Schneider-Grohe, Christa Brigitte	Doping Eine kriminologische und kriminalistische Untersuchung zur Problematik der künstlichen Leistungssteigerung im Sport und zur rechtlichen Handhabung dieser Fälle Lübeck 1979
Schnitzer, ‚Adolf F.	Die Zuordnung der Verträge im IPR RabelsZ 33 (1969), S. 17
ders.	Betrachtung zur Gegenwart und Zukunft des internationalen Privatrechts RabelsZ 38 (1974), S. 317
Schönfeld, Ulrich v.	Die Immunität ausländischer Staaten vor deutschen Gerichten NJW 1986, S. 2980
Schönke, Adolf/ **Schröder,** Horst	Strafgesetzbuch; Kommentar 25. Aufl., München 1997 (zit.: Schönke/Schröder/Bearbeiter)
Schünemann, Wolfgang B.	Die positive Vertragsverletzung - eine kritische Bestandsaufnahme JuS 1987, S. 1
Schütze, Rolf A.	Schiedsgericht und Schiedsverfahren 2. Auflage, München 1998
Schütze, Rolf A./ **Tscherning,** Dieter/ **Wais,** Walter	Handbuch des Schiedsverfahrensrecht Praxis der deutschen und internationalen Schiedsgerichtsbarkeit 2. Auflage, Berlin New York 1990
Schumacher, Klaus	Fragen zum Anwendungsbereich des künftigen deutschen Schiedsverfahrensrechts in: Festschrift für Ottoarndt Glossner; Hrsg. von Alain Plantey, Karl-Heinz Böckstiegel und Jens Bredow; Heidelberg 1994; S. 341
Schwab, Dieter	Zivilrechtliche Haftung beim Doping in Wolfgang Schild (Hrsg.), Rechtliche Fragen des Dopings,; Heidelberg 1986; S. 35 (zit.: Doping)

Schwab, Karl Heinz	Kollisionsrechtliche Fragen des deutschen internationalen Schiedsverfahrensrechtes in: Festschrift für Martin Luther; Hrsg. von Ottoarndt Glossner und Walter Reimers; München 1976; S. 163 (zit.: FS-Luther)
ders.	Das Uncitral-model law und das deutsche Recht In: Festschrift für Heinrich Nagel; Hrsg. von Walther J. Habscheid und Karl Heinz Schwab; Münster 1987; S. 427 (zit.: FS-Nagel)
Schwab, Karl Heinz / **Walter**, Gerhard	Schiedsgerichtsbarkeit 5. Auflage München 1995
Sehling, Michael/ **Pollert**, Reinhold/ **Hackfort**, Dieter	Doping im Sport Medizinische, sozialwissenschaftliche und juristische Aspekte München 1989
Seidl-Hohenveldern, Ignaz	Völkerrecht 6. Auflage Köln Berlin Bonn München 1987 (zit.:Völkerrecht)
ders.	Neue Entwicklung im Recht der Staatenimmunität in: Festschrift für Günther Beitzke; Hrsg. von Otto Sandrock; Berlin New York 1979; S. 1081 (zit.: FS-Beitzke)
Seidl-Hohenveldern, Ignaz/ **Loibl**, Gerhard	Das Recht der Internationalen Organisationen einschließlich der Supranationalen Gemeinschaften 5. Auflage, Köln Berlin Bonn München 1992
Simma, Bruno	The Court of Arbitration for Sport in: Festschrift für Ignaz Seidl-Hohenveldern; Hsrg. von Karl-Heinz Böckstiegel, Hans-Ernst Folz, Jörg Manfred Mössner, Karl Zemanek; Köln Berlin Bonn München 1988; S. 573

Soergel, Hans Theodor	Bürgerliches Gesetzbuch mit Einführungsgesetz und Nebengesetzen- Kommentar 12. Auflage, Stuttgart, Band 1, Allgemeiner Teil (§§ 1 - 240), HaustürWiderG; Stand Sommer 1987 Band 2, Schuldrecht I (§§ 241 - 432); Stand Juli 1990 Band 4/1, Schuldrecht III/1 (§§ 516 - 651), MHG, VerbKrG; Stand Frühjahr 1997 Band 5/2, Schuldrecht IV/2 (§§ 823 - 853), Produkthaftungsgesetz, Umwelthaftungsgesetz; Stand Frühjahr 1998 Band 10, Einführungsgesetz; Stand Anfang 1996 (zit.: Soergel/Bearbeiter)
Staudinger, Julius von	Julius von Staudingers Kommentar zum Bürgerlichen Gesetzbuch mit Einführungsgesetz und Nebengesetzen 11. Auflage, Berlin 1957 I. Band, Allgemeiner Teil, §§ 1- 240 (zit.: Staudinger/Bearbeiter, 11. Aufl.) 12. Auflage, Berlin Erstes Buch, Allgemeiner Teil, §§ 1 - 89; (1980) Zweites Buch, Recht der Schuldverhältnisse, §§ 823 - 832; (1986) Einführungsgesetz zum Bürgerlichen Gesetzbuch; Internationales Schuldrecht I; Vorbemerkung zu Art. 27-37 nF; Berlin; (1987) (zit.: Staudinger/Bearbeiter, 12. Aufl.) 13. Bearbeitung, Berlin Erstes Buch, Allgemeiner Teil, §§ 21 - 103; (1995) Erstes Buch; Allgemeiner Teil; §§ 134 - 163; (1996) Zweites Buch, Recht der Schuldverhältnisse, §§ 249 - 254; (1998) Zweites Buch, Recht der Schuldverhältnisse, §§ 255 - 292; (1995) Zweites Buch, Recht der Schuldverhältnisse, §§ 293 - 327; (1995) Zweites Buch, Recht der Schuldverhältnisse, §§ 328 - 361; (1995) Zweites Buch, Recht der Schuldverhältnisse, §§ 652 - 704; (1995) Einführungsgesetz zum Bürgerlichen Gesetzbuche/IPR

| | Einleitung zum IPR; Art. 3-6 EGBGB; Anhang zu Art. 4 EGBGB: Länderberichte zum Renvoi und zur Mehrrechtsstaaten; Anhang zu Art. 5 EGBGB: Das internationale Flüchtlingsrecht; Anhang zu Art. 6 EGBGB: Vergeltungrecht; (1996)
Art. 38 EGBGB; (1998)
Internationales Gesellschaftsrecht; (1993)
(zit.: Staudinger/Bearbeiter) |

Stein, Friedrich/ **Jonas**, Martin — Kommentar zur Zivilprozeßordnung
Band 7, Teilband 2; §§ 946 - 1048, EGZPO
21. Auflage, Tübingen 1994
(zit.: Stein/Jonas/Bearbeiter)

Steinbeck, Anja — Vereinsautonomie und Dritteinfluß
Berlin New York 1999

Steindorff, Ernst — Abstrakte und konkrete Schadensberechnung
AcP 158 (1959/60), S. 431

Steiner, Udo — Verfassungsfragen des Sports
NJW 1991, S. 2729

Steinle, Edgar — Konkludente Rechtswahl und objektive Anknüpfung nach altem und neuem deutschem Internationalen Vertragsrecht
ZvglRW 1993, S. 300

Stern, Klaus — Grundrechte der Sportler
in: Friedrich-Christian Schroeder/Hans Kauffmann (Hrsg.), Sport und Recht; Berlin New York 1972; S. 142
(zit.: Grundrechte der Sportler)

ders. — Das Staatsrecht der Bundesrepublik Deutschland
Band II, Staatsorgane, Staatsfunktionen, Finanz- und Haushaltsverfassung, Notstandsverfassung; München 1980
Band III/1, Allgemeine Lehre der Grundrechte; München 1988
(zit.: Staatsrecht, Band)

Stöber, Kurt — Handbuch zum Vereinsrecht
7. Auflage 1997

Stoffel, Wilhelm	Die Eignung von Blut und/oder Urinproben für die Dopingkontrolle in: Blut und/oder Urin zur Dopingkontrolle; Schorndorf, 1996; S. 205
Summerer, Thomas	Internationales Sportrecht vor dem staatlichen Richter München 1990
Systematischer Kommentar	Systematischer Kommentar zum Strafgesetzbuch Band II, Besonderer Teil (§§ 80 - 358) 44. Lieferung, München 1998 (zit.: SK-Bearbeiter)
Teplitzky, Otto	Wettbewerbsrechtliche Ansprüche; Unterlassung - Beseitigung - Schadensersatz, Anspruchsdurchsetzung und Anspruchsabwehr 7. Auflage, Köln, Berlin, Bonn, München 1997 (zit.: Wettbewerbsrechtliche Ansprüche)
Tettinger, Peter J.	Blutentnahme zum Zwecke der Dopinganalytik? Verfassungsrechtliche Überlegungen zur Zulässigkeit einer Blutentnahme bei Leistungssportlern zum Nachweis von Dopingsubstanzen in: Blut und, oder Urin zur Dopingkontrolle;Schorndorf 1996; S. 67
Teubner, Gunther	Organisationsdemokratie und Verbandsverfassung Tübingen 1978
Thomas, Heinz/ **Putzo**, Hans	Zivilprozeßordnung 21. Auflage, München 1998
Tröger, Walther/ **Vedder**, Christoph	Rechtsqualität der IOC-Zulassungsregel - Anspruch und Wirklichkeit in: Reuter, Dieter (Hrsg.): Einbindung des nationalen Sportrechts in internationale Bezüge;(Recht und Sport 7); Heidelberg 1987; S. 1
Tröndle, Herbert/ **Fischer**, Thomas	Strafgesetzbuch und Nebengesetze 49. Auflage, München 1999
Tuhr, Andreas von	Der Allgemeine Teil des Deutschen Bürgerlichen Rechts Erster Band, Allgemeine Lehren und Personenrecht Leipzig 1910 (zit.: BGB-AT, Bd. 1)

Turner, George	Rechtsprobleme beim Doping im Sport MDR 1991, S. 569
ders.	Die Einwilligung ders Sportlers beim Doping NJW 1991, S. 2943
ders.	Doping und Zivilrecht NJW 1992, S. 720
ders.	Doping und Zivilrecht In: Festgabe Zivilrechtslehrer 1934/1935; Hrsg. v. Walther Hadding; Berlin New York 1999; S. 669 (zit.: Festgabe Zivilrechtslehrer)
Ulmer, Peter/ **Brandner**, Hans Erich/ **Hensen**, Horst-Diether	AGB-Gesetz Kommentar zum Gesetz zur Regelung des Rechts der Allgemeinen Geschäftsbedingungen 8. Auflage, Köln 1997
Umminger, Walter	Die übernatürliche Kraft in: Rekorde aus der Retorte. Leistungssteigerung im modernen Hochleistungssport; Hrsg. v. Helmut Acker; Stuttgart 1972; S. 14
Vedder, Christoph	The International Olympic Comitee: An Advanced Non-Governmental Organisation and the International Law GYIL 27 (1984), S. 233
Vera, José Bermejo	Sportrecht in Spanien in:Michael R. Will (Hrsg.), Sportrecht in Europa (Recht und Sport Band 11); Heidelberg 1993; S. 107
Verdross, Alfred **Simma**, Bruno	Universelles Völkerrecht 3. Auflage, Berlin 1984
Vieweg, Klaus	Zur Einführung: Sport und Recht JuS 1983, S. 825
ders.	Zur Inhaltskontrolle von Verbandsnormen in: Festschrift für Rudolf Lukes; Hrsg. von Herbert Leßmann, Bernhard Großfeld, Lothar Vollmer; Köln Berlin Bonn München 1989; S. 809 (zit.: FS-Lukes)

ders.	Normsetzung und -anwendung deutscher und internationaler Verbände;,Berlin 1990 (zit.: Normsetzung)
ders.	Doping und Verbandsrecht NJW 1991, S. 1511
ders.	Doping und Verbandsrecht - Zum Beschluß des DLV-Rechtsausschusses im Fall Breuer, Krabbe, Möller NJW 1992, S. 2539
ders.	Teilnahmerechte und -pflichten der Vereine und Verbände in: Teilnahme am Sport als Rechtsproblem, Hrsg. von Erwin Deutsch, (Recht und Sport Bd. 16); Heidelberg 1993; S. 23 (zit.: Teilnahmerechte und -pflichten der Vereine und Verbände)
ders.	Zur Bedeutung der Interessenabwägung bei gerichtlicher Kontrolle von Verbands-Zulassungsentscheidungen in: Führungs- und Verwaltungsakademie Berlin des Deutschen Sportbundes (Hrsg.), Verbandsrecht und Zulassungssperren; Frankfurt a.M. 1994; S. 36 (zit.: Bedeutung der Interessenabwägung)
ders.	Disziplinargewalt und Inhaltskontrolle - Zum „Reiter-Urteil" des Bundesgerichtshofs SpuRt 1995, S. 97
ders.	Zivilrechtliche Beurteilung der Blutentnahme zum Zwecke der Dopingkontrolle in: Blut und, oder Urin zur Dopingkontrolle, Schorndorf 1996; S. 89 (zit.: Blutentnahme)
Vollkommer, Max	Zum Rechtsschutz von Lizenzspielern und Lizenzvereinen durch staatliche Gerichte gegenüber der sogenannten Sportgerichtsbarkeit des Deutschen Fußball - Bundes RdA 1982, S. 16
ders.	Zum Lizenzerteilungsstreit im Bundesligafußball NJW 1983, S. 726

ders.	Sind die „Schiedsgerichte" der politischen Parteien nach dem Parteiengesetz echte Schiedsgerichte im Sinne der Zivilprozeßordnung? In: Festschrift für Heinrich Nagel; Hrsg. von Walther J. Habscheid und Karl Heinz Schwab; Münster 1987; S. 474 (zit.: FS-Nagel)
Vollmer, Lothar	Satzungsmäßige Schiedsklauseln Bad Homburg v.d.H., Berlin, ‚Zürich 1970
Wackenhuth, Michael	Die Schriftform für Schiedsvereinbarungen nach dem UN-Übereinkommen und Allgemeine Geschäftsbedingungen ZZP 99 (1986), S. 445
Wallenberg, Gabriela von	Kartellrecht Neuwied, Kriftel, Berlin 1997
Walter, Gerhard	Anmerkung zu BGH, Urteil v. 26.1.1989, JZ 1989, 589 JZ 1989, S. 590
Weber, Claus	Die Freizügigkeit für Arbeitnehmer in der EG nach der Entscheidung „Bosman" RdA 1996, S. 107
Weiand, Neil George	Kultur- und Sportsponsoring im deutschen Recht Berlin 1993 (zit.: Sponsoring)
ders.	Rechtliche Aspekte des Sponsoring NJW 1994, S. 227
ders.	Form, Inhalt und Abschluß von Sportsponsoringverträgen SpuRt 1997, S. 90
Weiland, Bernd H.	Die Rechtsstellung des Lizenzspielers in der Fußballbundesliga - zugleich eine Beitrag zur allgemeinen Verbände-Diskussion - Dissertation, Frankfurt a.M. 1980
Weisemann, Ulrich/ **Spieker**, Ulrich	Sport, Spiel und Recht 2. Auflage, München 1997

Weitnauer, Hermann	Vereinsstrafe, Vertragsstrafe und Betriebsstrafe in: Festschrift für Rudolf Reinhardt; Hrsg. von Klemens Pleyer, Dietrich Schultz, Erich Schwinger; Köln 1972; S. 179
Wertenbruch, Johannes	Die „Gewährleistungsansprüche" des übernehmenden Bundesligavereins bei Transfer eines nicht einsetzbaren DFB-Lizenzspielers NJW 1993, S. 179
ders.	Anmerkung zum EuGH-Urteil v. 15.12.1995 - -Rs. C-415/93 EuZW 1996, S. 91
ders.	Die zentrale Vermarktung von Fußball-Fernsehrechten als Kartell nach § 1 GWB und Art. 85 EGV ZIP 1996, S. 1417
Wertheimer, Frank/ **Eschbach,** Martin	Positive Vertragsverletzung im Bürgerlichen Recht und im Arbeitsrecht JuS 1997, S. 605
Westermann, Harm Peter	Die Verbandsstrafgewalt und das allgemeine Recht Zugleich ein Beitrag zur juristischen Bewältigung des „Bundesliga-Skandals"; Bielefeld 1972 (zit.: Verbandsstrafgewalt)
ders.	Der Sportler als „Arbeitnehmer besonderer Art" - Zur Durchdringung von arbeitsrechtlichen Regelungen durch vereins- und verbandsautonome Bestimmungen in: Reschke, Eike (Hrsg.), Sport als Arbeit, Zur rechtlichen Stellung von Amateuren und Profis, (Recht und Sport Band 4); Heidelberg 1985; S. 35 (zit.: Sportler als Arbeitnehmer besonderer Art)
Wieczorek, Bernhard/ **Schütze,** Rolf A.	Zivilprozeßordnung und Nebengesetze; Großkommentar 3. Auflage, Berlin New York Erster Band, Einleitung; §§ 1 - 127 a ; (1994) Fünfter Band, §§ 916 - 1048 ZPO, 1 - 246 EGZPO, 1 - 202 GVG, 1 - 30 EGGVG; (1995) (zit.: Wieczorek/Schütze/Bearbeiter)

Wiedemann, Herbert	Gesellschaftsrecht; Band I, Grundlagen München 1980 (zit.: GesellR I)
ders.	Anmerkung zu BVerfG vom 07.02.1990, JZ 1990, 691 JZ 1990, S. 696
Will, Michael R.	Rechtsgrundlage der Bindung nationaler Verbände an internationale Sportverbandsregeln in: Reuter, Dieter (Hrsg.), Einbindung des nationalen Sportrechts in internationale Bezüge, (Recht und Sport 7), Heidelberg 1987; S. 29 (zit.: Bindung nationaler Verbände)
ders.	Sport und Recht in Europa; - Vorwort - Saarbrücken 1987 (zit.: Sport und Recht in Europa)
Wolf, Manfred/ **Horn**, Norbert/ **Lindacher**, Walter F.	Gesetz zur Regelung des Rechts der Allgemeinen Geschäftsbedingungen; Kommentar 3. Auflage, München 1994 (zit.: Bearbeiter in Wolf/Horn/Lindacher)
Wunderer, Regina	Der Deutsche „Ordre Public D'Arbitrage International" und Methoden seiner Konkretisierung Frankfurt a.M.; Berlin; Bern; New York; Paris; Wien 1993
Wyler, Rémy	Die Schiedsabrede im Sportrecht in: Röhricht, Volker (Hrsg.), Sportgerichtsbarkeit (Recht und Sport Bd. 22); Stuttgart, München, Hannover, Berlin, Weimar, Dresden 1997; S. 43
Zemanek, Karl	Über das dualistische Denken in der Völkerrechtswissenschaft in: Völkerrecht und rechtliches Weltbild; Festschrift für Alfred Verdross; Herausgegeben von F. A. Frhr. v.d. Heydte, I. Seidl-Hohenveldern, St. Verosta, K. Zemanek; Wien 1960; S. 321
Zerbe, Götz	Die Reform des deutschen Schiedsverfahrensrecht auf der Grundlage des UNCITRAL-Modellgesetzes über internationale Handelsschiedsgerichtsbarkeit Baden-Baden 1995

Zmarzlik, Johannes/ **Anzinger**, Rudolf	Jugendarbeitschutzgesetz 5. Auflage, München 1998
Zöller, Richard	Zivilprozeßordnung mit Gerichtsverfassungsgesetz und den Einführungsgesetzen, Internationales Zivilprozeßrecht, Kostenanmerkungen 20. Auflage, Köln 1997 (zit.: Zöller/Bearbeiter)
Zöllner, Wolfgang	Die sogenannte Gesellschafterklage im Kapitalgesellschaftsrecht ZGR 1988, S. 392 (429)

Anhang

Materialien

Die folgenden Materialien wurden von den aufgeführten Sportverbänden Mitte 1994 angefordert. Die angegebenen Jahreszahlen beziehen sich - soweit ersichtlich - auf den jeweils angegebenen Stand.

BDR Dopingkontroll-Reglement - 4/1993

BVDG Sportordnung (SpO) - 12/1993
Strafordnung (StrafO) - 12/1993
Rechtsordnung (RechtsO) - 9/1990

DLV Satzung - 1993
Wettkampfordnung (WKO) - 1994
Deutsche Leichtathletikordnung (DLO) 1994
„Das deutsche Doping-Kontroll-System" - 3/1994

DFB Satzung - 1/1993
Spielordnung (SpielO) - 1/1993
Rechts- und Verfahrensordung (Rechts- und VerfahrensO) - 1/1993
„Durchführungsbestimmungen Doping" - 12/1993

DHB Satzung - 5/1993
Rechtsordnung (RO) -4/1994
Spielordnung (SpielO) - 4/1994
„Anti-Doping-Reglement" - 10/1990

DHockeyB Satzung
Spielordnung (SpielO) - 1993

DRB Anti-Doping-Ordnung - 1992
Strafordnung - 1988

DRV	Allgemeine Wettkampfbestimmungen (AWB)
DSB	Rahmen-Richtlinien des Deutschen Sportbundes zur Bekämpfung des Doping (RRL) - 5 /1993
	Doping-Kontroll-System (DKS) - 1/1994
DSchützenB	Sportordnung (SportO)
DTB	Satzung - 1994
	Wettkampfordnung (WO) - 1994
	Turnierordnung (TurnierO) - 1994
	Disziplinarordnung (DisziplinarO) - 1994
	Sportgerichtsverfahrensordnung (SportgerichtsverfahrensO) - 1994
DTTB	Satzung - 1993
	Wettkampfordnung (WO) - 1993
DTU	Dopingordnung (DpO) - 1994
	Veranstalterordnung (VsO) - 1994
	Sportordnung (SpO) - 1994
DVV	Satzung - 1/1994
	Bundesspielordnung (BSO) - 1/1994
	Rechtsordnung (RechtsO) - 1/1994
IOC	Olympic Charter (1998)

Rainer T. Cherkeh

Betrug (§ 263 StGB), verübt durch Doping im Sport

Frankfurt/M., Berlin, Bern, Bruxelles, New York, Oxford, Wien, 2000. 270 S.
Schriften zum Strafrecht und Strafprozeßrecht.
Herausgegeben von Manfred Maiwald. Band 48
ISBN 3-631-35401-0 · br. € 42:90*

Das Problem des Dopings im Sport zählt gegenwärtig zu den brisantesten sportpolitischen Themen. Im Mittelpunkt der Diskussion um eine strafrechtliche Aufarbeitung dieser Materie stand stets der Aspekt des Gesundheitsschutzes. Inwieweit auch der strafrechtliche Vermögensschutz berührt ist, wurde bislang kaum behandelt. Dies verwundert, ist doch die Kommerzialisierung und Professionalisierung im Sport keine neue Erscheinung, sondern eine Entwicklung, die mit der Dopingproblematik einhergeht. Es sind deshalb die wirtschaftlichen Gesichtspunkte des Dopings, die den Kern der Abhandlung bilden: Der Autor untersucht betrugsrelevante Verhaltensweisen des gedopten Sportlers, wobei er vor allem hinsichtlich der Betrugskonstellationen zum Nachteil des Sponsors Neuland betritt. Die Arbeit schließt mit der Erörterung eines gesetzgeberischen Handlungsbedarfs zum strafrechtlichen Schutz des Sportethos.

Aus dem Inhalt: Sportrechtliche Hintergründe · Leistungsstörungen beim Sponsoringvertrag durch Doping · Betrugskonstellationen zum Nachteil des Mitkonkurrenten, Veranstalters, Preisspenders, Zuschauers und Sponsors · Gesetzgeberischer Handlungsbedarf zum Schutz des Sportethos

Frankfurt/M · Berlin · Bern · Bruxelles · New York · Oxford · Wien
Auslieferung: Verlag Peter Lang AG
Jupiterstr. 15, CH-3000 Bern 15
Telefax (004131) 9402131

*inklusive der in Deutschland gültigen Mehrwertsteuer
Preisänderungen vorbehalten
Homepage http://www.peterlang.de